U0840121

国际技术贸易与服务贸易的理论探索

徐超静　何智霞　杨晓丽　编著

中国商业出版社

图书在版编目(CIP)数据

国际技术贸易与服务贸易的理论探索 / 徐超静，何智霞，杨晓丽编著. -- 北京 ：中国商业出版社，2017.11

ISBN 978-7-5208-0139-3

Ⅰ. ①国… Ⅱ. ①徐… ②何… ③杨… Ⅲ. ①国际贸易—技术贸易—理论研究 ②国际贸易—服务贸易—理论研究 Ⅳ. ①F746.17 ②F746.18

中国版本图书馆 CIP 数据核字(2017)第 308181 号

责任编辑:武维胜

中国商业出版社出版发行
010—63180647 www.c_cbook.com
(100053 北京广安门内报国寺 1 号)
新华书店总店北京发行所经销
北京亚吉飞数码科技有限公司

* * * * *

787 毫米×1092 毫米 16 开 17.25 印张 420 千字
2018 年 4 月第 1 版 2024 年 9 月第 2 次印刷
定价:68.00 元

* * * *

前　言

随着经济全球化和信息技术的发展，与国际贸易活动相关的因素都发生了重大变化，如环境、内容和方式等。国际贸易的内容不仅包括商品的跨国流动，还包括服务、技术以及知识的跨国流动，这些跨国流动比过去任何时候都规模更大、程度更高，同时也伴随着大量劳动和资本的输入和输出。就贸易方式而言，电子商务、电子结算等新技术手段的出现和发展大大减少了国际贸易的交易成本，提高了国际贸易活动的效率，也使许多非贸易产品和服务变得可贸易。国际贸易产品提供者不仅要考虑东道国经济、政治和法律的影响，还必须考虑社会、环境、甚至伦理因素的影响。今天的跨国企业比过去任何时候都需要承担更多的社会责任，也比过去任何时候都将受到国际组织和贸易伙伴国相关规则的约束。

当前世界，以知识为基础的国际竞争日益加剧，国际分工向纵深发展，国际技术贸易和服务贸易也出现了新格局。国际技术贸易正逐渐成为各国创新驱动发展的强有力支撑，有助于促进技术资源的全球流动；国际服务贸易渗透到人们生活和社会经济活动的各个方面，有利于推动整个服务业的发展。对国际技术贸易和服务贸易的理论加以研究，既顺应了国际贸易发展的新形势、满足了国际贸易发展的新要求，也有益于人们了解国际贸易的发展态势，在实践过程中以国际规则分析和解释国际贸易现象，进而更好地促进国际贸易的发展。基于此，特撰写《国际技术贸易与服务贸易的理论探索》一书。

全书共九章，第一章为总论部分，对国际贸易进行了概述，具体研究了国际贸易的产生、发展、特点及准则；第二章为理论基础部分，重点介绍了绝对优势理论、比较优势理论、规模经济理论等国际贸易的相关理论；第三章至第五章为国际技术贸易的内容，分别就国际技术贸易的概念、特征、产生、发展、与其他相关业务的关系，国际技术贸易的主要方式，跨国公司与国际技术转移等进行了深入探讨；第六章至第九章为国际服务贸易的内容，首先对国际服务贸易进行了概述，接着对国际服务贸易协议、国际服务贸易的主要类别、国际服务贸易外包进行了研究。

总体来看，全书具有以下几个方面的特色：第一，全面、全体系地介绍了国际技术贸易和服务贸易的相关理论，因此，具有系统性和全局性特点。第二，紧扣时代脉搏，以当前的时代背景为依托，对技术贸易和服务贸易的发展进行了深入研究，因此，具有时代性。第三，在探索国际技术贸易和服务贸易理论方面融合了作者深刻的思考与独到的见解，因此，还具有创新性。

尽管在本书撰写过程中，作者进行了大量的资料收集整理、组织提炼和深入研究工作，但由于信息资料相当广泛、更新速度极快，又加之作者能力有限，书中难免存在不足之处，敬请广大读者批评指正。

作　者

2017 年 8 月

目　录

第一章　国际贸易概述

20 世纪 90 年代以来，经济全球化浪潮席卷全世界，时至今日，已没有哪一个国家和地区能够置身事外。在经济全球化的冲击下，国际贸易，这一国际分工的纽带，无疑使得各国在经济、科学、技术、文化等方面相互依存的关系越来越密切。本章主要就国际贸易的概念、产生与发展以及特点和准则进行详细阐述。

第一节　国际贸易的产生及发展

一、国际贸易的产生

国际贸易属于历史范畴，早在公元前 3500 年左右，跨区域的贸易就开始出现。

国际贸易是人类的一种基本经济活动的外在表现形式，其产生并不与人类社会的产生同步，它不是人类社会产生时就出现的，而是具有一定的历史范畴，是在人类社会发展到了一定的历史水平、生产力有了进一步提升、商品不断地交换、社会分工逐步明确条件下产生的，并随着社会生产力和社会分工、国家的发展而发展。从根本上来看，社会生产力的发展和社会分工的扩大是国际贸易产生和发展的基础。

原始社会初期，生产力水平极度低下，人类分工尚不明确，是一种最自然的分工状态，生产资料也都是共有且极其匮乏，除了基本的生活所需几乎没有什么产品是多余的，是可以用来交换的，因此贸易活动也就不可能存在。而且，这一时期亦不存在私有制、阶级和国家，对外贸易更是无从谈起。原始社会后期，由于人类的第一次分工（游牧部落从其他部落分离出来）使得社会生产力得到了较大发展，人们的劳动产品开始除了用于消费之外还有了一部分的剩余，并开始在氏族公社、部落等社会实体间（并不是真正意义上的国家和阶级）相互交换起来，即有人所谓的初级的对外贸易——物物交换产生。随着生产力的继续发展，手工业也从农业中逐步分离出来，促成了第二次人类社会的大分工，一时有了畜牧业、农业、手工业等几个部门并存的局面。而手工业则是一种目的性很强的生产行业，其生产的产品主要是用来交换的，而随着商品生产与商品交换的不断相互促进与发展，又促使了商品交换的媒介——货币的产生，商品交换因此也由最初的贸易模式——物物交换逐渐演变成了商品流通。随着商品流通规模和范围的日益扩大，为了缩短商品的交换时间，专门从事这一商品买卖工作的人员——商人出现，从而人类社会第三次的大分工也开始进行。商人的出现，是人类社会第一次出现的非生产性的行业，也使远距离的交换和海外贸易成为可能。

总的来看，三次社会大分工，每一次都促进了生产力的发展和剩余产品的增加。剩余产品关系的扩大又促进了私有制的发展和奴隶制的产生，从而使原始社会被彻底瓦解。作为阶级统治工具的国家代替了过去的氏族制度，而商品交换则超越国界成为最初形式的国际贸易。

二、国际贸易的发展

（一）资本主义之前的国际贸易

资本主义之前的国际贸易主要是指奴隶社会、封建社会的国际贸易。

1.奴隶社会的国际贸易

奴隶社会是以奴隶主占有生产资料和奴隶为基础的社会。古埃及是最先进入奴隶制社会的国家，紧随其后的是印度、中国和古希腊，随着跨国界剩余产品的频繁交换，国际贸易有了较大的发展。但是这一时期占主导统治地位的仍是自然经济，这一自然经济以奴隶主占有生产资料和奴隶为基础，其生产目的也是主要为了消费，供奴隶主和一些王室享乐，真正进入流通领域进行流通的商品少之又少，加之交通工具的简陋、交通条件的限制，使得进行贸易的范围受到相当大的限制，规模增长也较缓慢。我国进入奴隶社会是在夏商时代，贸易进行的范围主要集中在黄河流域，贸易的主体也是仅仅局限于各诸侯国之间，流通的商品主要以奴隶主阶级所追求的奢侈品宝石、装饰品、织物、丝料为主。虽然这一时期国际贸易在社会经济中的地位并不是十分重要，范围和规模也不是很大，但有限的国际贸易还是对商品经济的发展起着一定的推动作用，尤其促进了手工业的发展和商品经济的扩大。

2.封建社会的国际贸易

封建社会的经济仍然是自然经济。农业在各国经济中占有优势，商品生产仍处于从属地位，因而当时的国际贸易规模有限，但和奴隶社会相比，对外贸易有了较大的发展。11 世纪后，随着意大利和波罗的海沿海流域一些城市的兴起，国际贸易的范围不断在扩大，已从地中海东部逐步扩展到地中海、北海和黑海等沿岸。尤其是在封建社会后期城市和城市手工业的发展，使得商品经济和对外贸易都有了更进一步的发展，贸易商品虽仍以奢侈品为主，但其在国家间的种类却有所扩大，如呢绒、葡萄酒、羊绒等。我国封建社会历经的时间较长，自秦建立统一的封建国家后，直到明朝为止，贸易总趋势一直在不断扩张。西汉之前，著名的“丝绸之路”就已经被开辟。而唐朝、宋朝、元朝，海上贸易发展也是较快的，中国的丝、茶、瓷器等贸易商品通过“丝绸之路”以及海路运往欧洲各国，为中国与欧洲各国的政治、经济、文化、贸易、宗教等的往来奠定了基础。唐朝的首都长安城、元朝的元大都，以及广州、扬州等城市都曾是当时世界上著名的国际贸易中心。明初郑和曾亲自率领船队 7 次下西洋，使得陶瓷丝绸被运往国外，香料、染料、宝石、象皮、珍奇异兽等中国所缺之物被输入国内，这大大促进了中国同世界各国在经济、贸易、文化等方面的交流，以及友好关系的发展。

在封建社会，对外贸易相比奴隶社会虽有进一步的发展，但受自给自足的自然经济统治地位的影响，国际贸易仍是经济生活中的一个补充，还具备真正的世界市场形成的条件，更谈不上名副其实的世界贸易。

(二)国际贸易在资本主义社会的发展状况

国际贸易虽然有着悠久的历史,但真正意义上的国际贸易获得巨大的发展是从资本主义制度的建立开始的,这是由资本主义社会的基本经济规律、社会形态以及特征决定的。资本主义制度本身的扩张性必须以大规模的生产、销售为前提,只有这样才能实现其资本的不断扩张。在资本主义形成和发展过程中,由于生产技术和手段的改善,交通运输工具以及通信联络方式的飞跃式发展,商品种类变得越来越繁多,国际贸易额不断在急剧扩大,国际贸易活动范围遍及了全球,国际贸易地位与作用有了显著提高,并由于世界性商品交换的迅速发展导致了世界货币的出现。国际贸易在资本主义社会的发展大致有以下几个阶段。

1.资本主义生产方式准备时期的国际贸易

16 世纪至 18 世纪中叶,是国际贸易范围迅速扩大的时期,也是资本主义生产方式的准备时期。这一时期工厂手工业的发展使劳动生产率得到了很大提高,对国际贸易的进一步发展也起着促进作用。但是相较而言,开始于 15 世纪末的“地理大发现”及因此产生的欧洲各个国家的殖民扩张对这一时期的国际贸易产生的影响更大也更直接。

(1)地理大发现使欧洲的经济(商业性质、经商技术及商业组织)出现了巨大的变化

哥伦布在 1492 年发现美洲大陆,1498 年,各大洲国家被新航线的开辟连接在一起,从而产生了以西欧为中心的世界市场。世界市场的产生使得商品生产出现了专业性的分工,因此也使得各个国家生产的商品出现了价格差,而这一价格差所带来的利润对这一时期以牟利为目的的国际贸易的发展起着大大的促进作用,并使得欧洲很多国家建立起新型的合股公司,旨在全世界从事专门的贸易活动。新型合股公司的产生也标志着一个以营利为目的的巨大产业的诞生,从此,国际贸易也不再仅仅是少部分商人所从事的商业活动了。

地理大发现使得充满血腥暴力的殖民扩张和殖民贸易延续了两个世纪之久。欧洲国家不断推行殖民政策,通过暴力、掠夺和欺骗等方式,将广大殖民地国家变成宗主国的原料产地和销售市场,从中攫取暴利,这一方面体现了原始资本积累的暴力血腥的掠夺特征,另一方面,也客观地促进了国际贸易的发展。

(2)资本的原始积累为促进贸易的发展提供了劳动力、资本与市场

第一,随着国际贸易的发展,刺激了工场手工业的发展,增加了资本对劳动力和原材料的需求,从而加速了对农民和小生产者的剥夺过程。例如,英国自 15 世纪末开始的“圈地运动”,其重要原因就是因为羊毛和毛织品是当时英国的主要出口商品。国外销路旺盛,价格不断上涨,于是英国新兴贵族加紧圈占农民土地,把耕地变为牧场,以便为迅速发展的毛纺织业提供羊毛原料。剥夺农民土地的过程实际上就是为工业资产阶级提供雇佣劳动力的过程。

第二,国际贸易又是最初的货币资本积累的重要来源。“货币天然就是金银”,地理大发现后,欧洲商业资产阶级通过对外贸易和其他暴力手段,从世界各地掠夺了巨额的货币财富,运回了大量的金银,大部分转化成了货币资本。

第三,国际贸易的发展还为资本的扩张开辟了广阔的国外市场。从 16 世纪到 18 世纪,欧洲殖民主义者先后发动了一系列商业战争,不仅扩大了殖民统治,而且还扩大了国外市场。大

片的殖民地国家既成为资本主义国家的商品销售市场，又成了它们的原料产地。

总的来看，这一时期的国际贸易是西欧各国同广大殖民地国家之间进行的一种掠夺性的贸易，是暴力控制下的贸易，广大殖民地国家是被迫卷入国际贸易的。国际贸易已从单纯的互通有无变成了以牟利为主的商业行为，贸易的范围和规模较之封建社会有了空前的扩大。国际贸易欧洲贸易中心已扩展到大西洋沿岸，其贸易范围已达亚洲、非洲、美洲。但是由于资本主义机器大工业尚未建立，交通工具尚不完善，国际贸易的商品类别和交易范围、规模、额度等还是具有一定的限制性。

2.资本主义竞争时期的竞争贸易

资本主义自由竞争时期是指18世纪中叶至19世纪70年代，在政治上是资本主义制度的上升、发展并确立统治地位的时期，在经济上是机器工业建立时期。

18世纪后半期至19世纪前半期，由工场手工业向大机器工业过渡首先开始于英国，以后逐步普及到欧洲其他国家，这一时期在历史上称之为产业革命，即第一次技术革命。革命的主要标志是纺织机、蒸汽机的发明和使用，从而使组织、拥有大量机器和大量工人的大工厂成为可能，于是揭开了机器生产的时代。机器被普遍应用于各个生产部门：纺织、冶金、化工、采煤、机器制造和交通运输部门等等。大机器工业的建立引起商品的大量生产和劳动生产率的大幅度提高。“资产阶级在它不到100年的阶级统治中创造的生产力，比过去一切时代创造的全部生产力还要多，还要大。”[①]在这个基础上，生产范围和世界市场范围进一步扩大，商品种类增加和数量增多，同时，也降低了商品的价格，提高了商品的竞争力，使各国之间的相互联系和贸易关系进一步发展，国际分工开始形成。为了输入大量商品，引起交通运输工具和通信联络工具的巨大变革，轮船的行驶，铁路、公路的兴建，电报、电话的应用，缩短了国际的距离，进一步推动了国际贸易的发展。列宁曾经说过：“1789—1877年间的时代特征，是进步的资本主义时代。资本主义开始普遍于全世界，使旧的生产方式服从于它。它消灭了封建的民族孤立性，形成了国际的劳动分工及其表现形式——国际贸易的发展和扩大。”

这一时期国际贸易发展的特点是：

(1)国际贸易额空前增长

从1800—1870年，70年间国际贸易额增长6倍多，国际贸易则增加10倍多，其增长速度超过了工业生产的增长速度。由于这一时期的商品价格趋于下降，因而，国际贸易价值额的增长要慢于数量的增长速度。

(2)少数大国垄断了国际贸易

几个主要资本主义国家——英国、法国、德国、美国、俄国等在国际贸易中占绝对优势的地位，见表1-1。

从表1-1中可以看出，5个资本主义国家的贸易额占整个国际贸易额的一半以上，特别是英国占全部贸易额的1/5还要多，是世界上最大的贸易国。英国依仗工业革命所造成的雄厚技术基础，成为世界工业霸主，在钢、铁、棉织品、羊毛等工业生产上均占世界第一位，工业上的霸权带来贸易上的霸权，其贸易额占世界贸易额的20%以上，几乎相当于法国、德国、美国的

① 马克思.共产党宣言[M].北京：人民出版社，1972，第256页.

贸易总和；其商船吨位占世界第一，超过荷兰、法国、美国、德国、俄国的商船吨位总和；伦敦成为国际贸易中心；英格兰银行成为各国银行的银行；英镑成为国际货币；英国成为世界头号工业、贸易、金融、航运大国，成为世界政治、经济中心。

表 1-1　主要资本主义国家在国际贸易额中比重（%）

	1800 年	1850 年	1880 年
英国	22.3	20.3	20.8
法国	7.8	8.9	11.1
德国	11.9	8.4	9.2
美国	5.6	7.5	10.0
俄国	3.7	3.6	3.8
总计	51.3	48.7	54.9

(3)国际贸易商品结构发生新的变化，出现了许多新商品

如织布机、纺织机、机械、船舶、机床等各种机器和运输工具；粮食、油类、肉、糖、咖啡等各种食品，以及棉花、棉纱、羊毛、煤炭、钢铁、石油等制品和原料成为国际贸易中重要商品，不仅商品种类不断增多，数量亦不断增长。

(4)欧洲国家进一步推行殖民政策，加紧对殖民地的掠夺和扩张

英国在这一方面尤为突出，1867 年英国的殖民地面积就已达 2 250 万平方千米，但其本土面积却不过 24.4 万平方千米。美国独立后也实行了对外侵略政策，开始在中、南美洲占领殖民地和向亚洲扩展市场。海外殖民地为宗主国的大机器工业提供了广阔的市场和原料产地，日益成为它们的经济附庸，并形成了依附于宗主国的工业国、农业国、矿业国的国际分工。

(5)贸易条约得到广泛发展

为了稳定获得市场，保持在世界市场上的地位，调整各国间的贸易关系，协调移民和其他待遇等方面的问题，国家与国家之间普遍开始签订贸易条约。这是立法权及行政干涉到国际贸易领域内的表现，贸易条约的内容主要是在移民、贸易、航海、商品进出口、转口和关税等问题上规定缔约国双方公民的权利。贸易条约最早出现于 17 世纪，在当时不过仅仅是偶然出现的现象，目的也只是单纯地为了保证更好的贸易条件，直到 19 世纪下半期，贸易条约才广泛地发展起来并具有重要的意义。通过贸易条约，各个国家的资本在其他国家的安全不仅可以得到保障，对外经济贸易关系更可以得到加强。

(6)国际贸易的组织形式和贸易方式发生变化

经营国际贸易的机构日益专业化，成立了许多专门经营某一种或某一类商品的贸易企业，如 1848 年在芝加哥成立第一个谷物交易所；1862 年在伦敦成立了有色金属交易所；19 世纪末在纽约成立了棉花交易所等，并出现了许多为国际贸易服务的专门性组织，如运输公司、证券交易所、银行等。同时，贸易方式由定期集市的现场看货转变为样品展览会和商品交易所的售样品交易，买卖双方凭货样或凭证进行交易并签订销售合同。

(7)国际贸易政策发生变化

由于经济发展水平的不同差异,不同的资本主义国家主张的贸易政策有所不同。英国工业发达,商品竞争优势比较突出,为扩大商品销售,占领国外的大市场,其放弃了原有的保护关税政策,进而推行自由贸易政策;而德国和美国等国家,其国内工业处于刚刚起步阶段因此商品竞争能力比较弱,因而为了保护本国稚嫩的工业、摆脱自由竞争的威胁,它们主张贸易保护政策。

3. 资本主义垄断时期的国际贸易

19 世纪 70 年代以后,自由竞争的资本主义逐渐向垄断阶段过渡,到 19 世纪末 20 世纪初,垄断代替了自由竞争,资本主义变成了帝国主义。

由于生产和资本的高度集中,垄断组织和财政资本控制了国际贸易。在这一时期,生产和资本高度集中使得卡特尔、辛迪加、康采恩等垄断组织出现。这些垄断组织既控制着国内的生产和流通,又控制了各国的对外贸易。它们通过建立各种专门机构直接操纵进出口贸易,垄断商品销售市场,控制原料产地,瓜分投资场所,操纵市场价格,特别是对殖民地、附属国的贸易,垄断组织通过垄断价格,高价出售自己的产品,从中获取了大量利润。

资本输出在帝国主义时期急剧增加。1862 年资本主义国家海外投资总额仅 20 亿美元,1900 年就增至 200 亿美元,1913 年又增至 440 亿美元,资本输出不仅成为垄断组织掠夺控制原料和奴役殖民地的重要工具,也是垄断组织扩大商品输出、争夺国际市场的有力手段。例如,垄断资本在对外贷款时,往往规定必须用一部分贷款来购买它的商品,或强迫借款国以廉价原料来偿还等等,这样,通过资本输出促进了商品输出。

第二次技术革命带动了资本主义工业和交通运输业的发展。世界工业产量在 1870—1900 年的 30 年间增长了 3.2 倍,在 1900—1913 年间又增长 60%。1870—1913 年,世界铁路长度由 21 万公里增至 110.4 万公里。世界商船吨位由 1 680 万吨增至 3 460 万吨。

这一时期,国际贸易的发展主要有以下方面的特征:

(1)国际贸易继续增长,但增长速度较自由竞争时期却相对下降

在这一时期,国际贸易继续增长,但增长速度较自由竞争时期却相对下降了。1840—1870 年,国际贸易量增长 3.4 倍;1870—1900 年只增长 1.7 倍;1900—1913 年仅增长 62%;而在 1913—1938 年两次世界大战期间,国际贸易的增长几乎完全停止,国际贸易量年均增长率仅有 0.7%,而且国际贸易的增长速度远远落后于世界工业生产的增长速度,见表 1-2。

表 1-2 世界贸易与世界生产年平均增长率(%)

年份	世界贸易	世界生产
1870—1900	3.2	3.7
1900—1913	3.8	4.2
1913—1938	0.7	2.5

上述变化表明,世界市场容量在缩小,资本主义生产与市场之间的矛盾日益尖锐,资本主

义各国争夺市场的斗争日趋加剧。

(2)国际贸易地区流向发生重大变化

从洲别分布情况看:欧洲在国际贸易中比重下降,由1870年的72%下降到1913年的64%,到1937年仅占50%强。而北美、亚洲、非洲和拉丁美洲所占比重提高,从1913—1937年,北美在国际贸易中比重由13.2%上升到15.5%;亚洲、非洲和拉丁美洲所占比重由20%上升到24%。此外,日本和大洋洲所占比重亦有所增加,但欧洲仍处于国际贸易的垄断地位。从国别分布情况来看,英国、法国、德国在国际贸易中地位下降,美国在国际贸易中的比重迅速提高(见表1-3)。但在第二次世界大战前,世界贸易还主要由英国控制,到第二次世界大战后,美国则取代了英国取得世界贸易霸权。

表1-3　主要国家在世界贸易中的比重(%)

年份	英国	美国	德国	法国
1870	22	8	13	10
1900	19	12	13	9
1913	15	11	13	8
1925	15	14	8	7
1930	14	12	10	7
1927	14	12	9	5

(3)在国际商品构成中,初级产品比重超过制成品

在国际商品构成中,初级产品比重超过制成品,占世界贸易的55%～60%。在初级产品中,橡胶、燃料、石油、有色金属及其他矿产品比重增加,而食品和农业原料比重下降。制成品中,纺织品和其他轻工业品所占比重下降,机械产品、金属制品和化工产品比重上升。这些变化反映了重工业在世界工业中开始占主导地位,制成品生产在国际分工中有着潜在优势。

(4)各国贸易政策发生变化

进入20世纪以后,帝日主义国家之间发展不平衡日益加剧,使社会主义可能在帝国主义的最薄弱环节取得一个或几个的国家首先胜利。列宁领导苏联人民通过暴力取得了社会主义革命的胜利,建立了世界上第一个社会主义国家,从而在世界贸易中出现了社会主义对外贸易,打破了资本主义对外贸易一统世界市场的局面。

各国政治经济实力的变化也反映在各国对外贸易政策的改变上。一向鼓吹自由贸易的英国,由于经济实力衰落,为保护国内市场,防止外国商品侵入,从1932年起彻底放弃了自由贸易,全面推行保护贸易政策。美国则由于经济实力大增而由保护贸易转向“贸易自由化”政策。此后,由于整个世界经济不景气,发达资本主义国家都相继实行了以保护垄断资本为目的的超保护贸易政策。这种侵略性的超保护贸易政策成为帝国主义国家瓜分市场、划分势力范围的重要工具。它的实施进一步加剧了帝国主义之间的矛盾和斗争,阻碍了社会生产力和国际贸易的发展。

4.“二战”后至今世界贸易的发展

(1)战后初期国际贸易虽有迅速发展但不稳定

这主要表现在三个阶段:

第一个阶段:本阶段主要是指第二次世界大战结束初期到1973年。此阶段为国际贸易迅速发展的阶段,其增长速度之快在历史上是空前的。主要表现为二战后世界出口贸易量的增长速度大大超过战前,二战后世界出口贸易量的增长速度超过工业生产的增长速度,工业制成品在国际贸易中所占的比重从1953年起一直超过初级产品所占的比重。此阶段国际贸易的迅速发展是与科技革命、生产增长、国际分工和国际金融贸易组织的建立以及经济一体化等因素所发生的作用密切相关的。

第二个阶段:本阶段主要是指1973—1985年,国际贸易由迅速发展转向缓慢发展,甚至出现停滞现象。主要表现为世界出口贸易量的增长速度放慢,甚至停滞,如“1981年世界出口贸易量增长停滞,1982年世界出口贸易量不仅没有增长,据关税与贸易总协定估计,反而下降2%”;出口贸易量的增长速度低于工业生产的增长速度,如“1973年到1985年世界工业生产的平均增长率为2.9%,高于同期世界出口贸易量的增长率”;出口贸易值增长起伏较大,如“世界出口贸易值在1973年以后仍有较大的增长,并于1980年达到最高点20 014亿美元。但在该年以后世界出口贸易值便连年下降,1983年降到最低点为18 066亿美元”。

这主要是由于经济危机、能源危机、货币危机的爆发,这使贸易条件和国际收支状况变得更加恶化造成的。

一是经济危机。经济危机在1974年到1975年间资本主义世界爆发,其标志着战后资本主义世界经济已进入了“滞胀”时期,快速发展阶段已结束。这主要表现为高失业率、高通货膨胀率和低经济增长率。在这次经济危机之后,许多国家的经济一直回升无力,大量工人失业已成为经常的现象。与此同时,严重的通货膨胀更是一直困扰着这些国家。20世纪80年代初,资本主义世界又爆发了战后最严重的经济危机。由于经济危机的爆发,投资和生产长期不振,市场萎缩,贸易保护主义抬头,各资本主义国家为了转嫁危机、缓和国内的失业都高筑关税和非关税壁垒,限制外国商品的进口,这样,就直接影响了对外贸易的发展。

二是能源危机。1973年以来,能源危机爆发,石油资源短缺,供不应求,价格猛涨。如“1973年开始的第一次石油冲击使油价猛增3倍多,1979年油价又提高1倍。”原料和其他产品成本由于石油价格的上涨也不断提升,使得制成品的价格也不得不上涨,从而失去了在国外市场的优势竞争力,影响了销售,对贸易的发展极为不利。

三是货币危机。在20世纪70年代初,资本主义国际货币体制(美元为中心和以固定汇率制度为基础)已宣告彻底瓦解,货币危机爆发。固定汇率制被浮动汇率制取而代之,美元不再是中心货币,但其仍是很多国家的主要储存货币,在国际结算中也主要以美元为支付手段,美元的稍加变动,还是会对国际货币金融市场产生不小的影响,因此浮动汇率制的改革并没有改变资本主义金融市场日益加剧的不稳定状况,这对20世纪70年代以来国际贸易的发展是很不利的。

第三个阶段:本阶段主要是指20世纪80年代后半期至今,这一阶段是国际贸易的回升期,主要表现为世界出口贸易量的增长速度开始回升,如“发达市场经济国家的商品和服务贸易的出口贸易量年均增长率从1983—1992年的5 8%提高到1993—2002年的63%,2004年世界商品贸易量进一步长,达9%";出口贸易值增长迅速,如"1995年高达50 200亿美元,2000年世界贸易值达76 000亿美元,2004年世界出口贸易值为112 235亿美元";世界出口贸易量的增长速度超过世界经济增长速度,如"据世贸组织《2001年度报告》,1990—2000年间世界货物出口量年均增长率为68%,而世界国内生产总值年均增长率为2.3%。"

这一阶段国际贸易发展速度回升的主要原因有以下几个方面。

第一,科技革命成为促进国际贸易发展的关键因素。科技革命提高了劳动生产率,优化了产业结构,使国际贸易商品结构向高级、优化方向发展,并促进了国际服务贸易和技术贸易的发展。

第二,世界贸易集团化趋势不断加强。欧共体扩大并建立统一大市场;美国与加拿大签订自由贸易协定以及美国、加拿大和墨西哥建立北美自由贸易区;澳大利亚与新西兰签订密切经贸关系协定。

第三,资本的国际化,跨国公司大量出现,国家间相互投资加强。

第四,贸易方式多样化。贸易手段现代化,国际电子商务作用加强。

第五,西方主要国家货币汇率的大幅度升降,特别是美元大幅度贬值和日元、欧元大幅度升值直接影响贸易的回升。

(2)国际贸易集团化的趋势不断加强

国际贸易集团化在第二次世界大战后就已出现,并在20世纪50年代和60年代开始大量形成,80年代后半期达到鼎盛时期。1985年6月,欧共体委员会发表白皮书。1986年2月,欧洲经济共同体各国签署了《欧洲一体化文件》。至此,一切有形的、技术的和税务边界的障碍便被消除,市场各要素可以在国家间进行自由流动,促进着欧洲一体化的进程和统一大市场的目标的实现,为国际贸易的发展创造了有利条件。

1994年1月1日,北美自由贸易区正式建立。自《美加自由贸易协定》被签订生效后,自由贸易区发展迅速,货物和服务贸易以及资本流动的所有关税和非关税壁垒更是被打破。1989年,由18个国家参加的"亚太地区经济合作组织"部长会议的召开更进一步为区域自由化、国际贸易的发展消除了障碍。

(3)国际贸易结构向高科技产品、服务业发展

以信息技术为核心的科技革命蓬勃发展使得国际货物贸易的传统产品结构发生转变,高新技术产品,包括自动数据处理设备、半导体和电子元件等的出口量迅速增长。据国际电讯联盟发表的《1996—1997年世界电讯事业发展年度报告》,20世纪90年代初,国际电讯产品年贸易额为500亿美元,到1996年则超过了1 000亿美元。

随着人们生活水平的不断提升,对服务需求的加大,服务贸易在国际贸易中的地位得到不断提高,成了国际贸易的重要组成部分,国际服务贸易在整个世界贸易中的比重也日益加大,如"1985年,服务贸易出口额占整个世界出口贸易额的比重为16.1%,2002年提高到19.3%"。

(4)世界贸易组织多边贸易体制加强

顺应世界经济发展趋势,于20世纪90年代成立的世界贸易组织取代了关贸总协定,其使贸易自由化的纵深发展有了制度性的保证并取得了实质性进展。第一,世界贸易组织成员到

2015 年已达到了 160 个，其贸易额已占世界贸易额的 97%以上；第二，世界贸易组织是个永久性的正式的国际组织，具有国际法人的地位；第三，世界贸易组织负责实施管理的贸易协定与协议，从货物延伸到投资、服务贸易和知识产权，把货物、服务、投资与知识产权有机地结合了起来；第四，世界贸易组织对其成员的约束力和贸易争端解决能力均超过 1947 年的关税与贸易总协定；第五，世界贸易组织更为关注世界可持续发展和发展中国家，尤其是最不发达国家的贸易发展问题。多边体制的优越性促使越来越多的国家尤其是发展中国家加入以 WTO 为代表的多边贸易体制。

(5)跨国公司成为世界贸易的主要力量

20 世纪 90 年代，跨国公司的数量得到了不断增长，其在世界生产、贸易和投资中占主要地位，且技术贸易的比重呈现逐步加大的趋势。如跨国公司在“1993 年为 35 000 家，到 2001 年增长为 65 000 家，并且在全球的子公司达 850 000 家”“跨国公司国外子公司生产总值为 34 950 亿美元，销售额为 185 170 亿美元，相当于当年世界出口贸易额的两倍多”，而在 20 世界 90 年代末期，据统计“世界上最大的 422 家跨国公司掌握和控制了资本主义国家技术生产的 90%和技术贸易的 3/4”。

(6)发达国家在国际贸易中居主体地位

发达市场经济国家在世界贸易中仍占主体地位，但发展很不平衡。发达国家在世界贸易中占主体地位，这是世界贸易的主要特征之一。这种特征是在 19 世纪形成的，并在 20 世纪上半叶保持下来，在当代仍然未变。

二战前，1938 年，发达国家在世界出口总额中所占的比重为 65.9%，在世界进口总额中所占的比重为 76.5%。二战后，这两个比重经短期的下降以后即逐步上升。在 20 世纪 70 年代初期，这两个数字均达到最高峰，1970 年发达国家在世界出口中所占的比重为 70.9%，在世界进口中所占的比重为 71.6%。1973 年以后，世界贸易的格局发生了与 20 世纪 70 年代初以前不同的变化，发达国家在世界贸易中所占的比重逐渐下降，直到 1989 年才见回升。2002 年发达国家在世界出口中所占比重 63.6%，在世界货物进口中所占比重为 67.3%，均占世界货物进出口总额的 2/3 左右。可见，发达国家作为一个整体，在世界贸易中仍占主体地位。

(7)电子商务在国际贸易中发挥的作用越来越重要

随着经济全球化的深入发展，科学技术的进步，产业结构的不断调整，资源在全世界的优化配置，电子商务在国际贸易中发挥的作用越来越重要。它一方面改变了企业传统的生产、管理和营销模式，以及人们的消费方式；另一方面，也促进了世界产业结构的调整，推动了国际分工的深化和国际合作的开展，扩大并丰富了国际贸易的内容和形式，促使国际贸易更加便利和快捷，由此形成一套更新的贸易活动框架，从而为国际贸易降低了成本、增加了价值、创造了商机。

当前国际贸易还有许多特点，如高新技术的发展，继续推动商品结构的高级化和多样化；国际竞争不断加强，竞争越来越表现为综合实力的较量；国际资本流动与国际贸易相互结合的趋势不断加强，国际产业转移与国际贸易的发展相互促进；服务贸易继续快速发展，增速高于同期的世界经济和商品贸易的增速；国际贸易协调的范围和重点开始向以服务业、电信业、知识产权为代表的知识经济领域转移。

三、国际贸易的发展趋势

（一）国际贸易内涵提高，贸易商品结构向高档化、软性化发展

传统贸易商品以大批量、低附加值为主体，不能满足不同层次消费群体的特殊要求。随着世界经济的迅速繁荣，人们消费需求水平不断提高并向多元化发展，国际贸易商品结构必然会逐步向高档次转化。为了满足不同消费群体的需要，商品结构在高档化的同时，也会进一步柔性化或软性化，从而使得同样的产品会以个性化的加工或包装，实现小批量、高附加值的销售，以满足市场发展的需要。

（二）国际贸易实务操作进一步规范化

世界贸易组织的建立，使得国际商品交易过程进一步走向规范化。不仅如此，世界贸易组织的规范，还覆盖了过去关税与贸易总协定所不包括的农产品与纺织品贸易。同时，对于技术贸易、服务贸易和与贸易有关的投资问题也做出了具体的规范。在世界贸易组织的协调管理下，国际贸易业务及手段将进一步趋向规范。

（三）贸易集团化趋势加强，国际保护主义更加隐蔽化

在经济全球化进程中，区域经济一体化也有了巨大的发展。区域经济一体化对于加强区域经济合作，促进区域内贸易自由化有着非常积极的作用，一定程度上也推动了世界贸易的增长。但区域一体化的强化，形成贸易集团，对于非集团成员而言，则处于一种非常不利的地位。某些贸易集团的贸易政策或措施的影响远比单个国家的影响要大得多。例如，欧盟解除对华军售的问题，尽管有许多成员国要求解除对华军售，但成员国没有达成一致，个别国家也难有作为。

随着世界贸易的发展，关税壁垒和传统的非关税壁垒逐步削弱，但更为隐蔽的保护措施纷纷出现。一些发达国家或贸易集团为了保护自身的经济利益，提出了技术、环保、卫生、生态等方面的苛刻要求，形成所谓的"绿色壁垒"等新型的非关税壁垒，以促成比关税壁垒和传统非关税壁垒更为隐蔽、更具有针对性、更为灵活的贸易壁垒。

（四）国际贸易交易方式的电子化

信息革命是推动新世纪生产力迅速发展的最主要因素。建立在信息革命基础上的电子商务是国际贸易交易方式的一次重大变革。作为互联网环境下的商业化运用，电子商务把国内外的生产厂家、消费者、银行、物流体系，以及社会管理服务部门在网络平台上结合起来，大大提高了国际贸易交易的效率，必将进一步推动国际贸易方式的创新和国际贸易规模的扩大。

（五）国际贸易的外延扩展，货物贸易、技术贸易、服务贸易呈鼎足之势

传统国际贸易实际上主要是有形的商品货物贸易。随着商品贸易的发展和世界经济一体化的推进，技术、劳务等要素和金融、保险等领域也逐步加入国际贸易中来，而且技术贸易、服

务贸易以更快的速度在发展。进入新世纪后，技术贸易和服务贸易在整个国际贸易体系中所占份额不断提高。尤其是发达国家，技术贸易和服务贸易发展得更快，三者之间，大有三足鼎立之势。

第二节　国际贸易的特点和准则

一、国际贸易的地位和作用

国际贸易，联结着各国国内经济活动和国家间的经济活动，必然对一国经济和世界经济的发展产生一定的影响。其具体作用表现如下。

（一）国际贸易的地位

1.国际贸易是国际经济“传递”中的重要渠道

经济传递是指一个国家经济的盛衰对另一国产生的积极和消极的影响。世界各国在经济上是相互联系、相互依赖的，各国经济的繁荣或衰退会通过各种渠道影响其他国家，国际贸易则是各国经济活动相互传递的重要渠道。

2.国际贸易是各国进行政治斗争的重要手段

国际贸易已成为各国对外经济活动的重要内容，各国经济外交与政治外交日益融合为一体，对外贸易政策已成为各国对外政策的重要组成部分。通过对外贸易，维护本国的社会制度，建立经济贸易集团，扩大内部市场，促进经济相互发展，增强谈判的能力，维护世界和平，坚持正义。通过对外贸易制裁那些违背联合国宪章的行为，制裁违犯人权、实行种族歧视的国家。通过对外贸易，能够促进各国间相互的经济合作，改善国际环境，为经济发展创造良好的外部条件。

（二）国际贸易的作用

1.可以使各国的商品和劳务互通有无

由于受自然条件以及其他方面条件的制约，任何一个国家不可能独立生产所有商品，某些产品只能在少数国家生产出来，或者少数国家对某些商品的生产具有优势。国际贸易可以使各国互通有无，满足各国生产和经济发展对各种资源的需要。国际贸易可以调剂余缺，出口贸易为国内剩余的资源和商品解决“出路”问题，进口贸易可以补救一国或一时资源匮乏的困难，解决社会生产与社会需求的供求矛盾，保证本国社会生产顺利进行。

2.有利于扩大规模经济

不断扩大出口贸易，利用世界市场，就可以扩大商品生产的规模，因而可以降低产品生产要素各个方面分摊给单位产品的成本，提高经济效益，获得规模经济利益。

3. 有利于提高劳动生产率

扩大出口贸易，占领世界市场的首要条件，是发挥本国产品的优势，生产出具有国际竞争力的产品。因此在产品其他条件相同时，要不断提高劳动生产率，使本国产品价格低于国际市场价格，以获得价格竞争力。提高出口产品的劳动生产率不仅有利于出口产品降低成本，增加生产，而且可以带动整个国民经济各部门提高劳动生产率。

4. 有利于提高利润率

通过国际贸易可以从国外获得廉价的原料、燃料、辅助材料、机器、设备等，降低生产成本；通过国际贸易可以占领甚至垄断国外市场，以较高的价格出售产品或劳务；通过对外直接投资可以在全球范围内有效配置资源，从而，通过国际贸易提高利润率。

5. 有利于增加就业

人口也是一种资源，劳动力得不到充分就业也是一种资源的浪费。扩大对外贸易，无论是增加劳动密集型产品的出口，还是增加资本密集型产品、技术密集型产品的出口，都会增加各种类型的工作岗位。劳动者的充分就业，对外贸易的扩大，会引起整个国民生产总值的增长和国民收入的增加。

6. 能够带动相关经济部门的发展

国民经济的各个部门是相互联系、相互影响的。对外经济部门的扩大对其他经济部门产生后连锁的和前连锁的效应。所谓前连锁效应是指以其产品供应别的部门的需要。所谓后连锁效应是指由别的部门来供应本部门在生产中所投入的要素。一个国家出口部门越发展，对国民经济中其他经济部门的带动作用越大。

7. 有利于提高本国科技水平和生产力水平

通过国际贸易可以引进别国的先进技术和管理经验，消化吸收外国的新知识、新技术、新技能和新方法，并使之逐步国产化，可以有效地、迅速地提高本国的科技水平和生产力水平。

8. 有利于促进世界经济的发展

国际贸易是世界经济不可缺少的组成部分。尤其是“二战”后，国际贸易成为推动世界经济发展的重要力量之一。世界经济的发展对国际贸易的规模、速度、结构等有决定作用，而国际贸易的发展对世界经济的发展也有一定的促进作用。国际贸易能够密切各国的经济联系，促进生产、资本及经营的国际化，即整个世界经济的国际化。

二、国际贸易与传统贸易的对比特点

国际贸易与国内贸易都是商品与劳务的交换活动，前者是在国与国之间进行的，而后者则是在一国内部开展的；前者是后者的延伸、扩大，后者是前者的基础、起点。虽然两者并不存在本质的不同，只不过是范围和程度上的差异，但在传统的贸易方式下，跨国的交易比国内贸易更具复杂性，难度也更大。

（一）跨国交易上具有复杂性

国际贸易交易双方分别属于不同的国家或地区，在交易过程中涉及的语言文字、货币制度、度量衡制度、法规管理、地理环境、风俗习惯、商业惯例等方面的差异均比国内贸易复杂得多。

交易双方在贸易交谈、电讯联系、合同签订和单证处理上，如果不采用一种共同的语言，国际之间的交易往来就无法顺利进行。当今国际贸易中最通行的、最基本的商业语言是英文。在东欧、北欧常用德文、法文，中西非通行法文，西班牙及中南美采用西班牙文；另外日文、俄文及汉语等也是在一定地区通行的语言。作为贸易商，必须通晓交易双方使用的语言才能交易。近年来，有些国家法规规定，进口商的包装商标及说明书等必须用两种甚至三种文字对照说明，否则不准进口，这就增加了交易过程中语言文字的复杂性。

国际贸易中，由于各国货币制度与度量衡制度的不同，交易双方结算货币的选择、支付工具与支付方式的选择以及度量衡制度的选择与换算均比国内贸易复杂得多。

各国对外贸易政策措施、商业法律、法规管理与商业管理都不完全一致，有的差异较大，如配额与许可证管理、海关与商检管理等，因而国际贸易工作者必须熟悉两圈的规定与习惯，并在合同条款中明确达成一致的含义，以避免不必要的麻烦与纠纷。

另外，地理环境、气候因素与风俗习惯不同，对各国进口商品结构、销售季节、运输方式、商品包装的禁忌与爱好均有很大影响，也使国际贸易变得更为复杂。

（二）业务处理方面具有困难性

国际贸易的复杂性同时也产生国际贸易交易活动的困难性。具体表现在：市场调研更困难，因交易技术更新快、贸易障碍多、法规惯例理解的不一致以及贸易纠纷处理方式不同带来的贸易难度大等方面。

国际贸易的市场调研比国内贸易要困难得多。因其市场大且多变，所以，交易对方资信的收集不容易。此外，开拓国外新市场、选择何种销售渠道进入、定价及贸易伙伴的选择都有一定的难度。贸易双方的交易手段，从信函到电报、电传、传真以至EDI（电子数据交换）的采用，交易技术与业务处理方式日新月异，进出口企业都要及时适应。合同签订后，在履约过程中，由于各种情况复杂多变，容易引起各种贸易纠纷，如果通过调解、仲裁或诉讼来处理贸易纠纷，从处理到裁决执行均比国内贸易困难。

（三）商业活动方面具有风险性

国际贸易中商业活动面临的风险比国内贸易大得多。一方面表现在信用风险、商业风险、运输风险、价格风险、外汇风险、政治风险等方面。由于交易双方分别处于不同国家，双方相互了解的程度是有一定限制的，这样，信用风险、商业风险就明显增加了；长途的运输增加了货物运输风险；国际商务价格变幻莫测，外汇汇率的急剧变化也增加了国际贸易的风险性。另一方面，由于国际贸易的复杂性与困难性，交易双方分属不同的国家，从交易洽谈到签约、履约，时间长，风险也相对较大。因此，对新客户来说，尤其要注意防范各种风险。

国际贸易的上述特点，要求从事国际贸易的企业要不断树立良好的商业信誉和资信。国际贸易经营者必须具备优秀的外语和专业知识水平，以适应本专业的需要。

以上说明国际贸易在世界经济发展中已居于十分重要的地位，随着生产国际化的发展，各国在发展经济中相互依赖，进一步发展对外贸易是发展各国经济乃至发展世界经济所必需的，国际贸易已成为世界经济的重要组成部分。

三、国际贸易准则

为了有效地开展国际贸易，根据国际、国内有关法规和国际贸易实践经验，在对外订立、履行合同和处理合同争议的过程中，必须遵循下列行之有效的准则。

（一）当事人法律地位平等

在订立进口合同和履约过程中，交易双方当事人都处于平等的法律地位，都同样受到法律的约束和保护。我国合同法第 3 条明确规定："合同当事人的法律地位平等，一方不得将自己的意志强加给另一方。"

（二）公平交易

公平交易是国际上公认的一项通行的准则，于此相对应的是显失公平，即明显地偏袒一方的当事人而损害另一方当事人的合法权益。我国合同法第 5 条规定："当事人应遵循公平原则确定各方的权利和义务。"据此，当事人约定履行的义务和享受的权利应当对等，应当公平合理。否则，受损害一方当事人有权请求法院或仲裁机构予以纠正。

（三）缔约自由

缔约自由是指根据当事人意思自治的原则订立合同，它是国际上一般通行的准则。《国际统一司法协会国际商事合同通则》第 1.1 条中明确规定："当事人有权自由订立合同并确定合同的内容。"我国合同法第 4 条规定："当事人享有自愿订立合同的权利，任何单位和个人不得非法干涉。"在此需要说明的是，缔约自由，并不意味着当事人可以随意订立合同，而是要依法订立合同，即在订立合同的程序上和合同的内容，都应遵守法律和行政法规。

（四）恪守合同

进出口合同订立后，交易双方都应严格履行约定的义务，任何一方都不得擅自单方面变更合同内容和终止合同，如一方不履行合同或违反约定条件，即构成违约。守约方有权追究违约方的法律责任。若当事人因不可抗力等原因不能履行或不能按期履行合同时，也应及时向对方通报情况，以避免对方的损失扩大。即使一方当事人因故需要变更或解除合同，也应与对方协商，并取得对方的同意方可。总之，合同是对方当事人具有法律约束力的文件，当事人必须严肃对待合同，不折不扣地使用合同权利和履行合同义务。

（五）诚实信用

在《联合国国际货物销售合同公约》中，强调开展国际贸易必须遵循诚实守信用的原则。我国合同法第 6 条规定："当事人行使权力、履行义务应当遵循诚实守信原则。"由此可见，诚实守信是当事人订立、履行合同和处理合同争议必须遵循的准则。诚实守信原则是一项强制性规范，它将道德规范与法律规范融为一体，当事人既不得约定排除其适用，也不得有任何违反此项准则的行为。

（六）遵守法律

遵守法律是一项最基本的强制性的规范，也是国际上公认的准则。因此，在订立、履行合同和处理合同争议过程中，合同各方当事人都必须具有法律意识和法治观念，严格遵守与法律，切实依法行事。

订立合同是一种法律行为，只有依法成立的合同，才具有法律效力，才能收到法律的保护。履行依法成立的合同，同样是一种法律行为，它行使约定权利和履行约定义务，就有实际法律意义，就同样能受到法律保护。在处理进出口合同争议时，除法律本身有规定外，当事人可以选择或约定处理合同争议适用的法律。总之，在订立、履行合同处理合同争议时，都必须符合法律规定，才能得到法律保护。否则，不仅得不到法律保护，还得承担违法的后果。

第二章　国际贸易相关理论

国际贸易理论是影响到国际贸易活动的重要因素。人们对国际贸易的认识往往都是建立在国际贸易相关理论的基础上。关于国际贸易理论的研究已经有400多年。历代的经济学家在自己认识的基础上积极探索适宜于各国情况的贸易发展理论。

第一节　绝对优势理论和比较优势理论

一、绝对优势理论

亚当·斯密是英国古典政治经济学的杰出代表，他总结了始于17世纪中叶的由威廉·配第(William Petty)开创的古典政治经济学思想，以代表作《国民财富的性质和原因的研究》(An Inquiry into the Nature and Causes of the Wealth of Nations)(又称《国富论》)构建了古典政治经济学的理论体系。他的地域分工原理和以此为基础的国际贸易理论，是古典政治经济学理论的重要组成部分。

(一)绝对优势理论的产生背景

亚当·斯密(Adam Smith，1723—1790)，英国著名的经济学家，资产阶级古典经济学派的主要奠基人之一，国际分工及国际贸易理论的创始者。

在亚当·斯密所处的时代，英国资本主义迅速发展，新兴的资产阶级希望通过对外贸易寻找新的市场。但当时比较流行的重商主义和贸易保护主义制约了对外贸易的扩大，乡间的行会制度制约了生产者和商人的活动，新兴资产阶级从海外获得廉价原料和广阔市场的愿望难以实现。亚当·斯密站在产业资产阶级的立场上，反驳了重商主义、贸易保护主义等思想和理论，主张自由贸易，创立了自由放任的自由主义经济理论，在国际分工、国际贸易方面，提出了主张自由贸易的绝对优势理论。

(二)绝对优势理论的基本假设

(1)理论分析模型：2×2×1静态模型，即两个国家、两种产品、一种生产要素(劳动)。

(2)生产技术特征：投入的边际产量固定，平均成本不变；规模报酬不变。

(3)交易成本：不存在，主要是假定没有运输费用，没有关税或其他贸易限制。

(4)要素流动性：每个国家拥有固定的劳动，且劳动是充分就业的和同质的，可以在国内不同部门之间流动，但不能在国际流动。

(5)市场结构特征：完全竞争的商品和要素市场。

(6)生产函数：两国不同。

(7)消费者偏好：两国相同。

(8)理论基础：劳动价值论。

(三)绝对优势理论的主要论点

亚当·斯密从一个简单事实入手，那就是两个国家若自愿进行贸易，它们一定都能够从贸易中获利。如果一个国家无利可得或者只有损失，就会拒绝进行贸易。斯密指出，当两国都拥有各自的绝对劳动生产率优势时，这种互利贸易就产生了。贸易模式是两国各自专业化生产并出口自己具有绝对优势的产品，进口不具有绝对优势的产品。贸易得利来源于国际分工和专业化生产提高了的劳动生产率。这就是绝对优势理论的基本原理。

1.分工可以提高劳动生产率

亚当·斯密认为，人类有一种天然的倾向，就是交换。交换是人类出于利己心并为达到利己的目的而进行的活动。人们为了追求私利，便乐于进行这种交换，而通过市场这只无形的手会给社会带来利益。他认为，人们为了交换自己所需要的产品，就应根据自己的特点进行社会分工，然后出售彼此在优势条件下生产的产品，这样双方都会获利。

亚当·斯密非常重视分工，他认为分工可以提高劳动生产率，因而能增加国家财富。他以手工制扣针的工厂为例，在没有分工的情况下，一个粗工每天至多只能制造20枚针，有的甚至连1枚针也制造不出来。而在分工之后，平均每人每天可制针4 800枚，每个工人的劳动生产率提高了几百倍，从而论证了分工对提高劳动效率、增加物质财富的积极作用。因此，亚当·斯密主张分工，认为在生产要素不变的情况下，分工可以提高劳动生产率。分工促进劳动生产率的提高主要通过以下三个途径来实现：第一，分工可以提高劳动者的熟练程度；第二，分工使每个人专门从事某项生产，从而节省与生产没有直接关系的时间；第三，分工有利于发明创造和改进工具。

2.分工的原则是绝对优势

亚当·斯密认为，为提高劳动生产率，每个人都应该从事他最有优势产品的生产，然后再通过彼此之间的交换，使双方共同获利。在亚当·斯密看来，国际之间同样适用分工原则，因为不同的国家有不同的有利的生产条件，在某些商品上生产成本低，具有绝对优势。若每个国家都按照其绝对有利的生产条件去进行去生产某种商品，然后彼此再进行交换，则所有参加交换的国家都可以从中获利。因此一种商品在别国生产相对廉价的情况下，最好是通过交换获得，而不是自己生产。

3.绝对优势来源于有利的自然禀赋或后天的有利条件

亚当·斯密认为，各国的绝对优势可能来源于两个方面：一是各国固有的所具备的自然资源；二是各国后来通过自身努力而具备的有利条件。自然资源和有利条件可以使得本国生产某一种产品的成本低于别国而效率高于别国。因而在这种产品上该国相对于国际上其他国家具有绝对的有利地位，其条件也就是绝对优势。如果参与这些具备优势条件的国家生产出的产品能够进行彼此交换，从而将提高各国在其他条件方面的使用效率，并推进该国这一产品的生产效率。由于各国的分工是按照各国在各个领域内的绝对优势进行的，因此这个理论的名称可以称为绝对优势理论。

（四）绝对优势理论的内容

亚当·斯密认为如果各国都能够按照绝对优势理论的要求进行国际分工和国际贸易，那么世界各国的自然资源、劳动力和资本就都会得到充分的利用，各国的劳动生产率会得到普遍提高，物质财富将大大增加。这一原理我们可以用一个两国两商品模型加以说明。

现假设两国具有相同的劳动人数 100 人，由于两国的劳动生产率不同，同样的劳动人数每年生产的产品产量也不同。如果两国都生产小麦和玉米，假设美国每人每年生产小麦 6 吨，生产玉米 4 吨；英国每人每年生产小麦 1 吨，生产玉米 5 吨，如表 2-1 所示。则两国每年拥有的产品状况如表 2-2 所示。

表 2-1 美国和英国的劳动生产率

商品 / 国家	美国	英国
小麦（吨/年人）	6	1
玉米（吨/年人）	4	5

表 2-2 美国和英国每年拥有的产品状况

商品 / 国家	美国	英国
小麦（吨）	600	100
玉米（吨）	400	500

由于美国每人每年可生产小麦 6 吨，而英国每人每年只能生产小麦 1 吨，因此，美国人在生产小麦上的劳动生产率高于英国，因而具有绝对优势；另一方面，英国每人每年可生产玉米 5 吨，而美国每人每年只能生产玉米 4 吨，因而英国人在生产玉米上的劳动生产率高于美国，因而具有绝对优势。这样美国人可专门生产小麦，通过贸易，交换所需的玉米，而英国则相反。

为了进一步说明专业化分工与国际贸易的好处，我们可以用一个假设的例子来说明。如果两国都实行闭关锁国，不与别国进行贸易，为了满足自己的需要，两国都必须同时生产两种产品。为了理解上的方便，我们假设每个国家都将劳动力资源平分到两种生产商品上，那么在这种状况下，两国的生产状况如表 2-3 所示。在没有贸易的条件下，各国的生产量也就是他的消费量。

表 2-3　美国和英国每年生产(消费)的产品状况(分工前)

国家＼商品	美国	英国
小麦(吨)	300	50
玉米(吨)	200	250

在两国实行专业化分工以后,按照绝对比较优势原理,美国专门去生产小麦,英国专门去生产玉米。在这种情况下进行分工,则两国的生产状况如表 2-4 所示。

表 2-4　美国和英国每年生产的产品状况(分工后)

国家＼商品	美国	英国
小麦(吨)	600	
玉米(吨)		500

假定分工后,按照 1∶1 的交换比例,美国拿出 220 吨小麦与英国交换 220 吨玉米,这样美国比自给自足时多消费了 80 吨小麦和 20 吨玉米。而英国则比自给自足时多消费了 170 吨小麦和 30 吨玉米,如表 2-5 所示。两国比贸易前都增加了消费,都超过了自给自足时的消费水平。这就是贸易带来的“双赢”。

表 2-5　美国和英国每年生产的产品状况(贸易后)

国家＼商品	美国	英国
小麦(吨)	380	220
玉米(吨)	220	280

在上面这个例子中,我们假设美国与英国的交换比例是 1∶1,而实际的交换并不一定按照 1∶1 进行交换。究竟按照什么样的比例进行交换取决于国际市场的供需状况。但是,有一点是可以肯定的,那就是美国 3 吨小麦换取的玉米量一定要多于 2 吨,否则美国就会自己去生产玉米;同样英国 1 吨玉米换取的小麦不能小于 0.2 吨,否则就无利可图。至于英国获利比美国大这个事实并不重要,重要的是两国通过相互分工与贸易均获得了利益。

(五)对绝对优势理论的评价

1. 贡献

第一,开创了对国际贸易进行经济分析的先河。亚当·斯密把国际贸易理论纳入了市场经济的理论体系，第一次从生产领域阐述了国际贸易的基本原因；首次论证了国际贸易不是“零和博弈”，而是一种“双赢博弈”，揭示了国际分工和专业化生产能使资源得到更有效的利用，从而提高劳动生产率的规律。

第二，推动了历史进步。绝对优势理论反映了当时社会经济中已成熟了的要求，成为英国新兴产业资产阶级反对贵族地主和重商主义者，发展资本主义的有力理论工具，在历史上起过进步作用。

第三，具有重大的现实意义。亚当·斯密在其《国富论》中运用分工理论对自由贸易的合理性进行了论证，指出只要两个国家各自出口生产成本绝对低或者具有绝对优势的产品，进口生产成本绝对高或者具有绝对劣势的产品，就可以使两个国家都有利可图或者说获得贸易利益：这一理论虽然已有200多年的历史，仍具有重大的现实意义。“双赢博弈”理念至今仍然是各国扩大开放、积极参与国际分工贸易的指导思想。

2.局限性

绝对优势理论没有揭示国际贸易产生的一般原因，不能解释国际贸易的全部。而只说明了国际贸易中的一种特殊情形，即具有绝对优势的国家参加国际分工和国际贸易能够获益，而对一个国家在所有贸易产品的生产上都不具有绝对优势时的贸易基础则没有论述。因而它只能解释经济发展水平相近国家之间的贸易，无法解释绝对先进和绝对落后国家之间的贸易，带有极大的局限性，还不是一种具有普遍指导意义的贸易理论。其后，大卫·李嘉图用比较优势理论，回答了绝对优势理论回答不了的问题，更好地解释了贸易基础和贸易所得。

二、比较优势理论

大卫·李嘉图是古典政治经济学的集大成者。他在1817年出版的主要代表作《政治经济学及赋税原理》(On the Principles of Political Economy and Taxation)中继承和发展了斯密的学说，提出了比较优势理论，迄今比较优势思想一直是主流贸易理论的核心思想。

(一)比较优势理论的产生背景

李嘉图所处的时代，英国工业革命迅速发展，资本主义不断上升。到19世纪初，英国成了“世界工厂”，工业资产阶级的力量得到进一步加强。但是，地主贵族阶级在政治生活中还起着重要作用。新兴工业资产阶级同地主贵族阶级之间的矛盾是当时英国社会的主要矛盾。这一矛盾由于工业革命的发展而达到异常尖锐的程度。在经济方面，他们的斗争主要表现在《谷物法》的存废问题上。

《谷物法》是1815年英国政府为维护地主贵族阶级的利益而限制谷物进口的法令。该法令规定，必须在国内谷物价格上涨到限额以上时才准进口，而且这个价格限额还要不断地提高。由此引起英国粮价上涨、地租猛增，地主贵族阶级显著获利，工业资产阶级的利益却严重受损。因为一方面，国内居民对工业品的消费因购粮开支增加而相应减少；另一方面，工业品成本因粮价上涨而提高，削弱了工业品的竞争力。《谷物法》的实施还使外国以高关税来阻止英国工业品对它们的出口。于是，英国工业资产阶级同地主贵族阶级围绕《谷物法》的存废展开了激烈的斗争。

李嘉图在这场斗争中站在工业资产阶级一边，他继承和发展了斯密的理论，在其代表作《政治经济学与赋税原理》一书中，提出了以自由贸易为前提的“比较优势理论”，为工业资产阶级提供了有力的理论武器。李嘉图认为，英国不仅要从国外进口粮食，而且要大量进口，因为英国在纺织品生产上所占的优势比在粮食生产上所占的优势更大，所以英国应放弃粮食生产，专门发展纺织品生产。

（二）比较优势理论的基本假设

大卫·李嘉图的比较优势理论建立在一系列的假设条件下，主要为：

（1）假定贸易中只有两个国家和两种商品（X商品与Y商品），这一个假设的目的是为了用一个二维的平面图来说明这一理论。

（2）两国在生产中使用相同的技术。如果要素价格在两国间是相同的，两国在生产同一商品时，就会使用相同数量的劳动。由于要素价格通常是不同的，因此，各国的生产者都将使用更多的低价格要素，以降低生产成本。

（3）模型只假定在物物交换条件下进行，没有考虑复杂的商品流通，而且假定1个单位的X产品和一个单位的Y产品等价（不过它们的生产成本不等）。

（4）在两个国家中，商品与要素市场都是完全竞争的。

（5）在一国内要素可以自由流动，但是在国家间不流动。

（6）分工前后生产成本不变。

（7）不考虑交易费用和运输费用，没有关税或影响国际贸易自由进行的其他壁垒。但是，在贸易存在的条件下，当两国的相对商品价格完全相等时，两国的生产分工才会停止。如果存在运输成本和关税，当两国的相对价格差小于每单位贸易商品的关税和运输成本时，两国的生产分工才会停止。

（8）价值规律在市场上得到完全贯彻，自由竞争，自由贸易。

（9）假定国际经济处于静态之中，不存在其他影响分工和经济变化的因素。

（10）两国资源都得到了充分利用，均不存在未被利用的资源和要素。

（11）两国的贸易是平衡的，即总的进口额等于总的出口额。

（三）比较优势理论的主要论点

比较优势理论认为，在两国间，劳动生产率的差距并非在任何商品上都相等。对于处于绝对优势的国家，应集中力量生产优势较大的商品，处于绝对劣势的国家，应集中力量生产劣势较小的商品，然后通过国际贸易，互相交换，彼此都节省了劳动，都得到了益处。

1. 分工的原则是比较优势

比较优势的定义是：如果一个国家在本国生产一种产品的机会成本（用其他产品来衡量）低于在其他国家生产该产品的机会成本的话，则这个国家在生产该种产品上就拥有比较优势。

2. 比较优势的核心内容是“两优取其重，两劣取其轻”

李嘉图举例说：如果两个人都能制造鞋和帽，其中一个人在制鞋时强1/3，在制帽时强

1/5，那么这个较强的人专门制鞋，而那个较差的人专门制帽，然后进行交换，则对双方都有利。

他采用了由个人之间的经济关系推及国家之间的经济联系这种实证的方法。一国与另一国相比，如果其劳动生产率在任何商品的生产中均高于另一国，处于绝对优势；或如果其劳动生产率在任何商品的生产中均低于另一国，处于绝对劣势，但只要本国集中生产那些绝对优势最大或绝对劣势最小的产品，即按照"两优取其重，两劣取其轻"的原则，进行国际分工与国际贸易，同样交易双方不仅都可以从中获益和实现社会劳动的节约，而且还会增加社会财富。

这样的两国进行贸易从而获得利益是由比较成本—比较优势—比较利益这一结构链决定的。比较利益是发生国际分工和国际贸易的基础，而产生比较利益的原因则是各国间劳动生产率的差异及由此产生的劳动成本的差别。

（四）比较优势理论的例证分析

现假设世界上只有甲、乙两个国家，它们均生产X、Y两种产品，其实行分工前后的情况如表2-6所示。

表2-6　比较优势理论下的国际分工

国家	国际分工前				国际分工后			
	X产品		Y产品		X产品		Y产品	
	劳动量	产量	劳动量	产量	劳动量	产量	劳动量	产量
甲国	1	1	2	1	3	3	0	0
乙国	6	1	4	1	0	0	10	2.5
世界	7	2	6	2	3	3	10	2.5

分工前，甲国生产1单位X产品需要1个单位劳动，而生产1个单位的Y产品需要2个单位的劳动。相比之下，乙国生产1个单位X产品和1个单位Y产品分别需要6个单位和4个单位的劳动。显然，甲国劳动生产率在X和Y产品的生产上均高于乙国。世界全部产出为4个单位，每一个国家分别获得1个单位的X产品和1个单位的Y产品。世界劳动总支出为13个单位，即甲国为3个单位，乙国为10个单位。根据两优取强和两劣取弱的原则进行分工后，由于甲国的比较优势在于生产X产品，因而应集中生产X产品，放弃生产Y产品；乙国的相对优势在于生产Y产品，因而应集中生产Y产品，而放弃生产X产品。

分工后，甲国用原来全部3个单位的劳动去生产X产品，这时得到3个单位的X产品(3/1)；乙国用原来全部10个单位的劳动去生产Y产品，这时可得到2.5个单位的Y产品(10/4)。甲国在保持专业化分工前1个单位X产品消费的同时，还可以用2个单位的X产品来换取乙国生产的Y产品进行消费；乙国则在保持专业化分工前1个单位Y产品消费的同时，还可以用1.5个单位的Y产品来换取甲国生产的X产品进行消费。贸易的基础在于利益的比较：以X产品为Y产品的价值衡量标准，乙国Y产品的劳动成本4/6小于甲国的2/1；而以Y产品为X产品的价值衡量标准，乙国X产品的劳动成本6/4大于甲国的1/2。这就决定了交换的基础，即甲国的优势在于X产品的生产，而乙国的优势在于Y产品的生产。

（五）对比较优势理论的评价

大卫李嘉图的比较优势理论具有合理的、科学的成分和历史的进步意义。其主要贡献就在于，他证明了无论各国是否具有绝对优势，都存在着使双方获益的贸易基础。但同时李嘉图的比较优势理论也存在着一定的局限性。

1. 贡献

诺贝尔经济学奖获得者保罗·萨缪尔森认为，经济学中有许多不可否认的正确原理，但对许多人来说并非显而易见，比较优势就是一个最好的例子。

第一，比绝对优势理论更全面、更深刻。从理论分析的角度考察，比较优势理论分析研究的经济现象涵盖了绝对优势理论分析研究的经济现象，这说明了斯密所论及的绝对优势贸易模型不过是李嘉图讨论的比较优势贸易模型的一种特殊形态。将只适用于某种特例的贸易模型推广至对普遍存在的一般经济现象的理论分析，正是李嘉图在发展古典国际贸易理论方面的一大贡献。该理论为具有比较优势的国家参与国际分工和国际贸易提供了理论依据，因而具有划时代的意义，成为国际贸易理论的一大基石。

第二，具有普遍适用性。“两优取其重，两劣择其轻”的比较优势原则不仅是指导国际贸易的基本原则，也成为合理进行社会分工，以取得最大社会福利与劳动效率的原则。因而比较优势的思想除了可以用于对国际贸易问题的分析以外，还在社会生活的其他诸多方面有着较为广泛的一般适用性。

第三，在历史上起过重大的进步作用。李嘉图继承了亚当·斯密的经济自由主义思想，极力主张推行自由贸易的政策，认为对外贸易可以使一国的产品销售市场得以迅速扩张，因而十分强调对外贸易对促进一国增加生产、扩大出口供给的重要作用。斯密和李嘉图站在当时新兴产业资产阶级的立场上，为了给产业资本所掌握的超强的工业生产能力以及由此产生的大量剩余产品寻找出路，从供给的角度论证了推行自由贸易政策的必要性和合理性。从这个意义上说来，可以将斯密和李嘉图的贸易思想归于贸易理论研究上的“供给派”(School of Supply)，它曾为英国产业资产阶级争取自由贸易提供了有力的理论武器，而自由贸易政策又促进了英国生产力的迅速发展。

2. 局限性

第一，李嘉图劳动价值论的不完全和不彻底。比较优势理论以劳动价值论为基础，但根据李嘉图的劳动价值论，劳动是唯一的生产要素或劳动在所有的商品生产中均按相同的固定比例使用，而且所有的劳动都是同质的，因此，任何一种商品的价值都取决于它的劳动成本。显然这些假设和观点是不切实际的，甚至是错误的，所以，仅用劳动成本的差异来解释比较利益是不完整和不完全的。

第二，静态分析的局限性。李嘉图和斯密一样，研究问题的出发点是一个永恒的世界，在方法论上是属于形而上学的。他的比较优势理论建立在一系列简单的假设前提基础上，把多变的经济世界抽象成静止的均衡的世界，因而所揭示的贸易中各国获得的利益是静态的短期利益，这种利益是否符合一国经济发展的长远利益则不得而知。李嘉图虽然偶尔也承认，当各国的生产技术及生产成本发生变化之后，国际贸易的格局也会发生变化，但遗憾的是，他并没有进一步阐述这一思想，更没有用来修正他的理论。

第三，对国际贸易中深层次问题的研究不够深入。李嘉图模型忽略了引起各国劳动成本差异的原因、互利贸易的范围以及贸易利得的分配等问题，因而对国际贸易问题的研究不够系统。

第四，李嘉图模型对国际贸易产生原因的剖析不全面。李嘉图模型忽略了各国资源禀赋的差异、规模经济等都是贸易产生的原因，因此漏掉了贸易体系的一个重要方面，这使它无法解释明显相似的国家之间大量的贸易往来。

第二节 赫克歇尔—俄林资源禀赋贸易模型

大卫·李嘉图从各国生产同一产品时存在劳动生产率差异的角度，以比较成本阐明了产生国际分工和国际贸易的原因。20 世纪 20 年代，瑞典经济学家赫克歇尔和俄林认为比较成本或比较优势的来源是资源禀赋差异，从而提出了比较优势的另一种解释，即生产要素禀赋理论，也常常被称为 H—O 理论或 H—O 模型。

一、要素禀赋理论的产生背景

要素禀赋理论的产生始于对斯密和李嘉图贸易理论的质疑。在斯密和李嘉图的理论中，技术差异是各国在生产成本上产生差异的主要原因。可是，到了 20 世纪初，各国尤其是欧美之间的交往已经比较普遍，技术的传播已不是非常困难，不同国家的生产技术已非常接近甚至相同，但成本差异仍然很大。对此，斯密和李嘉图的理论无法解释。

1919 年，埃利·赫克歇尔发表了题为《对外贸易对收入分配的影响》的著名论文，认为除了技术差异以外，一定有其他原因决定各国在不同产品上的比较优势，而其中最重要的是各国生产要素禀赋的差异。赫克歇尔从生产要素的禀赋和使用比例来阐述了贸易的基础，也揭示了贸易对生产要素价格的影响，从而提出了建立在生产要素禀赋基础上的比较优势理论。

作为赫克歇尔的学生，贝蒂尔·俄林(Bertil Ohlin)对其老师的要素禀赋论作了重大补充和发展。俄林对其理论的阐述首见于他 1924 年发表的博士论文《贸易理论》中，而后在 1933 年出版的《区间贸易和国际贸易论》中，以赫克歇尔所提出的要素分析原理为基础，更周密地论证了要素禀赋差异决定国际贸易的原因和贸易流动的方向，提出了完整的要素禀赋理论，在西方经济学界产生了巨大的影响。

要素禀赋论(Factor Endowment Theory)又被称为赫克歇尔—俄林模型，简称赫—俄模型(H—O 模型)或赫—俄定理。要素禀赋论对古典国际贸易理论，尤其是对李嘉图的单一要素模型做出了修正和完善，从各国要素禀赋的差异来解释国际贸易的成因，论证国际分工的好处和自由贸易的必要性，从而在马歇尔等人的理论之后，全面地确立了新古典国际贸易理论的基本框架。

二、要素禀赋理论的相关概念

（一）要素禀赋与要素丰裕度

要素禀赋（Factor Endowment）是指一国所拥有的各种生产要素的数量。

要素丰裕度（Factor Abundance）是从一国整体的角度来衡量其要素禀赋状况，即一国所拥有的某种（或各种）生产要素的丰富程度。判断一国的要素丰裕度一般有两种方法：一种是以实物单位定义，即用各国所有可以利用的生产要素，如资本和劳动的总量来衡量，又称物质定义法（Physical Definition）。另一种则是用要素的相对价格来定义，即以生产要素相对价格的高低作为衡量一国要素禀赋的标准，因而又称价格定义法（Price Definition）。

（二）要素密集度和要素密集型产品

要素密集度（Factor Intensity）衡量的是产品中生产要素的投入比例，或者说是不同要素的密集使用程度。假设两种产品 X 和 Y，分别使用资本（K）和劳动（L）两种投入要素，且两要素的投入比例分别为$(K/L)_X$、$(K/L)_Y$，如果$(K/L)_Y>(K/L)_X$，则称 Y 为资本密集型产品，而 X 为劳动密集型产品。同样要注意，要素密集度也是一个相对概念。

根据产品生产所投入的生产要素中所占比例最大的生产要素种类不同，可把产品划分为不同种类的要素密集型产品（Factor Intensive Commodity）。例如生产小麦投入的土地占的比例最大，则称小麦为土地密集型产品；生产纺织品投入的劳动占的比例最大，则称纺织品为劳动密集型产品；生产汽车投入的资本所占的比例最大，则称汽车为资本密集型产品；生产电子计算机投入的技术所占的比例最大，则称电子计算机为技术密集型产品，以此类推。

（三）生产要素和要素价格

生产要素（Factor of Production）是指生产活动必须具备的主要因素或在生产中必须投入或使用的主要手段。通常指土地、劳动和资本三要素，加上企业家的管理才能为四要素，有人把技术知识、经济信息也当作生产要素。要素价格（Factor Price）则是指生产要素的使用费用或要素的报酬。例如，土地的租金、劳动的工资、资本的利息、管理的利润等。

三、要素禀赋理论的假设前提

与李嘉图的比较优势理论一样，要素禀赋理论也是建立在若干假设前提基础之上的。这些假设前提有的与比较优势理论的假设前提是一致的，有的则是对比较优势理论的假设前提的重大修正。假设前提如下。

（1）2×2×2 模型。即世界上只有两个国家（要素丰裕度不同），每一个国家都使用两种生产要素（资本和劳动），从事两种不同要素密集度产品（资本密集型产品和劳动密集型产品）的生产。这就是所谓标准的“2×2×2”国际贸易理论模型。这一假设目的是便于用一个二维的平面图来说明这一理论。

(2)充分就业和贸易平衡。假设两个国家的所有生产要素都被充分利用,因此国内均衡是充分就业均衡,国际均衡是在贸易平衡的条件下实现的均衡。

(3)要素禀赋的非对称性。假设两个国家所拥有的两种生产要素的数量不同。其中,一个国家资本较为充裕因而利息率相对较低,而另一个国家劳动较为充裕因而工资率相对较低。资源禀赋差异或者说非对称性是要素禀赋理论的最基本和最主要的假设。

(4)技术的对称性。即具有相同的生产函数,两个国家在两种产品生产上所使用的技术完全相同,产量只是生产要素投入量的因变量,而且反映每种产品生产技术的生产函数都满足边际收益递减和规模报酬不变两个假设。生产技术相同这一假设,意味着如果要素价格在两国是相同的,两国在生产同一产品时就会使用相同的劳动和资本比例。由于要素价格通常是不同的,因此各国的生产者都将使用更多的价格便宜的要素以降低生产成本,是为了排除因国际技术的差异导致的生产成本差异与商品价格差异,从而把后者有效地归于生产要素禀赋的差异。

(5)自由竞争与自由贸易。每个国家内部的产品和要素市场都表现为完全竞争的市场特征,两国两种产品的生产者和消费者数量众多,资本和劳动的使用者和供给者都是价格的接受者。

(6)两国消费偏好相同。两国消费偏好相同表明,两国需求偏好的无差异曲线的形状和位置完全相同。当两国的商品相对价格相同时,两国消费两种商品比例也是相同的,而且不受收入水平的影响。

(7)在两国的两种商品、两种生产要素市场上,竞争是完全的。

(8)没有运输成本,国与国之间的贸易没有关税和其他贸易限制

由以上假设可知,除两国要素禀赋不同外,其他一切条件都是完全相同的。

要素禀赋理论的基本假设前提与大卫·李嘉图比较优势理论的不同之处,主要体现在以下三个方面:一是大卫·李嘉图是在单要素模型中展开分析的,商品价值是由生产商品所花费的劳动时间决定的,而要素禀赋理论是对两要素模型进行分析。二是大卫·李嘉图认为国内等量劳动相交换的原则不能在国际贸易中应用,而要素禀赋理论则暗含着国内、国际贸易都是不同区域间的商品交换,本质上是相同的。三是大卫·李嘉图认为国际贸易产生的原因主要是各国在劳动生产率上的差异,而要素禀赋理论则假设各国生产技术、生产函数相同,同种生产要素具有同样的劳动生产率。

四、要素禀赋理论的主要内容

(一)赫克歇尔的要素禀赋思想

赫克歇尔认为,发生国际贸易的比较成本差异必须有两个前提条件:一是两国要素禀赋不同;二是不同产品生产过程中使用的要素比例不同。只有具备这两个前提,国际贸易才会发生。在他于1919年发表的题为《国际贸易对收入分配的影响》一文中,赫克歇尔指出:“只有

当贸易能给参与贸易者带来更大的利益时，贸易才能展开并得以继续下去。”也就是说，利之驱动方有国际贸易。这个“更大的利益”源于“一国通过生产他种商品并且将之同本国所需的此种商品相交换这种间接的方法，比自己直接生产该种商品能够更为顺利地满足本国的需求”[①]。

赫克歇尔提出了建立在相对资源禀赋情况和生产中要素比例基础上的比较优势思想。他还从这一点出发，进一步推断出国际贸易对要素价格的影响。

（二）俄林的要素禀赋思想

在俄林看来，“空间”(Space)在要素禀赋思想中具有极为重要的作用。他认为，空间之所以重要，一是因为生产要素被限制在一定范围以内，难以移动，二是因为运输费用和其他一些障碍也阻碍着生产要素的自由移动。

俄林大概接受了教育心理学的多元智能理论，认为人们在个人能力上天生存在差异。在这个基础上，他将对个人经济行为的分析推演至国家的经济行为。各国因为地理条件和社会条件的限制，最适合与运用相对丰裕的要素，最不适合于运用量最小的生产要素。俄林把这归结为生产要素的原因。俄林认为：“区域或国际贸易发生的直接原因是商品价格的国际绝对差异。商品价格的国际绝对差异是指同种商品价格用相同货币表示时仍存在差异。而商品价格的国际绝对差异又是因为商品的地区或国家的价格相对差异产生的，这种商品价格的相对差异就是由上述决定供求关系的四种具体因素构成的。后面的条件，即到处相同的物质界的自然的不变的物质，在适当考虑生产要素价格的情况下，决定生产要素的结合，也就是技术过程，从而影响对商品的需求转化为对这些生产要素的需求。”[②]

俄林在分析和阐述要素禀赋时有着以下严密的逻辑思路。

(1)商品价格的国际绝对差异是国际贸易产生的直接原因。商品价格的国际绝对差异是国际贸易产生的利益驱动力，在没有运输费用的前提下，价格较低的国家向价格较高国家输出商品是有利的。

(2)商品价格的同际绝对差异是由生产要素相对价格的差异决定的。

(3)要素相对价格的差异是由要素相对供给不同决定的。

(4)各国商品价格比例不同是国际贸易产生的必要条件。

通过严密的分析，俄林得出了结论：“贸易的首要条件是某些商品在某一地区生产要比在另一地区便宜。在每一个地区，出口品中包含着该地区比在其他地区拥有的较便宜的相对大量的生产要素，而进口别的地区能较便宜地生产的商品。简言之，进口那些含有较大比例生产要素昂贵的商品，而出口那些含有较大比例生产要素便宜的商品[③]”。

总之，俄林是从商品价格差异—生产成本差异—生产要素价格差异—生产要素禀赋的差异，阐释了国际贸易发生的原因。其中，要素禀赋差异是国际贸易产生的根本原因。

---

① [瑞典]E.赫克歇尔.对外贸易对收入分配的影响[A].美国经济学会编印.国际贸易理论文集[C]，1949，第274—275页.

② [瑞典]俄林.地区间贸易和国际贸易[M].北京：商务印书馆，1986，第11页.

③ [瑞典]俄林.地区间贸易和国际贸易[M].北京：商务印书馆，1986，第15页.

(三)要素禀赋与贸易模式

1. 要素禀赋差异与相对供给差异

在两国生产技术条件相同的条件下,国家之间要素禀赋的差异,最终会影响到两国 X 和 Y 两种商品的生产能力,从而引起供给能力的差别。

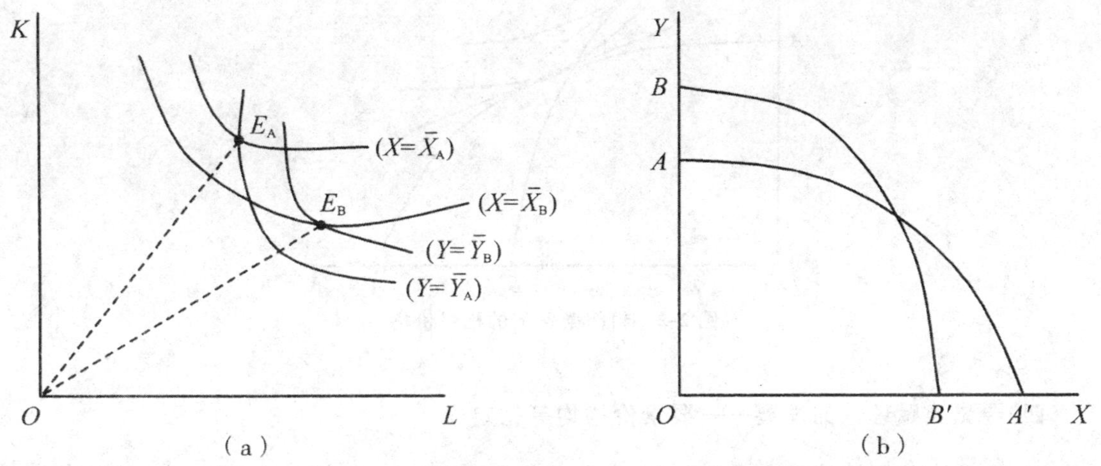

图 2-1 要素禀赋差异与相对供给差异

现在假定有 A 和 B 两个国家,A 国是资本相对丰裕的国家,B 国是劳动相对丰裕的国家。这两个国家只生产 X 和 Y 两种产品,其中 X 为资本密集型产品,Y 为劳动密集型产品。

如图 2-1(a)所示,E_A、E_B 分别表示 A 国和 B 国的要素禀赋点。对 A 国而言,当所有生产要素全部用于环境保护与节能减排措施研究部门时,所生产出的 X 的数量等于图 2-1(a)中通过 E_A 点的 X 等产量曲线所代表的产出水平——X_A;当所有生产要素全部用于 Y 部门时,所生产的 Y 的数量等于通过 E_A 点的 Y 等产量曲线所代表的产出水平——Y_A。根据图 2-1(a),我们可以在图 2-1(b)中标出 A 国生产可能性曲线的两个端点,并且一条向外凸的曲线连接起来,便得到了 A 国生产可能性边界线的大致轮廓。B 国则用同样的方法。

由图 2-1(a)和图 2-1(b)可以很清楚地看出,在生产技术相同的条件下,A、B 两国生产可能性边界的差异完全是由两国要素禀赋差异造成的。可以得出这样的结论,要素相对丰裕的国家提供要素密集型产品的能力较强。

2. 封闭条件下的相对价格

根据前面的假设,两国需求条件相同,因此价格由供给决定。因为两国的生产函数也相同,因此供给又由要素禀赋决定。由此可以得出结论,两国的要素禀赋决定了两国的产品价格。两国相对价格差异则由两国的要素禀赋差异引起。

由于两国需求条件完全相同,因此,在封闭条件下,两国供给方面的差异将造成两国相对价格差的存在。

在图2-2中，A、B两国在封闭条件下的相对价格由社会无差异曲线与生产可能性边界线相切决定。在封闭条件下，A国的均衡点为E_A，B国的均衡点为E_B。因为我们假定两国的消费者偏好相同，所以图中两国的社会无差异曲线形状相同。

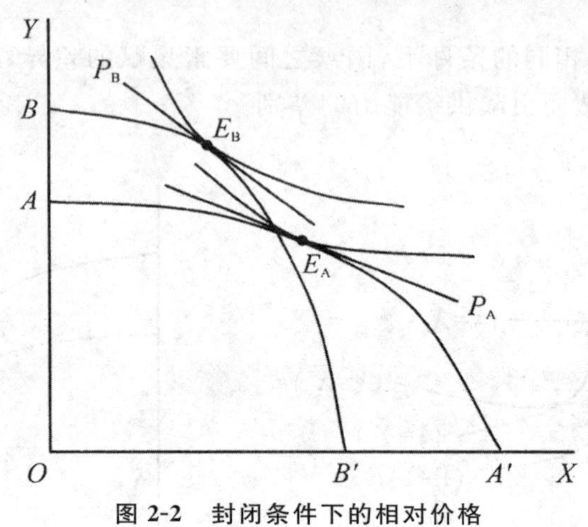

图2-2　封闭条件下的相对价格

（四）要素禀赋理论的发展——要素价格均等化定理

国际贸易会使各国劳动力价格相等，也会使各国的资本价格相等。由于这一命题是萨缪尔森对H—O模型的引申，因此又被称为是H—O—S模型。

在自由贸易条件下，一国会扩大密集使用其丰裕要素产品的生产，减少密集使用其稀缺要素产品的生产，这样一来，对丰裕要素的需求就会有所增加，对稀缺要素的需求就会减少，在价格上的表现，那就是以前价格便宜的丰裕要素的价格会因需求的增加而提高，而原来昂贵的稀缺要素的价格会因需求减少而降低。

同时，另一国发生的情况刚好相反。由此推出，原来一国的劳动力价格比较便宜，但价格却在上升，另一国的劳动力价格虽然比较昂贵但却在下降，这样两国的劳动力价格就会趋于相等。同理，原来一国的资本价格虽然比较昂贵但却在下降，另一国的资本价格尽管比较便宜，但却在上升，这样两国的资本价格也会趋于相等。进而可以推出，两国的劳动力与资本的价格比率也将趋于均等。换句话说，国际贸易使两国同类要素的绝对价格和相对价格都趋于均等，因此，国际贸易替代了要素的国家间流动。

在没有贸易的情况下，假设，A国的劳动力丰裕，所以工资偏低，该国的资本供应短缺，故利率较高；B国的资本充裕，所以利率较低，该国的劳动力比较稀缺，故工资较高。

即有：$(w/r)_A<(w/r)_B$。也就是说，由于$(w/r)_A$和$(w/r)_B$之间存在差异，所以$(P_X/P_Y)_A$与$(P_X/P_Y)_B$也有差异。从而发生贸易。A国出口劳动密集型产品X，进口资本密集型产品Y；B国出口资本密集型产品Y，进口劳动密集型产品X。贸易后，B国对A国X产品需求增加，X的价格提高；因而生产X的厂商扩大生产，增加对劳动的需求，进而导致工资提高，由此可见，贸易的结果是使两国的工资逐渐趋于相等。另外，A国对B国的Y产品需求紫望塑尝荨致南国资本的利率趋于相等。最终，贸易使两国工资、利率实现均等化，这即为要素价格均

等化。

不仅如此，贸易还能使两国的$(w/r)_A$和$(w/r)_B$也实现均等。因为只要$(w/r)_A$与$(w/r)_B$不相等、$(P_X/P_Y)_A$与$(P_X/P_Y)_B$也不相等，贸易就会继续进行。只有当$(P_X/P_Y)_A=(P_X/P_Y)_B$，贸易才会停止，贸易条件实现均衡。也只有在这时$(w/r)_A=(w/r)_B$，两国的工资和利率既实现了相对均等又实现了绝对均等。

五、对要素禀赋理论的评价

与古典贸易理论相比，要素禀赋理论的主要贡献体现在以下几个方面。

（一）贡献

第一，要素禀赋理论是在两种生产要素的框架下，对产品的生产成本进行分析，这比古典贸易理论只是用一种劳动投入的分析模型更为合理和贴近实际。

第二，要素禀赋理论不再对两个单位产品的成本差异进行比较，而是直接比较两国生产要素总供给和总需求的差异，即要素禀赋理论把李嘉图的个量分析扩大为总量分析，运用总体均衡的方法分析国际贸易的发生与发展。此外，要素禀赋理论不仅指出了要素的价格差异导致商品的比较成本差异，进而发生国际贸易，而且要素禀赋理论还进一步分析了国际贸易对生产要素的反作用，因此，要素禀赋理论主要针对国家贸易与生产要素变动的相互影响进行分析，这比传统的古典贸易理论更为进步。

第三，要素禀赋理论首次提出了生产要素在国际贸易中的重要地位，这为各国依据本国生产要素的情况，合理使用和分配本国资源，建立符合本国国情的产业结构、提高经济效益、参与国际分工提供了依据。

（二）局限性

要素禀赋理论存在的局限性，具体如下：

第一，按照要素禀赋理论的解释，国际贸易应该发生在要素禀赋不同的国家之间，但是，“二战”以来发达国家之间的国际贸易迅速发展，远远超过了发达国家与发展中国家之间的国际贸易，这一点难以用要素禀赋理论进行合理的解释。

第二，要素禀赋理论对生产力和科学技术的进步予以了排除，从而抹杀了国际分工和国际贸易发展的最重要的原因，因而是一种静态的分析方法，但是，现代经济发展说明，技术革新可以改变要素成本和要素的投入比例，从而使比较成本有所改变。

第三，要素禀赋理论根据要素比例对商品价格进行决定，这是对马克思劳动价值论的一种否定，要素禀赋理论把发达国家与发展中国家的收入分配不平等统统归结为国际贸易问题，抹杀了国际生产关系中资本主义的剥削性和不平等性，从这一点来看，要素禀赋理论是倒退的。

第三节　规模经济理论

一、规模经济理论的产生与发展

（一）斯密的规模经济思想

报酬递增的思想可以具体追溯到亚当·斯密的《国富论》，斯密以一种企业组织对报酬递增的形成过程进行了说明，阐述了分工对劳动生产率提高的贡献。斯密将分工视为报酬递增的源泉，并对分工的正面影响进行了一个具体的分析。

在斯密看来，技术进步源于劳动分工的发展，“劳动生产力上最大的增进，以及运用劳动时所表现的更大的熟练、技巧和判断力，似乎都是劳动分工的结果”（摘自《国富论》）因为专注于某一分工领域的劳动使工人成为专家，从而提高劳动生产率。

在斯密的理论中，源于劳动分工的技术进步是报酬递增的源泉，即分工加速了知识和经验的累积。分工水平依赖于市场范围的大小。国际贸易是扩大市场、促进分工水平提升的一条重要途径。因此，斯密的分工理论至少可以算是将国际贸易理论与增长理论和报酬递增联系起来的早期文献。

（二）马歇尔的规模经济论

真正意义上的规模经济理论发源于美国，所揭示的是大批量生产的经济性规模，典型代表人物主要有阿尔弗雷德·马歇尔（Alfred Marshall）、张伯伦（E. H. Chamberin）、罗宾逊（Joan Robinson）和贝恩（J S Bain）等。

1938 年马歇尔在《经济学原理》中明确提出了“规模经济”概念。马歇尔将分工及生产专业化与规模经济联系起来，其指出了大规模生产的好处，认为报酬递增是由于企业扩大其不动产而获得了一种新的大规模生产经济，从而在相对低廉的成本上增加了产量，同时也系统论证了大规模生产对工业的意义。他把组织作为除资本、劳动、土地之外的第四要素，发现随着生产集中会产生平均成本递减的效益，产业组织因而有追求规模扩大的动机。他说：“大规模生产的主要利益，是技术的经济、机械的经济和原料的经济，但最后一项与其他两项相比，正在迅速失去重要性。”换言之，经济规模主要是生产规模，核心内容是技术设备的经济规模。这一思想，后来成为新古典经济学谈论规模经济理论的主要依据。

以此为据，马歇尔把规模经济归结为两类，即内在经济和外在经济。他写道：“我们可以把任何一种货物的生产规模之扩大而发生的经济分为两类：一是依赖于整个行业的规模变化而使个别经济实体的收益增加，如行业规模扩大后，可降低整个行业内各公司、企业的生产成本，使之获得相应收益；二是依赖于行业内个别企业的资源、组织和生产工艺的规模变化和提升所引起的收益增加，如企业生产设备的大型化、专业化，实行大批量生产，可降低单位产品成本和设备投资。我们可以称前者为外在经济，后者为内在经济。”显然，马歇尔是从企业的角度来对规模经济的种类进行的划分，所谓“外在”和“内在”都是相对于企业而言的。

马歇尔虽然提出了内在经济和外在经济这一对概念,但内在经济是其论述的重点。马歇尔把内在经济的形成机制描述为:如果厂商的成本曲线是向下倾斜的,且是可逆转的,那么随着产量的增加,将导致单位产品的平均成本趋于下降;随着产量的减少,平均成本又会恢复到原有水平(亦即是可逆转的)。这种产量的增加所带来的成本节省而产生的经济效率,称为厂商的内在经济或内在规模经济。将马歇尔的内部规模经济的观点与国际贸易联系起来,不难发现,在内部规模经济的条件下,国际贸易使一国的市场扩大,厂商通过提高产量得以实现规模经济利益,消费者可以得到更低价格的消费品:同时,厂商在寻求差异产品的过程中增加了产品的品种数量,从而消费者可以有更多的选择。他进一步研究了规模经济报酬的变化规律,即随着生产规模的不断扩大,规模报酬将依次经过规模报酬递增、规模报酬不变和规模报酬递减三个阶段。

此外,由"大规模"而带来的一系列垄断问题,以及垄断对市场价格机制的破坏作用也是由马歇尔发现的。规模经济与市场垄断之间的矛盾就是著名的"马歇尔冲突"。"马歇尔冲突"说明企业规模需要有节制地进行扩大,否则所形成的垄断组织将使市场失去"完全竞争"的活力。

之后,英国经济学家罗宾逊和美国经济学家张伯伦针对"马歇尔冲突"提出了垄断竞争的理论主张,使传统规模经济理论得到进一步的补充。

(三)克鲁格曼的规模经济

在 2008 年美国国际经济学家保尔·克鲁格曼(Paul R. Krugman)获得诺贝尔经济学奖,这是为了表彰其在分析贸易模式和经济活动区位方面所做的贡献。克鲁格曼对经济学的突破性理论贡献之一就是创建了新贸易理论。克鲁格曼在《收益递增、垄断竞争与国际贸易》(1979)、《规模经济、产品差异与贸易格局》(1980)等论文中所提出的规模经济理论是对李嘉图传统理论的背离。

该理论认为,即使在不存在比较优势的情况下,规模经济本身也可以是产生贸易的原因。克鲁格曼认为,新贸易理论模型为贸易自由化和经济全球化政策提供了重要理论基础。

克鲁格曼的还创建了经济地理学这一新兴学科,这是一项突破性理论贡献。他最早对新经济地理学思想进行的系统阐述见于其 1991 年发表的《收益递增与经济地理》论文中,并在随后发表的一系列相关论著中进行了深入探讨。克鲁格曼的新经济地理学主要研究报酬递增规律如何影响产业的空间集聚,即市场和地理之间的相互联系。

在克鲁格曼看来,新经济地理学应看作是对新贸易理论研究的深化,甚至可以认为,新贸易理论将在某种程度上包容于新经济地理学之中。尤其是随着经济全球化和一体化的推进,经济的竞争主体在很大程度上不再是国家之间而是区域之间的竞争。随着国际经济学和区域经济学的界限变得越来越模糊,新经济地理学为研究国际经济问题提供了另外一种新的视角。

二、规模经济与国际贸易

(一)内部规模经济与国际贸易

内部规模经济可以解释不完全竞争市场前提下国际贸易的原因。

一般来说，想要对规模经济的存在进行相关的判断，我们可以从企业的长期平均成本曲线(LRAC)形状入手。企业的长期平均成本会随着产量的增加先降后升，形成一个“U”字形。随着产量的不断增加，一开始企业的长期平均成本会呈现下降的趋势，这一阶段即为规模经济。随后平均成本落入谷底，这一阶段可能会持续一段时间，产出继续增加，且总产出与总成本的变动比例相同，因而平均成本不变，企业达到最佳生产规模区间，如图 2-3 中产出的 Q_1Q_2 段；但这一阶段也可能很短，甚至 Q_1、Q_2 点重合，即最佳生产规模是一个确定的点。然后，随着生产规模的不断扩大，平均成本会因生产规模过大而上升，称为“规模不经济”。

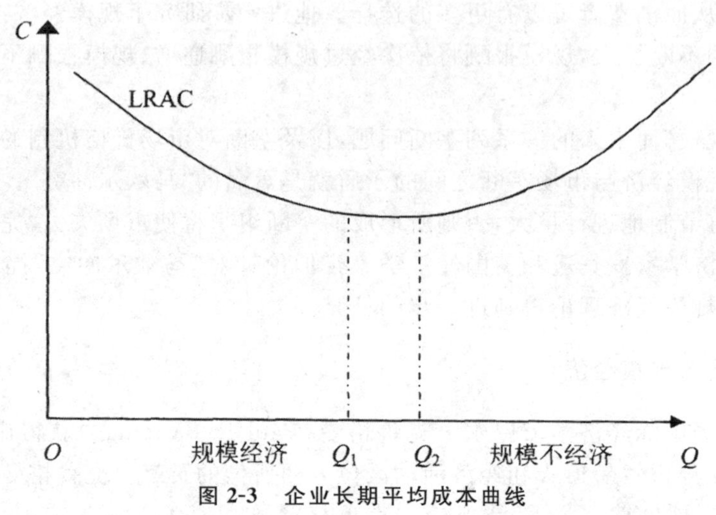

图 2-3　企业长期平均成本曲线

由此来看，规模经济会受到来自各种条件的限制。尤其是受到市场条件的限制。当市场规模较小时，工厂、企业或产业的规模都不宜过大，应建立适应市场需要的规模，如果主观地建立最佳规模，没有经历次佳规模，其结果必然出现两种情况：一是生产的产品相当大的部分卖不出去、库存大量积压、资金周转困难，同时成本上升；二是一部分机器设备闲置、开工不足、折旧费增大，造成规模不经济。这就证明，市场对于规模经济具有重要的作用。

假设 A、B 两国，他们拥有相同的生产要素、消费偏好和生产技术，即两国的长期平均成本曲线也相同。如果按照赫克歇尔—俄林模式，这两个国家的成本和价格比率相同，就没有进行互利贸易的基础。但是，若假定 A 国具有较大的国内市场，从而更易于实现规模经济，而 B 国恰好相反，国内市场狭小，只能小规模、高成本地生产某种产品。如图 2-4 所示，虽然两国的长期平均成本曲线相同，但 A 国的代表性企业产量为 Q_2，其生产成本为 C_2；而 B 国代表性企业产量为 Q_1，单位成本为 C_1。即两国的企业处于同一条成本曲线的不同位置，因而其产品的生产成本就有所不同。A 国实现了规模经济，成本较低；B 国只能小规模地生产，成本较高。所以，A 国将在这种产品上具有以规模经济为基础的比较优势。

同时，这种规模经济会使其各种产品的机会成本比率发生变化，从而使另一些或另一种产品成为处于劣势的产品。当开放贸易时，A 国将出口这种以规模经济为基础的比较优势的产品，而进口由于机会成本比率被规模经济改变而处于劣势的产品。

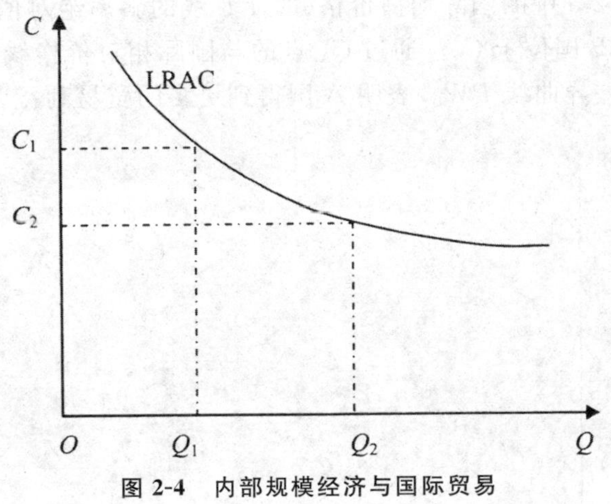

图 2-4　内部规模经济与国际贸易

（二）外部规模经济与国际贸易

由于“聚集效应”(conglomeration effect)产生了外部规模经济。行业规模越大，竞争也就越激烈，单个企业就越能在信息交流与知识分享中获利，从而使劳动生产率提高，单个厂商的平均成本越小，外部规模经济中的厂商面对的是一种接近完全竞争状态的市场结构。即外部规模经济对企业是外在的，但对该行业则是内在的。

假定两国两产品（部门）模型，在 X、Y 两产品部门中至少有一个部门存在外部规模经济，假设是 X 部门存在外部规模经济，而 Y 部门规模收益不变。再假定是完全竞争，两国相同部门的生产函数、要素比例、消费者偏好以及市场规模均相同。因此，在封闭条件下，达到均衡时两国相对价格完全一致，不存在比较优势。

存在规模经济时，不仅要素密集度，而且规模经济也影响生产可能性边界的形状。部门间要素密集度的差异会产生一种将生产可能性边界向外凸的张力；规模经济则产生一种使生产可能性边界内凹的吸力；最终的生产可能性边界形状取决于两种相反力量的对比。

假设现在是一条凹向原点的生产可能性边界曲线，如图 2-5 中 TT'。

封闭条件下 E 为一般均衡点，该点的相对价格线(P_X/P_Y)与生产可能性边界相交而非相切，因为 X 部门存在外部规模经济，所以 X 部门厂商所面对的相对价格要低于社会机会成本（即生产可能性边界曲线切线的斜率的绝对值）。

开放条件下，均衡点 E 具有变动性，两国会发现分工与贸易可改善各自福利。如 A 国专业化于 X，B 国专业化于 Y，又因 X 存在规模经济，对世界来说一国生产 X 要比两国都生产 X 可得到更多的 X。两国都将自己专业化生产的一部分与另一国交换，两国的消费点都超出其生产可能性边界，如在图 2-5 中 TT'线上的点。

但图 2-5 中两国新的消费点重合（意味着贸易利益均等）只是一种巧合，实际情况会有所不同。如图 2-6 所示，如果两国一开始都希望消费更多的 X，那么意味着 A 国的 X 出口供给要小于 B 国的 X 进口需求，于是 X 价格会上升，Y 价格会下降。随着价格变化，A 国的 X 出口供给会增加，B 国的 X 进口需求减少，最后达到贸易平衡，此时的国际均衡价格 $PW=$

(PW_X/PW_Y)要高于图 2-5 中的国际均衡价格(即 TT'线的斜率绝对值)。两国的消费点如图 2-6 所示,A 国位于 C_A,B 国位于 C_B。通过 C_A 点的与国际相对价格线 PW_A 相切的无差异曲线高于通过 C_B 点的无差异曲线 PW_B,表明 A 国得到更多的贸易利益。

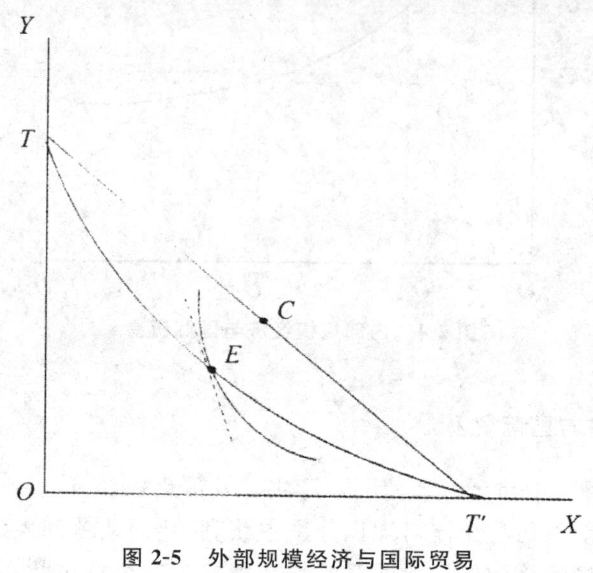

图 2-5　外部规模经济与国际贸易

在实际中,两国的情况不会与本例完全相同,在开放经济中,两国的一般均衡解不是唯一的。例如,A 国生产均衡点可以是 T,也可以是 T',真正的国际分工和国际贸易格局也有可能由一些偶然的和历史的因素决定。

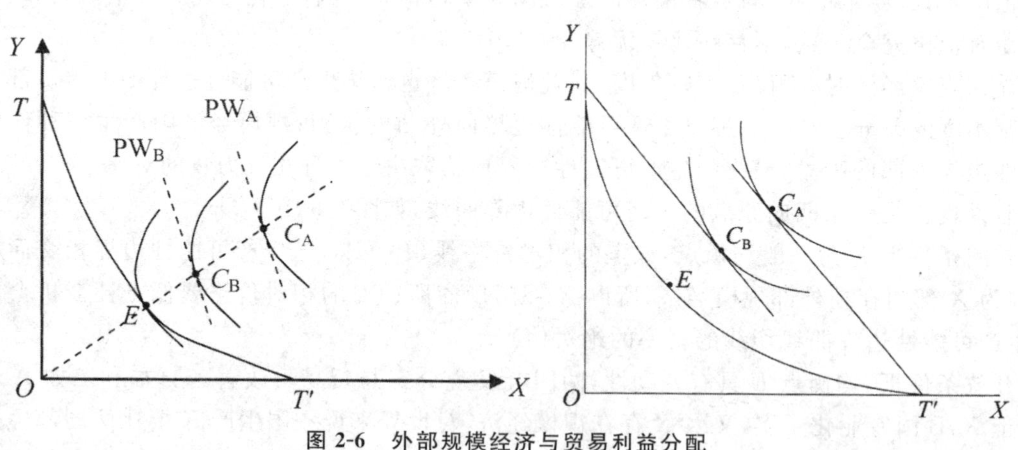

图 2-6　外部规模经济与贸易利益分配

此外,国家的大小与市场规模直接相关,上例中如果两国国内市场存在差导,国际分工与贸易格局的不确定性就会大大降低。一般而言,如果两国国内市场存在差异,而其他条件完全相同,则大国将完全专业化生产具有规模经济的产品 X,小国将只能生产完全专业化规模收益不变的产品 Y。其中的原因是:在封闭条件下,大国由于国内市场较大,可为 X 产品提供更大的市场空间,从而 X 产品的生产成本相对更低,相对价格也低于小国。在自由贸易条件下,由于价格的差异，大国将选择出口 X，并因为存在规模经济而完全专业化于 X 的生产；而小国将出口 Y，并且也专业化于 Y 的生产。虽然小国完全专业化于规模收益不变的 Y 的生产，并不降低成本，但放弃 X 的生产而只从大国进口，要比自己生产 X 的代价更小。

第四节　产品生命周期理论和需求偏好相似理论

一、产品生命周期理论

（一）产品生命周期理论的主要内容

产品生命周期最早属于市场营销的范畴，主要是用于分析产品进入市场以后销售行为的变化规律。弗农（1966）等人把这一概念引入国际贸易领域，从产品生命周期不同阶段的生产特征出发，深入分析创新时机、规模经济和不确定性对国际贸易模式的影响，创建了国际贸易中的产品生命周期理论，以此分析在生命周期不同阶段的生产决策以及在此基础上的国际贸易和国际投资行为。①

依据产品生命周期理论，一个产品的生产周期可以被具体划分为新产品的引入阶段、新产品的成长成熟阶段和标准化阶段。生命周期的阶段不同，产品特征、生产投入和市场结构都是不一样的。

1. 引入阶段（导入期）

在图 2-7 中，从时间来看，引入阶段为 T_0 到 T_1，在这一阶段，产品的技术还没有成型，还处于从科研向适用性技术转化的过程中，这一时刻，研发费用是决定成本的一个关键因素。只有少数最发达的国家能够满足新产品引入阶段的投入和市场条件要求。

一是这些国家拥有较高的科技水平和较多的科研人员，能够使从事大规模研发活动的基本要求得到满足。

二是劳动较为稀缺，劳动成本又比较高，企业具有较强的从事节约劳动的技术创新的动机。

三是这些国家的收入水平和消费层次较高，对创新性产品的需求较大。

四是这些国家拥有丰富的人力资本和实物资本存量，并且有发达的金融体系，不仅能够满足研发投入的要求，而且承担研发风险的能力较强。

根据弗农的研究，创新一般发生在美国。其具体原因是：

一是美国科技水平高，科研人员众多。

二是美国有足够的科研经费。

① Raymond Vernon. International Investment and International Trade in the Product Cycle[J]. The Quarterly Journal of Econmics, 1966(80).

三是美国企业水平较其他国家高，科研成果能够迅速地转化为生产力。

四是美国人有需求偏好，喜欢新产品。

五是美国市场容量大，购买力也是非常的巨大，产品有一定的销路。

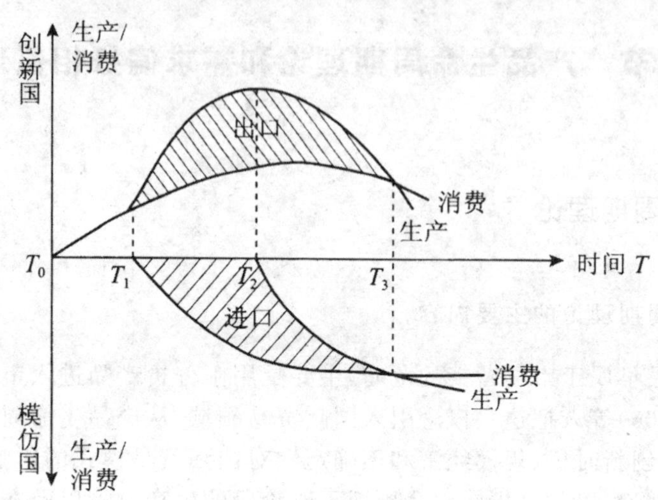

图 2-7　产品生命周期与国际贸易

在新产品的引入阶段，生产是非标准化的，产品差异性尤为明显，生产规模较小。这时对新产品的国内需求弹性较低，需求量相对较大，生产者只是少数垄断技术的厂商，拥有垄断地位，属卖方市场。生产主要是为了使国内市场不断增长的需求得到进一步地满足，不存在国际贸易，或者只有规模非常小的国际贸易活动。由于产品需求在很大程度上依赖于收入水平，所以在新产品引入阶段，即便存在小规模的国际贸易，也主要是集中在收入水平相近的发达国家之间。

在这一时期，科学家、技术人员扮演着很重要的角色，因产品属于技术密集型产品；同时，由于消费者对新产品并不是很了解，所以这一时期的宣传、推销、广告等手段也极其重要。

2. 成长成熟阶段

从 T_1 到 T_2，是新产品的成长成熟阶段。在成长成熟阶段，技术已经逐渐成型并已开始扩散，生产过程的标准化程度不断得到提高。生产从研发密集型逐渐转向资本密集型，其中包括物质资本和人力资本在内的资本成为生产的关键投入。生产阶段的转化和生产特征的变化，使得生产过程中的规模经济效应越来越明显。

此外，在创新国内部，新进入的厂商不会受到有关技术因素的约束，市场竞争程度不断提高。产品价格弹性提高，出现一些国内模仿者，这使得企业必须不断把生产规模进行提高，使得单位成本有所降低和增加竞争力。生产的增加带动出口的增加，包括对其他发达国家的出口和对发展中国家的出口，并逐步达到高峰。产品开始由技术密集型向资本密集型转变，生产逐步标准化。

在成长成熟阶段，因为面临来自国外的竞争，所以创新国企业开始选择服务国外需求的最优方式。基于对国际贸易成本的考虑，会在本国生产并出口、到目标市场投资生产并在当地销售和对外技术转让这三种方式之间进行权衡选择。

3. 标准化阶段

从 T_2 到 T_3，进入标准化阶段以后，产品的生产技术完全趋于标准化，由于技术已凝结在标准化的机器设备中，通过购买这些标准化的机器设备，就可以使全部的生产技术和工艺，产品之间无差异。在这种情况下，劳动成本成为决定竞争结果的关键因素。拥有劳动成本优势的发展中国家大规模扩张生产，并开始向发达国家出口。主要包括创新国在内的发达国家的国内生产不断降低，并从出口逐步转变为进口。

在标准化阶段，市场竞争越来越激烈，消费者对产品已有较大的选择余地，市场开始变成买方市场生产已专门化。而且由于外国厂商开始大量模仿生产该产品，创新国的垄断地位逐渐丧失，出口开始呈大幅度下降，模仿国产品在第三国已开始取代创新国产品，开始向创新国出口，创新国逐步退出生产，该产品的生命周期在创新国基本完结，并着手研究开发新的产品。

虽然创新产品的生命周期在创新国基本完结，但在其他国家仍在继续，就像田径比赛中的接力赛的传棒过程。弗农认为，世界上的国家可以分为 4 类或者说 4 组：①美国；②欧盟、日本等其他发达经济体；③新兴工业化经济体(NIES)、中国、印度；④其他发展中经济体(见图 2-8，为了图示方便，把新兴工业化经济体、中国、印度和其他发展中经济体放在了一组)。在所有的制成品中，电子产品最具有产品生命周期的特点。

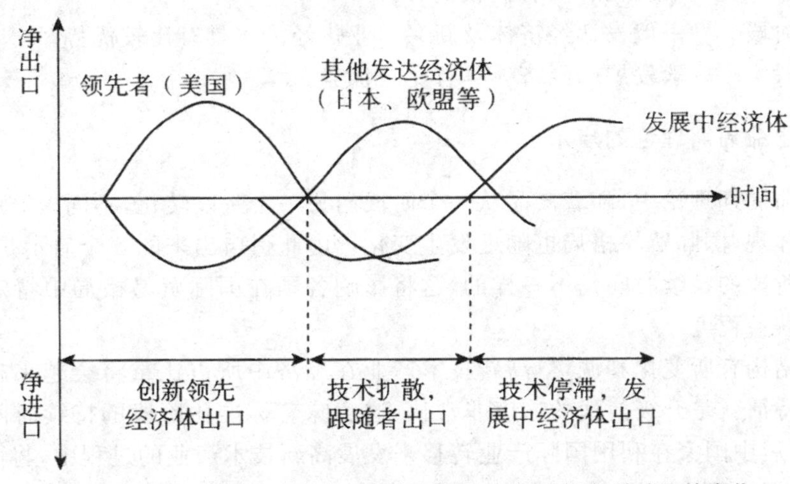

图 2-8　在一种新产品的产品生命周期中各经济体贸易地位的变化

(二)产品生命周期理论对国际贸易理论的发展

产品生命周期理论对国际贸易理论的发展集中地表现在它是工业制成品贸易的动态理论，其动态含义体现在以下三个方面。

1. 生产要素密集度的动态化

引入阶段——对科学家、工程师、技术人员的需求很大，产品表现出很强的知识、技术密集型特征。

成长成熟阶段——生产要素中资本、管理跃居首位，产品由技术密集型向资本密集型转变，资本、熟练劳动工人的作用突出。

标准化阶段——完全是资本与熟练劳动密集，甚至是熟练劳动与非熟练劳动密集。

2. 进口需求的动态变化

美国经济学家威尔斯(Wells)对美、德、日的不同品种的耐用消费品价格进行研究后发现：

美国对奢侈型商品需求最大，市场最大(价格高)——如向美国出口引入阶段的耐用消费品，出口的比较优势最大。

德国对中档型商品需求最大，市场最大(价格次高)——如向德国出口成长成熟阶段的耐用消费品，出口的比较优势最大。

日本对初级型商品需求最大，市场最大(价格低)——如向日本出口标准化阶段的耐用消费品，出口的比较优势最大。

美、德、日的耐用消费品价格弹性，呈逐渐增大的趋势。

另外，根据产品生命周期理论对世界不同类型国家的工业竞争潜力进行比较研究的还有赫希(L. Hirsch)等人。

3. 贸易国比较优势的动态转移

引入阶段——美国(创新国)具有比较优势。

成长成熟阶段——一般发达经济体及新兴工业化经济体具有比较优势。

标准化阶段——一般发展中经济体具有比较优势。

(三)产品生命周期理论的启示

在产品生命周期理论中，随着产品从一个阶段向另一个阶段转化，不同国家所拥有的比较优势依次得到体现，国际贸易格局也随之发生变化。由此引申出来的一个启示是：不同产品在生命周期各个阶段的延续时间是不一样的，这将影响各国在国际贸易格局中特定地位的持续时间和从中的获益程度。

随着产业结构有所变化和调整，高新技术产业在经济中所占比重将会越来越大。高新技术产品的一个特征就是升级换代的速度非常快，这意味着标准化阶段的持续时间非常短。在这种背景下，发展中国家在利用国际产业转移来发展高新技术产业的过程中，将面临极大的挑战。因此，对发展中国家来说：

一是随着产品被模仿，产品生产优势从创新国逐渐转移到模仿国，这样，发展中国家可以把发达国家转移出来的产业接过来，并发挥后发优势。

二是由于产品生命周期的不同阶段对生产要素的要求不同，因此，可根据本国的实际情况，选择加入产品生命周期的哪一个阶段。

二、需求偏好相似理论

需求偏好相似理论也叫作需求偏好相似说、重叠需求理论或称收入贸易说，由瑞典经济学家斯戴芬·伯伦斯坦·林德(Staffan B. Linder)在1961年发表的论文《论贸易和转变》中提出的学说。

(一)假设条件

需求偏好相似理论有两个假设条件。

1. 需求结构不同的假设(或称消费者行为假设)

假设在一国之内,需求主要取决于消费者的收入水平。不同收入阶层的消费者会有着不同的偏好,收入越高的消费者就越偏好奢侈品,收入越低的消费者则越偏好必需品,但如果消费者收入水平相同,则其偏好也大致相同。

一般情况下,一国对该国平均档次的商品的需求量最大,其成为代表性需求。

2. 两国需求重叠的假定

厂商根据消费者的收入水平与需求结构来决定其生产方向与内容,而生产的必要条件是对其产品有效需求的客观存在;如果两国的平均收入水平相近,则此两国的需求结构也必定相似。反之,如果两国的收入水平相差很大,则它们的需求结构也必然存在着显著的差异。

一是国内生产的产品有富余数量,有能力向国外出口产品。

二是两个国家的偏好相似,需求结构较为接近,或者说需求结构的重叠部分越大,两国间的贸易量就越大。

三是两国人均收入水平相近,则两国的需求结构相似,需求重叠部分就越大,两国间的贸易量就越大。

在此基础上,贸易按照以下流程进行:

一国人均收入水平提高,因而该国对工业制成品尤其是奢侈品的需求增加(恩格尔定律),进而带动本国工业制成品生产增加,结果使产量的增加超过了需求的增长,从而有能力出口。对于这类产品,只有收入水平相近的国家才会有较多的需求,因而出口对象国是收入水平相近、需求相似的国家,这样一来,就会使两国间贸易量增大。

(二)主要内容

在林德(S. B. Linder)看来,国际贸易是对国内贸易的一个具体延伸,产品的出口结构、流向及贸易量的大小决定于本国的需求偏好,而一国的需求偏好又决定于该国的平均收入水平。其主要原因有以下三个方面。

第一,一种产品在国内的需求是其能够出口的一个前提条件,换句话说,出口只是国内生产和销售的具体延伸。企业不可能生产一个国内不存在扩大需求的产品。

林德认为,一种新产品的发明或者创新思想的出现,首先需要精确考虑的是市场对其的需求,然后进行研制,不断改进,生产出适应市场需要的产品。只有当一种产品与市场紧密联系时,才能被发明和生产。例如,瑞典寒冷的气候,造成了对瑞典火炉的需求,才有了瑞典火炉的研制和生产。

第二,影响一国需求结构的最主要的因素是平均收入水平。即收入水平决定需求偏好和需求结构,而需求偏好和需求结构又决定贸易关系。高收入国家对技术水平高、加工程度深、价值较大的高档商品的需求较大,而低收入国家则以低档商品的消费为主以满足基本生活需求。

所以,收入水平可以作为衡量两国需求结构或偏好相似程度的指标。例如,高尔夫球在欧美属于一种普及运动,但在发展中国家却不是代表性需求。

第三,两国之间的需求结构越接近,则两国之间进行贸易的基础就越雄厚。两国之间需求结构重叠的部分,我们通常称之为重叠需求。两国消费偏好越相似,则其需求结构就越为接近,或者说需求结构重叠的部分越大。重叠需求是两国开展国际贸易的基础,品质处于这一范围的商品,两国均可进口和出口。

由此可见,人均收入水平越相似的国家,其消费偏好和消费结构越接近,产品的相互适应性越强,贸易也就越密切。

需求相似理论的基本观点是,重叠需求是国际贸易产生的一个独立条件。两国之间的需求结构越接近,则两国之间进行贸易的基础就越雄厚。当两国的人均收入水平越接近时,则重叠需求的范围也就越大,两国重复需要的商品都有可能成为贸易品。如果各国的国民收入不断提高,则由于收入水平的提高,新的重复需要的商品便会不断地出现,贸易也相应地不断扩大,贸易中的新品种就会不断地出现。所以,收入水平相似的国家,互相间的贸易关系就可能越密切;反之,如果收入水平相差悬殊,则这两国之间重复需要的商品就可能越少,贸易的密切程度也就越小。

(三)对需求偏好相似理论的评价

1.贡献

需求相似理论表明,收入水平相近的国家之间存在产业内贸易的基础,这对于解释第二次世界大战以来迅速发展的发达国家之间的产业内贸易具有特殊的意义,该理论用国家之间需求结构的相似来解释工业制成品发展,第一次从需求角度对国际贸易的原因进行了分析。

林德的理论从偏好相似和重叠需求的角度,对发达国家之间的北—北贸易的快速发展做出了详细的解释,所以称为“重叠需求论”。重叠需求理论与要素禀赋理论各有其不同的适用范围,要素禀赋理论主要解释发生在发达国家与发展中国家之间的产业间贸易,即工业品与初级产品或资本密集型产品与劳动密集型产品之间的贸易;而重叠需求理论则适于解释发生在发达国家之间的产业内贸易,即制造业内部的一种水平式贸易。因此,重叠需求理论是对要素禀赋理论的发展和完善。

2.局限性

但是,许多经济学家认为该理论很难在实践中得到印证。美国经济学家查克李亚德斯(Miltiades Chacholiades)在他的《国际经济学》一书中提出,有的国家生产某些产品在国内根本没有需求,不是为国内需求而生产的。例如,人造圣诞树和生产各种装饰品的出口国是那些根本不过圣诞节的国家,这些产品的出口国是日本、韩国和中国,各国国内对于圣诞树及其装饰品的需求量很小，这就很难从需求方面得到解释，为什么这些国家成为这些产品的出口国。像瑞典的火炉、美国人使用的大轿车都是个别例子，除了这些例子之外，很难举出其他例子来说明这一理论。

第五节　贸易保护理论

从国际贸易产生以来，保护贸易与自由贸易理论的争论就没有停止过，特别是在主要资本主义国家处于经济不景气阶段，保护贸易的理论仍发挥着重要作用。研究保护贸易理论，有助于全面和深刻理解当今世界各国保护贸易政策的思想根源。

一、保护贸易理论的概述

（一）发展历史

保护贸易理论的产生可以追溯到15世纪重商主义时期。保护贸易的政策可以无限制地保持贸易出超，以及消费者可从贸易中获得利益的论点成为重商主义学说的致命弱点，受到古典学派经济学家的猛烈抨击。此后，这一学派的影响力日渐衰退。

美国的亚历山大·汉密尔顿（Alexander Hamilton，1755或1757—1804）提出美国应在对外贸易上实行关税保护，并提出一系列政策主张，使美国工业得以受到有效保护而顺利发展。弗里德里希·李斯特（Friedrich List，1789—1846）幼稚工业保护理论的出现，标志着该理论的完善和成熟。李斯特深受汉密尔顿观点的启发，在吸收了重商主义的观点和汉密尔顿的政策主张后，结合德国的政治经济实际，在其代表作《政治经济学的国民体系》一书中系统地提出了保护德国国内工业的一系列主张。

20世纪后，保护贸易理论受到了新的挑战，也得到新的发展。这一时期又可分为两个阶段：一是20世纪初期至第二次世界大战以前，资本主义国家实行保护贸易政策的目的有了变化，它已不限于以保护幼稚工业、保护本国市场和提高生产力为目标，而着眼于进一步夺取外国市场，进行对外经济扩张，保护垄断组织获取高额利润，被称为“超保护贸易主义”。“超保护贸易主义”实质上是凯恩斯学派理论在对外贸易方面的体现。二是20世纪70年代之后，一方面，国际贸易领域自由化程度不断提高；另一方面，由于固定汇率制度的崩溃、石油危机的爆发、世界性经济危机的发生以及后来的债务危机，多边贸易体制受到冲击，使得市场争夺日趋紧张，因此出现了新贸易保护主义。据世界银行统计，1988年各种非关税壁垒已经增加到2 500多种，且具有很大的隐蔽性和歧视性。进入21世纪，国际贸易中这种自由贸易与保护贸易相互交替的格局依然。

（二）保护贸易理论与自由贸易理论的关系

自由贸易理论与保护贸易理论既对立又统一，两者统一于国家的根本经济利益。

1.两者的联系

(1)两者的根本目的是一致的

尽管两者的出发点有区别,但都是资产阶级的经济学说,都是维护资本主义国家的经济利益的。自由贸易理论是资产阶级为了争夺国际市场和国际资源的需要产生的,侧重于本国优势产业对国外市场的占领;保护贸易理论则是侧重于劣势产业,着眼于对国内市场的保护,两者的目的都是通过国际贸易获取更大的包括现实的和潜在的经济利益。

(2)两者往往互为因果

过度的贸易自由化可能对本国经济造成巨大冲击,使本国弱势产业遭受打击,从而导致保护贸易的抬头;过度地保护贸易可能削弱本国产业的国际竞争力,不利于参与合理的国际分工,降低整体的经济福利,但保护弱势产业的一个重要目的就是使其得到顺利发展,最终参与到国际竞争中,这又导致贸易自由化的加强。国际贸易中这种自由贸易与保护贸易互为因果的关系贯穿于20世纪的国际贸易发展过程中。

(3)两者统一于一国整体对外贸易政策中

由于各国资源禀赋的差异和国际分工的不同,产业的比较优势在不同国家分布状况也不同。这就意味着最发达国家也存在着相对弱势的产业,最不发达国家也可能有相对优势的产业。因此各国贸易政策的构成不是单一的保护政策,也不是单一的自由贸易政策。例如,美国的高科技、服务业等产业具有明显的国际竞争优势,因此在这些领域美国强烈主张贸易自由化;与此同时,在劳动密集型产业方面,近年来对处于劣势的纺织业,美国采取严格的进口配额制以保护本国的纺织工业。

2.两者的区别

(1)两者采取的政策手段不同

自由贸易政策倾向于市场开放,主张降低关税,取消非关税壁垒,提高贸易政策透明度,坚持非歧视公平原则等;而保护贸易政策正好相反,倾向于国内市场保护,采取“奖出限入”等各项手段。

(2)两者的政策主张表现出对立

自由贸易理论认为,“自由的贸易”才能产生更大的经济福利,因而主张对外经济交换的无管制;保护贸易理论则认为,“保护的贸易”更符合本国的经济利益,因而主张政府干预对外贸易,并对对外贸易实施各种程度和形式的保护。

二、重商主义的保护贸易理论

重商主义是当时受到普遍推崇的一种经济哲学,依据商业资本家的经验去观察和说明社会经济现象。它以商业资本的运动作为考察对象,从流通领域研究货币、商品的运动过程。重商主义者把货币看成是财富的唯一形态,认为对外贸易是获得货币财富的真正源泉。他们主张国家积极干预经济生活,为积累货币财富和发展对外贸易采取行政上和经济上的各种措施。

(一)重商主义的保护贸易理论的产生背景

重商主义(Mercantilism)是资产阶级最初的经济学说。它产生和发展于封建社会向资本主义社会过渡时期,即资本原始积累时期,反映了这个时期商业资本的利益和要求。15 世纪的西欧,自然经济日益衰落,商品货币关系迅速发展。地理大发现扩大了世界市场,给商业、航海业、工业以极大刺激。商业资本发挥着突出的作用,促进各国国内市场的统一和世界市场的形成,推动对外贸易的发展。商业资本通过经营贸易特别是国际贸易迅速致富,社会财富的重心由土地转向金银货币。当时充当流通手段的主要是金属货币,流通中所需要的货币量急剧增加,更加剧了对金银的需要。但是西欧各国普遍不盛产金银,金银货币主要是从流通中获取,尤其是从对外贸易中获得。

商业资本发展的同时,西欧建立起一些封建中央集权制的民族国家。国家的庞大开支,同样需要大量货币。商业资本在经济上为民族国家服务,民族国家则运用各种力量支持商业资本的发展,就是在这样的社会经济背景下,代表商业资产阶级利益和要求,同时也符合西欧民族国家权益的重商主义便应运而生了。

(二)重商主义的发展阶段

重商主义在其发展过程中经历了两个历史阶段:大约从 15 世纪到 16 世纪中叶为早期重商主义;16 世纪后半期到 17 世纪为晚期重商主义。

1. 早期重商主义

早期重商主义以约翰·海尔斯和威廉·斯塔福德为主要代表人物,主张绝对地多卖少买,严禁货币输出国外。他们认为从外国输入商品是有害的,从外国输入本国能够制造的商品害处更大,应该在国内把货币以储藏货币的形式积累起来,达到积累货币财富的目的。这种思想被称为货币差额论或货币平衡论,马克思将其称为重金主义。

早期重商主义者极力主张实行保护贸易政策,主张国家采取行政手段,一方面禁止货币输出,另一方面禁止外国工业品特别是奢侈品的输入。即使某些国内商品价格高于进口商品价格,也不应允许外国商品输入。

2. 晚期重商主义

晚期重商主义出现时,英国工场手工业已经发展起来,国内外贸易已很发达。托马斯·孟(Thomas Mum)是晚期重商主义最突出的代表人物。他认为对外贸易才是国家致富的手段,而国内商业只是对外贸易的一种辅助,并不能使国家致富。在他看来,虽然除了对外贸易外其他一切手段都不能使国家致富,但并不等于说任何情况下的对外贸易都会使国家获得好处,而只有在对外贸易保持出超时,才能达到致富的目的。与早期重商主义者不同,晚期重商主义者意识到货币只有在不断运动中才能带来更多的货币,因此国家应该允许将货币输往国外,以便扩大对国外商品的购买。但应坚持的原则是,购买外国商品的货币总额必须少于出售本国商品所得到的货币总额,以保证有更多的货币流回本国,即保持出超。晚期重商主义被称为贸易差额论,因为晚期重商主义者为了达到贸易顺差的目的,支持西欧一些主要国家采取扶持和鼓励制造出口商品的工场手工业的政策，所以马克思又把晚期重商主义称为重工主义。

（三）重商主义的政策主张

重商主义者根据自己对财富和贸易的理解，提出了一系列关于贸易政策方面的主张。可以说，重商主义对后世的深远影响，与其说是理论方面的“成就”，倒不如说是外贸政策方面的主张。这些政策措施主要有以下几个方面。

1. 由国家管制对外贸易

为了避免金银的外流，国家应该通过法令严禁金银出口，并且实行对外贸易垄断。同时制定发展本国航运业的法律，禁止外国船只从事本国沿海航运和本土与殖民地之间的航运。

2. 发展本国工业

重商主义者主张政府对本国工业的发展进行严格管制，并采取包括保护关税等措施来鼓励和扶持本国幼弱工业的发展，以达到实现贸易顺差的目的。根据当时的制造业还是以手工劳动为主的情况，重商主义者提出了鼓励工业发展的一些具体建议，如奖励增加人口以增加劳动力的供应，实行低工资政策以降低生产成本，高薪聘请外国工匠，禁止本国熟练技工外流和工具设备输出，给本国工场手工业者发放贷款和提供各种优惠条件，等等。

3. 奖出限入

为了实现贸易顺差，重商主义者大都提倡奖出限入政策，实行保护关税。禁止进口奢侈品，对一般制成品的进口也采取严格的限制政策，无一例外地征收重税，往往高到使人不能购买的地步，但对进口的原材料实行免税。在出口方面，阻止原料或半成品出口，奖励制成品大量出口，并用现金奖励在国外市场上出售本国商品的商人。

（四）对重商主义的评价

重商主义的贸易学说是西方最早的国际贸易学说，在历史上曾起过进步作用，其思想和政策主张一直影响着后来的经济和各国的对外贸易政策，并具有一定的现实意义。但是，重商主义并没有完整的贸易理论。重商主义对社会财富的理解是肤浅的和片面的，它把货币与财富混为一谈。同时，重商主义认为一国的贸易得益是建立在他国损失的基础上的，即对外贸易是一种零和博弈的观点，其所主张的政府严格控制经济活动的政策，限制了国际贸易的广泛开展。

三、保护关税说

（一）保护关税说的产生

亚历山大·汉密尔顿（Alexander Hamilton）是美国的开国元勋、政治家和金融家、第一任财政部长。1783 年，英国承认美国独立。至此，持续了八年的独立战争以美国的最终胜利宣告结束。然而，美国经济却遭受了严重破坏，加之“战后”英国的经济封锁，使其经济更加萧条。当时摆在美国面前有两条路：一条是实行保护关税政策，独立自主地发展本国工业；另一条是实行自由贸易政策，继续向英国、法国、荷兰等国出售小麦、棉花、烟草、木材等农林产品，用以交换这些国家的工业品，满足国内市场的工业品需求。前者是北方工业资产阶级的要求，后者是南部种植园主的愿望。

汉密尔顿站在工业资产阶级一边，极力主张实行保护关税制度。在他的主持下，美国联邦政府于 1789 年首先颁布了保护关税税则。1791 年，汉密尔顿向国会递交了一份题为《关于制造业的报告》。在报告中，他阐述了保护和发展制造业的必要性，以及一个相当大的非农业消费阶层对于一个稳定而繁荣的农业的重要性，并提出了以加强国家干预为主要内容的一系列措施。

（二）保护关税说的政策主张

汉密尔顿认为，保护和发展制造业有利于提高整个国家的机械化水平，促进社会分工的发展；有利于扩大就业，吸引移民流人，加速国土开发；有利于提供更多的创业机会，使个人才能得到更充分的发挥；有利于消化农产原料和生活必需品，保证农产品的销路和价格稳定，刺激农业发展，等等。他还指出，保护和发展制造业对维护美国经济和政治独立具有重要意义。一个国家如果没有工业的发展，不但不能使国家富强，而且很难保持其独立地位。况且，美国工业起步晚，基础薄弱，技术落后，生产成本高，难与英国、法国、荷兰等国家的廉价商品进行自由竞争。因此，美国必须实行保护关税制度以使新建立起来的工业得以生存、发展和壮大。他提出的具体措施有：一是向私营工业发放政府信用贷款，扶持私营工业发展；二是实行保护关税制度，保护国内新兴工业；三是限制重要原料出口，免税进口本国急需的原料；四是为必需品工业发放津贴，给各类工业发放奖励金；五是限制改良机器及其他先进生产设备的输出；六是建立联邦检查制度，保证和提高工业品质量；七是吸引外国资金，以满足国内工业发展需要；八是鼓励移民迁入，以增加国内劳动力供给。

汉密尔顿递交《关于制造业的报告》时，自由贸易学说正占上风，因而他的主张遭到不少人的反对。随着英、法等国工业革命的不断发展，美国工业遇到了国外越来越强有力的竞争和挑战，汉密尔顿的主张才在美国的外贸政策上得到反映。1816 年，美国提高了制成品的进口关税，这是美国第一次实行以保护为目的的关税措施。1828 年，美国再度加强保护措施，工业制成品平均关税（从价税）率提高到 49％。

汉密尔顿的主张虽然只有一部分被美国国会采纳，但对美国政府的内外经济政策产生了重大而深远的影响，促进了美国资本主义的发展，具有历史进步意义。与旨在增加金银货币财富、追求贸易顺差，因而主张采取保护贸易政策的重商主义不同，汉密尔顿的保护贸易的思想和政策主张，反映的是经济不发达国家独立自主地发展民族工业的愿望和正当要求，它是落后国家进行经济自卫并通过经济发展与先进国家进行经济抗衡的保护贸易学说。保护关税说的提出，标志着保护贸易学说基本形成。

（三）对保护关税说的评价

第一，汉密尔顿的保护关税说标志着从重商主义分离出来的两大西方国际贸易理论体系已经基本形成。重商主义是人类对资本主义生产方式的最初的理论考察。但是这种考察基本停留在对现象的表面描绘上。随着资本主义生产方式的进一步发展和变革,重商主义便开始瓦解和分化,逐渐形成了两个独立的分支体系,一个是斯密和李嘉图开创的自由贸易理论体系,一个是汉密尔顿和以后的李斯特建立的保护贸易理论体系。而汉密尔顿的保护关税说的提出则标志着和自由贸易理论体系相对立的保护贸易理论体系的形成,因而具有重要的理论意义。

第二,汉密尔顿的保护关税说对美国对外贸易政策的制定有着深刻的影响,促进了美国资本主义的发展,具有历史进步意义。汉密尔顿的许多政策主张后来成了当时美国对外贸易经济政策的重要组成部分,事实证明这些政策措施对于发展美国工业,增加经济实力起到了很大的积极作用。恩格斯也曾肯定当时美国选择保护贸易道路的重要意义。恩格斯在1888年为马克思《关于自由贸易的演说》出版而写的序言《保护关税制度和自由贸易》一文中指出,假如美国也必须变为工业国,而且它不仅有赶上它的竞争者,而且有超过它的竞争者的机会的话,那么美国面前摆着两条道路:一是以比它先进100年的英国工业为对手,在自由贸易之下,用50年的工夫,作极大牺牲的竞争战;二是实行保护贸易,在25年之内拒绝英国工业品进口,在25年之后,美国工业在世界公开市场上能够居于强国的地位,是有绝对把握的。

第三,汉密尔顿的保护关税说对于落后国家寻求经济发展和维护经济独立具有普遍的借鉴意义。汉密尔顿的保护关税说实际上回答了这样一些问题:落后国家应不应该建立和发展自己的工业部门?如何求得本国工业部门的发展?对外贸易政策如何体现本国经济发展战略?这对于落后国家赶超先进国家来说,不无借鉴意义。当然,在当时的历史条件下,汉密尔顿没有能够进一步分析其保护措施的经济效益和经济后果,没有注意到保护贸易措施也有其制约本国经济发展的消极的一面。

四、幼稚工业保护理论

(一)幼稚工业保护理论的产生背景

最先由汉密尔顿提出保护幼稚工业的思想,之后经李斯特对其进行了发展和完善。弗里德里希·李斯特是德国政治家、理论家、经济学家,资产阶级政治经济学历史学派的先驱者,早年在德国提倡自由主义。当19世纪上半期英国已完成了工业革命、法国近代工业也有长足发展时,德国还是一个政治上分裂、经济上落后的农业国。英、法工业的发展,造成大量廉价商品冲击德国市场。与此同时,德意志境内小邦林立、关卡重重,严重地阻碍商品流通和国内统一市场的形成。这两种情况都不利于德国资本主义的顺利发展。新兴的工业资产阶级迫切需要摆脱外国自由贸易的威胁,扫清发展资本主义的障碍。李斯特积极倡导并参与了取消德意志各邦之间的关税、组建全德关税同盟的活动,因此他触犯了政府当局,1825年年初被迫流亡美国。李斯特移居美国以后,受到汉密尔顿保护贸易思想的影响,并亲眼见到美国实施保护贸易政策的成效,乃转而提倡贸易保护主义。1832年,他以美国领事的身份返德驻莱比锡,并在德国积极宣传发展工业、反对自由贸易的主张,逐渐形成了自己的思想体系。1841年,李斯特的代表作《政治经济学的国民体系》(The National System of Politicaz Economy)一书出版。在书中,他批判了古典学派的自由贸易理论,发展了汉密尔顿的保护关税说,提出了自己的以生产力理论为基础,以经济发展阶段论为依据,以保护关税制度为核心,为经济落后国家服务的幼稚工业保护理论。所谓幼稚工业(Infant Industry),是指处于成长阶段尚未成熟,但具有潜在优势的产业。

(二)幼稚工业保护理论的主要内容

李斯特代表了德国新兴资产阶级的利益,提倡废除割据,建立统一的关税同盟,以促进商品流通,对外实行保护贸易,以减少外国商品进口,从而促进本国工业的发展。李斯特吸收了重商主义保护贸易的观点,受到汉密尔顿的启发。李斯特在《政治经济学的国民体系》一书中以生产力理论为基础,采用历史学派的历史发展阶段的方法,就国民经济发展列举史实,反复论证,认为德国所处的发展阶段,应采取保护关税抵御英国的廉价工业品,以保护德国的国内工业市场,发展德国的生产力。李斯特保护贸易理论主要有以下几方面内容。

1.经济发展阶段论

李斯特主张一定条件下的保护政策,对于不加区别的自由贸易持否定态度。他认为,古典学派的国际贸易理论忽视了各国的历史和经济发展的特点,所宣扬的是世界主义经济学,把将来世界各国经济高度发展之后才有可能实现的经济图式作为研究现实经济问题的出发点,因而是错误的;各国的经济发展必须经过五个阶段,即原始未开化时期、畜牧时期、农业时期、农工业时期和农工商业时期。李斯特看来,处于不同经济发展阶段的国家应实行不同的对外贸易政策。李斯特认为,当一国处于未开化时期或以农业为主的发展阶段时,即第一至第三阶段,应实行自由贸易政策,以利于农产品的自由输出和工业品的自由输入,并培育工业化的基础。处在农工业阶段的国家,工业尚处于建立和发展时期,还不具备自由竞争的能力,故应实施保护贸易政策,使其避免外国竞争的冲击。而进入农工商业阶段的国家,已具备了对外自由竞争的能力,理应实行自由贸易政策,以享受自由贸易的最大利益,刺激国内产业进一步发展。

李斯特提出上述主张时,认为英国已达到第五个阶段,法国在第四个阶段与第五个阶段之间,德国和美国均在第四个阶段,葡萄牙和西班牙则在第三个阶段。因此,李斯特根据其经济发展阶段论,认为德国在当时必须实行保护贸易政策。

2.幼稚工业论

李斯特看来,在德国内部应废除各邦的关卡,建立统一的关税同盟,使商品在国内可以自由流动。但对于他国贸易,李斯特认为德国当时仍处于农业时代,工业生产处于起步阶段,应实行保护贸易,避免外国先进工业品的竞争,保护幼稚工业,促进本国工业发展。

3.生产力论

李斯特反对“比较成本论”关于当外国能用较低的成本生产并出口某种产品时,本国就不必生产该产品,而是通过对外贸易获得之,双方都能从贸易中获益的主张。因为贸易只是既定财富的再分配,它虽使一个国家获得了短期的贸易利益——财富的交换价值,却丧失了长期的生产利益——创造物质财富的能力。他认为,“财富的生产力比之财富本身,不晓得要重要多少倍；它不但可以使已有的和已经增加的财富获得保障，而且可以使已经消失的财富获得补偿”因为有了生产力的发展就有了财富本身。从国外进口廉价的商品，短期内看来是要合算一些，但是这样做的结果，本国的工业就得不到发展，以致长期处于落后和依附的地位。如果采取保护关税政策，开始时国产工业品的成本要高些，消费者要支付较高的价格。但当本国的工业发展起来之后，生产力将会提高，生产商品的成本将会下降，本国商品的价格将会下降，甚至会降到进口商品的价格以下。古典派自由贸易理论只单纯追求当前财富交换的短期利益，而不考虑国家和民族的长远利益。

4.国家干预论

李斯特认为，要想发展生产力，必须借助于国家的力量。同将国家视为“消极警察”，只负担国家安全与公共安全的保障工作，主张实行自由放任的经济政策的英国自由贸易论者相反，李斯特将国家比喻为国民生活中如慈父般的有力指导者，认为，在培植国家生产力，尤其是发展民族工业方面，国家应当做一个理性的“植树人”，采取主动而有效的产业政策。他以风力和人力在森林成长中的不同作用做比喻，来说明国家调控在经济发展中的作用。他说：“经验告诉我们，风力会把种子从这个地方带到那个地方，因此荒芜原野会变成稠密森林；但是要培植森林因此就静等着风力作用，让它在若干世纪的过程中来完成这样的转变，世上岂有这样愚蠢的办法？如果一个植树者选择树秧，主动栽培，在几十年内达到同样的目的，这不算是一个可取的办法吗？历史告诉我们，有许多国家，就是由于采取了那个植树者的办法，胜利实现了它们的目的”。李斯特还以英国经济发展的历史为证，论述了英国经济之所以能够快速发展，主要是由于当初政府实行扶植政策的结果。德国正处于类似英国发展初期的状况，应实行国家干预下的保护贸易政策。

5.保护程度有别论

李斯特受汉密尔顿启发认识到，实行保护贸易将使国民经济的某一部分遭到损失。因此，他主张实行保护贸易，并不是一切都保护，受保护的程度也应不同。对工业应有选择地加以保护，这样可以将实行保护贸易带来的损害降到最低限度，以便将来被保护的工业发展后所获得的利益，能补偿因实行保护政策所造成的损失。

（三）对幼稚工业保护理论的评价

1.贡献

第一，幼稚工业保护理论的许多观点是有价值的，对经济不发达国家制定对外贸易政策具有较大的借鉴意义。例如，他的关于“财富的生产力比之财富本身，不晓得要重要多少倍”的思想是深刻的，具有较强的理论说服力；他的关于处于不同经济发展阶段的国家应实行不同的对外贸易政策的观点是科学的，为经济落后国家实行保护贸易政策提供了理论依据；他的关于以保护贸易为过渡时期和仅以有发展前途的幼稚工业为保护对象，其保护也是有限度的，不是无限度的主张是积极的和正确的，说明了他对国际分工和自由贸易的利益也予以承认；他对保护贸易政策的得失的分析是实事求是的，揭示了建立本国高度发达的工业是提高生产力水平的关键。

第二，幼稚工业保护理论具有理论上的合理性。自由贸易的倡导者约翰·穆勒尚且将幼稚工业保护论作为保护“唯一成立的理由”。幼稚工业保护论在现实中有着广泛的影响力，世界贸易组织也以该理论为依据，列有幼稚工业保护条款，允许一国为了建立新工业或者为了保护刚刚建立、尚不具备竞争力的工业采取进口限制措施，对于被确认的幼稚工业，可以采取提高关税、实行进口许可证、征收临时进口附加税的方法加以保护。

2. 局限性

第一，李斯特以经济部门作为划分经济发展阶段的基础，这实际上是把社会历史的发展归结为国民经济部门的变迁，而撇开了生产关系这个根本原因，因而是错误的。

第二，李斯特把他的生产力理论与古典学派的国际价值理论对立起来，片面强调国家干预对经济发展的决定性作用，这也是错误的。

第三，该理论在实践中成效不大。发展中国家都很注重对幼稚工业的保护，但多数都未达到预期效果，反而付出惨痛代价。例如，我国保护了多个像汽车这样的产业，结果却使得国内企业安于现状，国产轿车的价格远远高于国际市场汽车价格。

第四，具体操作中存在着困难。主要体现在两个方面：一是保护对象的选择。如何选择保护对象是保护幼稚工业政策成败的关键，为此，许多经济学家提出了各种选择保护对象的标准和方法，如成本差距标准将需保护的产业定位于具有成本下降趋势，且国内与国际的差距越来越小的产业；要素动态禀赋标准则提出若一国对某种工业的保护，使该国的要素禀赋发生有利于该产业发展或获得比较利益的变化，则该产业是有前途的。二是保护手段的选择。保护幼稚工业的传统手段主要是采用征收进口关税，但很多经济学家认为，既然保护的目的是增加国内生产，而不是减少国内消费，最佳的策略应是采取生产补贴而不是关税的手段来鼓励国内生产。由于采用关税手段政府可以得到关税收入，而采取生产补贴政府既失去关税收入，又要增加财政支出，因而发展中国家更多地倾向于采用限制进口的手段来保护本国工业。

五、超保护贸易理论

（一）超保护贸易理论的产生背景

在资本原始积累时期，英国是当时经济最发达的国家，重商主义发展得最为成熟。在资本主义自由竞争时期，英国的古典学派积极倡导自由贸易理论。英国在自由贸易政策下对他国进行经济侵略，掠夺大量财富，自由贸易政策对称霸世界起了重要作用。进入垄断时期，各国国内经济危机加剧，对国外市场争夺日益激烈。资本主义国家再实行自由放任政策已难于应付局面。尤其是1929—1933年经济大危机后，各国相继放弃了自由贸易政策，改而奉行保护政策，强化了国家政权对经济的干预作用。在这种情况下，各国经济学者提出了各种支持保护贸易政策的理论根据，其中有重大影响的是凯恩斯主义的超保护贸易理论（Super-Protective Trade Theory）。

以约翰·梅纳德·凯恩斯（John Maynard Keynes）为代表的一些经济学家对放任自流的

古典经济理论进行了重新审视，建立起了以就业、国民收入、总供给、总需求等为研究对象，以总量分析为特征的宏观经济理论，即凯恩斯主义，为国家干预经济的合理性提供了一整套经济学的证明，在西方经济理论界掀起了一场“凯恩斯革命”。

凯恩斯认，经济衰退的主要原因由心理因素造成的有效需求不足。为此，凯恩斯提出了“看得见的手”这一理论，主张政府采用扩张内生的经济政策进行需求管理，通过扩大社会有效需求促进经济增长。

凯恩斯没有一本全面系统地论述国际贸易的专门著作，但是他和他的弟子们有关国际贸易的观点与论述代表了当代垄断资本的利益，为发达国家的对外贸易政策尤其是超保护贸易主义提供了重要的理论根据。由于凯恩斯及其追随者推崇重商主义追求贸易顺差的经济思想和政策主张，所以其超保护贸易理论被称为凯恩斯主义的“新重商主义”。

(二)凯恩斯主义超保护贸易理论的主要内容

1936年出版的《就业、利息和货币通论》一书集中反映了凯恩斯的经济理论。该书并没有提出系统的国际贸易理论，而是批判了传统经济贸易理论，以有效需求不足为基础，以国家对经济生活的干预为政策目标，把对外贸易和国内就业结合起来，开创性地提出了保护国内就业的思想，创立了当代宏观经济的新学说。以后凯恩斯的追随者们对此加以充实和扩展，形成了凯恩斯主义的超保护贸易理论。

超保护贸易理论认为，一国的国民收入水平决定于需求水平。政府不仅要利用宏观经济政策干预国内的经济，实现内部平衡，还要干预对外贸易，以便使进出口有利于国民收入水平的稳步提高。

凯恩斯在《就业、利息和货币通论》中，由投资乘数理论出发，对贸易差额与国民经济的关系作了阐述。所谓投资乘数(Investment Multiplier)，是指投资的增长所引起的国民收入的扩大，相对于投资的增长是一种倍数增长的关系。凯恩斯看来，如果企业投资仍不足以使经济体系达到充分就业，就应该直接增加政府的支出和公共投资。因为政府投资和私人投资一样，也有投资乘数效应，而一国的总投资既包括国内投资也包括国外投资(它决定于贸易顺差额)。“增加顺差，乃是政府可以增加国外投资之唯一直接办法；同时若贸易为顺差，则贵金属内流，故又是政府可以减低国内利率、增加国内投资动机之唯一间接办法。”凯恩斯还强调贸易顺差本身对国民经济的作用亦犹如投资，认为出口是对本国产品的需求，如同投资，能使国民收入增长；而进口则是对舶来品消费的增加，如同储蓄，会减弱投资乘数的作用，使国民收入减少。因此，凯恩斯极力鼓吹贸易顺差，并提出应尽力扩大出口，同时通过保护关税和鼓励“购买英国货物”以限制进口的政策主张。

在凯恩斯投资乘数理论的基础上，马克卢普和哈罗德等人提出了对外贸易乘数理论(Foreign Trade Multiplier Theory)。他们认为，一国的出口和进口波动会对国民收入产生倍数效应。只有当贸易出超或国际收支为顺差时，国外投资增加，并因此导致国内货币供给增加，利率下降，刺激国内投资增加。此时，对外贸易才能增加一国的就业量，提高一国国民收入量。并且，国民收入的增加量将大于贸易顺差的增加量，并为后者的若干倍。如果贸易逆差，结果则相反。为了保持贸易顺差，国家应干预对外贸易，采取奖出限入的政策。

以凯恩斯主义理论为依据，可以看出一国的就业水平是由有效需求决定的。在现代经济生活中，正是有效需求的不足导致了失业的出现，有效需求的不足使经济体系在低于充分就业的水平就达到了稳定均衡的状态。有效需求由消费需求和投资需求组成，由于消费倾向在短期内十分稳定，因此要实现充分就业就必须从增加投资需求这方面着手。投资需求取决于利息率和贸易收支状况，当一国政府不能直接干预国内宏观经济，即不能通过干预利率来干预总需求水平时，国家应关心或干预对外贸易差额，保持贸易顺差，以促进就业和产出的增加。

（三）对超保护贸易理论的评价

1. 贡献

从理论上看，凯恩斯主义的国际贸易理论在一定程度上揭示了对外贸易与国民经济发展之间的内在规律性，具有一定的科学性。国民经济是一个完整的庞大系统，各个子系统之间存在着密切的相互联系。投资、储蓄、进口和出口的任何变动都会对其他部门产生影响，把这种变动所产生的影响传递到其他部门。乘数论就是反映这种相互联系的内在规律之一。只要条件具备，成熟的经济机制作用就会直接或间接地影响到经济增长。

从方法论上看，把经济学的分析从微观扩展到宏观是一种进步。传统的贸易理论侧重于要素分析、价格分析和利益分析等，因而属于微观经济分析。凯恩斯及其后来者应用乘数理论，注意将贸易流量与国民收入流量结合起来，分析出口额的增加对国民收入的倍数起促进作用，从而将贸易问题纳入宏观分析的范围，这在贸易理论上是一种突破。

从实践上看，出口贸易的增加对国民收入的提高是非常重要的。日本“贸易立国”政策的成功和“亚洲四小龙”以出口为主导带动经济起飞的实绩完全证实了这一点。因而重视对外贸易乘数论的研究是有现实意义的。

2. 局限性

第一，不应夸大乘数的作用。因为乘数要起作用，社会再生产过程的各个环节必须运转顺畅，但实际情况却是经常处于不平衡状态。同时，新增投资部分不可能全部转化为收入，收入也不可能全部用来吸收就业，因而，投资乘数的作用往往是有限的。

第二，如果在国内已经或接近实现充分就业的情况下，出口的继续增加将会造成需求过度，从而推动生产要素价格上涨。生产要素价格上涨不仅会削弱本国商品的国际竞争力，而且可能迫使政府采取反通货膨胀政策。所以，在这种情况下出口继续增加实际上并不会推动国民收入的连续增长。

第三，乘数作用还要受出口商品的供给和需求弹性的影响，因此，乘数论在工业化国家适用性较强，而在农业比重大的国家则适用性较弱。

第四，对外贸易乘数论把贸易顺差视为像国内投资一样是对国民经济体系的一种“注入”，能对国民收入产生乘数效应。其实，贸易顺差与国内投资是不同的，投资增加会形成新的生产能力，使供给增加，而贸易顺差增加实际上是出口相对增加，它本身并不能形成生产能力。投资增加和贸易顺差增加对国民收入增加的乘数作用并不等同。

第五，对外贸易乘数论是资本主义世界生产过剩的产物，它将贸易保护的范围进一步扩大，将贸易盈余作为解决本国失业和促进经济增长的外部手段。如果各国都以此理论指导其贸易行为的话，那么必将导致贸易规模的缩小和贸易利益的损失，不利于世界经济一体化的发展和国际分工的进一步深化。

六、“中心—外围”理论

（一）“中心—外围”理论的产生背景

第二次世界大战后，广大亚、非、拉发展中国家独立，同时致力于发展民族经济。然而，这些国家民族经济的发展受到了旧的国际经济秩序尤其是旧的国际分工体系的严重阻碍。1950年，阿根廷经济学家劳尔·普雷维什（Raul Prebisch，1901—1986）根据他的工作实践和对发展中国家经济发展问题的深入研究，站在发展中国家的立场上，提出了中心—外围理论。

（二）“中心—外围”理论的主要内容

1.国际经济体系二分论

普雷维什将世界经济体系分为中心国家和外围国家来考察国际经济交换。他认为，发达工业国构成国际经济体系的中心，大量发展中国家和外围国组成国际经济体系的外围。中心国和外围国在经济交换和利益分配上是不平等的；中心国是技术的创新者和传播者，外围国则是技术的模仿者和接受者；中心国主要生产和向世界出口制成品，外围国则主要从事初级产品生产和向中心国出口；中心国在整个国际经济体系中居于主导地位，外围国则处于依附地位并受中心国控制和剥削。在这种国际经济贸易关系下，中心国家享有大部分国际贸易的利益，而外围国家则很少甚至享受不到这种利益。因此，外围国家要摆脱对中心国家的依附，唯一的出路是实行工业化。普雷维什的理论为早期的进口替代发展战略奠定了理论基础。

2.外围国家贸易条件不断恶化

普雷维什认为，发达国家推行的自由贸易，是建立在比较优势基础上的，发展中国家虽然能够通过国际贸易获得外汇收入，但在根本上不利于发展中国家。普雷维什考察了1876—1938年英国进出口产品的平均价格指数，分别代表初级产品和工业制成品的世界价格，进而计算出各年两者之比。结果表明，大部分年份的价格比率都是递减的。因此，普雷维什得出结论：初级产品的贸易条件存在长期恶化的趋势，中心国家和外围国家在国际分工和国家贸易上所得的利益是不平等的。

普雷维什进一步分析了造成外围国家贸易条件恶化的主要原因：

一是技术进步利益分配不均。中心国家往往主导和垄断了科技创新，而这些技术直接用于中心国家的工业发展，使得中心国家优先获得技术进步的好处。外围国家由于自身工业技术基础等条件的限制而不可能在短期内研发，由于中心国家对技术转让的限制而几乎享受不到世界科技进步的利益，只能长期向中心国家提供初级产品换取制成品。

由于技术进步对初级产品、制成品供求影响不同，中心国应用新技术使制成品原料消耗下降会导致外围国初级产品供给过剩，从而被迫降低产品价格。

此外，中心国家垄断了工业品生产，使其价格具有刚性，而外围国家的收入增长低于劳动生产率提高的幅度，而且初级产品垄断性较弱，价格上涨缓慢，而在价格下降时又比工业品下降得更快。所以，外围国家的初级产品贸易条件必然恶化。

二是中心国家工业制成品需求收入弹性较高，外围国家初级产品需求收入弹性较低。根据恩格尔定律，收入水平提高，制成品需求强度上升，对制成品需求上升，对初级产品需求下降。一般而言，工业制成品需求的收入弹性比初级产品需求的收入弹性大。在经济繁荣期，由于各国消费者和生产者收入的增加，对工业品的需求会有较大的增加，因而工业品的价格就会有较大幅的上涨。相反，随着收入的增加，对初级产品的需求增加较小，因而对初级产品价格不会有很大的刺激作用，使初级产品价格上涨很小，甚至下降。所以，以出口初级产品为主的外围国家的贸易条件存在长期恶化的趋势。

三是贸易周期运动对中心与外围国家的影响是不同的。普雷维什认为，在贸易繁荣阶段工业品和初级产品的价格都会上涨，但在贸易衰退阶段初级产品价格下跌的程度要比工业品更加严重，因此贸易周期的反复出现不断扩大了初级产品与工业品之间的价格差距。另一方面，在贸易繁荣阶段由于企业家之间的竞争和工会的压力，工业中心的工资上涨，部分利润用来支付工资的增加，到危机期间由于工会力量的强大，上涨的工资并不会因为利润的减少而下调，而外围国家的工资在繁荣时期虽也会适当上涨，但当贸易衰退阶段来临时，由于初级产品部门工人缺乏工会组织，没有谈判工资的能力，再加之存在大量剩余劳动力的竞争，所以其工资水平被压低。

针对以上情况普雷维什提出，外围国家应当反对旧的国际分工模式，打破旧的国际经济秩序，实现外围国家工业化，提高人民生活水平，分享技术进步利益。同时，发展中国家应集中更多资源扩大现代工业，利用较少资源扩大初级产品的生产出口。

此外，基于上述对国际经济体系的中心和外围的划分和对旧的分工体系和贸易格局下外围国家贸易条件长期恶化的分析，普雷维什认为应该采取保护贸易政策，进而通过贸易保护加速工业现代化资本积累。在工业化初期，应当扩大初级产品出口，增加外汇收入，以及进口发展工业必需的资本产品。同时建立、发展国内替代工业，扶持国内工业发展，并建立国内出口导向工业，大量出口国内工业产成品，改善贸易条件，最大限度获得国际贸易利益。因此，外围国家工业化需利用贸易保护政策保护本国工业市场，使用关税、外汇管制、进口配额，实现工业品进口替代、出口扩张的目标。

（三）对“中心—外围”理论的评价

1. 贡献

第一，“中心—外围”理论从发展中国家利益出发，对国际贸易理论进行探讨，拓展了国际贸易理论。

第二，“中心—外围”理论为第三世界国家反对国际经济旧关系和国际经济旧秩序提供了理论武器。

第三，“中心—外围”理论对发展中国家经济发展战略（进口替代和出口导向发展战略）的建议，对拉丁美洲和其他发展中国家早期的工业化具有直接的指导和借鉴意义。

第四,“中心—外围”理论代表了发展中国家的利益,他对发展中国家贸易条件恶化的分析揭示了不平等贸易的本质。

2.局限性

第一,普雷维什的“中心—外围”理论得出的结论导致了“进口替代”发展战略的产生。而战后发展中国家实施进口替代发展战略的结果并不理想。

第二,对发达国家与发展中国家的经济矛盾批评不彻底,同时对传统贸易理论仍然有依赖,如简单地将工会的作用、资本主义工业化模式套用于发展中国家,而未考虑其是否适用。

七、战略性贸易政策理论

(一)战略性贸易政策理论的产生背景

建立在规模报酬递增和不完全竞争基础上的新贸易理论,改变了国际经济学家的思维方式,一方面给予贸易互利原理的证明以新的内容,强化了自由贸易优于闭关自守的传统贸易理论的结论;另一方面,新贸易理论动摇了在规模经济和不完全竞争条件下自由贸易政策的最优性,提出了适当运用战略性贸易政策(Strategic Trade Policy),将有助于提高一国贸易福利的主张,为政府的贸易干预提供了新的理论依据。这一结论又与传统贸易理论相悖,具有贸易保护主义的性质。

布兰德、斯宾塞、格罗斯曼等人以新贸易理论为基础,在探索如何创造贸易优势的过程中,逐步形成了一种通过保护和扶持某些具有发展潜力的战略性产业来创造和强化贸易优势,从而提高本国经济的国际竞争力的新的理论主张,即战略性贸易政策理论

(二)战略性贸易政策理论的主要内容

1.战略性贸易政策的含义

战略性贸易政策,顾名思义,就是对因某些原因而被认为是重要的战略产业所采取的贸易政策,或者是指能够影响或改变厂商之间战略关系的贸易政策。在这里,战略关系是指厂商之间都会意识到的一种相互依赖的关系,也就是指一个厂商的收益或利润必然会直接受到其他厂商的战略选择的影响。由于完全竞争的市场条件下是不可能产生战略性贸易政策的,所以战略性贸易政策实质上是一种寡头垄断市场条件下的贸易政策。

“战略”两字是从博弈论中引用过来的,进行战略性的政策干预,就是要把国际市场竞争作为博弈(Game)来对待。由于不完全竞争和规模经济的存在,市场份额对各国厂商变得更为重要,市场竞争变成了一场寡头之间的博弈。在这场博弈中,政府能够通过补贴、关税、配额等各种政策工具来帮助本国企业在国际竞争中获胜。这样,政府政策起到了寡头竞争模型中的战略性行为的作用,从而被称之为“战略性贸易政策”。

具体来看,战略性贸易政策是指一国政府在不完全竞争和规模经济条件下,凭借生产补贴、出口补贴或保护国内市场等措施和手段,扶持本国战略性产业的成长,获取规模经济效益,

以增强这些产业在国际市场上的竞争能力，从而获得额外收益，并借机劫掠他国的市场份额和垄断利润，使专业化分工朝着有利于自己的方向转化的政策。

2.战略性贸易政策理论的主要论点

第一，政府干预是实现规模经济的最优途径。在非完全竞争及规模经济条件下，国际贸易中垄断利润普遍存在，一个企业的垄断实力越强，获得的垄断利润就越多。国家干预可以将国外企业的利润转移到国内企业。为此，对于各贸易国来说，如何扩大本国产品在国际市场上的份额，进而通过扩大生产规模降低生产成本，就成为取得市场竞争优势的关键。后起国家的企业靠企业自身去积累和成长，在强手如林、技术突飞猛进的今天，要成为国际市场上的真正挑战者，显然困难。而借助于政府力量作为“第一推动力”，选择有发展前景的产业在一定时期内给予扶助，使其尽快扩大规模、获得规模经济效益、降低成本便是最直接、最有效、最迅速的途径。

第二，政府干预是“以进口保护促进出口”模型实施的基础。“以进口保护促进出口”是克鲁格曼在1984年提出来的重要理论。该理论有两个假设前提：一是市场由寡头垄断，并可有效分割；二是存在规模经济效应。当本国企业处于追随者地位，生产规模远没有达到规模经济的要求，边际生产成本很高时，本国政府通过贸易保护，全部或局部地封闭本国市场，阻止国外产品进入国内市场。随着国内市场需求的逐渐扩大，这类产业的规模经济效益便会出现，生产成本得以降低。同时，国外竞争对手由于市场份额的缩小而达不到规模经济，边际成本上升。此消彼长，国内企业就可能占有国外市场更大的份额。而销售额的扩大又进一步降低了边际生产成本，提高了企业的国际竞争力战后，在日本、韩国、中国台湾的经济发展中，汽车、电器、计算机设备等的发展就经历了这样一个过程。

第三，政府干预作用是比较优势形成的关键因素。将政府干预作用作为国际贸易理论的一个重要因素，是战略性贸易政策理论的一大进步毋庸置疑，而比较优势依然是国际贸易的基础。一方面，技术已成为现代企业和国家获得相对比较优势的关键。而技术的提升不管是来自引进还是研发，都与法律、投资激励等形成的经济环境密切相关，都需要政府的支持，即取决于政府的干预情况。另一方面，在经济全球化过程中，资源禀赋的内涵发生了变化，相对于“自然资源”而言，“创造型资源”（如信息、知识资本、创新、制度、技术等）的作用越来越重要。企业以及一个国家越来越依靠这类资源来获得比较优势，因而政府干预也被内生为区位因素，成为直接影响这种“创造型资源”比较优势形成的关键变量之一。

第四，外部经济效应方面的战略性政策干预。这方面的贸易政策往往要和产业政策相配合才能达到预期效果，具体包括信贷优惠、国内税收优惠或补贴、对国内企业进口中间品的关税优惠、对外国竞争产品进口征收关税等措施。若某一产业发展的社会效益高于其个体效益，即具有外部经济效应，则通过政府扶持能使该产业不断获取动态递增的规模效益，并在国际竞争中获胜，结果企业所得的利润会大大超过政府所支付的补贴。而且，该产业的发展还能通过技术创新的溢出推动其他产业的发展。

第五，利润转移传统贸易理论主张自由贸易政策，通过国际分工和专业化生产来进行国际贸易，使参与国双方的福利水平都提高，实现“双赢”。但是，战略性贸易政策理论却提出了利润转移的论点，即把垄断利润从外国公司转移给国内，从而在牺牲外国福利的情况下增加本国福利。利润转移理论的基本前提是国际竞争都具有寡头竞争的性质。

战略性贸易政策理论揭示了利润转移理论的三种类型。一是关税的利润转移效应。布兰德和斯宾瑟提出的"新幼稚产业保护"模型中,假设一家国外寡头垄断企业独家向国内市场提供某种商品,正在享受垄断利润,且存在潜在进入的情况,则征收关税便能抽取外国寡头厂商的垄断利润。因为外国寡头厂商会吸收部分关税来决定"目标价格",以阻止潜在进入,否则国内企业的进入将不可避免。特殊情形下,外国公司甚至会将关税全部吸收,国内既不会发生扭曲,又可以获得全部租金。税收收入就是转移了该厂商的垄断利润。该模型突破了传统最优关税理论关于只有大国才有可能通过关税来改善其贸易条件的限制,认为即使是贸易小国也同样可以通过征收关税来改善国民福利。二是出口补贴的利润转移效应。布兰德和斯宾瑟于1985年提出古诺双寡头国际竞争模型,认为向在第三国市场上同外国竞争者进行古诺双寡头博弈的国内厂商提供补贴,可以帮助国内厂商扩大国际市场份额,增加国内福利。古诺双寡头博弈的特征是,均衡产量水平由两个厂商反应曲线的交叉点所决定。通过补贴降低国内厂商的边际成本,使厂商有更高的反应曲线,获得更大的国际市场份额。总之,出口补贴降低了非完全竞争产业的垄断扭曲程度,使本国和消费国的总收益大于另一生产国的损失。三是"以进口保护促进出口"手段的利润转移效应。该观点来自20世纪80年代逐步形成的"新幼稚产业保护论",认为一个有战略意义的行业在受保护的国内市场里能迅速成长而达到规模经济的要求,从而相对于外国厂商具有规模竞争优势,使其能够增加在国内市场和没有保护的外国市场的份额,并且把利润从外国厂商转移到本国厂商,使本国福利增加。

(三)对战略性贸易政策理论的评价

1.贡献

第一,战略性贸易政策理论是国际贸易新理论在国际贸易政策领域的反映和体现。与正统的自由贸易政策理论不同,该理论精巧地论证了在现实经济与自由贸易理论前提相背离的情况下,政府干预对外贸易的必要性,并强化了政府干预的理论依据。它对发达国家和发展中国家的贸易和产业政策都产生了较大的影响,美国克林顿政府的对外贸易政策就是战略性贸易政策,许多发展中国家的贸易保护也从该理论中得到一定启示。

第二,战略性贸易政策理论广泛借鉴和运用了产业组织理论与博弈论(Game Theory)的分析方法和研究成果,特别是对博弈论的运用,应该说是国际贸易理论研究方法上的突破。

2.局限性

第一,该理论未就政府的干预给出任何总的通用的解决方法,其成立亦依赖一系列严格的限制条件。如战略性贸易政策的实施除了必须具备不完全竞争和规模经济这两个必要条件外,还要求:政府拥有齐全可靠的信息,对实行干预可能带来的预期收益胸中有数;接受补贴的企业必须与政府行动保持一致,且能在一个相对较长的时期内保持住自身的垄断地位;产品市场需求旺盛,被保护的目标市场不会诱使新厂商加入,以保证企业的规模经济效益不断提高;别国政府不会采取针锋相对的报复措施。一旦这些条件得不到满足,战略性贸易政策的实施就不会取得理想的效果,甚至无效。

第二，该理论背弃了自由贸易传统，采取富于想象力和进攻性的保护措施，劫掠他人市场份额与经济利益。这往往使它成为贸易保护主义者加以曲解和滥用的口实，恶化国际贸易环境。因此，许多严肃的经济学家，包括国际贸易新理论学派的一些学者都指出，对这一政策必须深刻理解和正确把握，切不可片面夸大或曲解其功效，以防贸易保护主义泛滥。

第三，战略性贸易政策常会因为贸易报复而导致两败俱伤。即使该政策充分有效，它也只是一方得益而另一方受损，其结果只是全球福利分配的再调整，而不是世界总福利水平的绝对增加。

第三章 国际技术贸易概述

随着经济全球一体化的加深，科技全球化高速推进，国际技术贸易也得到了迅速的发展，而且呈现出新的格局和新的发展趋势。国际技术贸易是当前国际贸易的重要组成部分。国际技术贸易的发展，加速了生产要素的国家间转移，促进了科学技术在世界范围内的普及和提高，加快了国际技术贸易参与国家的经济发展，缩短了有关国家经济现代化和科学技术现代化的进程。

第一节 国际技术贸易的概念及特征

一、技术及其种类

(一)技术的含义

“技术”一词最早来自于希腊文 Technology，它是由两个希腊文单词 Lechne(工艺)与 Logos(了解)合成而来。Lechne 具有制作某种东西的技能和工艺的含义，Logos 则含有对某一事物的了解之意。两词合起来的 Technology 原意指“应用科学”或“实现特定目标的科学方法”。从希腊文的原意来看，技术实际上是人类智慧的结晶和生产经验的总结。

技术是人类智慧的成果，它是一种系统的知识，是人类最宝贵的财富。但是，到目前为止，国际理论界对“技术”一词的具体含义还没有形成统一的认识。伊诺斯(Enos)认为，技术是存在于专利之中的技术信息，它是可以交流的并以书面形式存在的知识。伊诺斯对技术范围的定义是最狭窄的。康维尔(Cornwall)认为，一个国家在某一时点的技术指的是其拥有的产品和服务生产的知识存量，知识存量的操作性部分就产出一系列技巧。劳维(Lowe)认为，技术是科学的原则和知识在物质中的结构化应用。在埃迪莱克(Erdilek)和拉波鲍特(Rapoport)看来，技术指的是某种产品和生产技术的一系列知识，其中包括使用或制造某种产品的技巧。这一对技术的定义在理论界是最有认同度的。多西(Dosi)认为，技术是一系列实践和理论知识、专有知识、方法、程序以及相关物理设施。罗伯格(Rosenberg)认为，技术不仅仅是对科学知识的应用，而且它涵盖了一些说不清的但有应用价值的技巧、方法和设计知识。基(Gee)认为，技术是一个含有工艺方面的思想、信息和数据的知识体系，它体现在个人的技巧以及设计、设备和计算机的编码中。弗兰克尔(Frankel)将技术定义为可用来生产产品和服务的知识、经验、技能和设施。贝茨(Betz)认为，技术是人类利用大自然所必需的知识。斯图瓦特(Stewart)认为，技术是包括生产、使用和做有用的事情在内的技术、知识和程序，这一概念涉及管理、健康、教育、金融等服务领域。

从实际上来看，各国学者在理论上对技术认识的差异主要是认识角度上的不同，这种不同使技术的含义有了狭义和广义之分。狭义的技术指的是那些应用于改造自然的技术，而广义上，技术指的是解决某些问题的具体方法和手段。在不同的领域技术一词也有不同的解释。在社会科学领域，技术是指用于解决社会发展中所面临的问题的具体措施；而在自然科学领域，则被认为是解决生产领域问题的某种发明或技能。联合国工业发展组织1996年将技术定义为："由知识、技巧、技能、专有知识和组织组成的一个系统，它用于生产、销售和服务，从而满足经济需要和社会需要。"世界知识产权组织在1977年版的《供发展中国家使用的许可证贸易手册》中，给技术下的定义是："技术是指制造一种产品的系列知识所采用的一种工艺，或提供一项服务，不论这种知识是否反映在一项发明、一项外形设计、一项实用型或者一种植物的新品种，或者反映在技术情况或技能中，或者反映在专家为设计、安装、开办、维修、管理一个工商企业而提供的服务或协助等方面。"这是迄今为止国际上给技术所下的最为全面和完整的定义。实际上知识产权组织把世界上所有能带来经济效益的科学知识都定义为技术。

技术既是人类利用和改造自然的工具，也是自然、经济、文化、历史和科学技术发展，以及人类社会进步的标志。人类生存、进步和发展离不开技术的支持，技术作为人类经验的总结和智慧的结晶，将会随着科学的进步而发展，人们也会借助不断进步的科学方法来加深对技术的内涵和复杂性的认识。技术也将会成为人们认识自然、解决生产等领域中所面临问题的最有力的武器。

（二）技术与相关概念的关系

1.科学、技术与知识

科学和技术属于知识范畴，但不是所有的知识都是科学或者技术，同时科学与技术的知识形态存在显著的差异。科学侧重对客观存在的物质及其运动规律的认识，进化论者达尔文认为："科学就是整理事实以便从中得出普遍的规律和结论。"通俗地说，科学是认识客观世界的知识，如数学、天文学、化学、物理学。科学的任务是回答"是什么"和"为什么"，揭示客观过程的因果性、规律性。技术是人类在对物质世界进行科学认识的基础上所掌握的改造和利用自然的知识。技术的任务是解决"做什么"和"怎样做"，追求满足主体需要的功利性。

经济合作与发展组织（OECD把知识划分为4种类型：Know What（知道是什么）；Know Why（知道为什么）；Know How（知道怎样做）；Know Who（知道谁会做）。它明确指出，知道"是什么"和"为什么"是科学知识；知道"怎样做"和"谁会做"是技术知识。

2.技术研发、技术创新与技术进步

研究与开发在《弗拉斯卡蒂手册》（Frascati Manual）中的定义是：在系统基础上从事的创造性工作，以增加科技知识储备量，并运用这些知识储备设计新的应用。区分研发活动和非研发活动的标准在于是否具有新颖性或创造性。

技术创新指的是将一种新思想转化为一种新的或改进的可出售产品或工艺方法的过程，具体包括研发、中试、批量生产、市场营销和技术扩散等环节。根据美籍奥地利经济学家熊彼

特(J. A. Schumpeter)在他的《经济发展理论》(The Theory of Economic Development,1912)一书中的定义,生产新产品或改善原有产品的质量;采用一种新的生产方法、新技术或新工艺;开拓新市场等创新活动均属于技术创新范畴。

技术进步是指技术所涵盖的各种形式知识的积累与改进,表示技术水平、质量和效率的提高。在开放经济中,技术进步的途径包括技术创新、技术引进和技术扩散等。

(三)技术的特点

技术是人类从事生产活动所必不可少的知识,甚至决定了人类对世界的认识程度、对自然的改造和利用程度以及人类的生活质量。

1. 系统性

技术是人类在长期的生产实践活动中积累起来的一整套已经系统化的知识,它不仅是某一产品、某一零件或某一生产环节的知识,而且包含产品的构思、设计、生产、销售、服务以及储存等全部过程所需的知识、技能、方法和程序等。因此可以说,技术是生产活动中一种复杂的系统工程。

2. 私有性

技术虽然是人类的财富,但并非为人类社会中的每一个人所拥有。人们在身体和智力上存在差异,而且在不同的地域和不同的环境中生活和成长,这就使每个人拥有的技能不同,或掌握技能所需的时间不同,甚至有些技术对于某些人来说根本无法掌握和拥有。这就决定了技术的私有性特征。

3. 无形性

技术本身是无形的,它虽然可以用文字、图表、数据和配方等来表示,但技术在对物质发挥作用时必须以人为载体。只有人掌握了文字、图表、数据和配方等,才能将技术应用于生产,也就是说,科学仪器和设备等都是人类利用技术制造出来的,而这些仪器和设备并非技术。由于利用技术可以制造出上述如此多的生产工具,看不见的技术变成人类的一种无形资产。

4. 实用性

技术作为一种无形的知识,同时也是生产力,因为它是用于生产或有助于生产活动的知识;但技术是间接的生产力,它必须通过人来发挥生产力的作用,因为掌握和使用技术的是人,只有掌握和运用技术才能提高生产力,甚至有些产品的生产在没有技术的情况下是无法进行的。

5. 商品性

人们需要通过智力、实践、学习、培训等投资活动才能掌握技术,而且掌握技术的人在市场经济的环境中可以创造更高的经济价值,这使技术必须通过有偿的传授或转让才能被掌握和使用。技术在科学日益发达的人类社会是最有价值的商品,当然技术的复杂程度、先进程度和时效又决定了技术的价格。

(四)技术的种类

技术可以被划分为若干种,它是根据不同的标准而划分的。

1.按技术公开程度划分

依据技术的公开程度可以划分为公开技术、半公开技术和秘密技术三种。

公开技术是指已经向社会公开的一般性科研成果。它主要包括基本原理和基础理论等,其表现形式为学术论文、学术报告和学术著作,这些学术成果一般发表在公开发行的出版物上或公开在某些学术会议上,它们可以自由地传播和无偿地使用。

半公开技术主要是指根据有关国家的法律规定,在技术的所有人申请后,经有关国家管理部门的审核和批准,对那些符合法律保护规定的技术,授予某些特权,如专利。半公开技术的内容一般是公开的,但在法律规定的保护期限内,未经所有人的同意不得擅自使用。这类技术之所以叫半公开技术主要有两方面的原因,一是因为技术的所有者往往不将该技术的全部去申请专利,而是将其中容易被其他人学会、掌握或容易泄露的部分去申请法律的保护,以维持其实际地拥有该技术;二是该技术的拥有者在向国家有关部门申请保护时,向审核部门公开了该项技术的内容,但审核部门一般也有为技术所有者保密的义务。

秘密技术主要是指未经申请保护或不符合法律保护条件,而是靠技术的所有者以自身的手段进行保护的技术。这类技术一般是不为公众所知的,如专有技术。

2.按技术来源划分

按技术来源划分可以分为科学技术和经验技术。

科学技术是指一些科学理论或依据科学原理而发明的能用于生产、服务和科学试验等的手段、方法,如物理原理中的杠杆原理、飞机的发动机原理、基因理论等。这些都是以科学为基础而产生的理论原理和应用技术。

经验技术是指在长期的反复实践中总结归纳出来的,能够改造自然,并能应用于具体的生产活动的实用技术。这些技术虽然运用一些科学原理,但更多地出于生活和生产的实践活动。

3.按是否拥有工业产权划分

按是否拥有工业产权来划分可以分为工业产权技术和非工业产权技术。

工业产权主要包括商标权和专利权。工业产权技术是经过有关部门批准,受法律保护并具有工业产权的技术。这类技术实际上是半公开技术的一种。

非工业产权技术是指那些不受法律保护,但在生产活动中有一定的应用价值的技术。这类技术虽然不受法律的保护,但仍然有价值,并可以进行各种形式的有偿转让。

4.按技术在生产活动中所起的作用划分

按技术在生产活动中所起的作用划分可分为核心技术和一般技术。

核心技术是指那些在生产过程中的关键技术,或在一个产品中起关键作用的某一零部件的生产技术。核心技术不仅具有很高的科学和应用价值,还是企业能否生存和发展的关键,因此核心技术往往是企业核心竞争力的重要内容,是一个企业的灵魂。

一般技术是指在生产活动中起辅助作用的或可以被其他技术所替代的技术。一般技术一般是被每个企业都掌握的向社会公开的最常见的技术。由于这类技术的广泛性,所以很多学者不把它列入技术的范畴,但实际上它是现实生活中不可缺少的技术。

5.按技术的表现形态划分

按技术的表现形态划分可以分为硬件技术和软件技术。

硬件技术是指物质的和有形的技术,其具体表现为机器设备、实验仪器等生产工具。这类技术买卖较为简单,主要是通过上述生产工具的买卖,即商品贸易进行技术转让。它实际上是软件技术的一种实施手段。

软件技术往往表现为公式、图纸、配方、流程、计算机程序、管理或人们所拥有的生产和服务技能。软件技术有些是科学的原理,有些是人们实践经验的总结,这些技术往往通过技术贸易方式进行转让。企业的核心技术一般蕴藏在软件技术之中。

6.按技术的效用划分

按技术的效用来划分可以分为产品技术、生产技术和管理技术。

产品技术主要是指改变产品效用的技术。产品技术既可以表现为一种具有新功能的全新产品,也可以表现为由于设计的改进而使产品原功能增强或其效用改进。最近50年来,产品技术的发展最为迅速。

生产技术指的是应用于生产过程的技术,如某种产品和工具生产工艺的创新、生产流程的创新、产品检测手段的创新。生产技术的意义不仅在于能提高生产效率,而且有助于产品的创新,因为很多新产品的发明依赖于生产技术。

管理技术指的是研究、开发、生产、销售和服务活动的一种组织技能。管理技术对产品技术的发明和生产技术的创新有着重要的意义。在当今世界,管理技术已被公认为是一门科学技术。

7.按社会发展的价值划分

按社会发展的价值角度划分可以分为创新技术和改良技术。

创新技术主要是指生产某种产品的生产方法、技术的应用方法以及管理方法的创新。创新技术强调的是新技术,即与以前的产品生产方法、技术应用方法以及管理方法完全不同,而是一项全新的技术。从社会发展的角度讲,创新技术的价值是最高的。

改良技术是在原产品的生产方法、技术的应用方法以及管理方法基础上的一种改进,即改进的技术,实际上它是对先前技术的一种发展,而不是一种全新的技术。改良技术的经济价值不一定低于创新技术。

8.按技术的发展阶段划分

按技术的发展阶段来划分可以分为传统技术、尖端技术、高科技技术和未来技术。

传统技术指的是成熟的并被全社会广泛掌握和使用的技术,这种技术往往正应用于生产活动,并有可能在不远的将来被替代。它一般经过多年的实践应用,拥有很强的生命力。

尖端技术一般是指少数国家拥有的、被少数人掌握的、应用于科技含量较高的产品的研究和生产的技术,如核聚变技术、超大规模集成电路技术、光通信技术、智能机器人技术等。

高科技技术一词于1971年在美国出现,并收录于1983年版的《韦氏第三版新国际辞典增补9 000》中,该书将高科技技术定义为"使用或包含尖端方法或仪器用途的技术"。对于高科技技术,目前国内外在其基本概念的定性上是一致的。在界定高科技时一般考虑两个因素,一是技术是否属于高新技术,二是技术本身的技术含量。实际上那些科技含量高,并可以代表未来发展趋势的技术都应视为高科技技术。

未来技术指的是尚未研究成功,并且正在开发的技术,如生物工程技术、空间技术、新材料技术、超导体技术、海洋开发技术等。未来技术代表着技术的发展趋势。在某种程度上,未来技术与尖端技术有时很难区分,因为很多尖端技术还很不成熟,并在很多方面需要发展和改进,因此它们往往也同时属于未来技术。也有很多学者把尖端技术和未来技术统称为高新技术。

二、国际技术贸易的内涵

(一)国际技术贸易的概念

技术贸易的概念与技术转移和技术转让的概念相关,因而要理解国际技术贸易的含义首先要了解国际技术转移和国际技术转让的内涵。

1. 国际技术转移

技术转移(Technology Transfer)是指技术地理位置的变化,既可以是技术在同一国家内不同地区的移动,也可以是在世界范围内不同国家间的移动。国际技术转移是指技术在不同国家间的移动。国际技术转移主要有两类,一是人们为了生存或生产活动而进行的有意识行为,二是人们被动无意识的行为。例如,技术人员到工作条件或生活条件更优越的地区或国家谋生,其本身就无意识地成为技术的载体,将技术移往异地或异国。

2. 国际技术转让

技术转让(Technology Assignment)是指拥有技术的一方通过某种方式将其技术出让给另一方使用的行为。联合国在《国际技术转让行动守则(草案)》(International Code of Conduct on the Transfer of Technology)(1985年拟定)中,将技术转让定义为:"转让关于制造一项产品、应用一项技艺或提供一项服务的系统知识,但不包括只涉及货物出售或只涉及货物出租的交易。"技术转让是技术供方将技术转让给接受方的行为,因此它是有意识的主动行为。与物品转让不同,技术转让一般只是技术使用权的转让。原物主只能完整地将一件物品的所有权转让给一个接受方,同时丧失对该物品的所有权。一项技术的所有者可同时将技术使用权转让给多个被许可方,且技术持有者并不因转让而失去对该技术的所有权。

技术转让活动的形式多种多样,主要有以下几种。

一是技术转让按其有偿性可分为商业性技术转让和非商业性技术转让。凡是通过双边政府间的带有援助性的经济合作或科学技术交流等形式所进行的技术转让，都属于无偿的或非商业性的技术援助；而通过贸易途径并以企业为交易主体的技术转让属于商业性或有偿的技术转让。

二是技术转让按其方向可分为横向技术转让和纵向技术转让。横向技术转让属于企业之间的技术转让；而纵向技术转让则是母公司向其子公司或科研机构向企业进行的技术转让。

三是技术转让按其是否跨国界可分为国内技术转让和国际技术转让。技术转让可以发生在一个国家内的供方与受方之间，称为国内技术转让；也可以发生在不同国家的当事人之间，称为国际技术转让。也就是说，国际技术转让是带有涉外因素跨越国境的转让。

国际技术转让是国际技术转移的一种特殊形式。国际技术转移是指技术从一个国家向另一个国家的移动；而国际技术转让则是有特定双方的，以援助、赠予或出售为方式的一类技术转移形式，是指一国的技术所有者将技术的所有权或使用权转让给另一国的其他人，即技术的所有权或使用权的转让。技术的所有权和使用权属于知识产权的范畴，一般将人为有意识的技术转移称为技术转让。

3.国际技术贸易

有偿的国际技术转让实际上是一种贸易活动，因此也被称为国际技术贸易。国际技术贸易(International Technology Trade)就是指不同国家的当事人之间按一般商业条件进行的技术跨越国境的转让或许可行为。虽然技术是一种无形的商品，但在国际技术贸易的实际运作中，只有发达国家间的技术贸易是以单纯的软件技术贸易为主；发展中国家由于技术落后和应用科学技术的能力较差，往往是软件技术和硬件技术贸易相结合，并且以硬件设备为主。许多发展中国家为解决资金的严重短缺问题，又往往将引进技术、设备与利用外资相结合。

（二）国际技术贸易的特点

“科学技术就是生产力”已经成为普遍共识，后发国家竞相引进国际先进技术，国际技术市场的竞争日趋激烈。国际技术贸易的特点主要有以下几个方面。

1.发达国家在国际技术市场上占有统治地位

长期以来，国际技术转让活动主要集中在发达国家之间，发达国家的技术贸易额占世界技术贸易额的80%以上，而且主要集中在美、英、法、日、德等少数几个国家。2005 年以来，美、英、法、日、德这 5 国的技术贸易额就占发达国家技术贸易总额的 20%以上，虽然近年来中国等新兴发展中国家广泛参与国际技术贸易，但是五大工业强国之间的技术贸易仍然主导全球技术流动。这是因为它们既是技术的出口大国，也是技术的进口大国。发展中国家的技术进出口无论在数量上还是在种类上都有所增长，但它们在国际技术市场上的份额仍极为有限，一般不超过国际技术贸易总额的 10%，而这 10%的技术贸易额还局限于少数几个新兴工业化国家。受 2008 年国际金融危机的影响，发达国家之间的技术转让有所减少，但仍占据主导地位。实际上，发展中国家在国际技术市场上主要扮演的是接受者的角色，这主要与它们经济发展水平低和技术水平落后有关。

2. 发达国家的跨国公司控制着国际技术贸易平台

国际技术贸易不仅集中在少数几个发达国家，而且被这些国家的跨国公司所控制。据联合国国际投资和跨国公司委员会(U. N. Commission on International Investment and Transnational Corporations)统计，发达国家的跨国公司控制着发达国家技术贸易的80%，而发展中国家技术贸易的90%也控制在发达国家跨国公司手中。这主要与它们资金雄厚、技术力量强大、重视技术开发并拥有众多的专利技术有关。正是由于跨国公司在技术贸易中的垄断地位，使它们在技术转让的谈判中处于有利地位，它们往往以垄断高价向发展中国家出售其技术，并附加一些诸如限制性采购等条件。跨国公司转让技术一般与资本输出和商品输出相结合，通过在东道国建立子公司或合资公司进行。

3. 国际技术贸易竞争日趋激烈

发达国家之间的竞争是国际技术市场上的竞争表现。美国的技术出口遍及全球，日本的技术市场主要是亚洲，法国多向非洲国家出口技术，东欧则是德国的技术市场。发达国家为了保持原有的技术市场或扩大其技术市场份额，都在不断地进行技术开发。美国为保持其对尖端技术的垄断，严格控制本国先进技术的外流，并经常用国家安全机密法和与研究。国际技术领域中的竞争成为新一轮贸易战的主要焦点。

(三)国际技术贸易的作用

当前，国际技术贸易已发展为国际贸易的重要组成部分，且发展迅速，在一国经济发展中有着重要的地位和作用。国际技术转移与贸易有着悠久的历史，如中国、埃及、印度和古巴比伦等文明古国的很多技术发明传播到西方。现代国际技术贸易在第二次世界大战以后蓬勃发展，近30年来得到了飞速发展。无论在加强国际科技合作、传播科学技术、提高各国科学技术水平，还是在促进国际贸易和各国经济的发展等方面，国际技术贸易都发挥着不可忽视的重要作用。

1. 扩散科学技术并促进了科技发展

国际技术贸易是扩散科学技术的重要方式。一国国际技术贸易的快速发展可以有效地扩散本国的科学技术成果并推动科技发展。人类社会的发展进程，尤其是近代和现代科学技术发展的实践充分证明了这一点。自18世纪以来，世界上发生了三次大的科学技术革命。第一次是18世纪中叶，以在英国出现蒸汽机和纺织机为代表；第二次始于19世纪末，主要标志是电和磁的应用；第三次发生在20世纪中叶，以电子技术、原子能、空间技术的发明和应用为标志。现代信息技术、生物技术、新材料技术、新能源技术、空间技术、海洋开发技术等高新技术正在以前所未有的规模和速度发展，并且越来越深刻地影响世界经济和社会发展的进程。每次科学技术革命不仅使科学技术迅猛发展，同时也使以贸易为基础的科学技术快速扩散。国际技术贸易加速了科学技术突破国家界限的应用，一国的科学技术发展机构可以获得丰厚的经济利润和社会回报。

2.促进国际合作并缩短后发国家追赶进程

当今世界,科学技术突飞猛进,技术贸易已成为一国扩大对外经济合作与交流的一项重要内容。许多国家经济发展的道路充分说明,引进外国先进技术并使之本土化是提高本国生产水平、加速本国企业现代化、缩短与世界先进水平的差距、发展本国经济的有效途径。

早在18世纪,美国就从英国引进了蒸汽机技术、炼铁技术、机械制造技术等,并根据本国资源特点进行消化、吸收和创新,发展了蒸汽机船、无烟煤炼铁等技术。20世纪初,美国发展成为世界第一经济大国和科学技术中心。20世纪60年代,美国技术贸易额几乎占国际技术贸易额的50%。

日本是通过国际技术贸易发展本国经济的又一范例。第二次世界大战使日本经济遭到严重破坏,战后其科学技术水平落后于美国等西方先进国家二三十年。从1952年起,日本大量引进国外先进技术。据日本贸易振兴会的统计资料显示,1996年日本技术引进总额为29 942百万美元,2014年此数据为194 857百万美元,增长了5.5倍。[①] 飞速增长的技术引进促进了日本经济的发展,使日本跃居世界第二经济大国,并且在很多科学技术领域处于世界领先地位。

3.扩大贸易深广度并推动了贸易全面发展

技术贸易不但丰富了国际贸易的内容和形式,也扩大了国际贸易的深度和广度,使国际经济合作与交流进入更深的层次。首先,国际商品市场竞争十分激烈,一些拥有高、精、尖技术,能够开发技术密集型产品并制造和出口高技术产品的企业在市场上处于优势地位,技术的先进与否已成为企业在市场上竞争成败的关键。其次,发展高技术产品在市场上占据优势地位,已超出单一企业的科技力量和资源能力,因而越来越需要开展国家间的合作研究和合作生产,这实际上带有技术转让的性质。再次,在跨国公司内部,其母公司为了垄断子公司的技术、形成自己的技术派系或为了使子公司掌握某种技术,制造高技术产品或新产品,通过技术转让方式将自己的技术流向其子公司。这样就在世界范围内扩大了技术贸易的规模和贸易额,从而使跨国公司内部的技术转让在国际技术贸易中占主导地位。最后,技术贸易已成为开拓市场的有力武器之一。当前,国际上贸易保护主义盛行,直接出口产品往往会遇到很大的困难,而利用转让技术迂回进入市场常可奏效。此外,技术贸易不仅包括含有技术转让内容的设备、样机等有形对象的交易,还包括专利技术、商标使用权、专有技术、技术咨询、技术服务和合作承包等无形技术知识的交易。

因此,技术贸易在国际贸易中所占比重稳步增加,各国经济和技术的发展、相互影响和依赖的程度也进一步加强。很多国家不仅大量投资发展本国的科学研究和高科技产业,而且不断扩大国际科技合作和技术引进的规模,以适应未来激烈的商品竞争、技术竞争和人才竞争。

(四)国际技术贸易的国际规范

在国际技术贸易实践中,技术出口方通常会凭借其技术上的优势迫使技术引进方接受许

① 日本贸易振兴会[EB/OL]. https://www.jetro.go.jp/contact/.

多不公平的限制条件。这种现象在国际上逐渐普遍化,从而成为国际技术贸易中的限制性商业惯例,它阻碍了国际技术贸易的发展。为此,许多发展中国家要求联合国主持制定一项国际性的技术转让守则,即规范国际技术贸易的守则。

因此,1978 年 10 月,联合国大会委托联合国贸易和发展会议(United Nations Conference on Trade and Development,UNCTD)负责起草的《国际技术转让行动守则(草案)》(以下简称《守则》)出台,此后又经多次修改。《守则》规定,交易各方的谈判地位平等,任何一方不应滥用其优势地位进行技术转让交易,特别是涉及发展中国家的技术转让交易,从而达成彼此满意的协定。《守则》还规定,技术转让当事各方应避免在合同中采用 20 条限制性惯例。《守则》总结了国际技术转让的一些做法,提出了进行技术转让普遍应遵循的原则,在国际上有较广泛的基础,对指导国际技术转让与技术贸易、建立良好的国际技术贸易新秩序有着重要意义。

但是,由于《守则》存在许多争议之处,例如,关于行动守则的法律性质问题,是作为一项具有普遍法律约束力的文件还是作为一项指导性文件;关于技术转让的国家规章问题;关于工业产权的保护问题;关于限制性商业惯例问题;关于技术转让协议适用的法律问题;关于争端的解决问题等。其中,代表转让方利益的部分发达国家想使限制性惯例在《守则》中合法化,以七十七国集团为首的发展中国家为维护引进方利益与发达国家进行了针锋相对的斗争。最后因双方的严重分歧,该《守则》至今未获得正式通过。

第二节 国际技术贸易的产生及发展

一、国际技术贸易的历史发展

作为生产要素的技术,自其产生开始就有了传播或转让这一带有普遍性的问题。正因为技术是生产要素,它的传播与转让也势必同生产力的发展水平有着内在联系,并且受由某种生产力决定的生产方式、社会形态、发达程度的制约。从横向看,在同一时代,各地区技术也未必都处于一个水平上,一般都存在着不同程度的差异,这种差异必然要反映到技术转让上来。由于技术贸易属于技术转让的一种,因此,要了解国际技术贸易的产生与发展过程,就需要结合国际技术转让的发展历史来研究。

(一)原始时期的技术转让

早在远古时代,就出现过技术转让的痕迹,当时由于国家还没有出现,所谓技术转让也只有在部落之间通过居住地迁移而实现。由于当时尚无记载技术的文字资料,模仿就成为传播知识和技术的唯一方式。由于生产力发展水平的限制,这一时期的技术转让活动仅仅是一些简单的、偶然的活动,传播速度也相当缓慢,对社会经济发展的影响不大。

(二)中世纪时期的技术转让

国际范围的技术转让的历史很悠久。早在公元 6 世纪左右,我国就有养蚕、缫丝的技术,后来通过“丝绸之路”传到了中亚、西亚和欧洲。我国发明的造纸、火药、印刷术在公元12世纪至15世纪先后传到了欧洲。公元13世纪意大利发明了眼镜技术，到16世纪传到了日本。16世纪初叶，德国发明了机械表技术，在100多年后的17世纪初，日本和中国也先后获得了这种技术。引起欧洲农业革命的耕作方法，源自中国公元6世纪的“精耕细作”。19世纪中期美国的第一口油井就是采用中国宋朝开采天然气的“竹篾缆绳法”钻探成功的。可看到，由于交通工具的限制和国际上语言文字的障碍，技术传播的速度非常缓慢。专利制度的建立是国际上进行大规模技术转让活动的重要前提，极大地推动了技术转让活动的开展。

但是，18世纪以前的技术转让还不属于现代意义上的技术贸易，其原因主要有两个方面：一是转让的手段落后，国际技术转让主要是工匠技能的传播，而不是许可权的转让；二是传播的时间较长，如中国的养蚕和丝织技术用了1 800多年才传到欧洲，造纸、火药和印刷术传到欧洲也用了600多年，而意大利的眼镜和德国的机械表技术则分别用了300多年和100多年的时间才传到日本和中国。

18世纪初至19世纪中叶的英国工业革命的产生对于技术贸易产生了重要的影响，使其发生了革命性的变化，它是技术贸易方式的分水岭和转折点。在此之前的时代，技术转让主要依靠“人的流动”实现。英国工业革命后，技术转让就不仅仅依靠人的流动，而更多的是依靠贸易实现。技术物化在商品中，随着商品的流动而流动。贸易发达了，技术转让也就增多了。

英国工业革命的成功使世界经济、工业生产、科学技术都有了极大的进步。据统计，1820—1860年，全世界工业生产量增加了5倍。如1850年，世界船舶总吨位已达900万吨，航海技术的进步大大促进了洲际联系。电报的出现，无疑是这个时代通信技术的最伟大的进步。所有这些，对国际上的技术转让起了巨大的推动作用，国际技术的转让活动也从原始的“梯度式”发展到现代的“跳跃式”，即技术的转让不受地理条件的限制，可以跳过邻国，通过现代化的电信传输手段在很短的时间内把技术直接从供方转移到受方。

（三）现代意义上的技术贸易

现代意义的技术贸易是通过技术的商品化，并伴随着资本主义商品经济的发展而逐步发展起来的。将技术知识作为一种商品来进行买卖最早出现在18世纪的西欧。当时的西欧，专利制度的形成和专利法的颁布使专利买卖得以产生，并逐步发展为现代的专利技术许可证贸易。此后，许可证贸易的内容由专利技术扩大到专有技术和商标。到19世纪，技术贸易在一些科学技术发达、国内市场广阔的西方工业发达国家有了进一步的发展，但当时主要是在国内市场进行。直到19世纪末20世纪初，当大多数西方工业国家都建立了以鼓励发明创造和保护发明者权利为宗旨的专利制度后，以许可证贸易为主要形式的技术贸易才在这些国家间迅速展开。到这时，国际技术贸易才开始发展起来。

第二次世界大战后，整个世界政治、经济形势发生了巨大的变化。这使得国际技术贸易不论其内涵还是方式都有了巨大变化，国际政治、军事的因素开始影响技术贸易。国际化经营兴起后，直接投资、技术转让便自然而然地成为当代企业经营战略上可供选择的经济活动内容。跨国公司在国际经济活动中举足轻重的地位，以及它们所拥有的庞大资本、先进技术，决定了它们成为当代国际技术贸易的重要实体。

第三次科技革命的发展，推动了的国际技术贸易得到迅速的发展，成为战后国际贸易发展的一个显著特征。早在20世纪70年代，发达国家的对外贸易就开始向技术贸易方向发展。据统计，1965年国际技术贸易总额仅为约30亿美元；1975年达到110亿美元；1985年增加到约500亿美元；1995年又上升到2 600亿美元；1999年达到了5 400亿美元；而到了2007年，国际技术贸易额突破了1.2万亿美元。自20世纪60年代以来，国际商品贸易年均增长10.5%，而同期国际技术贸易年均增长16.5%，其增长速度远远超过了国际商品贸易的增长速度。国际技术贸易在国际贸易中的比重迅速上升，由1965年的1%上升至2005年的10%以上。加入世界贸易组织(WTO)以来，我国的高新技术产品贸易得到了较快发展，贸易规模从2001年992.4亿美元，增加到了2012年的11 080.4亿美元，相比增长超过10倍；其中，高新技术产品出口额占我国出口贸易总额的比例为29.3%。

20世纪80年代，尤其是近些年来，以信息产业、新能源、新材料等为主导的新技术革命突飞猛进，全球经济进入了新的发展时期。各国之间的经济竞争，归根到底是技术水平、科技竞争力的较量。只有科技进步才能推动经济以最快的速度发展。因此，许多国家都大力发展科技，增加科技投资，积极扩大高新技术及其产品的出口。高新技术体现出了强大的生命力，1975—1985年，主要发达国家技术出口额平均增长73.1%，而1985—2005年，技术出口额的平均增长速度达到219.2%，其中日本、美国和法国的增长速度都超过了2倍以上。高新技术产业发展促进了国际技术贸易迅猛发展。

2008年国际金融危机以后，受国际经济下滑的不利影响，国际技术投资轻微下降。例如，美国2008年的技术出口额出现了“负增长”的现象，较2007年减少了3%。2009年第一和第二季度我国也出现了高新技术产品大幅下降的现象。然而，随着全球经济的复苏，国际技术贸易逐渐走出金融危机的阴霾，重新呈现出了强劲增长的态势：截至2009年年底，国际注册簿上有效的国际注册为515 562件，比2008年增加2.4%，为国际技术转让增添了新的活力；有着国际贸易晴雨表之称的国际专利授权展在2010年也蓬勃发展，为国际技术贸易提供了良好的信息平台；国际技术贸易额稳步回升，高新技术涨势明显，例如俄罗斯在2010年上半年高新技术产品对华出口同比增长高达174%，2013年，我国高新技术产品出口、进口数量同比增长9.8%和10%。高新技术产业仍旧是国际贸易中富有活力的重要组成部分。

由于新能源、新材料等高新技术对资源环境的作用日益得到充分发挥，有关“绿色能源”“低碳技术”的技术贸易额急剧增加，国际技术贸易已经成为推动经济可持续发展的重要力量。中国成功注册的CDM(清洁发展机制)项目数、项目产生的预期年减排量，获EB(联合国执行理事会)签发的核证减排量均居世界第一。

(四)当前国际技术贸易的发展趋势

1.国际技术贸易内容向“知识型”“信息型”等软件技术倾斜

现在的时代是一个知识经济时代，信息产业发展迅速。在整个经济发展中，信息技术成为经济发展的重要工具和手段。放眼全球经济，信息技术在经济领域中做出的贡献越来越大。因而在国际直接投资中，不仅投资的数额不断增加，同时投资的结构也在进行着不断调整。服务行业的投资超越了工业、农业、制造业，成为投资领域的翘楚。而在服务业中，又不是像传统服务业那样以劳动力为主，在国际贸易中主要以技术贸易为主，这些技术主要包括职业技能或者一些十分有用的商务经验，能够为企业带来利润的企业管理及服务方面的专业知识。

2. 企业兼并成为国际技术贸易的一种新方式

市场竞争不断升级，引发的了许多后果，其中一个重要的后果就是企业兼并。传统观念中，企业兼并往往会让我们想到企业间的相互厮杀，最终强的企业留下来，弱的企业被淘汰。无论是传统企业还是一些技术型企业，拥有先进技术的企业往往占据着优势地位，在兼并过程中也就拥有了兼并技术落后的企业的权利和资本。在企业兼并过程中，往往是“吞没式”的，而不是“兼容式”的，在兼并过程中的技术转让或贸易的成分并不明显或者是根本就不存在。国际竞争日益加强，并呈现出以知识为基础的特征，在企业兼并的过程中，技术较弱的企业逐渐被淘汰，技术较强的企业之间形成联合，这样，这些“强强联合”的企业就能继续发展，进而达到一个新的高度，使它们自身无论是在资金上还是在技术上抑或是在产品上，都能够在短期跨越一个新台阶。伴随着这样的兼并目的，很多国家间企业的兼并必然会涉及技术贸易或转让，此时，跨国企业的兼并就能够为企业获得更好的新技术提供一定的条件，而兼并也成为企业获得技术的一个重要的途径。

3. 高新技术在国际技术贸易垄断性增强的同时，竞争更加激烈

进入知识经济时代以来，不仅在经济发展领域迎来了重大的契机，同时还给国际市场带来了激烈的竞争。这些竞争归根结底还是知识的竞争、技术的竞争。美国著名的经济学家迈克尔·波特对竞争颇有研究，在《竞争优势》中他写道：“技术对竞争的重要性，并不取决于技术的科学价值或在产品中的显著程度，在所有能够改变竞争规则的因素中，技术是最重要的。”①受到竞争战略的影响，一方面，跨国公司在进行高新技术转让时主要与国际直接投资相结合，而采取的方式则是“内部化贸易”方式；另一方面，跨国公司在世界范围内寻找经济上的同盟，开始与相关的有共同利益的其他公司结盟，达成合作，从而不断增强自己的竞争实力。

二、世界主要发达国家国际技术贸易的发展

（一）美国技术贸易的发展

美国是世界上经济、科技最发达的国家，其技术贸易长期保持世界第一的位置。

这主要得益于美国在基础研发方面的长期投入和对科技人才的高度重视，同时也与美国在技术转移方面有完善的法律制度和科学的管理机制密切相关。作为发达国家的代

表，美国管理技术出口的法规和方法具有典型性，值得其他国家学习。

---

① [美]迈克尔·波特著. 竞争优势[M]. 夏中华译. 北京：中国财政经济出版社，1988，第32页.

1. 美国技术贸易的发展现状

(1)技术进出口

美国的技术进出口发展有一段时间快速发展。1981 年,美国的技术进出口总额为 79.34 亿美元,其中,出口额为 72.84 亿美元,进口额为 6.5 亿美元,贸易收支比为 11.21;2013 年,美国技术进出口总额为 2 141.34 亿美元,增长大约 27 倍;其中技术出口额为 1 265.17 亿美元,进口额为 876.17 亿美元,贸易收支比为 1.44。由此可以看出,美国已经从一个技术出口大国,变成一个技术出口和进口相对均衡的国家,技术贸易收支比已经从 11.21 下降到 1.44。

(2)高技术产品进出口

美国政府规定的高技术产品包括 10 类,即生物技术、光电子技术、电子技术、航空航天技术、生命科学技术、柔性制造技术、信息通信技术、尖端材料技术、武器技术与核技术。由图 3-1 可以看出,2010 年,随着美国经济出现复苏势头,高技术产品进出口额也恢复了增长。2010 年,美国高新技术产品出口额为 2 733.11 亿美元,进口额为 3 542.53 亿美元,技术贸易逆差为 809.42 亿美元;2015 年,上述金额分别为 3 129.62 亿美元、3 971.13 亿美元和 841.51 亿美元。总的来看,自金融危机以来,美国高技术产品进出口额以及差额都在波动中增长。

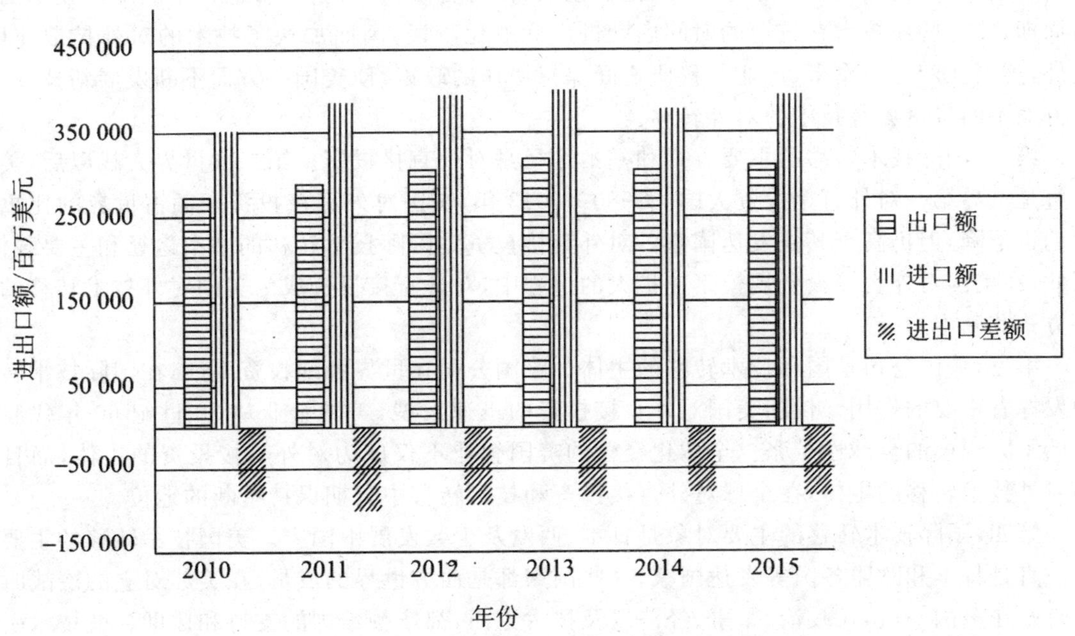

图 3-1 2010—2015 年美国高技术产品进出口额

需要说明的是,美国高技术产品逆差扩大并不意味着美国的技术出口能力弱,这与美国高技术产业在国外直接投资有关。由于美国劳动力成本及环境成本太高,再加上开拓海外市场,很多美国企业都将其生产基地转移到发展中国家或者接近目标市场的地方,只把研发中心留在美国本土，从而最大限度地降低生产成本，更有效地拓展国际市场。例如，英特尔公司就将其生产基地转移到韩国，在韩国建立了亚洲生产基地，现在又把韩国的生产基地转移到中国，其目的就是开拓市场和降低成本。美国跨国公司将企业总部、研发基地和生产基地分开的做法，导致美国向发展中国家出口核心部件，然后从发展中国家进口高技术产品的贸易模式，从而使其高技术产品贸易逆差不断扩大。

2.美国技术贸易的主要特征

第一，美国的技术贸易进出口总额一直居世界首位，既是世界上最大的技术输出国，也是世界上最大的技术贸易顺差国。1981 年，美国技术贸易出口额为 72.84 亿美元，进口额为 6.5 亿美元，技术贸易顺差为 66.34 亿美元，日本、德国和法国的技术贸易收支则都是逆差。1981 年，美国的技术贸易收支比为 11.21，大大高于英国的 1.21、法国的 0.53、日本的 0.67 和德国的 0.63，是技术贸易收支比最高的国家。2013 年，美国技术出口额为 1 265.17 亿美元，进口额为 876.17 亿美元，技术贸易顺差为 389 亿美元，继续保持世界第一技术出口大国的地位，技术贸易收支比为 1.44。

美国技术出口和技术贸易顺差一直保持增长并长期位居世界第一，技术贸易收支比也一直大于 1。其中的重要原因就是美国的科技实力和鼓励创新。第二次世界大战后，美国一直是世界上科学技术最发达的国家，与其他国家相比保持着巨大的技术优势。与此同时，美国政府大力增加科技投入、重视基础研究、提倡创新，推行普及技术的科技政策，不断缩短技术的生命周期，使一些新技术在较短的时间内就进入标准化阶段，因而加快了技术的对外扩散速度。此外，美国在产业与军事、产业与科研之间保持协作的政策，使美国一方面不断发展新技术，另一方面不断推进原有技术的对外转移。

第二，国际技术转移的主要方式和基本途径是对外直接投资。第二次世界大战以后，美国一直是世界第一对外直接投资大国。1980—2013 年，美国对外直接投资余额占世界的比重虽然趋于下降，但仍高于其他发达国家。对外直接投资是国际技术转移的基本途径和主要载体。因此，在美国对外直接投资规模迅速扩大的过程中，对外直接投资成为美国对外技术转移的主要方式和基本途径。

第三，跨国公司是国际技术转移的主体。跨国公司在世界各地投资生产，在国际技术转移中发挥着重要的作用。伴随美国对外直接投资的迅速发展，美国企业从 20 世纪 60 年代起就开始了大规模的全球性扩张。全球化经营的美国企业不仅成为对外直接投资的主体，而且成为对外技术转移的主体，在全球对外直接投资和技术转移中长期保持垄断的地位。

第四，国际技术转移的主要对象是日本、西欧及少数发展中国家。美国技术转移的主要对象一直是日本和欧盟各国等发达国家，这些国家都是西方世界的成员，在美苏对立的冷战时期一直站在美国一边，在政治、军事、经济以及技术方面，都依赖美国的支持和援助。就技术引进而言，日本、欧盟各国以及其他发达国家最大的技术引进来源国都是美国。以日本为例，直到 2010 年，其技术进口额中仍有 76%是来自美国的技术转移。在发展中国家，美国技术出口的主要对象多年来一直是亚洲“四小龙”和被称为“美国后院”的墨西哥、巴西、阿根廷等中南美国家。

(二)日本技术贸易的发展

1.日本技术贸易的发展过程

20 世纪 50 年代后期,日本政府推行重化工业化政策,引进石油化学联合企业所必需的各种化学工业技术,同时以家电制品为中心积极引进生产大众消费产品所需的技术。日本技术引进有一段高速发展时期,1956—1960 年的 5 年间,技术费支付额达到 28 100 万美元,比 20 世纪 50 年代前期增加了 4.2 倍。引进技术件数是前 5 年的 1.5 倍,企业引进国外技术的要求日益强烈。

20 世纪 70 年代以后,随着技术引进自由化的发展,日本技术转让进入新的发展时期,技术费收支的赤字额减少,收支比由 1972 年的 20%提高到 1978 年的 64%,首次超过 50%。随着技术引进速度放慢,日本技术出口迅速扩大,技术费收支得到了改善。1978 年,日本技术费收入首次突破 1 000 亿日元,达到 1 200 亿日元。1971—1980 年,日本技术出口额增加了 5.9 倍,出口额最多的产业依次是化学工业、建筑业、电气机器工业、运输机械工业和钢铁工业。日本技术输出迅速扩大的原因主要是产业技术能力迅速提高,建筑业、钢铁工业、化学工业、机械工业等设备出口额增加的影响显著。

20 世纪 80 年代,日本的技术进出口步伐加快,技术进出口贸易的增长速度高于世界技术贸易的平均水平。1980 年,由于日本设备出口额增加,技术费收入约达 600 亿日元,相当于 1973—1980 年全产业增加额的 1/3。1981 年,日本技术进出口总额为 4 347.38 亿日元,其中,出口额为 1 751.06 亿日元,进口额为 2 596.32 亿日元,贸易差为－845.26 亿日元,贸易收支比为 0.67;1989 年,日本技术进出口总额为 6 592.73 亿日元,其中技术出口额为 3 293.48 亿日元,是 1981 年的 2.27 倍,进口额为 3 299.25 亿日元,是 1981 年的 1.27 倍,贸易差为－5.77 亿日元,贸易收支比为 1.00,日本技术进出口贸易历史上第一次实现了收支平衡。之后几年,虽然日本技术进口额又超过技术出口额,出现贸易赤字,但贸易收支比始终维持在 0.91 以上的水平。

到了 20 世纪 90 年代,日本开始由技术净进口国向技术净出口国转变。1993 年,日本技术出口额增加到 4 003.62 亿日元,技术进口额为 3 629.74 亿日元,贸易收支比为 1.10,首次实现贸易顺差,顺差额达 373.88 亿日元。此后,日本技术出口额增速再次超过进口额增速,1999 年出口额增加到 9 608 亿日元,进口额增 DH 至 U4 102.96 亿日元,技术贸易顺差为 5 505.04 亿日元,贸易收支比为 2.34。此后,日本从技术净进口国转变为技术净出口国,技术出口额和进口额均排在世界前几位,开始步入世界技术贸易大国行列。日本技术进出口贸易模式转变的主要原因是政府实施了一系列鼓励技术出口贸易发展的政策。20 世纪 90 年代后期,日本泡沫经济破灭,经济发展陷入停滞。为了寻求经济复苏的对策,日本开始实施知识产权战略,在全国范围内建立知识产权制度,着力发展高科技产业,鼓励技术及相关产品的出口,这些措施带动了日本技术贸易的快速发展,也推动了日本的经济复苏。

21 世纪以来,日本技术进出口贸易发展迅猛,除了继续从西方发达国家引进技术,还保持着技术出口额增速超过进口额增速的态势,贸易顺差不断扩大。2013 年,日本技术进出口总额为 39 729.25 亿日元,其中,出口额增加到 33 951.76 亿日元,进口额增加到 5 777.49 亿日元,贸易收支比为 5.88,贸易顺差额达 28 174.27 亿日元。

2.日本技术贸易的主要特点

第一,从以技术进口为主转向以技术出口为主。从第二次世界大战后初期到 20 世纪 90 年代初期,在技术水平长期落后于欧美各国的情况下,日本一直从美国和西欧各国引进先进技术,技术贸易收支一直是持续赤字的局面。然而,以技术引进为基础,日本通过消化、吸收与创新,迅速缩小了与欧美各国的技术差距,主要技术特别是产业应用技术在 20 世纪始,日本出现了技术进出口贸易收支平衡,贸易顺差不断扩大,2007 年技术贸易顺差达到创纪录的 17 717.57 亿日元,2009 年在美国金融危机和世界经济衰退的情况下仍达 14 804.28 亿日元,技术贸易收支比则达到 3.77,成为世界技术净出口大国之一。在上述过程中,日本不仅对发展中国家的技术贸易一直保持顺差扩大的局面,而且对发达国家特别是对美国的技术贸易也由逆差转为顺差,并呈现顺差持续扩大的态势。由此,日本国际技术贸易彻底实现了从以技术进口转让为主转向以对外技术出口为主。

第二,技术引进主要来自发达国家。日本技术引进的主要来源一直是发达国家,其中美国尤为突出。1990 年,日本从美国的技术进口额为 2 553 亿日元,从欧洲的技术进口额为 1 128 亿日元,分别占技术进口总额的 68.6%和 30.3%,两者合计占 98.9%。2000 年以后,日本从亚洲"四小龙"以及中国引进的技术虽然有所增加,但所占比重较小,远未改变以发达国家特别是以美国为中心引进技术的局面。以 2008 年为例,日本从亚洲的技术进口额虽然达到了历史最高的 141 亿日元,分别相当于 1990 年的 47 倍和 2000 年的 8.8 倍,却仍只占引进技术总额的 2.4%。相比之下,当年日本从美国的技术进口额为 4 133 亿日元,从欧洲的技术进口额为 1 664 亿日元,分别占技术进口总额的 68.9%和 27.7%,两者合计占 96.6%。

第三,技术出口国由发展中国家向发达国家转变。从第二次世界大战后初期到 20 世纪 70 年代以前,日本在技术水平上与美欧发达国家仍有较大差距。日本技术出口主要以亚洲为中心,向发展中国家转移技术。20 世纪 80 年代后期,随着日本技术水平的迅速提高,技术出口的重点逐渐转向发达国家。1990 年,日本对发达国家的技术出口额达 1 758 亿日元,超过对发展中国家技术出口额的 1 645 亿日元,占技术出口总额的 51.8%。随后,日本对发达国家特别是对美国的技术出口额迅速增加,所占比重进一步提高。

第四,技术进出口都以制造业为主。从技术进口情况看,1990 年制造业的技术进口额为 3 683 亿日元,占技术进口总额的 99.0%。进入 21 世纪以后,在信息化迅速发展的情况下,日本从美国和西欧引进的信息技术迅速增加,从 2002 年的 379 亿日元增加到 2005 年的 726 亿日元,几乎增加了 1 倍,尽管如此,却未能改变以制造业为主引进技术的局面。2005 年和 2007 年,制造业的技术进口额分别为 5 973 亿日元和 6 048 亿日元,分别占技术进口总额的 84.9%和 85.1%。2009 年,在信息产业技术进口额减少的情况下,制造业技术进口额为 5 108 亿日元,所占比重又回升到 93.6%。

从技术出口情况看,1990 年制造业的技术出口 1;3 额为 3 207 亿日元,占技术出口总额的

94.5%。进入21世纪以后,日本信息产业的技术出口额虽然迅速增加,从2002年的43亿日元迅速增加到2007年的401亿日元,5年间增加8.3倍,翻了两番还多,但也未能改变以制造业为主进行对外技术转让的局面。2009年,制造业的技术出口额为19 676亿日元,占技术出口总额的7.6%。

第五,技术贸易的方式以企业内部技术贸易为主。与美国一样,日本国际技术贸易,不论是技术进口,还是技术出口,都是以对外直接投资为载体、以跨国公司为主体展开。因此,母公司与国外子公司进行内部技术转移成为日本国际技术贸易的主要方式,这在技术出口方面表现得尤为突出。

就技术进口来看,1990年、2000年和2001年,日本从国外引进技术的企业数分别为1 805家、1 167家和925家,其中,通过外资企业从其国外总公司引进技术即开展内部技术交易的企业分别为1 206家、1 011家、739家,分别占66.8%、86.7%和79.9%。就技术进口而言,企业内部交易的比重很低。2008年和2009年,在日本技术进口额中,企业内贸易所占的比重分别为14.6%和13.8%。之所以出现这种情况,是因为与对外直接投资相比,日本的外商直接投资一直处于落后的状态。近年来,尽管日本政府积极鼓励外商直接投资,但由于投资环境特别是日本式经济体制和日本式经营方式的影响,世界各国和地区的对日直接投资一直没有多大的进展,从而制约了企业内部交易方式的技术引进。

从技术出口方面看,1990年、2000年和2001年,日本向国外出口技术的企业数分别为1 879家、2 706家和1 628家,其中,通过总公司向海外子公司转移技术即开展内部技术交易的企业分别为1 309家、2 336家、1 241家,分别占69.7%、86.3%和76.2%。由于日本有着发达的对外直接投资,越来越多的企业在海外建立子公司,企业内贸易的占比很高。

(三)欧洲技术贸易的发展

欧洲地区的经济和科技发展水平很高,拥有大量世界领先的先进技术,在国际技术贸易中占有非常重要的地位,是技术主要出口方和进口方。在欧洲的众多国家中,德国和英国是欧洲地区主要的国际技术贸易大国。

1.德国技术贸易的发展

德国是世界上经济和科技最发达的国家之一,2002—2009年一直保持世界出口总额冠军的地位,直到2010年才被中国赶超。德国经济发展以出口为导向,外贸依存度高达57%。德国联邦统计局发布的数据显示,2014年德国的外贸出口总额达11 336亿欧元(约合人民币80 277.02亿元),较上一年提高3.7%,并再次创下最高纪录。欧美市场对德国商品需求量的增加是其外贸出口额增长的主要原因。法国、美国和英国是排名前三位的德国商品出口对象国,而中国则以685亿欧元(约合人民币4 849.8亿元)的进口额成为第四大对象国。除了外贸出口额,2014年德国的贸易顺差也位居全球首位,且远超排名第二、第三的中国和沙特,达到了2 170亿欧元(约合人民币15 361.86亿元)。

自第二次世界大战以后,德国一直从美国和其他发达国家大量引进技术。据有关统计,1981年,德国技术出口额为934百万美元,进口额为1 479百万美元,技术贸易逆差为545百万美元，技术贸易收支比为0.63，是技术净进口国。随着德国技术进步和对外直接投资的发展，其技术出口虽然迅速增加，但技术贸易仍然没有改变以引进技术为主的局面。1990年，德国技术出口额增加到6 336百万美元，进口额增加到6 942百万美元。由于技术出口额增速超过技术进口额增速，德国当年的技术贸易逆差为607百万美元，贸易收支比达0.91。

20世纪90年代以后，德国的技术出口继续保持快速增长的势头，1995年首次突破100亿美元，达106.33亿美元。在全球高新技术特别是信息技术、生物技术、新材料技术、新能源技术迅速发展的形势下，德国进一步加快了技术引进的步伐。1993年，技术进口额首次突破100亿美元，达到101亿美元，2002年达到210.17亿美元。

在上述过程中，由于技术进口额增速经常超过出口额增速，德国的技术贸易收支比又转为下降的趋势，其中1993年下降到0.71，2001年下降到0.69，2002年略微回升到0.76。2003年，德国技术进出口贸易历史上第一次实现了收支平衡，技术贸易收支比为1.03。随后，德国技术出口额增速再次超过进口额增速，2013年出口额增加到673.80亿美元，进口额增加到548.30亿美元，技术贸易顺差为125.50亿美元。近年来，德国技术贸易出现了出口和顺差大幅增加的局面，成为世界上少有的技术出口大国和技术净出口国之一。这主要是由于德国科技进步特别是高新技术进步，缩短了与美国和其他发达国家间的差距。

2.英国技术贸易的发展

英国是老牌资本主义国家，18世纪至19世纪曾经是世界上经济和科技最发达的国家。20世纪后虽然被美国超越，但英国仍然是世界上经济和科技最发达的国家之一。就国际技术贸易而言，英国不仅一直是世界技术贸易大国，而且一直仅次于美国，是世界少有的技术贸易顺差国和技术净出口国。1981年，英国技术贸易出口额为9.65亿美元，进口额为7.98亿美元，技术贸易顺差为1.67亿美元，技术贸易收支比为1.21。其中，技术出口额按货币购买力平均计价仅次于美国和德国，是世界第三大技术出口国，技术贸易顺差和技术贸易收支比仅次于美国，是美国以外仅有的技术净出口国。20世纪80年代末，由于英国在科技进步方面一度落后于美国和其他发达国家，技术进口额的增速超过技术出口额的增速，技术贸易收支比在1983年提高到1.28，之后转为下降，1987—1990年连续4年小于1，其中1990年为0.76，成为技术净进口国。

从1991到2002年间，英国技术出口额的增速再次超过了技术进口额的增速，技术贸易顺差和技术贸易收支比一直保持着逐年增长的态势。就具体来看，2002年，技术出口额为239.16亿美元，技术进口额为103.04亿美元，技术贸易顺差为136.12亿美元，技术贸易收支比为2.33。2003年以后，英国技术进口额增速再次超过出口额增速，2008年出口额为337.96亿美元，进口额为182.05亿美元，技术贸易顺差为155.91亿美元，技术贸易收支比为3.71，仅次于日本，略高于美国的1.64，位居世界第二位。2013年，技术出口额为422.69亿美元，进口额为217.884亿美元，技术贸易顺差为204.81亿美元。从国际上来看，凭借英国良好的科技发展基础，英国在许多科学和技术领域仍然属于世界先进行列，这主要表现在生物工程、农业、环境保护、材料、能源、交通、通信、航空、卫星制造等方面。

第三节 国际技术贸易与其他相关业务的关系

一、国际技术贸易与国际商品贸易的关系

（一）两者的区别

1. 贸易标的物内容不同

一般商品贸易是以“物质产品”作为贸易标的，这些物质产品具有明显可见的形状，可以进行计量和检测。而技术贸易的标的是“知识产品”，这些知识产品很难用直观的有形物体表现出来。尽管为了便于积累、使用和传播，人们往往用文字、图表等方式将技术记录下来，形成各种技术资料，但这些技术资料并非技术本身，只是反映了技术的内容，而且许多技术是无法用文字表达出来的。所以，技术贸易被称为无形贸易。尽管在技术服务贸易中，往往将无形的技术知识和相关的机器设备结合起来进行，并将前者称为软件，后者称为硬件，但是，如果在交易中只有机器设备而无技术知识，则只能称其为商品贸易。

2. 贸易标的物的使用权与所有权不同

一般商品贸易在交易的过程中，卖方将商品的所有权与使用权同时转让，商品的购买者总是同时得到商品的使用权和所有权。技术贸易双方当事人之间的关系并非简单的等价交换关系，通常情况下的技术贸易中，技术提供方在一定条件下将技术的使用权转让给受让方，受让方只能获得技术的使用权，而无法获得所有权。如无特别约定，技术许可方仍有权将此项技术再次转让给其他人。所以，技术服务贸易多数是一种贸易标的的所有权与使用权相分离的贸易。而且，一项技术从许可方转移到引进方，仅靠简单的买卖关系是无法实现的，需要当事双方密切合作、相互配合才能完成。同时，由于技术贸易的当事人双方往往是同行，许可方在转让技术时又培养了一个潜在的竞争对手，因此，通过技术贸易所建立起来的当事人双方之间的关系，是基于使用权许可基础上的竞争与合作关系。

3. 贸易双方当事人之间的关系不同

一般商品贸易比较简单，在通常情况下，一笔商品贸易达成后，买卖双方银货两讫，双方的主要合同义务即告终结，不具有长期的合作关系。技术贸易涉及的问题远比普通商品贸易的范围广，其难度和风险也大，合同执行期一般也较长。合同的内容除支付合同价款、交付设备及技术资料外，还涉及技术的传授、侵权和保密责任，技术的发展与合同回授等一系列复杂的法律和技术问题。而且仅就合同的价格和支付条款而言，也比普通商品贸易复杂得多。因此，在一般情况下，技术贸易合同的一方交付了技术资料、提供了相关的技术设备，另一方支付了合同价款后，合同关系并未完全解除，双方还要履行各自承担的其他合同义务，这些义务有时

会延续到合同有效期满后若干年。

另外，商品贸易中一件商品只能有一个买主，即货卖一家，而技术服务贸易则可以同时将技术商品的使用权转让给两个以上的买方；或买方购得某项技术后，在一定条件下还可以向别的企业转让，即技术贸易具有多次转让的性质。

4.受法律调整和政府管制的程度不同

一般商品贸易合同主要适用各国合同法等法律，所涉及的法律比较简单，而技术贸易还涉及工业产权法、专利法、商标法、反托拉斯法和反不正当竞争法等多项法律以及其他各方面的问题，因此，在交易过程中投入的人力、物力和时间远远超过商品贸易，技术转让费占总成本的比例较高。

5.贸易标的物的作价原则不同

技术贸易接受方通常采用一种利润分成原则作为技术贸易标的物的作价原则。即技术接受方在使用该技术后的经济效益高、利润大，则技术使用费(价格)也高；反之，如使用该技术后的经济效益低、利润小，则技术使用费低。而商品贸易标的物的作价原则通常是商品生产成本加上一定的利润。

6.在贸易收支平衡表中的表示方式不同

商品贸易收支是一个国家对外贸易收支平衡表中的重要项目；而一个国家的技术贸易收支一般不列入该国的对外贸易收支平衡表，而是反映在该国的国际收支平衡表中经常项目的无形贸易项目上。

(二)两者的联系

虽然国际技术贸易与国际商品贸易虽然有着很大的区别，但两者也有着密切的联系。国际技术贸易与国际商品贸易都是国家间的企业、经济组织或个人通过商业途径进行的交易活动，都是国际贸易的重要组成部分，在实际交易中有时相互结合。具体来说，两者的联系主要表现在以下几个方面。

1.从本质上来看，国际商品贸易是各种形式的技术流动

在国际商品市场上，商品的竞争力表现在价格和质量上，但最根本的是体现在商品的技术上。例如，成套设备的贸易可以说都是商品贸易与技术贸易的有机结合。纵观一个国家的进出口贸易发展过程，大致的规律是从出口产品发展到出口技术；进口也大多是先进口产品，再进口技术。因此，可以说技术贸易是国际商品贸易发展到一定规模条件下的产物，而随着技术贸易的开展，又进一步促进了国际商品贸易在更广泛的基础上发展。

目前，国际上通常用产业“相对优势”理论解释商品在国际市场上的竞争力，即国内某产业部门在技术上相对优于世界其他国家，则该产业部门的产品在国际市场上的竞争力就强；反之，竞争力则弱。因此，许多国家进行技术贸易的动力之一，就在于加强本国商品在国际市场

上的竞争力，巩固和提高本国商品在国内外市场的地位和占有率。另一方面，通过引进技术来加强本国处于“相对劣势”的产业部门，或改变这些部门的生产方向，使之更好地适应国际市场的需要。

2. 国际技术贸易促进商品贸易方式的多样化发展

随着技术贸易的开展，产生了人力、物力和资金三大要素密切结合的多种国际贸易方式，使商品贸易的方式多样化。具体做法包括：商品贸易与技术转让的结合，加工贸易与技术转让的结合，合作生产、技术转让与商品贸易的结合，投资、技术转让和商品贸易的结合等。

3. 国际技术贸易促进商品贸易规模扩大化

国际技术贸易的发展可以提高有关国家商品贸易的数量和金额，从而促进商品贸易的发展。国际技术贸易合同中的一些商务性条款绝大多数和商品贸易合同中的商务性条款相同或相近，可以成为疏通商品贸易的重要手段。具体做法包括：为了获得稳定可靠的原材料来源，必须提供技术；为了进入某一产品市场击败竞争对手，必须与当地企业合作，向当地企业提供技术；针对某国对直接进口商品的限制，通过向当地企业提供技术，在当地制造商品，迂回地进入该国市场等。

4. 国际技术贸易促进商品贸易结构高级化

当前来看，发展中国家大多以出口初级产品或凝结熟练劳动和生产经验等的低级技术产品为主，而发达国家则以出口技术密集型产品为主。这种商品贸易结构对发展中国家的经济发展起着很大的抑制作用。发展中国家为了尽快摆脱阻碍本国经济发展的桎梏，纷纷引进国外先进技术，以改变本国商品贸易的结构，进而改变在国际市场上的不利处境。新加坡、韩国、巴西和中国台湾、中国香港等国家和地区就是很好的例证。

二、国际技术贸易与知识产权的关系

国际技术贸易与知识产权的关系十分密切，因为知识产权保护的对象中有很多内容属于技术贸易的对象。技术贸易与知识产权保护相互作用、相互影响。

（一）两者的联系与区别

1. 受知识产权法律保护的智力成果及其创造者所享有的权利可以成为技术贸易对象

知识产权是人们对创造性智力劳动成果依法享有的权利。因此，知识产权是调整人们智力活动中的社会关系的法律规范，它是传统民法中对物质财产的法律保护扩大到对智力成果的法律保护，并且在确认智力成果创造者人身权利的同时，确认了创造者对其成果所享有的财产权利和其他权利。这就使得智力成果作为一种特殊商品进行有偿交换成为可能。换言之，受知识产权法律保护的具有财产权利的成果及其创造者所享有的权利即成为技术贸易的对象，如专利权、商标权、外观设计权等。

2.知识产权法保护的对象并不都属于技术贸易的范畴

知识产权法保护的范围比较广，但可以作为技术贸易对象的智力成果比较少。一般认为，知识产权包括版权和工业产权，版权保护的对象（除计算机软件外）都不属于技术贸易对象，工业产权保护的对象和非工业产权的专有技术、商业秘密等才属于技术贸易对象。也就是说，技术贸易对象只是知识产权保护对象的一部分。

3.技术贸易合同必须符合知识产权法律保护原则

技术贸易合同中规定当事人的权利和义务不得超出知识产权法授予的权利范围，如权利的有效性、权利的地域性、权利的时效性和对侵权的处理等均不得违背知识产权法的规定。否则，将不享有法律的有效保护。

（二）两者是相互促进的关系

如前面所述，国际技术贸易是以技术知识为交易对象的特殊的国际贸易活动。知识产权则是国际技术贸易的主要交易客体。知识产权与国际技术贸易之间是一种相互促进、共同发展的关系。关于这一点，可以从以下两个方面来看。

一是国际技术贸易的发展促进了知识产权国际保护的发展。随着科学技术的进步，经济、技术和科学的国际交流与合作日益加强，国际技术市场规模也在不断扩大，这就需要加强对知识产权的国际保护。比如最初，一些发明家有专利要转让许可给国外客户，但由于知识产权地域性问题，这些专利得不到外国的保护，因而限制了国际技术转让活动。为解决这一问题，一些国家倡导建立对知识产权的国际保护制度，从而促进知识产权国际保护的发展。

二是对知识产权保护的加强也促进了国际技术贸易的发展。随着世界范围内科技成果向商品化、产业化和国际化趋势发展，知识产权制度成为现代国际社会经济与科技合作的基本条件之一。不仅是在国际技术贸易领域，在国际货物贸易、国际服务贸易及其他领域都需要加强对知识产权的保护。目前在世界贸易组织（WTO）框架下，各成员正朝着这个目标积极努力。因此，知识产权国际保护的加强，为技术的跨国移动创造了良好的环境，进一步促进了国际技术贸易的发展。

三、国际技术贸易与国际投资的关系

发展中国家通过引进、消化、吸收和再创新来达到发展本国技术的目的。但是，国际技术贸易也存在很多不好的因素，例如外汇资金短缺影响技术引进的规模；资金安排不合理，有的企业只关注直接引进资金的安排，不关注后续资金的安排，致使引进技术的消化、吸收和再创新成为比较薄弱的环节。为此，一些国家提出“利用外资、引进技术”的战略方针，将利用外商直接投资与国际技术贸易结合起来，具体表现如下所述。

（一）两者的直接联系

1. 国际技术转让是投资的一种方式

通常而言，投资者应以提供资金作为主要的投资方式，而实际上投资者往往以技术、设备和技术服务等折合成当地货币作为股金入股。我国的《中外合资经营企业法》对此有明确规定，允许国外投资者以一定比例的现金、技术和设备作为投资，即技术资本化。技术资本化，是指国外投资者将工业产权技术或非工业产权技术折合为东道国货币，建立新企业或购买现有企业的股份或股权的行为。

2. 国际投资方向通常与技术转让方向具有一致性

在国家或企业新建项目或技术改造项目中，为了使技术起点比较高，便于产品出口，一般都考虑引进国外的先进技术，或者将引进技术与利用外资结合起来。这样，需要外资的企业也是需要引进国外技术的企业，投资和技术转让在产业领域和产品上具有一致性。

（二）两者的间接联系

外商直接投资与海外技术引进的间接联系是发展中国家利用外资模式的创新。将外资作为引进技术的手段，让外资发挥直接引进技术的作用。

1. 外商直接投资的技术扩散效应

外商直接投资的技术扩散效应指的是外国投资企业直接带来了新技术、新设备、新标准和新的管理理念，带动了东道国生产力的增强和生产技术水平的提高，影响整个产业部门的发展。从深层意义上，投资方不自觉地将技术扩散到东道国，逐步打破母国的技术垄断，进一步影响东道国企业的技术选择、技术标准选择、企业管理人员和工程技术人员素质的提高、技术信息的传递和东道国投资环境的改善。

2. 外商直接投资的技术创新效应

外商直接投资的技术创新效应，是指外资企业不断进行新技术、新产品的研制和开发，带动其他企业的新技术和新产品开发，甚至为现有生产要素重新配置或改变配置的比例，培育了良好的社会技术创新环境。技术创新效应是一个过程，随着外国直接投资的增加和投资领域的不断扩大，技术创新效应会逐步显现出来，从而对东道国经济的各个领域产生长远的重大影响。技术创新效应可以归纳为以下几个方面。

第一，外商直接投资有助于东道国企业的技术进步。外商直接投资有助于东道国企业建立技术开发体系，引导外资投向高新技术产业，创建高科技企业，共同开发在市场上有竞争力的技术并加速技术成果的商品化。跨国公司是外商直接投资的主力，其技术转让也多是通过直接投资形式进行的。它们在东道国投资新建企业，对现有企业进行收购、参股、控股，并对现有企业进行技术改造。

第二，外商竞争压力迫使本土企业转型升级。外资企业的建立对东道国企业造成竞争压力和生存危机，迫使它们不得不努力发挥本企业的技术潜力，提高现有产品的质量；促进企业升级转型，使企业由劳动密集型向资本密集型、由资本密集型向技术密集型、由技术密集型向知识密集型转变。

第三，外商直接投资加速了国外技术与本土条件的融合。例如，微电子技术和计算机技术具有非常广阔的应用范围，能够打破行业间的界限。外国企业在本行业技术的基础上加快吸收和融合本土条件，可以开拓新的技术领域，开发新的产品系列，推动产业向高水平、高层次发展。

3. 外商直接投资的技术溢出效应

外商直接投资的技术溢出效应，又称技术波及效应，是指外商直接投资企业客观上无意识地将其掌握的新技术传授给东道国的非技术引进企业，促进了相关企业技术水平的提高和人才培养。这种效应具体表现在以下三个方面：一是外资企业吸收了大量东道国人员，他们学会了外资企业的管理经验和技术知识。当他们离开外资企业为本国企业效力时，就将所掌握的经验和技术知识带给本国企业，促进了本国企业管理水平和技术水平的提高。二是外资企业的成功会吸引更多的外国投资。例如，德国大众汽车在中国取得成功后，吸引了美国通用汽车公司等一大批技术水平很高的外资项目进入上海，起到了“以外引外”的作用。三是外资企业与上下游企业发生业务关系，从而间接地影响和制约东道国企业的管理和技术。例如，在上海“大众”汽车周围有多家为其生产零部件的厂家，它们都要按“大众”的要求和技术标准进行生产，这就自然地提高了这些厂家的管理水平和技术水平。

四、国际技术贸易与跨国公司的关系

第二次世界大战后，随着科学技术的发展和世界市场的形成和完善，跨国公司和国际贸易在规模上呈现井喷式发展。[①]

（一）国际贸易发展促使跨国公司产生

随着社会的进步和生产力的发展，贸易活动可以说遍及全球，这就使得世界日益形成一个统一的大市场。本地化企业面对激烈的全球市场竞争，就要以全球视角进行经营，向跨国企业方向努力。跨国公司的生产体系是企业内部的国际范围内分工。作为一个国际化生产体系，跨国公司的母公司与国外的分子公司之间、各分子公司之间必须通过内部交易才能正常运转。国际贸易的特点影响了跨国公司的经营方式。随着生产力的发展和商品生产、交换范围的不断扩大，促进了货币的产生，商品交换由物物交换变成以货币为媒介的商品流通；随着私有财产的产生与商品流通范围的扩大，产生了专门从事贸易的商人；随着国家的出现，商品流通超出国界，产生了对外贸易，也就出现了跨国经营。在资本主义原始积累时期，国际贸易的特点是资本主义国家获取原始材料和资本积累，而且向殖民地进行商品的倾销，独占殖民地的贸易；随着产业革命的兴起，国际分工日益扩大，促进了对外贸易，也弥补了要素分布不均的不足。第三次科技革命引起国际分工的巨大变化，使国际贸易的方式逐渐发生重大的变化。国

① 王晓萍. 国际贸易与跨国公司的关系初探[J]. 兰州学刊，2005(2).

际分工过去受到要素禀赋限制，现在则以科技优势为转移，科技进步减轻甚至摆脱了对自然资源的依赖，科学技术在生产要素中占据主导地位。所以，当前的跨国公司在海外生产并不以获得自然资源优势作为主要的战略目标，更重要的是为了市场竞争及科研发展等。这主要表现为资源及初级产品在世界贸易中的地位下降，而服务和技术贸易在贸易结构中的比重上升。

（二）跨国公司发展促进国际贸易繁荣

目前来看，国际贸易的三分之一是在跨国公司内部进行，三分之一是在跨国公司之间进行，三分之一是在非跨国公司之间进行。可以说，与跨国公司有关的贸易已占国际贸易的三分之二。由此可见，跨国公司的发展推动了国际贸易的同步增长，跨国公司已经在国际贸易中占据举足轻重的地位。跨国公司在扩大国际市场规模、完善市场交易规则以及采用新的交易技术等方面所做的努力，拓展了国际市场的边界，创造了新的市场与新商品的国际贸易。

自第二次世界大战结束以来，国际贸易获得了迅速的发展，这突出地表现在其增长速度一直高于世界工业生产和国内生产总值的增长速度。一是跨国公司利用国际分工来实现国际生产的专业化、协作化，使得企业内部的各种零部件半成品和制成品的相互往返运输大大增加，而这种跨国公司内部的跨国界的商品交易，增加了跨国公司的内部贸易量，也使国际贸易量增加。同时，跨国公司内部贸易带来的交易成本的降低能够产生与国际贸易、规模经济相同的效应。二是跨国公司为了实现对外扩张获取高利润的目的，不断在海外投资兴建、扩建、兼并和重组企业，使大量的机器设备、商品和劳务流向国外的分公司和子公司，从而促进国际贸易的扩大。三是为了绕过实行贸易保护国家的关税和非关税壁垒，跨国公司采取就地生产、就地销售的方针，不仅将自己的产品在东道国的市场上进行销售，而且利用东道国的对外贸易渠道扩大对其他国家的出口，这样既利用了东道国廉价的资源和劳动力，又保证了生产的延续性，促进了全球的商品生产和流通，从而促进了国际贸易的扩大。四是跨国公司通过大企业合作的方式，进入更完善的国际销售渠道。五是跨国公司为占领全球竞争制高点，不断地进行研究开发，推动了国际技术贸易的迅速发展。

第四章 国际技术贸易主要方式

从当前国际技术贸易的实践看，国际技术贸易的开展方式实际上非常灵活。一般来说，主要方式是许可贸易。这是国际技术贸易的主流。在许可贸易之外，还存在着国际 BOT、国际工程承包、补偿贸易等。

第一节 许可贸易

一、许可贸易概述

（一）许可的含义

许可是指允许某人做某事。许可贸易有时被称为许可证贸易。它是指知识产权所有人作为许可方，在一定的条件下，通过与被许可方（技术引进方）签订许可合同，将其所拥有的专利权、商标权、专有技术和计算机软件著作权等授予被许可方，允许被许可方使用该项技术、制造、销售、进口合同产品的技术交易行为。在许可贸易方式下，转让技术的一方被称为许可方，技术受方被称为被许可方。

许可贸易是一项专业性、法律性很强的贸易活动，目前它已经成为国际技术贸易中最主要的方式。它既可以是仅以专利、商标、专有技术等知识产权权利作为合同标的的单纯的许可贸易，也可以是与国际工程承包、BOT 方式等相结合的一揽子交易。

目前，许可贸易被世界各国所采用，这主要是因为，从被许可方的角度来看，只想得到先进技术的使用权，而很少会有人去买其他人的专利所有权，因为购买专利的使用权要比购买其所有权便宜得多。对于一个资金不足、实力不强的企业来说，许可贸易显然是最好的选择。此外，有些技术贸易标的的所有权是无法转让的，许可使用便是一种较好的选择。

（二）许可贸易的特征

许可贸易与其他的贸易方式相比，具有以下几个特征。

第一，许可贸易中所转让的技术通常比普通商品耗费更大量的资金、人力、物力和时间，许可方不仅想通过出让技术使用权收回其投资并获得一定利润，同时也希望在出让技术使用权后，最大限度地使自己仍处于技术上的垄断地位，以防被许可方获得技术使用权后获得竞争优势，从而威胁到许可方的经济利益。然而，正是这种许可方强加于被许可方的种种不合理限制，严重妨碍了公平竞争原则，特别是对技术引进国家的经济发展造成不利影响，破坏了国际经济新秩序的建立以及国际经济的良好循环。为此，很多国家通过国内立法或双边或多边国际公约形式，对某些限制性商业条款予以限制。

第二，许可贸易涉及的法律比较广。一般的货物买卖合同，主要适用合同法和买卖法的有关条文。而许可贸易除了以上法律的一般规定外，还适用工业产权法、国际贸易法、国际投资法，特别是技术转让法的有关规定。因为，技术的转让不仅仅是企业行为，它还与一个国家的长远经济发展战略与国民经济发展有着密不可分的关系，直接关系到社会的公共利益。

第三，由于技术贸易不仅仅是交易标的的买卖，还包括了技术的传授、吸收和实践并转化为生产力的整个过程，因而许可贸易合同的期限通常要比一般的商品合同长，通常都是一些长期合同。但如果许可贸易的转让期限过长，会对技术引进国及企业的科技进步及经济利益均有不利影响，因而，国际上有些国家在法律上规定了技术合同的最高年限，譬如，我国规定不得超过10年。

第四，许可贸易比一般的有形商品贸易复杂。许可贸易是一种综合性强、内容复杂的经济活动，通常涉及技术、投资、贸易、价格、税法、外汇管理、劳动管理等方面的问题。

二、许可贸易的类型

（一）根据许可方授予被许可方的权利范围划分的类型

1. 独占许可

独占许可是指在许可贸易合同规定的有效期限和区域内，被许可方对许可证协议下的许可标的享有独占使用、制造、进口和销售等权力，许可方不得在该时间、该地区享受这些权力，也不得把该项标的转让给合同区域内的任何第三方。

2. 排他许可

排他许可是指在许可贸易合同规定的有效期限和区域内，被许可方有权利用许可标的从事使用、制造、进口和销售等活动；许可方可以保留这些权利，但许可方不得将这项技术转让给合同区域内的任何第三方。排他许可是授权范围仅次于独占许可的一种许可。

3. 普通许可

普通许可是指在许可贸易合同规定的有效期限和区域内，被许可方有权利用许可标的从事使用、制造、进口和销售等活动；许可方也可以保留这些权利；同时，许可方可以将这些权利转让给任何第三方。

普通许可是许可方授予被许可方权限最小的一种授权，这种许可的转让费比较低，因而，许多发展中国家在技术引进时较多采用这种形式。按照国际许可贸易的惯例，如果在许可合同中没有特别指明是什么性质的许可，则视为是普通许可。

4. 可转让许可

可转让许可,又称分许可、再许可或者从属许可,是指在许可贸易合同规定的有效期限和区域内,被许可方有权利用许可标的从事使用、制造、进口和销售等活动;并经许可方同意,被许可方有权以许可人的身份允许第三方在规定地域内使用许可方获得的许可标的,即被许可方拥有许可标的的转让权。这种由被许可方向第三方授权的合同,称为“可转让许可合同”。

可转让许可合同是与原合同完全独立的合同,原技术许可方与再许可的第三方没有契约关系,原许可方对分许可方不负责任。同时,可转让许可合同是在普通许可合同下产生的,其授权的范围不得超过原合同的授权范围。如果许可方不愿意授予可转让许可权,一般会在合同中明确规定“许可权是不可转让的”。如原许可合同未明确注明授予可转让许可权,被许可方就不得与第三方签订可转让许可合同。

5. 交叉许可

交叉许可是指在许可贸易合同规定的有效期限和区域内,合同当事各方,均以其所拥有或持有的技术,按照合同所约定的条件交换技术的使用权,供对方使用,互为许可方和被许可方。许可各方的权利可以是独占的也可以是非独占的。双方权利对等,一般不需要支付使用费。

交叉许可常见于原发明的专利权人与派生发明的专利权人之间,后者要实施其发明,难免要侵犯前者的权利,因此要得到原专利发明人的许可;而前者要更新其专利产品时又须采用后者的派生专利技术,也要得到派生发明的专利权人的许可。除此以外,合作开发、合作制造合同以及技术贸易合同的反馈条款,也都有可能导致交叉许可。

在以上许可中,一般而言,提供同一项技术,独占许可的费用是最高的,排他许可次之,普通许可最低。究竟选择哪一种,主要依据在同一地域可能应用同一技术生产相同产品的竞争者的情况而定。如果竞争者较少,被许可方完全不必一定要取得独占许可。我们国家地域宽广,市场容量大,尽管不止一家同时使用一种先进技术生产某些产品,市场也未必达到饱和。如此一来,许可方保留了向其他人再发许可证的权力,对被许可方的威胁并不是很大。

另外,被许可方采用什么许可要根据自己的实际需要来决定。按照不同的许可,许可方向被许可方提供同一种技术时,授权范围是不同的。因而,采用不同的许可方式对许可方和被许可方而言,让与和享受的权利也就不一样。被许可方应当特别注意:许可的种类反映的适法律问题,即权利与责任问题,并不反映技术上的问题。许可方不会由于被许可方需要的是非独占许可,就仅仅提供给他少于独占许可的被许可人能得到的技术情报或技术服务,使他的生产达不到应有的效益。由于在过去的经济体制下,有许多垄断程度较高的独家经营的企业,他们在短期内基本上不会面临其他竞争者的威胁,也就没有必要通过采用独占许可来阻止对自己有竞争威胁的产品进入市场。

(二)根据贸易标的划分的类型

许可贸易按其标的内容可分为专利许可、商标许可、计算机软件许可和专有技术许可等形式。在国际技术贸易的实践中,一项许可贸易可能包括上述一项内容,如单纯的专利许可,也可能包括上述两项或两项以上内容,称为一揽子许可。

1. 专利许可

各国《专利法》规定，任何其他人要使用专利技术时，必须与专利人签订专利许可合同，并向其支付专利许可费用。

2. 商标许可

与专利许可相似，《商标法》规定任何人要采用商标权人的注册商标，必须与商标权人签订使用商标的许可合同。

3. 计算机软件许可

计算机软件许可是指计算机软件的使用者应与软件所有者签订软件许可合同，并向其支付专利许可费用。

4. 专有技术许可

专有技术并非工业产权，没有专门法律保护，从法律上讲不能称为许可，而称专有技术转让协议更为合适。但目前国内外许多专家认为，专有技术在某些国家受“保护企业秘密”等法律保护，也可称许可协议。这两种做法并存使用。

5. 一揽子合同

一揽子合同，也可以称为“成捆许可”“组合许可”或“混合许可”。它是指在一个合同中，同时包含专利、商标、专有技术三项内容中的两项或两项内容以上的许可。这种形式是国际技术贸易中最常用的一种，特别是专利与专有技术捆在一起的许可尤为多。

三、许可贸易合同

（一）许可贸易合同概述

在国际技术贸易实践中，实际应用的技术贸易合同形式多样，其中，许可合同是最为典型、最为普遍的一种。许可贸易合同，通常又称许可证贸易合同，或者许可协议。它是指从事国际技术贸易活动的双方以合同文本的形式，规定合同双方的权利和义务，允许被许可方使用其技术，实现特定技术转让目的的法律性文件。

从法律上说，许可证合同是一种“授权协议”。许可证，英文是“License”，意思是根据法律规定得到所有者的允许后才能从事的行为。因而，在许可贸易中，技术的所有者或持有者在特定的时间和地域内授予被许可方使用其技术，而许可方支付酬金，予以回报。同时，被许可方还要承担保守秘密等义务。

（二）许可贸易合同的基本条款

一般而言，许可贸易合同由下面四部分构成：前言，合同主体，合同尾部，合同附件。

1.前言

在合同的正式条文之前，一般附有简要的前言。前言是合同的重要组成部分，它一般包括合同性、合同号码、签约时间和地点、双方当事人的名称和地址及鉴于条款。

合同的名称要与合同的内容、类型和性质相符。例如："××专利申请许可合同"；"生产××产品商标许可合同"等。为了方便合同的执行，便于立卷归档、查阅，也为了便于当事人双方通信往来，每个合同都有其特定的编号。

要在合同中写明签订合同的时间和地点。需要注意一点，签约时间并不一定就是合同生效的时间，因为有些国家规定，合同签订后必须履行审批手续，经过批准后才能生效。但是，签约日期仍然是一个十分重要的日期，因为它既是履行审批手续的一个起算日期，又是适用法律的一个时间分界线。另外，前言中一定要写明签约地点。按照国际私法中的原则，签订合同的地点，可以成为日后发生合同争议时，法院或仲裁庭确定合同适用哪一国法律的依据。因而，地点的注明对于没有规定适用法律的合同尤为重要。

由于合同双方是整个合同的权利、义务和一切法律责任的承担者，合同中的全部条款都是以这两者为中心拟定的，因而完整、确切地写明双方当事人的名称和法定地址有着重要的意义。当事人的法定地址，还关系到发生争议时对适用法律的选择。

鉴于条款，英文以"Where as"开头，用以说明合同双方当事人的背景，阐述当事双方签订合同的理由，表达双方想实现合同规定目标的愿望，陈述工业产权或专有技术的拥有情况、合法性和实施情况，及表明合同双方当事人为达到预期目标而共同合作的意愿。与其他部分相比，鉴于条款并不是特别重要，但它有助于对合同的解释和理解。例如，"鉴于乙方拥有××技术"，"鉴于乙方拥有并能得到本国政府的许可，出让乙方的专有技术已涉及、制造、销售和出口××产品给甲方"，"双方本着诚信、互利的态度，通过友好协商，达成如下协议"。

2.合同主体

合同基本条款即指合同的正文，它是整个许可贸易合同的主体部分。它包括以下11个方面的内容。

(1)定义条款

在国际技术贸易中，由于交易双方当事人所在国家不同，有着语言、文化、法律等方面的差异，各国对同一名词的使用和理解可能不完全一样。为了避免当事人日后在执行合同时产生分歧，便于当事人在合同中明确表达双方达成的一致意见，就必须对一些关键词语确定明确的定义，如合同产品、技术服务、技术资料、净销售价、专利、专有技术、改进发明、子公司、附属公司、合伙人、第5方等。定义在合同中往往是单独作为一条列出的，一般置于各条款之首。

(2)技术的内容和范围条款

这是整个合同的核心部分，是合同中规定的当事人双方各项责任、义务和权利的基础。它主要规定了以下内容。

对技术的基本说明包括合同产品的名称、系列、塑号、规格、地域(即可以销售和生产该项产品的国家和地区)、期限以及要达到的性能和技术指标等内容。

被许可方使用技术的方式，例如，是独占许可还是排他许可，或是交叉许可，被许可方有无权利发放从属许可证等，以此明确许可证的种类。

技术的转让可以有三种方式来完成。首先，提供技术资料。许可方提供合同产品的设计图纸、数据，生产工艺的资料和说明，技术资料清单以及文字说明，还应包括使用公制度量衡制，以便技术引进方对许可方提供的技术资料可进行合理的修改和转化。其次，提供技术服务。对于一些需要特殊技巧和诀窍的项目，被许可方就需要许可方提供技术服务，派遣有关技术人员到被许可方的合同工厂进行实际操作、安装调试、传授技术、提供技术指导和服务，这对被许可方迅速掌握技术会有很大帮助，但技术服务费也是相当高的。最后，还可以采用技术培训的方式。技术培训是指许可方负责培训被许可方有关人员，使之掌握和运用技术。但是双方要在合同中把人员培训的目的、范围、内容、方法、人数、专业、工作时间和实施的条件规定清楚，使得合同双方都有章可循，以免许可方逃避责任，影响培训效果。

除了基本技术以外，是否还有其他技术转让，若有，应写明相应的条款。例如，在签订一揽子许可合同时，要写清楚转让的技术标的。

在订立这部分条款的时候，应注意以下四方面的问题。

第一，对合同标的和要达到的目标，要详尽地规定清楚，不要有任何遗漏。许可方提供的技术资料应该完整、可靠，并要求及时发送。完整是指许可方提供的技术资料应与他自己在其有关经营范围内所使用的一样，不应有任何删减。正确是指文件不得有任何差错，熟练人员按许可方所提供的技术资料加工出来的零部件不得有任何缺陷。可靠是指测量值不超过有关规范标准所规定的测量公差。同时，要规定被许可方获得的技术资料应具有永久使用权，除非由于被许可方的过失，否则不得终止被许可方的资料使用权，或要求被许可方退回资料。

第二，规定的技术指标要符合实际，要根据可行性报告的技术要求及被许可方的消化、吸收能力来确定，指标高低要合适、恰当。一旦被订入合同，双方均应保证做到。

第三，提供的技术资料应根据实际需要有所选择，许可方不要把自己掌握的，或被许可方不需要的资料也向被许可方提供，这将增加被许可方的费用支出。

第四，不能接受限制性采购条款。

(3)技术修改与改进、发展条款

技术的修改是指，如果许可方提供的技术资料不能完全适用于被许可方实际的生产条件，许可方应当允许被许可方根据本企业的实际情况做适当的修改，并给予必要的帮助，在订立合同时，应注明这一点。

事实上，被许可方能否对许可方提供的技术进行修改，这是合同双方当事人争论不休的问题。被许可方认为，为使引进的技术适应其自身条件，有权对许可方的技术进行修改，许可方应当给予必要的协助，并对此仍承担技术上的担保责任。而许可方认为，为保证技术的完整性、安全性和可靠性，被许可方不得擅自对引进技术进行修改，如若修改，必须事先征得许可方的同意，否则，对由此而产生的一切后果概不负责。从根本上说，双方争论的焦点在于对技术修改后产生的风险和责任由谁承担的问题。

技术的改进与发展在这里不是研究如何改进技术，而是关于许可贸易合同各方改进或发展了原技术并取得新的专利权之后，应当如何以优惠条件向对方提供新技术的问题。对此，各个国家的看法是很不一样的，争论广泛存在于发达国家与发展中国家之间。世界知识产权组织在其编著的《供发展中国家使用的许可证贸易手册》中指出，改进是指在不改变已有技术本质的基础上，对已有技术的工艺、性能进行非本质性的、局部的完善和提高。而发展则是指超出了原有技术的本质和主题，使原有产品或工业发生了实质性的进步。

技术改进与发展在这里是指在技术转让合同有效期内，一方或者双方在实施专利或者使用技术秘密成果中，对原有技术做出的改良和创新。这种技术改进和技术创新，有可能是一项重大的突破性科技成就，也可能只是在技术细节上有实质意义的改良和革新。技术转让合同的订立和履行，不仅实现了现有技术的转移、推广和应用，而且也是当事人双方进行研究和技术创新的基础。在合同期限内，许可方或被许可方都有可能对所转让的技术做出某种改进或发展，双方对技术的改进和发展有什么权利和义务，应该充分协商，并在合同中确定下来。如合同规定，许可方应将改进和发展的技术，无偿地提供给被许可方，习惯上把这种行为称为继续提供技术援助；而被许可方无偿地将自己改进和发展的技术提供给许可方，则被称为技术反馈，或称“回授”。

这一合同条款应该包括以下内容。

第一，改进和发展技术的所有权和使用权。我国法律明确规定，互相提供改进和发展技术，是使用许可的问题，不应是所有权的转让。除非合同另有约定，改进和发展技术的所有权应属于做出改进或发展的一方，另一方享有使用权，如另一方意欲将使用权许可转让给第三方，应征得做出改进一方的同意。

第二，当事人之间应按互利、互惠和权利与义务相一致的原则，约定相互提供后续改进的信息，彼此互惠利用后续改进的成果。首先，有关后续改进和发展的技术成果分享的约定必须是自愿的，而不是强迫的，任何一方不得通过欺诈或者胁迫手段设定不合理改进和发展条款。其次，双方给予对方使用其技术授权的性质和条件应该是相同的，而且这种授权的性质在原则上应与合同中许可方给予被许可方授权的性质相一致。最后，要防止技术许可方规定“片面回授”的不合理、不对等的条件和要求。

第三，约定分享改进和发展的技术成果应当是有偿的。完成改进和发展的一方有义务向另一方提供这一新的技术，并有权利按照合理的商业条件取得收益。改进技术通常免费提供给对方，而发展技术可以是有偿的也可以是无偿的。

一般来说，在合同有效期内，双方均承担互相交换改进和发展原有技术的义务，对于双方发展相互间的合作、更好地完成技术转移是有利的，双方均可受益。

(4)支付条款

许可贸易合同价格又称使用费，技术价格的构成与商品价格的构成有很大差异，影响技术价格的因素也与一般的贸易标的价格很不一样，比一般商品要复杂得多。因而在合同中规定的交易标的的价格，不能简单地照搬照抄一般商品价格的确定方法。

在国际许可贸易中，通常有三种支付方式：一次总付，按提成费支付，入门费和提成费结合支付。目前国际许可贸易中普遍采用的是第三种方式，即入门费加提成支付。但具体到某一笔贸易究竟采用哪一种支付方式，要由当事人双方来协商决定。

在计算技术使用费时应注意：许可方在被许可方所在国内因取得该使用费而应支付的所得税额，包括在该使用费之内，不应由许可方另行负担。在许可方要求以外汇支付，而使用有关技术生产的产品系用于内销时，销售和与外汇的兑换率以哪一天官方公布的汇兑率为准，必须在支付条款中明确规定。否则，如外汇汇率发生较大波动，合同双方难免在支付时发生争执。

对于被许可方来说,支付条款是一切合同条款中最重要的,因而在签订这个条款时要格外慎重。签订支付条款的主要工作由被许可方的会计师、审计师承担,因为它的计算涉及许多财务上的技术性问题。但参加合同谈判的被许可方法律顾问则必须注意不能在这个条款中订入对被许可方不利的内容。譬如过高的入门费,使被许可方承担过多技术转让带来的风险。

(5)保证与索赔条款

在许可贸易中,合同工厂是否能生产出合格的产品,是否能达到签订合同时的预期目的,关键取决于许可方提供的技术是否成熟可靠,取决于许可方是否为被许可方做好了相应的配套服务,譬如提供详尽的资料,提供技术服务和人员培训等。所以,在许可合同中签订保证与索赔条款主要是为了被许可方的利益,防止许可方在执行合同时以次充好,以假乱真,或者对应该履行的合同义务采取不认真、不负责的态度。为此,被许可方会在许可合同中要求许可方对技术的合法性、可靠性和有效性承担保证责任。对于非故意违约,而确系技术上或者其他客观原因所导致的而未能履约的或达不到合同中的某些规定标准的,被许可方有权向许可方索取经济赔偿,这就是索赔。因此,索赔是一种在合同不能按规定执行时,对被许可方的损失进行补救的处理方法。

在许可合同中,许可方承担的保证主要有以下两个方面。

一方面是许可方权利的担保。许可方权利担保的含义与内容随着交易的技术内容、授权的性质而异。但一般而言,许可方权利的担保是指:①许可方是其所转让技术的合法所有者或持有人。②许可方有权进行转让,并在合同所确定的范围内保证此种转让没有侵犯任何第三者的权利。③如果在执行合同的过程中,发生任何第三方的指控,许可方应负责与此侵权行为有关的一切谈判事宜,并按照约定承担由此引起的一切后果。

另一方面是许可方对技术资料的担保。许可方的另一项义务是,对其所转让的技术及相关设备的性能和质量进行保证。它包括:①保证所提供的技术是许可方实际使用的最新技术;②保证该技术资料是完整、正确和清晰的;③保证许可方将按合同规定的时间和内容交付技术资料;④保证被许可方在正确应用技术资料时,能达到双方规定的技术目标和各项性能指标;⑤保证在产品达不到合同规定时能与被许可方共同分析原因,采取措施,消除缺陷,争取在再次考核时能达到合同要求。若许可方交付的资料内容有错误,数量有短缺,许可方还要保证按期更换和补齐。

如果许可方未能很好地履行上述合同保证条款,在法律上就构成了违约行为,受损害的一方有权要求对方承担损害赔偿责任。所以,在合同中还要规定具体的索赔条款。其主要包括以下三方面的内容。

其一,对技术资料迟交的罚款。被许可方可根据造成损失的多少,要求许可方支付一定比例的罚款。这一般以时间来计算,迟交时间越长,罚款比例越大,但合同中一般都应规定一个最高罚款额和最长期限,超过一定期限,被许可方可按许可方违约而终止合同。例如:迟交1～4周,每周按合同总价的0.2%～0.3%计算罚款;迟交5～8周,每周按合同总价的0.3%～0.5%计算罚款;迟交8周以上,每周按合同总价的1%计算罚款。

其二,对产品达不到性能指标的罚款。如果许可方违反技术保证义务,或经过许可方多次努力,仍达不到合同规定的性能指标,则根据所转让的技术或合同产品的具体情况,按以下几种情况进行罚款:①合同按一次总付计价时,合同产品的性能指标每降低1%,按合同总价X%罚款;②合同按提成费计价时,合同产品的性能每降低1%,按降低提成率X%罚款;③合同按入门费与提成费相结合计价时,合同性能指标每降低1%,按合同入门费的X%和降低提成率两项合并计算罚款。

其三,由于资料错误或许可方专家指导错误,致使产品零部件返修或报废的损失补偿。

(6)考核与验收条款

考核和验收是对许可方是否按照合同规定交付技术资料、提供技术服务、正确有效的履行合同义务的最终检验。对产品的考核和验收可以起到对技术转让的各个环节进行综合考核的作用。该条款主要包括以下六方面的内容。

第一,考核验收的时间和地点。这一般在引进方生产出第一批合同产品时,在合同工厂进行。

第二,考核验收的内容。这主要是指合同产品的型号、规格、数量技术指标和经济指标。

第三,考核验收的标准。这是指当事人双方在合同中所规定各种质量和数量的参数和指标。

第四,考核验收的组织工作,即由谁来进行考核。这一般是由双方派人组成专门的考核小组,要具体规定该小组成员的组成情况。

第五,考核验收的方法。这一般在附件中加以规定。对产品的考核一般可允许进行1～3次,考核合格后,双方签署验收合格证书。若考核不合格,应检查原因,分清责任,限期进行下一次考核。如果不合格的责任在许可方,下一次考核所需费用应由许可方负担;反之,则应由被许可方负担。若规定的最后一次(一般是第三次)考核仍不能通过验收,并且责任在许可方,被许可方有权视情况要求许可方给予经济补偿(对许可方罚款或要求降低合同价格),或按许可方违约终止合同。具体处理方法可参照"保证与索赔"条款中的规定。若责任在被许可方,而且被许可方仍愿意继续完成合同,许可方则仍有义务协助被许可方查出原因,继续调试,直至考核合格为止。

第六,拟定考核验收条款应注意的问题。这主要包括:①考核验收的内容、标准、方法的规定应与技术内容和范围条款中所规定的技术指标、技术参数相适应,不能有任何矛盾。②考核验收的标准要在签订合同前就确定下来,不要留到合同签订后再协商解决,否则极易产生纠纷。③对被许可方最重要的是应要求许可方权利尽量合理。例如,因产品质量达不到标准而终止合同前,必须有一个提前的警告,即要求被许可方提高质量,只有在一定时期内仍提高不上去时,才可终止合同。

(7)保密条款

保密条款包括两方面的内容。

第一,被许可方为许可方的专有技术等秘密技术保密。在签订合同时,许可方会要求把保密条款规定得尽量细密。而且,在尚未正式签订合同之前,就会先谈保密问题。否则,一旦谈判不成,许可方已经告知被许可方的部分秘密技术也有被泄露的危险。订立了这种合同后,在合同因故中止时,被许可方仍应继续保密;合同正常履行完毕后,如果有关秘密尚未进入公共领域,也要继续保密。但是,技术保密也不单纯是被许可方的义务,许可方也必须保证不泄密。尤其是在独占许可合同的情况下,一旦技术从许可方那里泄露给第三方,独占就失去了意义。

第二,双方均有义务为对方的经营状况保密。因为在合同履行过程中,双方当事人都有可能会掌握对方的经营信息。例如,许可方为了保证质量需要检查被许可方的产品,还有可能为了了解销售额而检查被许可方的账目等,这些情况都需要许可方承担保密义务。

(8)税收条款

由于税收问题直接关系到技术转让的价格和收益,因而税收条款是贸易合同极为重要的一个条款。

由于国际技术贸易当事人涉及在不同国家纳税,因而不可避免地要产生双重征税问题。所谓双重征税,是指两个或两个以上国家政府,根据各自的税收管辖权,在同一时期,对同一个跨国纳税人,就同一笔跨国所得按同一税种征税。许多发达国家为了鼓励本国的对外投资者发展对外贸易,都制定了许多税收优惠政策,并以法律的形式固定下来。避免双重征税的方法有两种:一是实行税收抵免;二是实行税收饶让。税收抵免是指对国外如果在收入来源国已经缴纳所得税款的,允许在支付给本国政府的应税所得额中加以抵免,抵免的范围是所得税,并且需是双重征收并在收入来源国已支付的才能抵免,这种抵免是相互给予的。所得税的抵免实行的是限额抵免原则,即对国外所纳税款的抵免额不得超过按本国税法规定的税率所应缴纳的税款额。税收饶让是指居住国政府对跨国纳税人从非居住国得到减免的那部分税收,视同已经缴纳。税收饶让是一种特殊的税收抵免,是对非居住国引进外资和技术的税收优惠政策的一种积极配合,使之具有实际的意义。

由于税收抵免或税收饶让涉及国家之间的税收关系,因此要使之真正得到贯彻落实,仅仅有各国的法律规定还不够,一般还要通过收入来源国和居住国之间有关避免双重征税的双边协定,因而许多国家相互之间都签有避免双重征税的协定。双边协定所遵循的一般原则是,发生于缔约国一方面支付给缔约国另一方居民的特权许可费可以在该缔约国另一方征税。然而,这些特权许可费也可以在其发生的缔约国按照该缔约国法律规定征税。

我国已经与美国、英国、日本等20多个国家签订了避免双重征税的双边协定。我国对外签订的避免双重征税的协定都明确规定,中国居民在对方国家取得的所得,按照协定规定在对方国家缴纳的所得税,应允许在对其征收的中国税收中抵免。但是,抵免额不得超过对该项所得按照中国税法和规章计算的中国税额。

(9)争端解决条款

在合同的执行过程中,当事双方发生争议的解决办法通常有四种:友好协商、调解、仲裁和诉讼。

第一,友好协商。在合同双方当事人发生纠纷以后,由双方进行直接的接触,尽量在友好的气氛中,在彼此认为可以接受的基础上,相互让步、协商,最终达成一致意见形成和解协议,解决双方争端。

第二,调解。如果通过友好协商不能达成和解,可以把争议提交给第三方,由其提出解决办法,从中调解。双方当事人可以在合同中指定一名独立的专家作为调解人,并对这位专家应具备的条件、专家指定的方式、专家提出的解决方案及其法律效力、专家费用的分担等,都做出具体的规定。

第三,仲裁。争议也可以通过仲裁方式解决。仲裁是指合同当事人双方达成协议,在双方发生争议时,愿将有关争议提交双方所同意的第三者进行裁决,裁决的结果对双方都有约束力,双方都必须遵照执行。仲裁条款是合同当事人双方同意把争议提交给仲裁机构审理的协议,它是仲裁机构受理争议案的法律依据。若合同中未设仲裁条款,合同双方必须另行签订仲裁协议,否则仲裁机构是不受理双方的争议案的。仲裁协议内容要明确、全面,一般包括:①仲裁机构和地点;②仲裁规则;③仲裁的事项及范围;④仲裁裁决的效力和费用的负担。

第四,诉讼。如果当事人双方不能以合作协商方式予以解决,而双方当事人之间又没有订立仲裁协议,任何一方当事人都可以向有管辖权的法院起诉。但是,一般而言,并不鼓励合同双方采用诉讼方法解决争端,因为诉讼会破坏双方当事人的友好合作的气氛,不利于双方的长期合作。

(10)适用法律条款

合同的适用法律条款是指合同的成立和条款的解释受哪一个国家法律的约束,双方当事人的义务应以哪个国家的法律为准。由于各国法律不同,按照不同国家的法律处理争端,可能产生不同的结果。一般情况下,许可合同的当事人都各自熟悉本国的法律,因而都会希望合同能选择自己所在国的法律为适用法,以便在发生合同争议时可以自己国家的法律对合同做出解释。由此可见,合同适用法律条款是一个重要条款,合同的当事人双方都十分重视法律适用问题,在谈判过程中,常常在这个问题上相持不下,不容易达成协议。

世界上大多数国家都允许当事人有选择合同所适用法律的自由,订明法律选择条款的目的在于,使合同在法律上具有确定性,以免将来发生争议时在选择适用法律上发生分歧。

当事人选择适用法律时应了解有关的法律规定,并且不能违反本国的法律规定。如果合同当事人协商选择了合同的适用法律,则意味着合同的签订、效力、解释、履行等均以该法律为准。在订立这一条款时,应注意知识产权的法律特性,如地域性特点,即它们仅仅在自己依法产生的那个国家内才有效。

在当事人未明示或默示表明其愿意以何种法律适用其合同的情况下,可由法院根据合同以及一切与合同有关联的事项,或从合同的其他条款推测当事人的意向,来确定合同适用的法律准则。

(11)合同有效期和终止条款

许可贸易合同都会规定一个有效的期限。有效期的长短可由双方当事人根据具体情况协商,但一般而言,不会超过10年。有效期太长必定限制某一方当事人或双方当事人选择与其他人进行交易的自由,尤其对技术更新快的技术领域,将会造成技术已过时而还需要支付提成费的不合理现象,因而有些国家对许可贸易合同的最长有效期限作了规定。

在许可合同期限届满时,如果双方当事人同意,可以适当予以延长。但通常国家会在审批条例中规定,如果需要延展许可合同的期限,必须提出申请,经过有关部门审批通过后才能延展。

合同的终止一般有三种情况:①自然终止。合同规定的有效期届满,双方当事人不准备延展合同,则合同自然终止。②不可抗力终止。合同签订后,某一方当事人遇到了不可抗力事故,致使合同无法执行,则可以中途终止,双方当事人可以免除法律责任。③违约终止。因一方违约造成合同中途终止,则后果的处理比较复杂,一般会在保证与索赔条款等许多条款中,对何种情况下一方如何行使终止权,分别做出规定。所以,终止条款有时并非一个独立的条款,而是分散在许多条款之中。终止条款中最重要的是双方应协商好合同终止后的善后工作应如何安排，例如，许可方还有无权利取得使用费；如有权取得，以多少数额为限；被许可方是否应归还技术资料；被许可方有无权利继续使用有关技术；如不能继续使用，则已建成的生产线如何处理等。

3.合同尾部

合同尾部主要包括合同生效与签字等内容。

合同成立与合同生效是两个概念，不能简单地等同。我国《合同法》规定："依法成立的合同，自成立时生效。法律、行政法规规定应办理批准、登记等手续生效的，则依照其规定。"

所以，许可合同经双方代表签字后即告成立。如果双方签字日期不同，则以最后一方的签字日期为签约日期。但是，根据大多数国家的法律规定，国际技术贸易合同须经国家有关部门审查批准才能生效。所以，一般会在合同中规定："本合同于某年某月某日在某地经双方代表签字，并须经双方政府批准，以最后批准一方的批准日期为本合同生效日期。彼此应以电传或其他方式及时通知对方，并以信件确认。"

4.合同附件

合同附件是附在合同之后用以说明合同正文不便详细罗列内容的部分，其地位与合同正文是同等的。双方当事人有必要在合同中明确这一点，例如，"本合同附件系合同不可分割的一部分，与合同正文同样有效"。

许可贸易合同的附件至少要有技术附件与产品附件。技术附件包括许可方将提供的各种技术的名称、资料细目、向被许可方发送的步骤及具体日期等。产品附件中包括适用该技术生产的产品将在性能、功能、质量等方面达到怎样的指标。许可方日后如不能履约，一般都表现为不能按时或按量送交技术文件，或所提供的技术并不能使被许可方产品达到应有的指标。因此，附件本身虽是技术性的东西，但它们在合同争议诉讼中往往成为重要的依据。所有附件应与合同正文提到的附件相对应，并按前后顺序一一排列，不可任意颠倒。

（三）许可合同的特殊条款

专利、商标和专有技术作为技术贸易的主要标的，它们各有其特点，并且在交易过程中，所涉及的问题也有所不同。因此，除了前面介绍的许可贸易的基本条款外，还应针对合同中的具体转让标的，在许可合同中加入一些特殊条款。

1.专利许可合同的特殊条款

(1)专利条款

在签订专利许可合同时，由于专利问题涉及许多别的法律方面的问题，应要求许可方把项目中所包含的专利内容一一列出，并且包括专利号、申请性别、申请时间和有效期限。这么做的目的是使被许可方便于鉴别专利的真伪，并能较准确地支付应支付的专利技术使用费。

(2)专利有效性的保持

按照各国专利法的规定，专利申请后，专利人应按期向主管部门缴纳一定的费用，称为年费。年费的缴纳金额通常采取累进制，即越接近专利末期，年费越高。所以，为了保持专利在合同有效期内的有效性，合同应规定，许可方应按期向专利主管部门缴纳年费。这样做对于当事人双方，特别是被许可方是有利的；否则，合同有效期尚未届满，专利却可能因为未缴纳年费而失去法律的保护，当第三者利用该专利时，当事人均无法援引法律，要求法院或专利局追究第三者的法律和经济责任，而且当事人之间亦会因此而发生纠纷。

(3)关于侵权的处理

侵权是指未经专利权人许可，第三者即实施其专利，而专利权人或者其利害关系人被指控侵犯了第三者的专利时所产生的一种违法行为。

在许可方为转让专利权而与被许可方签订合同时，被许可方利用许可方专利技术生产并出售产品时，有时会受到第三者的指控，从而发生侵权纠纷。合同中一般规定："如果第三方指控侵权时，由许可方负责与第三方交涉，并承担由此产生的法律和经济上的全部责任。"

对于侵犯专利权的诉讼问题应当如何解决，双方当事人应在许可合同中做出明确的规定，一般应包括以下三方面内容。

第一，通知的义务。被许可方如发现有可能引起专利权诉讼的情况，应及时通知许可方，以便其采取相应的对策。双方都应该有相互通知对方的义务。

第二，起诉或被起诉的义务。当该许可方项下的专利权受到第三者的侵犯，或被第三者提出异议或指控时，许可方有义务对该第三者提起诉讼，或对第三者的控告出庭应诉。在某些情况下，也可规定由许可方承担费用，而由被许可方提起诉讼或出庭应诉。

第三，关于诉讼期间提成费的支付。在专利权诉讼期间，引进方有权暂时停止支付提成费，或只按约定的百分比支付提成费。

(4)专利被宣布无效时的处理

对此，通常有以下三种处理方法。

第一，如果合同签订后出现双方尚未执行而专利被宣布无效的情况，被许可方可以宣布合同无效。

第二，如果合同签订后出现专利被宣布无效，但被许可方仍认为所转让的技术是有用的，则可要求许可方提供担保，即担保许可方本人是专利所有人。

第三，如果出现专利被宣布无效，但合同仍有存在价值的情况，则应对原签订的合同进行修改，以使双方当事人的权利、义务规定适应已经变化了的情况。

2. 商标许可合同的特殊条款

商标是工业产权的一种，商标所有人可以将商标转让给他人使用。在商标许可合同中，须明确规定以下几项内容。

(1)商品的内容条款。商品的内容主要说明商品的名称，并附有商标图样、使用该商标的商品类别。

(2)商标权的合法性和有效性条款。为说明商标权的合法性和有效性，合同中必须明确说明商标注册的国别、有效期和适用的地域范围，必要时还要提供注册证明或批准的影印件。此外，许可方还应声明，许可方是该注册商标的合法所有者，有权授予该商标的使用许可。

(3)授权的性质及许可使用的地区和商品条款。商标许可使用主要分成独占许可和非独占许可，一般多为非独占许可方式，也就是商标权人许可被许可方在合同规定的地区销售带有该注册商标的商品,许可方自己保留使用该商标的权利,即有权销售带有该商标的商品。

(4)被许可方使用商标方式条款。在一项商标许可或包含商标许可的合同中,究竟采用哪种方式,我国法律和政策都没作限制性规定。被许可方应该从企业的长远发展考虑,同时要根据自己产品的销售情况及市场需求决定采用的方式。

被许可方使用商标的方式,大致有以下几种。

第一,原样使用许可方商标。原样使用许可方商标是指将许可商标原封不动地使用在被许可方的商品上。原样使用的一般是商标知名度很高,特别是国际驰名商标,以不改变原有形式为宜。我国在加工贸易中大多采用这种方式,如"定牌生产"或"贴牌生产",即商标标识由国外直接提供,我国的加工企业将商标直接粘贴或缝制在产品上。但是这种使用形式对被许可方来讲存在很大缺点。因为使用原商标带来的好处会在合同到期时消失,一旦许可合同期限届满,或许可方终止合同不让被许可方继续使用其商标,被许可方就必须改用其他商标,而改用新商标则往往会在相当一段时间内影响商品的销路。所以,在实际业务中,这种使用形式是很少的。

第二,联结商标。联结商标是指将许可方商标的主要特征和被许可方商标的主要特征联结在一起,组成一个新的商标,而联结商标的所有权属于被许可方。这种做法有利于使消费者产生联想,将被许可方的产品质量与许可方的产品质量和制造技术联系起来,逐步树立起新商标的信誉,扩大产品销路,又不会受许可合同有效期的影响。

第三,联合商标。联合商标是指将许可方原商标与被许可方自有商标并列使用。如上海汽车制造厂和德国大众汽车公司进行合作生产,其小轿车的商标使用"上海—桑塔纳",又如"索爱"手机是索尼公司和爱立信公司共同生产的。这种商标使用形式与联结商标的优点基本是一样的。

第四,将许可方的商标与制造地点联系起来的商标,即注明由××国××厂根据××号许可证制造的商标。这种使用形式一方面可以利用许可方商标的信誉,另一方面又便于与许可方自己制造的产品相区别。如果产品质量存在缺陷,则易于查找产品来源。这种使用形式在国际转让中是比较常见的。

企业在实际操作中,一般选择上述可供选择使用形式的后三种,因为这涉及企业的商标战略问题。被许可方引进商标使用权的主要目的在于利用许可方商标的信誉,以利于产品的推销,并且希望以此建立被许可方自己产品的信誉。而第一种形式由于在合同期满后,被许可方不得继续使用许可方的商标,这就大大影响将来产品的销路和市场。为了避免这一情况的发生,也可以在合同中规定若干年先用许可方商标,若干年后改用许可方和被许可方的联合或联结商标,再过若干年后变为完全使用被许可方的商标。

(5)质量控制与监督条款。被许可方使用许可方商标直接关系着许可方的产品和企业的信誉,因此,许可方十分重视被许可方生产产品的质量。为了保证其质量与许可方所生产的产品质量相同,避免因被许可方产品质量达不到标准而毁坏商标名誉,甚至影响许可企业的声誉,许可方会要求对被许可方产品的质量行使控制权和监督权。

质量控制和监督条款的主要内容应视合同内容而定。这一条款的规定的宽严程度,一般是根据产品的特性和被许可方的技术水平加以规定,有的只笼统规定,有的则比较详细具体。一般而言,这一条款通常包括以下五项内容。

第一，许可方对被许可方生产的产品有定期或不定期抽查的权利。抽查的方式可根据商品特性，由许可方派人员前往被许可方生产现场抽查，或由被许可方按约定的方法自行抽取一定数量的样品，寄送到许可方实验室进行鉴定，提出评估意见和改进的建议。

第二，许可方有权派人员前往被许可方产品生产现场，对生产设备和技术状况进行检查。

第三，许可方有权检查被许可方生产产品所使用的原材料，如用替代的原材料，应以不影响产品的质量为前提。

第四，严格控制被许可方产品质量与许可方商标代表的质量相一致。

第五，如发生质量不符情况，许可方有权要求采取措施限期改进，如在限期内仍不能达到要求的质量标准，有权要求被许可方暂停使用许可的商标。

另外，拟定质量控制条款还应注意以下事项。

其一，应防止许可方提出过于苛刻、不合理的要求，甚至是限制性的要求。如必须使用指定的设备和原材料，必须雇用许可方指定的人员，达不到质量标准不允许生产和销售等。这类要求都属于不合理的限制性规定，应予以反对。

其二，在产品质量达不到质量标准时，许可方应持积极态度，不能单纯指责和限制。最好在合同中规定，许可方有提供技术服务的义务；在产品质量达不到质量标准时，许可方应提供技术协助，如协助检查不合格的原因，寻求克服缺陷的办法等。

(6)备案或注册

根据各国商标法的规定，商标使用许可合同签订之后均需向被许可方国家主管商标的管理机关办理备案或注册，使许可的商标在被许可方国家受到法律的有效保护。在许可商标受到第三者侵权时，合同当事人可以提起侵权诉讼，以制止侵权行为，否则，将使合同当事人处于不利地位。

办理备案和注册一般是有区别的。合同许可的商标已在被许可方国家注册过，只需办理备案。如果合同规定的商标使用方式不同于原商标，譬如联结商标或联合商标，那么，这种商标便已是一种新商标，需要办理注册手续，以得到被许可方国家法律的批准。

合同应明确规定由谁来履行注册或备案手续，这一手续可由被许可方或双方共同委托商标注册代理人办理。

秘密性是专有技术的特点之一，专有技术的商业价值就在于保密。由于保密，企业获得了商业竞争力。专有技术一旦被外界所知晓，其商业价值就立即降低，甚至完全消失，因此，许可方转让技术时，必将根据技术的发展情况和需要保密的程序，要求被许可方承担保密义务，限制被许可方扩散或泄露专业技术内容。保密条款，是专有技术许可合同的特征条款，是许可方减少风险的一项保护性条款。

在专有技术转让谈判的过程中，被许可方必须取得必要的技术情报资料才能对拟议中的项目进行评价，这难免要涉及一些技术细节，许可方不得不透露一些技术秘密。而许可方往往由于担心日后谈判破裂对自己不利，而不愿意把技术细节告知对方。为了避免这种两难的境地，双方在开始谈判的阶段，应在合同正式签订之前首先签订一项初期保密协议，以此约束对方，维护自身的利益。这是国际技术贸易中较为通常的做法。

第二节 国际BOT

一、国际BOT的概念

BOT是英文Build-Operate-Transfer的缩写，中文的直接译意是：建造—运营—转让。其基本含义是：项目所在地政府将通常由国家公营机构负责的大型基础设施或工业项目的设计、建设、运营、融资和维护的权利特许给国内外私营机构的合同商或主办人，允许私营机构在固定的期限内运营该设施，在规定的期限内收回其对项目的投资、运营与维修费用以及一些合理的服务费、租金等其他费用，以保证该投资者有能力偿还工程所有的债务并取得预定的资金回报收益；在规定的特许期限届满后，项目设施将无偿转让给项目方政府。按照不同的工程项目，项目产品或产出可以出售给公营机构或直接出让给最终消费者，例如BOT电站产出的电力可以销售给项目所在地的公营电力管理机构；BOT公路项目可以直接向过路者收取过路费等实践中，国际BOT方式融资建设的项目一般被简称为"国际BOT项目"或"BOT项目"。"国际BOT项目"或"BOT项目"的特许运营期限一般为15～20年。

为了保证项目运营者能按商定的履约目标承担义务，项目业主国家公共机构能够在购买产品或者允许运背者向顾客直接收费方面承担相应的义务，项目建设合同商和其他私营投资者能够及时为项目融集资金和合理运营，"BOT项目"一般采取长期合同管理方法，由项目主办者与项目经营者及其他合作者签订长期合同。通常情况下，"BOT项目"的建设都需要组建专门的项目公司，将有关合同商和其他有兴趣的各方，如项目运营者和贷款银行联系起来；一般情况下，项目公司的资金融通包括有关各方对项目的投资和项目银行借贷几大组成部分。

经过多年的实践，BOT已发展成为一种总称性的国际经济技术合作术语，在实际项目的应用过程中产生出多种变形用法：例如BOOT(Build-Own-Operate-Transfer)，指建设—拥有—运营—移交；BOO(Build-Operate-Own)，指建设—运营—拥有；BTO(Build-Transfer-Own)，指建设—移交—拥有；BOOS(Build-Own-Operate-Sale)指建设—拥有—运营—出售等。在上述各种变形用法中，以BOOT与BOO方式最为普遍与重要。无论是BOT、BOOT、BOO或是其他形式的变形，其实质都是项目公司(属于一种私背公司)代替项目业主政府或其公共部门来建设和运营项目，属于国家公共部门传统垄断基础性项目私营化的一种形式；同时，鉴于"BOT项目"融资一般都建立在无追索权或有限追索权基础之上，所以，"BOT项目建设更大程度上属于一种项目融资，是一种新颖、不同于传统方式、以无追索权或有限追索权为基础的国际项目融资。

一些能够通过收费获得收入的基础设施或服务项，都可以运用国际BOT方式进行建设，电站、高速公路、铁路、桥梁、隧道、港口、机场、钢铁企业、化工企业、灌渠。水库、大坝、教育医疗卫生基础设施、仓库、环保设施、通信设施、工业园区等建设项目都可以成为国际BOT项目的适用对象。

采用国际BOT方式进行项目融资和建设非常复杂，涉及多方当事人和各方当事人的利益，具有一整套独特的做法和操作程序。了解了这些基本做法和程序，有利于我们在实践中事半功倍，趋利避害，促成国际 BOT 项目建设的成功。

二、BOT 项目融资的当事人

（一）项目发起人

BOT 项目的发起人是最先介入项目建设的项目合作人，亦是项目的主要承接者。作为项目发起人，首先应作为股东，承担一定的项目开发费用。在 BOT 项目方案确定时，有关各方就应明确债务和股本的比例，项目发起人应做出一定的股本承诺；同时，还应在特许协议中列出专门的备用资金条款，一般建设资金不足，股东们需要垫付不足资金，以避免项目建设中途停工或工期延误。

项目发起人承担了上述义务以后，理所当然地拥有自己相应的权利：股东大会投票权和特许协议资产转让条款所表明的权力，当政府有意转让资产时，股东拥有除债权人之外的第二优先权，以保证项目公司不被怀有敌意的人控制，保护项目发起人的利益。

（二）产品购买商或服务接受者

BOT 基础设施建设项目建成后必须有长期的产品购买商，否则就难以保证项目合作的全面成功，因此，在项目规划阶段，项目发起人或项目公司就应与产品购买商签订长期的产品购买合同。产品购买商必须有长期的盈利历史和良好的信誉保证，其购买产品的期限至少与 BOT 项目的贷款期限相一致，产品的价格也应保证项目公司能够收回股本、支付贷款本息和股息，并能赚取合理的利润。产品购买方或服务接受方的信用应当有政府拘保或者金融机构担保。

（三）债权人

债权人是为项目建设提供贷款的银行金融机构。债权人应提供项目公司所需的所有贷款，并按照协议规定的时间、方式支付，同时，与股东一样，协议中应列有“备用资金”条款，一旦项目建设资金出现不足，应有足够的备用资金及时顶缺，保证项目建设按计划进行。

作为回报，债权人享有相应的权利，即当政府计划转让资产或进行资产抵押时，债权人拥有获取资产和抵押权的第一优先权；项目公司若想举新债必须征得债权人的同意；债权人应获得合理的利息。

（四）建筑发起人

建造发起人就是项目的承建者。BOT 项目的建筑发起人必须拥有很强的建设队伍和先进的技术，能够按照协议规定的期限完成建设任务。为了充分保证建设进度，建筑总发起人必须具有较好的工作业绩，有强有力的担保人提供担保。项目建设竣工后要进行验收和性能测试，以检测建设是否达到设计规定的指标，满足设计的要求。总发起人因本身原因未能按照合同规定期限完成任务，或者虽完成了建筑任务但未能通过竣工验收，项目公司将对其处以罚款。

（五）保险公司

保险公司的责任是对项目中各个角色不愿承担的风险进行保险，其中包括建筑商风险（主要是意外造成的风险，如火灾等）、业务终端风险、整体责任风险、政治风险（战争、财产充公等）等。由于这些风险的不可预见性很强，造成的损失巨大，所以国际 BOT 项目建设对保险商的财力、信用要求很高，一般的中小保险公司没有能力承负此类险别的保险。

（六）供应商

供应商负责供应项目公司所需的设备、燃料、原材料等。用于在特许期限内，对于燃料（原料）的需求是长期的和稳定的，供应商必须具有良好的信誉和较强而稳定的盈利能力，能提供至少不短于还贷期的一段时间内的燃料（原料）；各类设备、燃料和原材料的供应价格应在供应协议中明确注明。BOT 项目供应商必须经过政府和金融机构的资信担保。

（七）运营商

运营商负责项目建成后的运营管理，为保持项目运营管理的连续性，项目公司与运营商必须签订长期合作合同，合作期限至少不得少于还款期。运营商必须是 BOT 项目的经营专长者，具有较强的管理技术和管理水平，具有管理此类项目的实际管理经验。在运营运程中，项目公司每年都应对项目的运营成本进行预算，列出成本计划，限制运营商的总成本开支；明确制定相应的成本超支或效益提高罚款和奖励制度。

（八）政府

政府是 BOT 项目成功与否关键的角色之一，政府对于 BOT 的态度以及在 BOT 项目实施过程中给予的支持直接影响项目的成败，政府必须在 BOT 项目建设中发挥积极的作用，国际 BOT 项目建设尤甚。

通过上述八种角色与项目公司之间的双边协议，各角色之间及与项目公司之间就形成了复杂而明确的互相协作关系，BOT 项目的成败得失完全取决于这些协作关系是否顺畅，各个角色在 BOT 项目中所能获得的利益也将受到这些协作关系的制约；所以，可以说 BOT 方式的结构是一种有机的结构，各角色之间的关系构成了一个不可分割又互相制约的有机整体。

三、国际 BOT 项目的一般运作程序

根据其他国家运作 BOT 项目的实践和国际惯例，国际 BOT 项目建设一般需要经过十个主要步骤。

（1）确定项目方案及其技术参数：准备项目的标书文件，包括评标标准。

（2）资格预审：根据投标者的业绩记录及其经验和技术水平与财务情况，对有兴趣参与投标的投标者进行资格预审，为下一步邀请投标奠定基础。

（3）邀请投标：就确定的项目向经过资格预审的投标者发出投标邀请，请投标者提出详细的工程建议。

(4)招标准备:投标者根据招标书文件的要求,准备标书并将提标书送达招标者。

(5)评标和选择:项目业主根据项目招标文件中规定的评标标准和评标方法选择和确定项目建设中标者。

(6)合同洽商:项目发起人邀请中标者与之进行有关项目特许权等合同的谈判,若谈判能够达成一致,双方签署有关合同。

(7)组建项目公司:中标者在完成合同谈判后,为了建设和运营项目,将独自或吸收其他私营合同商组成国际性银团,在项目的业主国建立项目公司;项目公司必须获得东道国政府关于项目建设和运营的授权。

(8)项目规划、设计和建设:项目公司获得项目建设和运营授权以后,需要对项目进行全面的规划,进行工程设计和组织施工建设;项目建设所需的全部资金都由国际银团负责筹集,国际银团可以通过吸收其他人参股和向银行贷款等方式来解决项目建设的资金问题。

(9)项目运营:项目建设完成后,项目公司可以根据与东道主政府事先达成的协议,在合同规定的运营期限内,实施项目运营,并负责项目设施的管理和维护;项目运营所产生的全部或部分收入构成项目公司的收益来源。

(10)项目移交:规定运营期限届满,项目的所有权,包括一些固定权益将从项目公转让给业主、政府或其指定的单位(在某些特定条件下,项目的用地和设施的所有权从一开始就可能不属于项目公司)。

四、国际 BOT 项目的主要合同类型

采用国际 BOT 方式进行项目融资和项目建设需要签订一系列的合同,所有有关当班人之间的权利和义务划分都必须通过合同予以明确限定。各当事人之间的合同关系可以通过图 4-1 来表示。

(一)项目协议

项目协议(或称执行协议、特许协议)是业主国政府与项目公司之间签订的合同,其主要内容包括:业主政府允许项目公司建设并运营特定项目授权;对项目公司设计、建设、运背、维护等提出的要求;项目公司运营期限规定和使用当地设施的条件等。在国际 BOT 项目建设和运营中,项目协议是国际 BOT 项目最基本的合同,是国际 BOT 项目的关键性法律文件,是其他合同赖以存在和成立的基础与前提。

(二)股东协议

股东协议是在股东之间签订的合同,股东协议规定了有关招股条件和合同条件。项目公司的主要股东一般为土建公司、设备供应商、国际贸易公司和金融机构等。有国家在某些特定领域,如石油和电力工业等,业主政府作为股东参股的情况也较为普遍。

(三)项目工程建设与设备供应协议

项目工程建设协议是项目公司与项目,工程建设承包商之间签订的合同,而设备供应协议

则是项目公司与有关设备供应商签订的合同。BOT 项目工程建设一般采取固定价格的交钥匙工程承包合同；如果 BOT 项目既包括土建又包括重彻机械设备供应，项目公司则更愿意与有经验的土建公司和设备供应商联合体洽商合同，以确保工程项目能够按时、按质完成；但在许多情况下，交钥匙承包合同的生效，需要以项目公司取得贷款为条件。

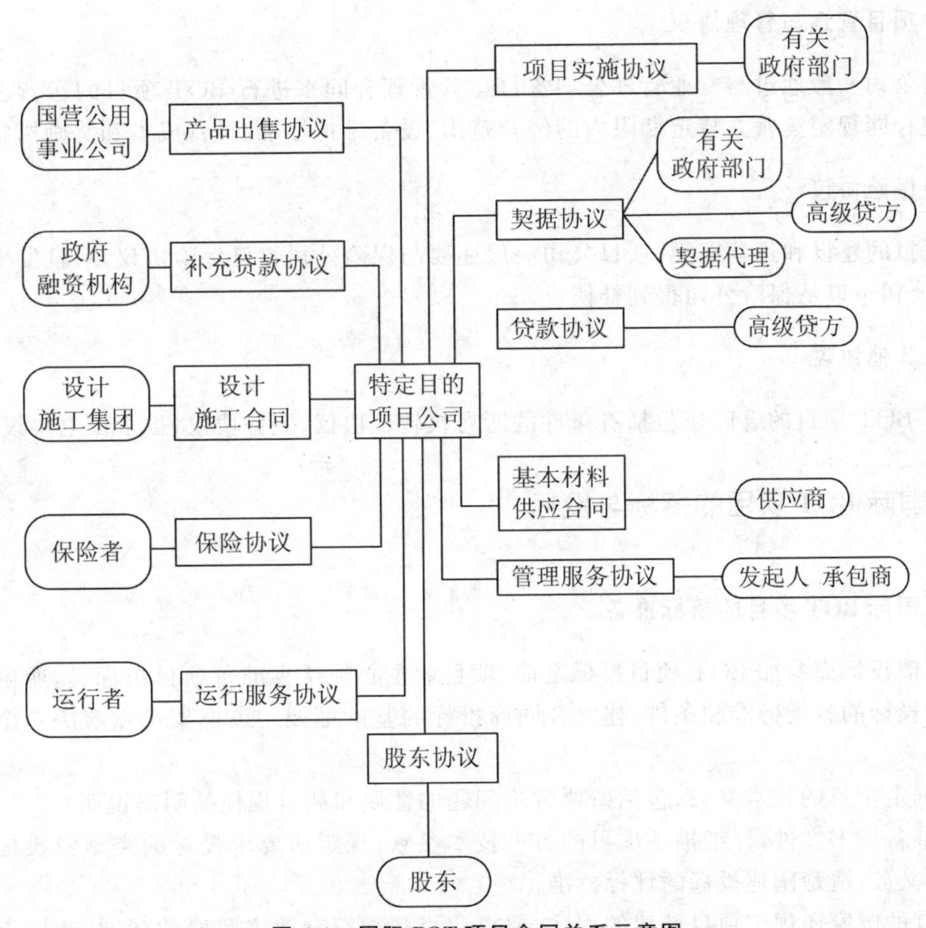

图 4-1　国际 BOT 项目合同关系示意图

（四）产品或产出销售协议

为了保证项目建设和运作的成功，国际 BOT 项目建设需要实现与有关用户签订产品或产出销售合同。如果业主政府机构是项目的唯一用户，项目公司则与政府机构洽谈单独的采购协议，明确政府最低采购数额和价格结构。只要政府机构保证履约，按时付费，项目公司就能有足够的资金承负项目建设和营运成本，偿还债务和获取合理利润。

（五）贷款协议

项目公文和贷款人之间的贷款协议是国际 BOT 项目的主要合同之一。国际 BOT 项目的融资方式和贷款条件千变万化，实践中没有统一的模式。还贷风险的规避一般有两种办法：

一是传统担保措施,诸如固定交钥匙程的价格、提供履约保函和约定损害赔偿、不动产抵押、违约救济条款、保险合同的转让等等;二是国际 BOT 方式下的特殊担保措施,如业主政府对其机构的履约担保、有条件的所有权转让协议和股东对项目的支持协议等。贷款协议中对财产抵押的安排应当有明确的规定。

(六)项目营运与管理协议

项目公司一般通过与专业管理公司签订运营管理合同来进行 BOT 项目的运营。项目营运与管理合同规定运营方特定期限内的经营范围、设备维护标准、经营成本和奖励措施等。

(七)保险协议

在项目的建设和运营期间,项目公司一般还要与保险公司签订保险协议,一旦发生意外事故,项目公司可以从保险公司得到补偿。

(八)其他协议

国际 BOT 项目的合同还包括有条件的所有权转让协议、服务协议、供水供电协议等。

五、国际 BOT 项目的招标与投标

(一)国际 BOT 项目的招标准备

在邀请投标商参加 BOT 项目投标之前,项目业主必须认真准备项目招标义,明确规定投标商参与投标的各类标准和条件,建立合同商投标的基础框架。该框架重点解决三个方面的问题。

(1)确定项目的技术参数,包括所要解决问题的性质和项目规模的明确说明。

(2)准备标书文件,详细描述项目的各种技术参数,规定所要求投标的类型及投标商的具体权利和义务,清楚阐述投标的评标标准。

(3)有的国家还规定项目基建的程序,要求项目必须符合业主政府的规划,初期工作要有一定的深度等,如果这样,则必须预先提供业主国政府的有关规定。

(二)国际 BOT 项目的投标过程

根据国际惯例,国际 BOT 项目的投标过程主要包括以下方面。

1. 资格预审

项目的业主邀请所有对项目有兴趣的公司参加资格预审,要求他们提交自己公司的有关情况(包括公司的技术力量、工程经验以及财务状况等方面的资料);业主辩据存关公司自己提供的资料进行分析比较,筛选出一定数量参加该项目最终投标的候选名单。

资格预审在国际 BOT 项目的招标工作中非常重要,对于那些建设经营期限长的项目,资格预审工作更是至关重要,因为:

(1)通过资格预审,可以将不具技术和财务实力的公司剔除出投标候选群体。

(2)投标准备需要花费大量的时间和精力,如果投标者群体太大,投标候选者认为中标机会很小,便不愿意花费更多的时间和精力准备标书;相反,如果经过筛选而确定少数有投标资格的投标者参与投标,投标者会认为自己中标的机会增大,便会认真对待,提出更为切实可行的标书。

2.投标

资格预审完成以后,项目业主或其投标发起人就可以邀请通过资格预审的投标者投标,要求投标者根据标书文件规定的技术参数提出详细的技术建议。投标者的技术建议必须详细阐明。

(1)项目的类型和所提供产品及服务的性能或水平。

(2)目标竣工日期。

(3)项目产品的价格或服务费用。

(4)脱约标准(产品的数量和质量、资产寿命等)。

(5)资金回报和融资结构(资产与债务)建议。

(6)价格调整公式。

(7)外汇安排。

(8)不可抗力事件。

(9)维修计划。

(10)风险分析。

3.评标与选择

投标文件收集齐全以后,业主需根据招标书中规定的评标标准进行评标,选择和确定最后中标者,使项目目标最优,如最终消费者支付的价格、公共开支或项目的资金费用。一般来说,项目的这些目标将确定评标的办法。由于评标办法的选择明显地影响到评标的选择,所以项目业主应在项目招标书中规定评标办法,以保证项目投标者可以据以进行项目的设计和提出建议。

4.合同谈判

评标工作结束以后,项目的业主将邀请被选定的中标者与其政府部门进行项目特许权等合同的谈判。国际 BOT 项目合同的谈判是一项时间较长而复杂的工作,涉及一系列相关合同。业主政府和合同商都必须认真准备合同和进行谈判。如果业主政府与第一中标者的谈判不能达成协议,他们可能会转向第二中标者洽商协议,以此类推。业主政府和私营合同商之间的特许合同一般包括以下内容。

(1)业主政府授予合同商从事项目建设和运营的特许权范围。

(2)合同商应享受的权利与应承担的义务。

(3)业主政府或其公营机构购买产品或服务的义务等。

合同商与项目业主政府之间的特许权合同是其他一切相关合同的基础与核心,也是业主政府为项目提供保障的基本法律依据。

第三节　国际工程承包

一、国际工程承包概述

国际工程承包是国家间经济技术合作的一种形式。工程承包单位，即承包商以提供自己的资本、技术、劳务和设备材料等形式，为工程发包人即业主营建工程项目，并按事先商定的合同价格和支付方式收取费用。承包商得到的全部收入，除补偿项目营建中的各种消耗外，应该有所盈余，这种盈余就是所获得的利润。

工程承包是国家间通过商务方式进行的一种经济技术交往，但它又不单纯是一种简单的买卖行为，而是包含着重要的政治意义。因为承包公司每完成一项工程就在受建国留下一个永久纪念物，这个纪念物的内在质量、外在观瞻和承包人在施工中表现出来的思想作风，都在受建国永久地产生着影响。

对外承包工程是一项综合性的输出，通过对外工程承包不仅可以带动资本输出、技术劳务输出、成套设备输出和商品输出，而且还可以扩大政治影响，发展同受建国政府和人民之间的友好和合作关系。

国际工程承包与一般商品的国际贸易不同的另一个特点是：承包工程的交易程序相当复杂，要求承包公司具有相当高的经营和管理水平、先进的施工技术和处于国际先进行列的各种机械设备，而且营建工程需要的时间长，交易金额大，承包市场瞬息万变，因此有一定的风险。

国际工程承包是近百年以来伴随着资本主义经济的兴盛而发展起来的一项颇有盈利的国际经济交易活动。最早进入国际工程承包市场的是欧美国家的各个大型工程企业。在过去较长一段时期内，国际工程承包市场基本上是在现代工业发达的西欧、北美等国家，因为这些国家在二次大战后都在积极发展经济，进行大规模的经济建设。可是到了20世纪70年代初期，由于石油大幅度提价，大量美元流入中东地区各石油输出国。这些国家原本十分落后，现在手中有了美元，非常希望能改变其落后的经济面貌，于是制定了宏伟的发展规划，将收入的大量石油美元用于经济建设，改善人民的物质文化生活，大兴土木，大量引进各种先进的技术装置、生产设备、生活用品等。随着中东各石油输出发展计划的实施，中东地区就成了国际上各国承包工程和劳务出口的一个重要市场，因此国际工程承包市场发生了极大的变化。

最早进入国际工程承包市场的承包商是欧美各国的建筑企业，自20世纪70年代初期起，虽然西方建筑业在工程技术、管理水平等各个方面均处于优先地位，但是这些国家的工人工资水准高，竞争力不强，特别在承揽“劳力密集”型工程方面的竞争力已大为减弱。与此同时，一些发展中国家，为了改善本国的国际收支状况，大力发展与鼓励对外工程承包和劳务合作，以工程承包和劳务输出来换取“石油美元”，先后挤进了国际工程承包市场和劳务合作市场。特别是韩国、巴西等国的国际工程承包公司，在其政府的支持下，凭借着廉价的劳动力和具有一定技术水平的施工队伍，已活跃在国际承包工程市场上，与西方国家的承包公司展开了激烈的竞争。

工程承包和劳务合作依其结构大致可分为两大类：一是“劳力密集”型的土木工程，二是“技术密集”型的制造业工程。目前，西方一些发达国家的承包公司主要承包一些“技术密集”型的工程或大型工程中的核心项目，发展中国家的承包公司，则以其廉价的劳动力资源为优势，主要承揽一些“劳力密集”型的土木工程等。

二、国际工程承包内容

在国际工程承包业中，承包商可以对任何种类的工程项目和工程项目的实施阶段进行承包，因此国际工程承包就其内容来说是无所不包的，市场也是相当广阔的。按不同的分类方式，国际工程承包有以下内容。

（一）按工程项目划分承包内容

（1）工业建筑工程。一般是指以资源为基础的制造业工程、动力工程等。

（2）房屋居住建筑工程。这是在工程承包业中占绝大多数的一类。它可以分为居住建筑和非居住建筑即公共建筑。

（3）土木工程建筑。包括水坝、水力发电、农田水利等水利工程；高速公路、飞机场、桥梁、隧道、铁路与地铁等交通运输工程；给排水管网、污水处理场、水源工程、市内道路、各种市政管线等市政工程，还有火力发电厂、输配电工程、码头工程等。

（二）按承包范围划分承包内容

（1）施工过程承包。这种承包方式也称作“交钥匙工程”“统包”或“一揽子承包”采用这种承包方式，承包商要根据工程业主提供的工程建设可行性研究报告及设计要求，完成工程设计，组织工程施工，并负责工程维修期的维修任务和职工培训，即业主将设计施工任务全部承包给一家承包商，最后由承包商向业主提交竣工工程。这种承包方式适用于大型复杂工程，如大型工业建筑或水利工程。这种工程项目组成复杂、投资额大、工期长、风险大，但承包商可期望获得较高的利润。

（2）施工承包。施工承包分为总包和分包。施工总包人可以是中标公司，也可以是接受中标公司施工项目转包的另一家公司，它承担工程施工的全部义务。

总包人承担的责任比较重，风险也比较大，它必须具有较高的管理水平和实践经验才能取得成功。但是总包人也能取得高额利润，因此国际上大型工程承包公司都竞相承担总包任务。

阶段分包指仅承包建设全过程中某一阶段或某些阶段的工程。如工程设计承包和施工承包。

（3）劳务承包。所谓劳务承包是指劳务承包商只负责提供工人和工程技术人员现场服务和现场操作，而一般并不负责现场施工管理，也不提供有关建筑材料和建筑施工设备。

（4）材料设备供应承包。一般由业主按招标程序直接招标，其招标程序与土建工程大致相同。另外，少数工程中的一些大宗材料或成套工程设备由总包人分包给材料或设备供应公司。

这样可使总包人减轻供应工作负担,并有利可图,而分包人则可利用其自身的某种优势而获取利润。

(5)专项承包。专项承包的内容是某一建设阶段的某一专门项目,由于专业性较强,多由有关的专业承包机构进行承包。如可行性研究中的辅助研究项目,勘察设计中的工程地质勘察,工艺设计及其他如防灾系统的设计等均由有关专业的勘察设计机构来承包完成。

三、国际工程承包方式

承包方式是指承、发包双方之间经济关系的形式。由于承包者所处的地位、承包内容和其他具体环境的影响,承包方式有多种形式。

(一)国际工程承包的主要方式

(1)总包。即由一个承包商负责组织实施一个建设项目的建设全过程或其中某一阶段的全部工作。承包商总包中标后,承担起工程施工的全部任务,并直接对业主负责。由于责任重、风险大,因此获利也高。总包项目一直是国际上大型工程承包公司竞争的主要目标。总包公司可以使用本公司自己的力量来组织施工,也可以将若干或大部分工程分包给其他公司,尤其是专业性较强的工作。

(2)分包。分包是相对于总包而言的,即承包者只负责组织实施一个建设项目的部分工作。分包有两种形式,一种是由业主选定的分包商,称为指定分包或无总包分包;另一种是总包商指定的分包商,也叫二包。按照惯例,总包不得将全部工程分包,自己必须负责一部分工程。

(3)转包。中标的承包商将承包权有偿地转让给另一个承包商,这种行为被称为“转包”。转包的条件是承包商向转包商收取转包费,并可根据双方需要另行订立其他合作条件。

(4)联合承包。联合承包是当今国际工程承包业的一种新的发展趋势。其目的主要是对付严格实行保护主义的国家,同时也是为了增强海外工程承包的竞争能力。同时有些工程项目,由于工程量大、技术复杂、投资金额大,一家公司很难单独承担起全部工程项目。在这种情况下,若由几家公司采取联合承包的方式,就可较好地解决单独一家公司无论在财力、物力或人力方面不能承担的困难,从而进一步提高各公司在国际承包市场上的承包能力。

(二)国际工程承包方式的新发展

在高科技的影响下,建筑业也在向高、精、尖方向发展,出现了大量专业性强、资金耗资巨大,对设计、施工、管理要求很高的项目。这样,资金和技术在竞争中就处于越来越重要的地位,使承包方式进一步多样化,形成了国际工程承包方式的新趋势。这种新趋势大致如下。

(1)带资承包。即承包商自带资金参加工程投标竞争。西方发达国家具有资金充裕的优势,有条件在资本短缺的发展中国家实行带资承包,采用延期付款的方式,向项目所在国提供经济援助,从而可以顺利地进入受资国的工程承包市场。由于采取了上述措施,发达国家的政府事实上为本国的承包商在受援国开拓业务提供了十分有利的条件。带资承包的资金来源,主要是承包公司所在国政府的一定拨款、商业银行的贷款和承包公司自筹的资金。

(2)实物支付承包。这种承包方式是由于国际承包市场投资紧缩、资金短缺,使中东、北非、欧佩克等各产油国提出以石油和天然气等自然资源作为支付工程承包的款项。这种方式已成为上述这些国家的重要政策和手段。苏联和东欧各国的发包项目，绝大多数也是以实物方式进行支付的，其他如亚洲、非洲的发展中国家也有这种发展趋势。在以上这些国家和地区开展工程承包业，必须注意这种新的发展趋势，否则很难打进那里的承包市场。

(3)自营方式。即国际工程承包公司为发挥经营的主动性，兼营房地产业务。承包商自筹资金购买土地，自行组织建设与施工，销售或出租所建房屋以求获利。与招标承包相比，这种业务有更强的商业性。从房地产业商情分析和预测开始，直到销售或出租为止，都以经商为指导思想。这种自营方式如经营顺利，可获取高额利润；若经营失败，很可能会导致资金的大量积压、亏损，甚至造成公司倒闭。

四、国际工程承包合同

(一)国际工程承包合同概述

国际工程承包合同是指为建设水利设施、建筑物、港口、油田、矿山、公路、机场、铁路、桥梁等工程项目由一国的发包人(雇主)与另一国的承包人按照有关国家法律和国际惯例，经过平等协商确定双方的权利义务而签订的协议。简言之，就是指承包人承包发包人所委托的工程建设项目而签订的国际合同。这里的"国际"是指从一国的角度来看合同具有涉外因素，可能是雇主、承包人具有不同国籍，也可能是承包人承包的工程位于他国境内。

国际工程承包合同中承包人的主要义务是承担费用和风险，按时、按质、按量完成工程项目；发包人的主要义务是按约定提供完成工程建设项目所需要的必要条件，如提供工程地址或厂址、机器设备的进口许可证，以及按期验收完工工程，并按规定支付报酬等。发包人可把工程包给一个承包人或两个以上承包人承包，也可交由一个承包人总包。在取得发包人同意的条件下，将承包工程的一部或全部再分包或转包给其他工程承包公司。

(二)国际工程承包合同的特点

(1)标的的复杂性。国际工程承包合同的标的，是特定的某项工程建设项目，涉及勘察、设计、建筑、安装，以及提供技术、原材料、动力、机器、设备、人员培训、资金和劳务等众多方面。

(2)履行的长期性。一项特定的工程建设期一般都比较长，少则三五年，多则十余年甚至数十年。这就导致国际工程承包合同的履约期较长，不像一般的国际货物买卖合同短期内即可履行完毕。

(3)缔约的特殊性。国际工程承包合同通常通过招投标的方式订立。2000年1月1日起施行的《中华人民共和国招标投标法》第3条规定，大型基础设施、公用事业等关系社会公共利益、公众安全的项目，全部或者部分使用国有资金投资或者国家融资的项目，使用国际组织或者外国政府贷款、援助资金的项目的勘察、设计、施工、监理以及与工程建设有关的重要设备、材料等的采购，必须进行招标。此外，国际上如世界银行、亚洲开发银行、欧洲复兴开发银行、日本海外经济协会、科威特阿拉伯发展基金等，也都要求其提供贷款资助的工程项目以国际招投标的方式订立合同。

(三)国际工程承包合同的分类

1.按照国际工程承包合同的当事人划分

(1)主包合同。这是由发包人与承包人直接签订的合同,包括就某一工程的勘察、设计、建设、维护等全部工作签订的总包合同,或者仅就一项工程分解而成的某一部分订立的分项承包合同。

(2)分包合同。这是由主承包人(主包人)与分承包人(分包人)签订的合同。订立了总包合同的承包人,在取得发包人同意的条件下,可将承包工程的一部或者全部分包或转包给其他工程承包公司,利用其专长降低工程成本,提高经济效益。主包人与分包人签订分包合同或转包合同,分包人对主包人负责,而与发包人之间没有直接的合同关系。

2.按照国际工程承包合同的形式和结构划分

(1)以招标投标方式成交时,承包合同由"合同文件"构成。通常情况下,国际工程承包合同不是采取单一的合同方式,而是采取由一系列有关文件构成承包合同,这些文件通常称为"合同文件"。

(2)少数情况下,以委托协商方式成交时,则签订单一的承包合同。如系政府间委托,可以由两国政府签订协议,各自选定执行单位,山双方执行单位根据政府间协议签订工程实施合同;也可以由政府直接委托承包公司,协商谈判签订工程实施合同。

3.按照国际工程承包合同的具体标的和承包人的合同义务划分

(1)设计合同。此类合同的承包人负责进行工程的勘察设计并提供设计方案和施工图。

(2)施工合同。此类合同的承包人按照发包人提供的设计方案和施工图进行工程施工。

(3)监理合同。根据发包人的委托,此类合同规定工程监理人对工程的建设进度、施工质量、建设资金的使用等进行监督,使之符合承包合同及法律法规的要求。

(4)设备供应安装合同。此类合同的承包人根据工程的进度提供工程所需要的设备并且负责其所提供的设备的安装调试工程。

4.按照计价方式划分

(1)"固定包干价"合同,又称"总价合同"。针对技术不太复杂、工程量相对较小、工期不长的工程,一般规定整个工程的"固定包干价"(或称总包价),不论承包的风险和利润的多寡,发包人支付的合同价款就是双方商定的那个固定的数额。

(2)"固定单价"合同,又称"单价合同"。此类合同的价款以工程量为基础计算,通常合同中会给出一个"固定单价",而以这个合同单价乘以实际的工程量得出整个工程的总价。此类合同主要适用于工程量不十分确定或工程量出入较大的工程,如开挖土石方工程、基础打桩工程等。

(3)"成本加酬金价"合同,又称"成本补偿合同"。此类合同的发包人支付的合同价款为

“成本加酬金价”，既包括承包人实际支出的成本又包括双方事先约定的酬金，如管理费和利润。

（四）国际工程承包合同的主要形式和内容

国际工程承包合同的内容，涉及面比较广，合同履约期又长，从工程开始到完工转交的长期合作过程中，往往由于物价变动、增加额外支付费用、延期完工或迟延支付报酬等，影响双方当事人利益。因此，国际工程承包合同不仅文件众多，而且内容篇幅一般较长。这反映在国际工程承包合同的构成形式即“合同文件”以及规范各方当事人之间法律关系的内容即“合同条件”上。

1.国际工程承包合同的“合同文件”

通常情况下，国际工程承包合同以招标投标方式订立，其合同由“合同文件”构成。“合同文件”包括投标须知、合同条件、投标文件、接受投标的函件（中标通知）、图纸、技术规范或标准、工程量及价格表、合同协议书，以及从工程发包到最后签署协议期间经双方确认的表达共同意思的各项文件。各个合同文件均对双方当事人具有约束力。其中主要的是：

(1)投标须知。即投标指南，是雇主或雇主委托的人制定的规定招标和投标要求有关事项的招标文件，如规定招标的方式、项目施工招标条件、关于招投标时间的规定、招标文件的组成、投标注意事项等。一旦招标结束达成协议，即成为承包合同文件的重要组成部分。

(2)合同条件。规定雇主、监理工程师、承包公司三者之间法律关系的主要文件，是国际工程承包合同的基本条款。

(3)投标文件。投标文件一般要求投标人严格按照招标文件的投标须知的要求编制，对招标文件提出的实质性要求和条件做出响应，投标文件对招标文件未提出异议的条款一般视为接受和同意。投标文件主要包括：投标书、投标承诺函、投标报价表、投标方案及详细介绍、工程质量技术标准和质量负责的条件和期限、投标人的资信证明（如资格证书，企业法人营业执照，生产、经营许可证件以及各关机构的鉴定材料）和招标文件要求的其他资料。中标人的投标文件是“合同文件”的重要组成部分。

(4)中标通知。中标通知书或中标函是向中标的投标人发出的告知其中标的书面通知文件。中标人确定后，招标人应迅速（如有的国家和地方规定为10日内）向中标人发出中标通知书，并按时将中标结果通知所有未中标的投标人。中标通知书对招标人和中标人均具有法律效力。中标通知发出后，招标人改变中标结果变更中标人，或者中标人放弃中标项目的，属于违约行为，应当依法承担法律责任。

(5)合同协议书。投标人中标后，同发包人签订的合同，内容和格式一般由雇主拟定，可商洽修改。合同协议书的签订是正式订立工程承包合同的标志。

2.国际工程承包合同的“合同条件”

“合同文件”中的“合同条件”是规定发包人、监理工程师、承包公司三者之间法律关系的主要文件，是合同的基本条款，通常又分为一般条件和特殊条件。一般条件又称为通用条件或总条件，是一般工程项目承包合同的基本条款，由发包人单方面拟定，承包人投标时作为报价的条件之一，签订合同时不必另行起草。特殊条件是适用具体工程需要的，在一般条件的基础上对部分条款所做的增删和修改。

国际工程承包合同常见的“合同条件”主要有三种：

(1)美国“AIA 系列合同条件”。AIA 是美国建筑师学会的简称。该学会作为建筑师的专业社团已经有 150 多年的历史，现有 56 000 多名成员遍布世界各地。AIA 出版的系列合同文件在美国建筑业及国际工程承包界，特别是在美洲区域具有较高的权威性，应用广泛。

AIA 针对不同的工程项目管理模式及不同的合同类型，出版了多种形式的合同条款。AIA 系列合同文件分为 A、B、C、D、G 等系列，其中 A 系列适用于业主与承包商的标准合同文件，不仅包括合同条件，还包括承包商资格申报表，保证标准格式，其中 A201《施工合同通用条件》(General Conditions of the Contract for Construction)是系列合同文件的核心，即承包合同的通用条款，也是“一般条件”，规定了业主、承包商及建筑商之间的权利、义务及关系；B 系列主要用于业主与建筑师之间的标准合同文件，其中包括专门用于建筑设计、室内装修工程等特定情况的标准合同文件；C 系列主要用于建筑师与专业咨询机构之间的标准合同文作；D 系列是建筑师行业内部使用的文件；G 系列是建筑师企业及项目管理中使用的文件。1997 年版的 A201《工程承包合同通用条款》共计 14 章 83 条，主要内容包括：一般条款、业主、承包商、合同的管理、分包商、业主与独立承包商负责的施工、工程变更、期限、付款与完工、人员与财产的保护、保险与保函、工程的剥露及其修正、混合条款、合同的终止或停工。

(2)英国“ICE 合同条件”和“NEC 合同条件”。英国在工程承包方面，有较长的历史和完善的制度，对国际工程承包和许多国家的建筑业有较大影响。具有近 200 年历史的英国土木工程师学会(The Instimtion of Civil Engineer，ICE)是世界公认的学术中心、资质评定组织及专业代表机构，拥有来自世界 150 多个国家和地区的会员 8 万多人。ICE 在土木工程建设合同方面具有高度的权威性，其编制的“ICE 合同条件”在土木工程中具有广泛的应用，自 1945 年首版之后又于 1950 年、1951 年、1955 年、1973 年、1991 年和 1999 年出版了其第 2—7 版。而 NEC(New Engineering Contract，新工程合同)合同条件则是 ICK 于 1993 年出台的工程合同范本，最新版为 2005 年第 3 版。目前，MKC 已成为英国工程界运用最为广泛的合同范本之一，得到了伦敦 2012 年奥委会的认可。

(3)“F1DIC 合同条件”。目前，在国际工程承包业务中影响最大的、最常使用的是《FIDIC 合同条件》，它是国际咨询工程师联合会(简称 FIDIC)、国际顾问工程师联合会和欧洲国际建筑工程委员会在英国 ICE 合同条件基础上编写，由于其公正性和科学性，被许多国家政府和国际金融组织如世界银行、亚洲开发银行等认可，被称为国际通用合同条件。

第四节　补偿贸易

补偿贸易最早是由德国发明、广泛使用并取得良好效果的一种贸易形式。按照当前中国权威的经济贸易辞典的解释，补偿贸易是一种由买方以赊购形式向卖方购进材料、设备、技术等，在企业投产以后，买方用所生产的全部产品、部分产品或双方议定的其他商品，在一定期限内，逐步偿还贷款本息的贸易形式。

一、补偿贸易的形式

补偿贸易是设备卖方和产品买方通过所生产的产品向设备卖方、技术转移方补偿其降低的投资收益的反向补偿形式。因此，补偿贸易也被称为方向贸易(Counter Trade)。早期的补偿贸易主要有直接产品补偿、其他产品补偿和劳务补偿三种形式。由于经济发展的需要，发展中国家补偿贸易的范围不断扩大，补偿的内容也越来越呈现多样化。

(一)传统的补偿贸易形式

按照补偿商品的不同，补偿贸易大体上可分为三类。

第一，直接产品补偿。即双方在协议中约定，由设备供应方向设备进口方承诺购买一定数量或金额的由该设备直接生产出来的产品。这种做法的局限性在于，它要求生产出来的直接产品及其质量必须是对方所需要的，或者在国际市场上是可销的，否则不易为对方所接受。

第二，其他产品补偿。当所交易的设备本身并不生产物质产品，或设备所生产的直接产品非对方所需或在国际市场上不好销时，可由双方根据需要和可能进行协商，用回购其他产品来代替。

第三，劳务补偿。这种做法常见于同来料加工或来件装配相结合的中小型补偿贸易中。具体做法是：双方根据协议，往往由对方代为购进所需的技术、设备，货款由对方垫付。我方按对方要求加工生产后，从应收的工缴费中分期扣还所欠款项。

在实际经济交往中，上述三种做法还可结合使用。可以采用综合补偿的方式。有时，根据实际情况的需要，买方可以采用部分用产品或劳务补偿、部分用现金支付的方式。

(二)扩展的补偿贸易形式

由于自然禀赋的差异和发展中国家经济需求的多样性，在国际经济交往中，补偿贸易的形式被多样化。一些国际收支存在困难和具有较大成本优势的发展中国家，一般通过补偿贸易获得必需的技术、引入国内成分要求或进行共同开发等。补偿贸易的形式被明显扩大。具体而言，扩展后的补偿贸易形式主要包括技术转移、研究开发、国内成分、营销服务等。

第一，技术转移。由于世界知识产权保护体系的作用，科学技术在世界经济体系中起到了举足轻重的作用。特别是在中心外围理论、勒纳条件、知识经济理论广泛传播的条件下，很多发展中国家认识到了发展科技的重要性。在补偿贸易实践中，这些发展中国家不仅要求发达国家简单地提供贷款和设备，而且提出技术转移的要求。特别是在发达国家绿色壁垒层出不穷、技术壁垒与日俱增的条件下，发展中国家可以要求发达国家提供以提高性能、减少污染为目的的新的技术和工艺，以期避开各种名目众多的非关税壁垒。

第二，研究开发。产品开发实际是技术引进的变异形式。由于消费领域的摩尔定律，产品的研发周期和寿命周期越来越短。尽管很多发达国家合作方同意以一定数量的产品来抵扣先期投入的技术和资本，但是，为了提高竞争力和保持核心竞争力，发展中国家迫切希望能够与发达国家合作，提高自身的产品开发能力。发展中国家在与发达国家补偿贸易中，可以在补偿交易的合同期内，要求对方安排一定数量的技术研发人员与自身的技术人员组成研究开发团队。一方面，由于实施补偿交易的发展中国家的技术力量薄弱，发展中国家很难找到能够与发达国家技术研发团队相匹配的技术人员。另一方面，在当前技术创新领域竞争日趋激烈的条件下，发达国家往往不会真心实意地与发展中国家合作开发。他们往往虚与委蛇，把过时的产品和派不上用场的技术储备拿出来，通过向合作开发人员支付高工资，要求对进口的配件、设计方案等支付高价格措施，让发展中国家分担他们的技术开发成本。尽管存在很多问题，但发展中国家在合作开发上的热情依然不减。

第三，购买国内产品或配件。这是加工贸易中来料加工形式的变形。在来料加工中，发达国家提供图纸、原料，委托发展中国家进行加工，所加工的产品由发达国家在母国或其他国家销售，发展中国家的加工企业收取加工费。但是，随着发展中国家技术水平的提高，出于增加外汇收入和变相扩大就业的目的，一些具有较强实力的发展中国家出现了按图纸加工的补偿贸易形式。也就是发达国家只需提供图纸，由发展中国家的加工中心资助选取原料、材料，并按对方的要求和技术标准加工产品。所生产的产品，仍由发达国家的委托方负责销售，发展中国家的加工中心向委托方收取加工费和材料费。与来料加工相比，按图纸加工使用了国内材料和部件，不仅获得了类似出口的材料销售收入，而且通过采用国内材料，间接地提供了相应的就业机会。

第四，营销服务。在发展中国家与发达国家开展按图纸加工、合作研发的条件下，补偿贸易中属于发展中国家成分和利益有了较大的提高。可以通过附加销售其他商品的条件，扩大出口。毫无疑问，发达国家的经营者、投资者也是利益导向的市场行为主体，他们不会白白地提供免费的午餐。他们销售发展中国家的产品，要么以降低加工费为前提，要么他们愿意他们所代理的产品是发达国家本国市场紧缺的产品，特别是那些不可再生的资源型产品。对于营销能力不足、营销渠道不畅的发展中国家，通过补偿交易的营销服务可以扩大销售，增加外汇收入。所以，营销服务也是一个重要的补偿贸易形式。由于当前的世界经济已经是以普遍的供过于求为特点的剩余经济，发展中国家在补偿贸易方面开展营销服务的关键是尽可能使跨国公司帮助销售发展中国家的工业产成品。

第五，人员培训。人员培训实际是合作开发的一种变异形式。在补偿贸易中，为了保证设备的正常运转，或提高本国的技术开发能力，发展中国家可以向发达国家和与其开展合作的跨国公司要求进行人员培训。人员培训主要包括两类：一类是在发展中国家加工企业进行在岗业务培训；另一类是由加工企业派遣，由开展补偿贸易的跨国公司提供必要经费，在跨国公司进行的提高性培训。很显然，在岗业务培训主要是为了保障生产系统正常运行的业务培训，而在跨国公司进行的提高性培训则有助于提高发展中国家的技术创新和技术开发能力。

第六，管理服务。管理服务要求与发展中国家具有合作关系的发达国家企业派遣管理人员到发展中国家从事相关的管理活动。在履行补偿贸易合同的初期，被补偿方往往要求派遣一些技术人员帮助工作流程设计、质量管理、生产线测试等管理工作。在合作的后期，一般要求发达国家派遣的管理人员协助或指导人员培训、材料采购、物流管理等高端管理工作。

第七，产品质量认证。在国际经济合作日益广泛和高度发达的条件下，跨国公司的质量认证是发展中国家产品进入国际市场的通行证。补偿贸易中的质量认证是从事加工业务的发展中国家，通过补偿交易合同要求具有质量认证权威的国外合作方，对所生产产品性能、污染物排放等进行质量认证，并获得合作方所签发的质量认证书。不言而喻，对发展中国家的企业而言,获得质量认证是一个进入非关税壁垒层出不穷的发达国家市场事半功倍的补偿贸易形式。

二、补偿贸易的作用

从其发展过程来看,尽管补偿贸易主要由陷入财政困难的国家和企业发起,毫无疑问,补偿贸易对交易的双方是一个双赢的制度安排。

(一)对资金和技术引进方的作用

由于资金匮乏、技术落后,开展补偿贸易对发展中国家具有特别重要的意义,一般而言,有助于解决外汇储备不足、提高生产的技术水平、扩大出口等。

(1)可以在引进先进设备和技术时暂时不支付或少支付外汇,从而弥补引进方购置设备、技术所需外汇的不足。一般而言,经济发展水平较低的发展中国家,资金匮乏,无力通过采购设备和引进技术的方式组织生产。补偿贸易通过由发达国家生产企业或跨国公司提供技术、设备的方式,使发展中国家得以建立具有一定技术水平的生产体系。发展中国家主要向投资者提供部分或全部产品,而不必实实在在地向对方支付外汇。

(2)通过引进设备、进行技术更新和改造,提高生产技术水平。在补偿贸易中,发达国家提供的技术和设备都聚集了相当科技元素。通过补偿贸易引入的设备和技术科技极大地提高了资金和技术引进国家的科技水平,并成为这些国家开展技术创新的基础。

(3)通过补偿贸易,发展中国家成功地向国际市场提供合格的产品。这样不仅维持了正常的生产,而且创造了相应的就业机会。对经济发展和国计民生都有十分重要的意义。

(4)补偿贸易能够帮助技术落后的发展中国家顺利进入国际市场。长期以来,尽管发达国家主张自由贸易,但是,它们却处心积虑地维持和增加各种包括技术标准、绿色壁垒在内的非关税壁垒。通过补偿贸易,发达国家企业或跨国公司提供设备和技术,所生产的产品一般都是符合发达国家技术标准、环保标准的合格产品,所生产的产品可以直接输入发达国家市场。相对于从零起步的发展路径,补偿贸易可以帮助发展中同家跨过很多障碍。效率远高于从头探索的发展路径。

(5)从贸易战略来看,补偿贸易具有进口替代和出口导向贸易战略的双重优势。通过发达国家企业或跨国公司提供的技术、设备生产发达国家市场所需的产品必然也是发展中国家市场所需的。通过利用外国技术,生产自己所需的商品,避免进口,具有进口替代的功能。同样,补偿贸易主要定位于发达国家市场,它的经营方式可以说完全是出口导向的,它的战略特点就决定了它必然取得成就的特点。

(二)补偿贸易对设备、技术出口方的作用

贸易是互惠的,有利于发展中国家的贸易方式必然也会给发达国家带来巨大的利益。具体而言,它在扩大出口、解决紧缺资源的供给不足和获得盈利方面具有十分重要的作用。

(1)可突破进口方支付能力不足的障碍,扩大设备和技术的出口。发达国家经济是生产过剩的剩余经济。所生产的设备也存在销路狭小的问题。通过补偿贸易,发达国家企业不仅把自己销路不畅的设备销售到发展中国家的市场,更以有利的价格从发展中国家换回了大量的

本国市场和国际市场所需的商品，达到了一箭双雕、事半功倍的目的。

(2)补偿贸易能够有效地利用国外重要的材料和能源。由于补偿贸易的回购产品必然消耗合作方大量的原料和燃料，因此，设备、技术出口方实际上获得了相关材料、能源稳定的供给来源，减小国内紧缺的原料和燃料的供给压力。特别是在化石能源供给的条件下，补偿贸易中的资金、技术出口方巧妙地利用了发展中国家的能源。

(3)可以获得高昂的利润。由于发达国家企业或跨国公司提供资金、设备和技术，返销商品的价格被限制在较低的水平。特别是经济发展水平较低的劳动力成本低廉，其生产成本远低于发达国家。这样，补偿贸易的资金和技术出口方可以获得高于正常投资的利润水平。

三、补偿贸易存在的问题

尽管补偿贸易是一种有利于合作双方的贸易形式，但是它具有明显的不公平性等问题。存在的问题主要表现在以下几个方面。

(1)寻找合作对象比较困难。在剩余经济条件下，发达国家市场供过于求的现象明显、开发市场的压力巨大。特别是在几个重要的发展中国家的生产能力提高以后，发达国家市场的需求也日渐饱和，发展中国家向发达国家供给商品的价格也较低。这样，发达国家的投资者把开展补偿贸易的目光转向那些劳动力成本低廉的发展中国家和欠发达国家。对发展中国家来说，在发达国家寻找合适的合作对象越来越难。

(2)设备和技术的先进性受到明显压制。在激烈的市场竞争条件下，发达国家和一些创新能力较强的发展中国家通过建立技术储备的方式，谋求技术的先进性并试图垄断相关技术。发展中国家以这种方式引进的设备、技术一般不能获得最先进的技术。出口技术和垫付资金的发达国家或跨国公司一般从其技术储备中选择一些并不十分先进的技术用于补偿贸易。这样，发展中国家在开展补偿贸易时，必须立足于技术的自力更生，必须以发达国家和跨国公司现有的技术为基础，开展技术开发和技术创新。

(3)返销产品价格相对降低。为了利用发展中国家低廉的劳动力，跨国公司和发达国家的补偿贸易企业往往在没有资本抵押和直接的投资回报保障的条件下，向发展中国家提供设备和技术。正是基于这一点，出口方将贷款利息及其他费用计入设备价格，使进口方进口设备价格较高。

(4)出口方尽力压低补偿产品价格。尽管补偿贸易可以向发展中国家提供一定的技术和资金，但是，发达国家提供的设备和技术在一定时期内是没有回报的，因此，设备和技术的出口方往往会将返销产品的价格限制在较低的水平。

四、政府采购促进补偿贸易开展的主要措施

(一)技术补偿

技术补偿是发展中国家或竞争弱势方开放政府采购市场，从发达国家采购所需货物、劳务时，要求国外供应商直接或间接提供给且需要的技术的交易形式。按照技术补偿的内容和特

点，补偿交易可以被划分为直接补偿技术、间接补偿技术和具有扩大销售性质的半技术补偿三种形式。

(1)直接补偿。顾名思义，直接补偿就是政府采购的采购方在采购发达国家或竞争强势方的物品时附加的无偿附赠采购方一定的先进技术的补偿贸易形式。20 世纪 90 年代，中国空军的装备显现出不敌世界先进国家的状况。中共中央、国务院和中央军委决定对俄引进苏-27(称为“十一号”工程)的生产许可证，建立飞机生产线。1991 年中国花费约 10 亿美元向俄罗斯订购第一批 24 架苏-27，其中 18 架单座，6 架双座。随后在 1995 年订购第二批 22 架，其中 16 架单座，6 架双座。1996 年 12 月 6 日，中俄双方政府经过长时间的谈判达成协议，签订了由俄国提供技术与飞机零件，协助沈阳飞机公司在中国生产最多 200 架苏-27SK 战斗机生产许可证的合同，总价值 25 亿美元(也有说法是 60 亿美元)，协议中并且限制中国不能对外出口。在此基础上，沈飞以苏-27 的气动外形加上国产的航电和武器系统等开发了衍生机型歼-11B、歼-11C。从此中国战斗机研发能力有了明显提高。

(2)间接补偿。间接补偿不以直接的技术转移为手段，而是出口国通过合作生产、共同研发、技术培训、参观考察、技术指导等方式，间接地提高进口国的技术水平。由于包含多种不同形式，间接补偿的效果也不尽相同。例如，参观考察可以形成一些感性认识，但对于提高技术水平落后进口方的技术研发水平几乎没有任何作用。而合作生产、共同研发则可以直接形成与出口方相近的技术研发能力。

(3)半技术补偿。所谓半技术补偿是指具有扩大销售性质的国内成分。为了提高国内的配套能力和扩大销售，政府采购商品和劳务的进口国要求出口方按照一定比例采购进口国生产的材料和部件。特别是在进口国生产的零件、部件质量水平较低的条件下，出口方必须想办法帮助其提高质量、改善性能。因此，国内采购(亦称国内成分)具有半技术转移的特点。毫无疑问，国内成分要求与后面将要研究的营销渠道补偿不尽相同。作为半技术补偿的国内成分仅仅局限于该项目建设所发生的采购，而营销渠道补偿则不受此限。

(二)克服贸易壁垒补偿

众所周知，由于中国已经是 WTO 成员，美国政府针对中国年复一年的市场经济地位审查对中国已经没有很大的限制作用了。但是，由于美国法律规定，国内法优先于国际法，这决定了美国无法或不愿不折不扣地执行国际法。一方面，美国可以利用 WTO 框架内的诸如反补贴法和反倾销等合法措施，对其他国家输入的具有竞争力的产品出口实施限制，利用 301 条款、特别 301 条款以及《购买美国产品法》等对这些国家挥舞贸易制裁的大棒；另一方面，它利用技术壁垒、绿色壁垒以及汇率等贸易政策给出口国制造障碍。发展中国家可以利用供应商巨大的影响力，通过消除贸易壁垒方面，给予发展中国家有效的补偿。

由于美国、欧洲的所谓民主政体体制，游说政治成为西方社会的一大特点。由于经济政治的双重作用，利用美国企业或代表特定利益集团的政治家的作用，中国或其他发展中国家可以在补偿交易和其他方面大有作为。

由于政府采购的国外供应商与东道国、母国政府和媒体有着良好的关系，它们依然取得了政府的信任，媒体也乐于提供无偿或有偿的帮助。更重要的是，母国公司能够从提高本国的产业竞争力、扩大就业以及提高人民生活水平等方面现身说法，具有很强的说服力。特别是在经济不景气、失业增加的压力下，本国政府更容易采取本国企业的说法。

政府采购的主体是各级政府及其代理人，政府采购补偿交易的受益者往往不仅仅是本国向政府采购提供商品或劳务的企业和行业，相反，直接关系到国家出口的非关税壁垒、技术壁垒和直接针对某国行业的反倾销、反补贴案件，涉及与中国产业竞争力密切相关的汇率政策等。

政府采购的行为人主要是政府机构、事业单位及其代理机构，它们能够比较好地克服市场竞争的盲目性。在加入 GPA(政府采购协议)以前，中国政府可以在那些具有经济优势或业已开放的政府采购中，要求政府采购的国外供应商提供拆除关税壁垒、技术壁垒、反补贴、反倾销调查等方面的帮助和支持。

(三)国内投资补偿

国内投资是政府采购商品和服务进口国要求供应商向其出口商品和服务的同时，对进口国进行投资的补偿形式。经济发展水平较低和外汇短缺的发展中国家大多采用此类补偿交易。从进口国的角度看，供应商在向进口国投资时，不仅可以给采购方带来可观的外资，增加劳动力的雇用数量，更重要的是投资带来的设备、工艺，甚至材料中都蕴含着先进的技术。从供应商的角度看，在进口国进行生产可以避开各种贸易壁垒并减少外贸税的支出。所以，国内投资也是政府采购重要的、广泛运用的一种补偿交易形式。例如，为了弥补国内投资的不足，澳大利亚曾广泛地使用国内投资补偿措施，并获得了满意的效果。

(四)营销补偿

在全球经济一体化背景下，市场竞争越来越激烈，建设自己的市场营销体系也越来越重要，营销体系的构成也越来越复杂，市场营销的专业化要求越来越高。不仅大型跨国公司十分注意和重视销售渠道的建设和控制，发展中国家也越来越希望融入跨国公司的供应链，甚至希望建设自己的影响体系。为了拓展销售渠道或控制销售渠道，跨国公司往往不惜重金，通过重组和并购，买入其他公司的营销系统、营销资源。同时，市场中分化出一些专门从事营销的专业公司，如沃尔玛、家乐福等。世界经济出现了"三流企业从事生产、二流企业搞销售、一流企业制定标准"的状况。

作为一个经济高速增长的转型中的市场经济国家，中国融入世界经济体系的时间不长。在如何利用和建设世界营销体系方面存在一系列的问题和障碍，在如何保障和提高国家在世界经济体系中的利益方面的经验不足。中国企业目前更多的是考虑如何融入跨国公司的供应链，建立自己的营销体系仅仅只是一个概念，更多的企业依赖和受制于发达国家的营销体系。

作为全球最具成长性的市场，中国是对世界各国投资者充满了诱惑的同家。政府采购供应商、跨国公司梦寐以求地打入市场、处心积虑地扩大在华销售。特别是在政府采购方面，中国应该设立专门的补偿交易条款，要求那些具备条件、急于进入本国政府采购市场的国外供应商采购本国零件和部件，或直接代理销售本国生产的商品。

(五)价格补偿

从各国集中采购的实践来看，政府采购产品和服务的技术含量一般都相对较高。在这些领域，由于西方国家经济发达、企业技术创新能力强，它们的产品具有较强的竞争能力。在世界知识产权保护体系下，发达国家的很多产业巨头，如IBM公司、微软、索尼公司、Intel公司、通用汽车公司、福特汽车公司等能够凭借自己受法律保护的专利和技术诀窍占据全球较大的市场份额。特别是甲骨文、微软公司等凭借自己的专利垄断全球的计算机系统软件和数据库软件市场。

由于知识产权保护体系的作用，销售和技术创新具有紧密依存关系。在缺乏核心技术力的条件下，开放政府采购市场，意味着放弃了对国内相关弱势产业的保护，也就意味着发达国家竞争实力的长驱直入，更意味着国内相关产业的灭顶之灾。

政府采购的价格补偿就是通过向政府采购国外供应商征收国内相关产业的发展基金，为文化创意产业发展提供必要的支持和保护。开放政府采购市场意味着可能使国外垄断企业垄断国内的相关市场。由于国外供应商技术先进、实力强劲、营销系统完善，国内企业与其同台竞争往往容易陷入万世不复之劫。在没有对弱势企业采取保护措施的情况下，国外垄断企业可以采取“挖墙脚、掺沙子”的行为，使国内企业陷入困境。即使国内企业研发出了自己的新技术和新产品，由于国外垄断产品营销体系完整，辐射范围广、影响力大，国内企业往往无法孵化自己的新技术。因此，对于国外的垄断供应商按照合同总交易额一定的比例，收取一定的产业发展基金不仅是合理的，而且对扶持国内产业进行技术创新和研发成果的孵化是有利和有效的。

政府采购价格补偿的第二目标就是消除带来的超额利润。无论是从经济理论研究上，还是在经济管理实践上，当今社会对垄断束手无策。根据世界通行的垄断立法，管理当局只能通过价格听证会，由包括消费者、生产者、政府部门、理论研究者等在内的社会各方面代表决定垄断产品的市场价格。在垄断企业的财务信息受企业法保护的条件下，价格听证措施只是盲人摸象，不可能掌握垄断的真正成本。

在政府采购层面，无论是GPA还是《政府采购法》都无法科学地确定对垄断厂商产品的市场价格。GPA和《政府采购法》都主张通过协商的方法确定垄断产品的供应价格。不言而喻，垄断意味着独占，垄断者就拥有单方面决定价格的权利。在这种情况下，政府采购所支付的价格一般会远高于垄断企业的成本与平均利润之和。这就意味着垄断对人们的掠夺。

在国外供应商垄断政府采购特定产品的供应的条件下，国家对垄断供应商征收应该建立相关产业的发展基金，用以鼓励创意开发和技术孵化，并最终打破国外供应商的垄断。

第五章　跨国公司与国际技术转移

进入21世纪，跨国公司国际扩张的动因和海外活动的性质已经发生了很大变化，出现了一些新趋势，其中最突出的是向"无边界"的全球公司发展。所谓全球公司即脱离母国身份，进行无边界的开放式经营的跨国公司。它们在全球范围内进行资源的优化配置，以全球化的最高利益进行研究开发、财政金融安排、统筹生产体系和集中销售，建立全球范围内的价值链关系。

第一节　跨国公司的技术转移

一、技术转移概述

（一）技术转移的定义

技术转移（Technology Transfer），简单地说就是技术从一方向另一方传递的过程。具体来讲，技术转移是指技术持有者通过各种方式将其拥有的生产技术、销售技术或管理技术以及有关的权利转移给他人的行为。

实际上，关于技术转移的定义有很多，大体上可以将它们分为狭义和广义两类。狭义的技术转移是指作为生产要素的技术，通过有偿或无偿的各种途径，从技术源向技术使用者转移的过程。威廉姆斯和吉布森将技术转移定义为创意或想法从研究实验室到市场的流动。罗杰斯认为，技术转移是在创新者和最终用户之间进行的技术信息交换。从技术受方的角度看，技术转移就是企业通过外部机制获取技术，而不是从内部产生。技术获取是技术需求方购买或获得由他人开发的技术来为本公司服务的过程。

广义的技术转移是围绕某种技术类型产生的某种技术水平的知识群的扩散过程，即各种形态的技术及相关要素从技术源至技术使用者的转移。这种既考虑了技术本身，又考虑了与技术移动相关联的要素转移。马奇特认为，并不是只要有合适的交流渠道，技术转移和扩散就一定会发生。社会文化、经济、政治环境等因素都会影响技术转移，更广泛的技术转移定义成包括转移条款、技术研究人员、交流渠道等实现技术转移的不同渠道和最终用户。技术转移可以在地理空间上进行，也可以在不同领域、部门之间进行，是一个动态过程。由于广义的技术转移强调了与技术本身相匹配要素的转移，在这个意义上，技术转移的实质是技术能力的转移。

目前学术界还没有一个明确的定义。常见的广义定义是:技术转移是指技术在国家、地区、行业内部之间以及技术自身系统内输出与输入的活动过程,包括技术成果、信息、能力的转让、移植、引进、交流和推广普及。联合国将其定义为系统知识的转移,是从产生知识的地方转移到使用知识的地方。其转移的内容不是一种设备,而是涉及知识、仿制、专利等软件;其转移的目的不是进行展览,而是为了能得到运用;其转移的技术一般与过去的技术相比更加新颖、更为先进。

(二)技术转移的方式

跨国公司在国际技术转移过程中有两种方式:一是跨国公司在产权和控制权范围内对海外分支机构的内部化技术转移;二是向其他企业的外部化技术转移。内部化技术转移主要通过跨国公司对外直接投资加以实现。外部化技术转移有许多方式,如技术出售、许可证、资本品销售、技术援助、合作研究与开发等。具体包括以下几种方式。

1.对外直接投资

技术成为跨国公司对外直接投资的前提,对外直接投资一般都与技术的转移相结合,因此,对外直接投资就成为技术转移的一种主要形式。专利使用费以及许可证使用费的收支可以作为衡量跨国公司技术国际流动的近似指标。根据跨国公司专利、提成费和技术许可费收入的情况分析,跨国公司的技术转移正以两位数的比率增长。跨国公司的技术转移主要是在其内部的分支机构之间进行,如美国跨国公司 79%的技术转移收入来自于其国外分支机构,德国和日本则分别为 95%和 52%。技术转移也包含于货物当中,跨国公司及其海外分支机构在高技术产品企业内部进出口贸易中也占有非常大的比例。

2.技术出售

技术出售是指跨国公司将某一单独的生产技术向购买方出售。当该项技术在它的市场上已没有使用价值,或者将来也不准备再使用该项技术时,如果这项技术不进行资本化,可能会成为过时的技术。跨国公司为了尽快获取利润,经常出售这项技术,直接销售技术对交易双方都是有利可图的事情。

3.许可交易

许可交易是国际技术转移的一种最常用、最主要的方式,一般包括专利、专有技术和商品的许可,它是指跨公司与接受方之间通过签订许可协议,在一定条件下允许接受方对其所拥有的技术具有使用权以及产品的制造权和销售权。在国际技术转移中,专利许可一般与专有技术的转移相结合形成专利与专有技术协议。据统计,在现今的国际技术交易中,有 85%左右的协议均包括专有技术的内容。

4.合作生产和合作开发研究

合作生产是指跨国公司与东道国企业根据协议,共同生产某种产品,双方根据其生产经营优势形成合理分工,合作生产所采取的技术可以由跨国公司一方提供,也可共同研究、共同设计。以这种方式进行的技术转移可采取许多灵活的具体形式，以保证双方合理的利益。合作开发研究则是指跨国公司为了利用东道国企业在某方面的优势一起从事设计和研究，完成某个项目的研制。

5.技术援助

这是一种根据转移技术的复杂程度和技术需求方的技术接受能力形成的更灵活的技术转移方式。这种方式可以克服转移技术引起的种种障碍，保证接受方更好地应用技术的使用权。技术援助的方式包括人员培训、技术咨询服务、管理咨询服务、销售和商业服务。

二、与技术转移相关的几个概念

（一）技术转移与技术转让

技术转移包括技术地点的转移和权利的转移双重含义，是导致技术和知识迁移的过程和活动，既可能是有偿的，也可能是无偿的；而技术转让只是技术权利的转让，是一方将技术的使用权或者所有权转让给另一方的行为过程，通常是以许可证转让方式(包括专利和非绘利科技成果)进行的技术转移，是一种有偿的技术转移活动，因此一般也称作技术贸易或者许可证贸易。

（二）技术转移与技术扩散

技术扩散是一项技术从首次得到商业化应用，经过大力推广、普遍采用阶段，直至最后因落后而被淘汰的过程。它不仅是指对生产技术的简单获取，而是强调对技术引进的技术能力的构建活动。因此，技术扩散是通过市场或非市场渠道的传播，而技术转移却具有明确的经济目的。

（三）技术转移与技术引进

技术引进是指一个国家或地区的企业、研究单位、机构通过一定方式从本国或其他国家、地方的企业、研究单位、机构获得先进适用的技术的行为。从某种程度上说，技术引进仅是本国在引进国外的技术、知识等，而技术转移却比这个大很多。

三、跨国公司技术转移的理论解析

（一）技术差距论

技术差距论又称技术间隔论，是由美国学者波斯纳于 20 世纪 60 年代提出的，该理论认为形成技术转移的原因在于国家间存在技术差距。世界经济领域存在着二元结构，世界技术领域也存在着二元结构。技术领先的国家具有较强开发新产品和新工艺的能力，从而形成或扩大了其与技术落后国家间的技术差距，进而有可能暂时享有生产和出口某类高技术产品的比较优势。技术是由领先国家向落后国家转移的。

波斯纳在分析了技术领先国家拥有较强技术能力的原因后得出，人力资本是过去对教育和培训进行投资的结果，因而可以将其作为一种资本或独立的生产要素；而技术是过去对研究与开发进行投资的结果，因而也可以将其作为一种资本或独立的生产要素。但由于不同的国家对于研究与开发的投资情况和技术革新发展情况都各不相同，因此各国的技术资源也就有所不同，这就是技术先进与技术落后国之间存在技术差距的原因。技术差距带来该技术产品的国际贸易，技术资源相对丰裕或者在技术创新中处于领先的国家，有可能享有生产和出口技术密集型产品的比较优势，凭借这种优势该国也取得了相关产品生产的垄断地位。随着该产品国际贸场规模的扩大以及该技术发展的日益成熟，为了追求更高的利润，技术先进国可能会通过多种途径和方式进行技术转让。而其他国家由于该项技术及其产品的经济示范效应而对其进行研究开发及模仿，或者直接从技术先进国引进，从而最终掌握该项技术，缩小技术差距。相应的，该技术产品在技术先进国与技术引进国之间的贸易国也逐渐缩小，到技术引进国能自主生产并且完全满足国内需求数量的商品，该技术产品的贸易就停止，两国间原有的技术差距也就消失。

该理论还提出了“模仿时滞”问题。模仿时滞指的是其他同家模仿创新国家的新技术产品需要一段时间。因为该时滞的存在，技术差距能使创新国家在模仿期间具有技术及该项产品生产的垄断优势。模仿时滞可分为三种：需求时滞、反应时滞和掌握时滞。需求时滞是技术创新产品出口到他国由于消费者尚未注意或不了解，而不能取代原有的老产品的时间间隔；反应时滞是技术进口国开始对技术创新产品产生需求后，从仅能靠从技术创新国进口该产品到进口国生产商开始模仿生产该产品的时间间隔；掌握时滞是从技术进口国生产商开始模仿并生产技术创新产品到熟练掌握该技术的时间间隔。时滞效应也是解释国与国之间存在技术差距的原因。

技术差距论事实上可以说是比较优势观论在国际贸易领域的运用。但这种理论没有具体分析“技术差距”的种种形态，只看到了技术先进国与技术落后国之间存在的技术差距，仅仅说明了国家间垂直的技术转移，而没有办法解释技术水平大致相同的国家之间为什么也存在技术转移的情况，即水平转移。

（二）垄断优势理论

传统的经济理论将对外直接投资和间接资本输出不加区分地作为国际资本移动来处理。资本跨国移动的原因在于各国资本要素的丰裕程度决定的各国利率的差异，资本是由资本充裕的国家流向资本稀缺的国家。海默认为，直接投资是以控制国外的经营活动为特征，而间接投资的目的在于获得股息、利息和债息等资本增值，因此，直接投资与间接投资不同，传统的国际资本流动理论不能解释对外直接投资，应该从市场的不完善性来说明直接投资。

海默认为，东道国的当地企业相对于跨国经营企业来说至少有以下三方面的优势。

（1）当地企业更了解本国的政治、经济、法律、文化等环境。

（2）当地企业常能得到本国政府的优惠和保护。

（3）当地企业不必担负跨国经营面临的各种风险和费用，如直接投资的各种开支、汇率波动等。

海默对美国的跨国公司进行了研究，发现这些跨国公司主要分布在资本相对密集、技术比较先进的行业。因此,海默提出:外国企业之所以甘愿承受比当地企业更高的风险和成本而从事对外直接投资,主要是利用与当地市场不完全性所产生的垄断优势对国外业务进行控制,以抵消当地企业的优势而获得足够的回报。这些垄断优势具体体现在以下几个方面。

(1)包括生产技术、管理与组织技能以及销售技能等一切无形资产在内的生产要素优势。

(2)市场购销优势。

(3)实现横向一体化和纵向一体化的优势,即规模经济优势。

金德尔伯格侧重于分析市场不完全对于企业对外直接投资的决定性作用。传统的国际直接投资理论假定市场是完全竞争的,然而完全竞争仅仅是一种理想的状态,规模经济、技术垄断、商标以及产品差异等因素往往会引起不完全竞争,而不完全竞争则导致"结构性市场不完善",也就是市场不完全。金德尔伯格列出了市场不完全的几种形式:产品市场不完全、资本和技术等生产要素市场不完全、规模经济引起的市场不完全以及经济制度和经济政策如政府的关税和配额等贸易限制措施导致的市场不完全。前三种市场不完全使企业拥有垄断优势,例如,市场不完全可以促使企业保留产品差异;商标专利垄断可以使企业在进入要素市场的能力方面存在差异;企业利用国际专业化生产可以取得内部规模经济的优势,利用国际纵向一体化生产取得外部规模经济的优势,以达到限制竞争介入的目的。而第四种市场不完全则导致企业对外直接投资,以利用其垄断优势。

(三)技术转移的周期理论

1.小岛清的产业转移周期理论

(1)理论的内容

日本著名的国际经济学者小岛清于1977年发表论著《对外直接投资论》,系统地提出了日本式对外直接投资理论,在投资学术界独树一帜,该理论被称为"边际产业扩张理论"。小岛清利用国际分工的比较成本原理进行宏观考察,详细分析比较了日本型对外直接投资与美国型对外直接投资的不同,指出了日本对外直接投资的独特发展道路。小岛清用劳动与经营资源代替 H-O 模型中的劳动与投资要素,将比较利润率的差异与比较成本的差异联系起来。在此基础上研究得出了边际产业扩张理论的基本观点:对外直接投资应该从本国已经处于或者即将处于比较劣势的产业(称边际产业,也是对方国家具有显著或潜在比较优势的产业)开始,并依次进行。广义的边际产业概念,既包括已处于比较劣势的劳动力密集部门,也包括某些行业中装配或生产特定部件的劳动力密集的生产过程或部门。这些行业、部门或企业所进行的生产可统称为"边际性生产"。也就是说,本国所有处于比较劣势的生产活动都应通过直接投资顺序向国外转移。其主要内容如下。

第一,对外直接投资的主体应选择中小型企业。20世纪70年代,日本企业相对美国而言,总体规模偏小,其大型跨国公司在国际市场上具备垄断优势,而中小企业虽然在国内处于比较劣势,但相对于在国际分工中处于更低阶的国家来说,却只有资金和技术上的比较优势,且这些企业拥有的是多数发展中国家易于接受的劳动密集型及标准化了的实用技术,因此,中小型企业更易于在境外特别是发展中国家找到立足点并占领当地市场。

第二,对外接投资的产业应选择在本国已经或即将丧失比较优势,而在东道国具有显在或潜在比较优势的产业或领域。将边际产业向国外转移，可以促进本国的产业升级，获得动态的比较竞争优势。

第三，在对外直接投资的特点上，“边际产业扩张论”认为，对外直接投资不单是货币资本的流动，而且是资本、技术、经营管理知识的综合体由投资国的特定产业部门的特定企业向东道国的同一产业部门的特定企业（子公司、合办企业）的转移，是投资国先进生产函数向东道国的转移和普及。

第四，在投资国别的选择上，该理论积极主张向发展中国家工业投资，并要从差距小、容易转移的技术开始，按次序进行。在小岛清看来，从比较成本的原观角度看，日本向发达国家的投资是不合理的。他认为，几乎找不出正当理由来解释日本要直接投资美国的小汽车等产业，如果说，那也仅限于可以节省运费、关税及贸易障碍性费用以及其他交易费用等。与其这样，不如由美国企业向日本的小型汽车生产进行投资，而由日本企业向美国的大型汽车生产进行投资，即实行所谓“协议性的产业内部交互投资”。

第五，在投资的目的和作用上，该理论认为对外投资目的在于振兴并促进东道国的比较优势产业。特别是要按照发展中国家的需要依次移植新工业、转让新技术，从而分阶段地促进其经济的发展。对外投资应起“教师的作用”，应当给当地企业带来积极的波及效果，教会并普及技术和经营技能，使当地企业提高劳动生产率并且能够独立进行新的生产。在成功地完成了教师的作用之后，就应该分阶段地的转让所有权。

第六，对外直接投资的方式应选择与东道国合办，或采用非股权安排的方式。该理论反对以技术优势为武器，建立全部股份的“飞地”式的子公司。

(2)理论的局限性

小岛清的“边际产业扩张论”是在当时的国际对外直接投资理论无法解释和指导日本对外投资活动的背景下提出的。实践证明，它对日本的对外直接投资的确起到了积极的促进作用。直至今天，日本对一些发展中国家的投资仍然很少出口高技术，就是受到“小岛清理论”中的“从技术差距最小的产业依次进行移植”的影响。但是，我们必须看到小岛清模型的局限性。

第一，“边际产业扩张论”投资原理推广到发达国家之间的相互投资具有局限性。小岛清将“边际产业”投资原理推广到了发达国家之间的交叉投资，“边际产业”投资主要是指发达国家对欠发达国家的对外直接投资。对于发达国家之间的交叉投资，小岛清提倡投资行业也应是投资国具有比较劣势（或相对比较劣势）的行业。由于发达国家之间禀赋相似，投资国处于相对比较劣势的产业往往也处于绝对劣势，因此跨国公司不可能有这种投资动机。而且发达国家的交叉投资既然以进口分公司的产品为目的，那么不如直接就进口外国公司的产品。因为以后进口分公司的制成品时同样要面临关税及非关税壁垒。所以，将“边产业”投资原理推广到发达国家之间的投资有其局限性。

第二，“边际产业扩张论”的适用性有其局限性。它只能反映日本在第二次世界大战后某个时期对外直接投资的特点，这与日本战后一直奉行“贸易立国”的方针有关。在论述科技产品时，忽略了技术周期的动态性质。在 20 世纪 70 年代中期以后，随着日本经济实力及产业结构的变化，日本的海外直接投资出现了与美国型直接投资“趋同”的趋势。自 20 世纪 90 年代以来，日本经济行所衰退，而美国经济进入低通胀、低失业的稳定时期，说明该理论并不具有普遍的意义。小岛清的理论可以很好地解释先进国家向落后国家的投资，但是无法解释发展中国家的企业直接投资于发达国家。

2. 内部化理论

技术转移的内部化理论最早是由科斯于1937年提出的，而该理论真正得以完善是在20世纪70年代。在该时期，英国学者巴克利、卞森和加拿大学者拉格曼对该理论做出了比较完整的补充和表述，从而成为该理论的代表人物。他们用内部化理论分析跨国公司内部交易市场与技术转让。技术转移内部化理论认同技术的所有权属性，并认为正是这种所有权属性决定了技术在市场上不可能像其他实物商品一样自由竞争。技术市场存在不完全性，从而使技术作为一种特殊商品的价值存在流失的风险，因此跨国公司为了获得最大利益，必然倾向于使技术进行内部化转移。然而，上述三人在技术转移内部化理论的主要论点的侧重如上有所不同。

通过对跨国公司内部化的效果进行分析，拉格曼提出了"出口—直接投资—技术转移"三者统一的选择模式。拉格曼认为对于拥有创新技术的跨国公司来说，对外直接投资是最为有利的投资方式。他认为，一方面，对外直接投资能够推动跨国公司创新技术研究开发的过程；另一方面，进行对外直接投资可以使研究开发的成果即专有知识只在公司内部转移，而不致泄露，从而能最大限度地保护企业的利益。由此，企业就可以始终保持其在世界范围内的技术优势，进而维持垄断地位而获得最大利益。相反，出口产品则存在诸多不确定性，例如，出口会由于种种壁垒的作用而无法顺利进行，专利制度的不完善而使企业拥有的技术有被抄袭的危险。在拉格兹看来，只要技术转移内部化，也就是只在母子公司间转移技术，才能避免其技术泄露，跨国公司才能真正地享有技术创新的垄断利益。

卡森在拉格曼的基础上对技术转移内部化的机制进行了进一步的研究。他认为有两种企业内部化的动力较强：一种是有收入递增规模的工业和资本密集型工业，另一种是信息产业(包括一切知识资产)。前一种产业内部化动力产生的原因正如拉格曼所述。至于信息产业，他认为信息的研究与发展耗时长、费用大，在技术和产品创新后，企业理所当然地要据此获取尽可能大的利益(符合利益最大化原则)。同时，买方的不确定性与被仿制的风险很可能给该项知识的所有者带来不利影响，更何况知识产业本身在一定时间范围内就具有垄断性。因此，实行内部化就能使他人无法接触到该信息，使信息所有人能得到垄断利益。

此外，卡森还认为，在现代经济中存在很多促进信息内部化的因素。首先，现行专利制度不尽合理，保护的对象大多只限于技术专有权，而其他肯定有经济价值的信息技术，如经营管理技术、营销技术等，却并未被包含在内，这就导致了信息技术的内部化。其次，技术转移时经常发生所谓的"泄露效应"，即创新技术被其他主体抄袭利用，致使信息专有人应当得到的利益无形中受到损失。再次，目前技术转移的外部市场条件仍不健全，技术专有人经常无法转移其所拥有的技术，如技术接受国对引进的技术种类加以限制约束、接受技术的一方往往不愿按某项技术内含的所有信息的价值计价等。所有这些因素都促使跨国公司只把创新技术转移给本系统的子公司，从而形成技术转移内部化。

从其理论内涵来看，技术转移内部化理论无疑是主张技术转移的非公开化。从目前来看，该理论是较为流行、较有影响的国际直接投资理论之一，有人把它推崇为一般理论或通论。从国际技术转移的发展趋势看，现阶段跨国公司实行技术内部化比较普遍，因此这种理论可能适应这种新的潮流。但是，同时应该看到，本理论在论述技术转移和对外投资时，对投资的区位选择并未作解释，因而存在一定的理论缺陷。

四、跨国公司技术转移的内容与影响因素

（一）跨国公司技术转移的内容

跨国公司在国际技术转移中扮演着重要角色。跨国公司控制着全球总产值的40%左右，国际贸易的50%以上，国际技术贸易的60%～70%，以及研究开发经费的80%～90%，仅世界500强企业的研究开发费用占全球的比重就接近70%。全世界每年生产的新技术、新工艺70%以上为500强企业所有。跨国公司的全球战略和国际化的生产体系使得它们以各种方式推动国际技术转移，主要包括以下几个方面。

1. 工业产权的转换

工业产权的转移（专利技术——无形的财产权）包括发明专利、实用新型专利、外观设计专利权、商标专利权等。与工业产权相关的国际技术贸易主要对象是受法律保护的专利、商标（不包括单纯的商标转让与许可）和计算机软件著作权等的转让与许可。

对于合资形式的跨国公司来说，通常以技术入股等方式进行技术转移。对合资经营企业的合营各方来说，合资经营有其共同的利益，因此需要各方共同保证产品的质量，同时还要保证生产技术的先进性，使其在东道国和国际市场竞争中不断扩大市场份额。由于技术成果可以作价入股投资企业，因此国际上采用合资形势进行投资时常考虑这样的投资行为。其中为保证入股技术的价值成分，通常要求其技术应当是动态的、连续的、系统的。

对于外商在东道国建立的独资公司，其主要动机就是为了严格垄断和控制技术，其技术创新与改造只与母公司发生联系，较少与东道国同行业发生横向联系。但其技术还是可以通过间接的方式向东道国企业外溢，即存在技术的外溢效应，因为这类企业一般转移较为先进的技术，而先进技术往往会包括一揽子技术组合，而不是孤立的先进技术，也不可能不与企业的环境发生关系。随着新技术的产生，外商会逐渐放松技术管制，使其能够在时间上有一滞后期后，逐渐将技术转移和扩散到东道国企业当中。另外，外商独资企业不可避免地要雇用当地的部分技术人员和工人，这些人员在了解和熟悉以至掌握技术以后，会随着人事流转将技术带到其他企业。这种技术转移是零散的、间接的，但是随着时间的推移，技术会逐步向东道国其他企业转移和扩散。

2. 非工业产权的转移

非工业产权的技术转移（专有技术—技术诀窍）包括设计方案、设计图纸、技术说明书、技术示范和技术指导等。

跨国公司技术转移的技术不仅包括有形产品中的知识，如操作手册、说明书、专利或计算机软件，还包括管理方法和技巧。它也包括了包含在实体中的知识，即专有技术，这只存在于人们的头脑中或组织规章中。

3.提供技术服务

在合作生产合同中的技术服务主要是技术培训，也就是由委托方培训制造单位的技术人员。要在合同或者附件中明确培训方式，包括委托方的技术指导人员的责任、培训的内容和技术指导人员的生活待遇。

（二）跨国公司技术转移的影响因素

1.母国政策

母国政策对技术转移的影响可以以概括为禁止、限制到促进技术转移政策。考虑到国家安全或者经济竞争力，有些母国常常限制技术转移。为了推进发展目标的实现，母国政策也积极促进向发展中国家进行技术转移。例如，欧盟向中国和东盟地去提供技术支持，大大改善了本地知识产权保护。这种技术支持不仅提高了其投资公司的利益，而且促进了技术向发展中国家转移。

2.技术特性

技术特性是技术本身所具有的特性，包括技术的复杂性、变化速度及新颖性，研发所需的集中度、技术匹配性。

3.东道国政策

跨国公司技术转移是在东道国的宏观政策体系下进行的，所以东道国的外资政策及相关法规将直接影响技术转移行为的方式和途径，包括对FDI和知识产权的态度，扶持当地公司的能力政策，技术谈判和目标定位能力等。

4.技术输入国的资源条件

投资公司的相关技术资源在母国具有相对优势，而东道国在此领域也有较强的实力。这一类型研发活动的目的在于控制和获得那些对于公司现有技术的补充资源，以此增长公司已有的知识储备。该类战略突出了东道国当地机构和公司所创造的技术的外部性。

五、跨国公司技术转移的动机与商业限制

（一）跨国公司技术转移主要动机

究竟跨国公司有没有转让它的先进技术？在什么程度上进行技术转移？这在国际上是有争议的，尤其是跨国公司对发展中国家的技术转移更是受到怀疑，在联合国贸发会议进行的国际技术转移问题的辩论中，阵线是非常分明的。发展中国家认为发达国家毫无诚意去考虑对跨国公司在发展中国家的活动施加任何限制，它们在支持发展中国家建立自己的技术资源方面也未做什么事情，而西方国家倾向于漠视这样一种论点，即由跨国公司大规模进行的技术转

移是在对发展中国家不利的条件下进行的。那么应该如何看待跨国公司的技术转移呢？

跨国公司经营的唯一目的是获得最大利润。但是，跨国公司的经营着眼于全球目标和长远利益。跨国公司转让技术有其本身的目的，它们的主要动机是：

(1)在国际竞争日益激化的条件下，跨国公司把技术转移到海外是为了利用其优势打垮竞争对手，保护其市场的垄断地位，从新产品、新方法中带来垄断利润。

(2)跨国公司把技术转移给发展中国家是为了利用其丰富的自然资源和廉价的劳动力以及各种优惠待遇，将那些劳动力集约的产品和技术转移出去。以降低成本和增强产品在国际市场上的竞争能力。

(3)跨国公司把那些对环境保护不利、公害严重的生产技术转移到国外，是为了逃避本国的环境保护法，减轻需要增加技术措施的投资压力。

(二)跨国公司技术转移交易中的限制性条款

技术转移意味着跨国公司能从中获得高于任何价格的技术成本。跨国公司在转让技术时，往往利用其垄断优势还要求对方接受许多限制性条款，这些限制性条款主要体现在以下方面。

(1)销售限制条款。禁止购买专利权和特许证使用权的国家出口利用专利权和特许证生产的产品，或者规定这种出口的限制和出口地区，并对出口的价格、数量、品种加以限制。

(2)购买限制条款。跨国公司在保证质量和正常生产的条件下，规定专利权购买者只能从拥有专利权的企业或其指定的其他外国企业购买设备、配件或原材料。

(3)生产限制条款。如对产品的价格和产量加以限制。

(4)技术反馈条款。规定技术接受国如果在技术上做出改进，必须无代价地返回技术供应的跨国公司，即所谓的“回授”。

(5)其他限制条款。如规定不准把购进的技术转移给第三者，要求技术获得者严格按跨国公司技术的特点进行生产等。

(三)跨国公司技术转移的作用及其局限性

以上的这些限制性条款事实上就是跨国公司技术转移的条件。跨国公司技术转移的局限性是客观存在的事实。但是，不能由此否认跨国公司技术转移的必然性。有人认为，跨国公司在发展中国家的子公司根本没有什么技术。也有人认为，比较高级的技术掌握在跨国公司手里，当地人员所掌握的多数是低级技术，即使子公司拥有比较高的技术，对当地雇员也是封锁的，很少转让给当地。以上看法除了对技术定义本身的理解外，还必须看到技术的掌握与推广，需要吸收和消化的过程，如果技术的定义只限于尖端技术，而不是包括管理在内的广义的技术，那就没有什么技术转移可言。事实上，很多技术对跨国公司来说虽然不是第一流的，但对接受国来说也许是适宜的技术。此外，如果对技术转移不进行消化、吸收、组织工艺研究和试验，以致加强科研、革新提高，技术转移的效果也难以显示出来。

正因为跨国公司的技术转移带有各种东道国的利益存在矛盾和冲突的动机，因此也无可否认，跨国公司在进行技术转让时必然存在有相当的局限性，这主要表现在以下几个方面。

(1)跨国公司的技术转移是依据自己的利益，在母公司的统一运筹和统一决策下实现的。

跨国公司在全球范围内比较生产成本、选择最佳生产基地、分配生产资源和研究发展活动是为了获得最大限度的利润，为了对研究和发展活动进行有效的管理以及研究与发展过程本身的规模经济，跨国公司的研究基地总是设在国内。据统计，5(X)家美国最大的跨国公司的研究与发展费用，只有10%由国外子公司掌握并在国外使用，其中发展中国家仅占3%。德国、日本子公司的投资设备绝大部分也是采用母国产品。这些跨国公司把研究基地设在其他地区的子公司，是为了使研究与发展适应当地市场使最终产品迎合消费者的需要，或者是承担母公司安排的部分研究任务，所出成果由母公司统一掌握，首先用于国内生产，然后再依次向发达国家的子公司、发展中国家的子公司传播。跨国公司的总体战略使接受国处于依附状态中，因而不会导致重大的技术革新。

(2)跨国公司为了保持技术的垄断地位，对最新的科技成就实行统一领导、分级推广的政策。他们将最新技术和产品首先用于母国的国内生产，通过新产品出口满足国外市场需要。经过若干年后，将业已相对陈旧和过时的技术转移出去。这样跨国公司总是掌握控制那些关键技术，最大限度地保持每一次新技术及专利的生命力。从美国为基地的跨国公司技术出口的例子可以看出，跨国公司的技术从采用到转让到国外的平均时间是，转给发达国家的子公司需6年，转给发展中国家需要10年，转给国外合资企业需要13年。按产品生命周期理论，在产品周期的第一阶段，社会对该产品需求量大，跨国公司的生产技术主要供本公司国内使用，而不会转让给国外子公司，在产品技术的成熟阶段，社会需求已达到饱和状态，或者当该产品受到更先进的新产品和新技术排挤的时候，才把技术转移到国外。跨国公司对自己还没有投产使用的新技术是不会贸然转让的，一般是在它们掌握了某种新技术，而保证将来不会落后的情况下，才把快要过时的技术转移出去。

(3)跨国公司转让某些较先进的技术常常是局部性的。一般只是从事总公司或其他地区子公司指定的某一生产环节，不能组成完整的生产线。当地技术人员也难于从实际生产中掌握先进生产的全过程，因而不会带来直接的技术效果。以电子工业为例，跨国公司总是把生产过程中技术密集的生产工序留在本国，而把其后那些劳动密集型的简单生产工序，尤其是难以进行机械化的手工装配工序转移到国外，因此，当地的技术人员和工人就难以具备整个先进电子产品的设计水平和工艺水平。

(4)跨国公司对技术转移的报酬或以技术进行投资的折价往往要求很高，甚至还附加许多苛刻的先执行条款。技术是跨国公司的私有财产，技术转移是有偿的，技术转移的价格往往是垄断性价格。跨国公司对附属公司或子公司转让技术所得的收入实际上是无法计算的，因为许多费用可以转化为投资利润或通过转移价格而隐蔽起来。通过许可交易发生的技术转移主要是专利使用费，一般占产品销售额的2%～5%，有的甚至高达15%，通过技术援助发生的技术转移费支付是互有往来的，而发达国家与发展中国家之间通常只是单向支付。

六、跨国公司的技术转移方式

(一)技术转让方式

正如邓宁的“国际生产折中理论”所指出的那样，跨国公司拥有的技术优势首先选择通过内部市场交易，即跨国公司以对外直接投资的方式，将拥有的技术有偿或无偿转让给设立在国内外的分支机构。这样做可以使跨国公司避免因外部市场失效而带来的交易成本，防止技术因外部市场交易而造成的技术扩散，维持跨国公司的技术垄断优势，因此，内部化是跨国公司技术转让的主要方式。当跨国公司不具备对外直接投资条件，没有内部化优势时，只能将技术通过外部市场转让，即跨国公司通过签订合同的方式，将拥有的技术有偿转让给跨国公司体系外的企业，主要有许可贸易、交钥匙合同等。

许可贸易是跨国公司技术转让外部化的重要方式。许可证协议亦称许可合同，是指为实现专利权、专有技术权和商标权转让的特定目的而规定交易双方权利和义务的法律性文件。根据授权的范围，许可证协议可划分为以下三类：一是独占许可，即在一定的地区范围内技术引进方对所授技术拥有独占的使用权，技术出让方和任何第三方都不能在该地区内使用该项技术生产和销售产品；二是非独占许可，即在一定的地区范围内技术出让方或与技术出让方合作的第三方仍有权使用该技术生产和销售产品；三是交叉许可，即交易双方相互授予价值相当的、互惠的技术使用权。

交钥匙合同是国际工程承包的一种重要方式。交钥匙合同实际只是一个形象的说法，它是指承包方根据发包方的要求，按合同的约定将一所能随时开工生产或者进行工作的工厂、车间或科研设施交付发包方使用和管理，发包方只要有一把打开设施大门的钥匙，整个设施即可按合同的规定正常运转。其中承包方依合同承担的工作不仅包括该工程设施的全部基建、设备、技术和管理项目，也包括全部的设计、工程施工、设备的制造和选购以及安装、调试等。在“交钥匙”合同的履行过程中，承包方一方面要利用发包方所提供的材料、设备、场地、资金和技术资料进行工程项目的勘察、设计、建筑和安装；另一方面，为了加快自己的工程进度、提高工程质量，也要采用先进的技术方案和一系列有利于发包方对工程项目竣工后进行管理、操作的技术手段。由此某些专利实施许可和专有技术转让的内容随着“交钥匙”合同的履行完成了其技术转让的过程。目前，西方发达国家大型跨国公司向发展中国家的大型建设项目提供技术时，多采用此种技术转让方式。

近年来，跨国公司在进行国际技术合作方式选择时面临一些新的做法，除许可证贸易外，还有设立研发中心、服务外包和技术联盟等。根据合作对象技术水平的不同，企业会选择特殊的技术合作模式以达到充分利用外部资源、缩短技术开发期的目的。一般来说，欧美的跨国企业技术实力最强，达到了技术自主创新的能力，因此，美国企业与欧盟地区的企业技术合作很密切，技术转移活动超过其他地方，主要方式是许可证贸易。此外，跨国公司也倾向于利用服务外包、跨国公司研发活动和技术联盟模式以实现技术互补效应。相比之下，亚太地区的企业主要处于模仿创新的阶段，在与模仿创新能力较强的亚太地区企业合作时，许可证贸易是跨国公司输出技术的主要合作模式。在与其他地区企业合作时，因为技术水平差距较大，合作中以技术输出为主，主要是许可证贸易和服务外包方式。

（二）内部贸易和转让价格

国际公司内部贸易是指一家跨国公司内部的产品、原材料、技术与服务在国际上流动，主要表现为跨国公司与国外子公司之间以及国外子公司之间在产品、技术和服务方面的交易活动。由于跨国公司内部贸易日益重要，占跨国公司全部交易额的比重较大，对国际贸易方式产生很大的影响。之所以能够产生跨国公司内部贸易这种特殊贸易形式,归纳起来,主要原因有:第一,追求利益最大化。跨国公司为实现全球经营战略和内部一体化战略,借助内部转移价格中的转移高价和转移低价,使跨国公司内部的商品、技术和服务等资源在母公司和子公司相互之间流动配置,减少外部市场的交易成本和交易风险,规避税收,增加利润。第二,内部贸易的发展也是技术进步和国际分工进一步发展的必然结果。技术进步和国际分工的发展使传统的水平分工逐步转变为垂直分工,跨国公司能够在全球范围内布局,使加工生产、组装和购销实现一体化和网络化。这反过来进一步促进跨国公司内部贸易的发展。第三,跨国公司通过技术贸易内部化可以防止技术的扩散和技术外溢,维持自己的技术垄断优势和市场竞争力。出于这种目的,跨国公司越来越倾向于在海外建立独资企业。

转让价格又称划拨价格、转移价格、内部价格,是跨国公司内部或相关联的企业之间销售或者采购货物、劳务、技术等的一种内部价格。这里的关联企业是指:(1)在资金、经营、购销等方面,存在直接或间接地拥有或控制关系的企业;(2)直接或间接地同为第三者所拥有或控制的企业;(3)有其他利益关联的企业或经济组织等。转让价格是跨国公司内部实行的一种定价制度,它不受市场供求关系的影响,不按照生产成本和正常的经营利润来确定价格,而是关联各方为了服从跨国公司的总体战略目标,为谋求最大利润而制定的价格。不同于跨国公司外部市场的公平价格,转让价格是一种高于或者低于正常交易价格的非公平交易价格。跨国公司实行转让价格,主要是为了逃税、避税、防范风险,提高竞争力,实现利润最大化的目标。跨国公司在国外直接投资和转让技术时通常采用转让价格,以提高技术转让的综合经济效益。

跨国公司在制定内部转移价格时通常采取差别定价策略,比如美国跨国企业在海外投资技术转让定价方面具有成熟的经验,为减轻税务负担,往往利用各国税法规定的差异与疏漏采取技术转移差别定价法。根据 2013 年美国国会的调查报告显示:2008 年以来,美国跨国企业平均 40%的利润集中在百慕大、爱尔兰、荷兰等税率较低的国家或地区,跨国公司内部资产转移的主要动机是转移利润以调节税收。因此,针对不同的海外市场采取差别定价是美国跨国公司技术转让定价的主要手段,这一特征在亚洲表现得尤为明显。在亚洲,首先美国企业在低税率国家或地区建立实体子公司,在高税率国家或地区设立分部,然后母公司以低价将技术转让给低税区的子公司,再由子公司以高价将技术许可权授予高税率区的分公司,分公司再向子公司支付较高的许可费。公司利用差别定价可将高税率区的利润转移到低税率区的子公司,实现避税目的。

面对全球化投资规模不断扩大,跨国公司之间的无形资产转让活动更加频繁,如何采取有力的措施防止由于本土企业的避税行为而产生的税收损失就成为各国政府极为关心的问题。美国政府就千方百计采取相应措施防止本土企业在技术转移中的避税行为。美国是世界上最早为转让定价立法的国家,其在 1939 年制定的《国内收入法典》与经济合作与发展组织(OECD)的《跨国企业与税务机关转让定价指南》共同成为其他国家转让定价立法的参考。目前,国际上有三种主要的转让定价方法:比较价格法、比较利润法和全球公式分配法。由于无形资产交易价格可比性较差且各国出于自身利益的考虑在公式法方面很难达成一致意见,所以美国和 OECD 都提倡执行以利润为基础的利润定价法。在 2006 年著名的葛兰素(Glaxo)无形资产转让案例中,美国税务局就是利用利润分割法强调了英国葛兰素在美国的子公司通过“控制”营销性无形资产(如商标)而创造了利润,由此证明子公司应对这部分利润进行分割并在美国缴纳所得税。此外,美国还利用预约定价方法(APA)来预防避税行为。但是缔结预约定价的安排耗时较长,在知识不断更新的时代,这种定价策略具有滞后性。

第二节　跨国公司的技术垄断策略

维持技术的垄断性是跨国公司对外技术转移时优先考虑的问题,这关系到跨国公司在国际市场的竞争力和占有的地位。跨国公司很重视对技术的垄断以延长技术收益时间,其中最常见的技术垄断措施包括知识产权保护、技术出口管制、技术标准等。然而随着海外投资发展的需要,美国跨国公司在传统技术垄断策略的基础上又形成了一些新的控制技术的方法,包括投资控制股权和独资化、策略性技术联盟等。

通过股权安排控制核心技术的主要做法是:跨国公司在一些自主创新能力不足的国家或知识产权保护制度不完善的国家建立子公司或研发机构时,常以独资或控股的形式进行投资,其目的是防止技术的外溢。独资或控股使子公司在公司内部管理中有绝对的话语权,它们通过合理安排人员在组织链上的分工将技术牢牢地控制在自己手中。以美国通用公司在全球人事安排为例,通用公司在全球100多个国家进行投资,雇用了约30多万名职工,其中大约只有1%的人从事高层管理工作或领导工作。

为保持对所拥有技术的垄断性,跨国公司对东道国的技术投入是与其进入东道国市场同步进行的,采取了十分谨慎的策略。通常的做法是:先设立企业(小规模的),向所投资企业适当转让生产应用技术,然后再逐步扩大生产规模,增加新产品的生产,相应加大技术投入,并不断地投入动态技术。最后,在东道国投资达到一定规模,在东道国市场占有了相当的份额后,开始设立研发中心,从事既满足东道国市场也面向全球的基础研究。

另一种做法是利用技术联盟实现技术专有性。美国企业利用技术联盟实现技术垄断表现在两个方面:一方面,美国跨国企业以股权和非股权形式在研发领域、技术创新领域、甚至生产和销售领域展开技术合作,实现共担风险、共享合作资源和研发成果,同时对联盟外企业形成排他性技术壁垒。如2002年中国DVD出口企业与飞利浦之间的知识产权纠纷案中,飞利浦公司就是利用3C技术(通信技术、计算机技术和控制技术的合称)联盟组织建立DVD核心元器件诸如解码芯片、机芯、光头等核心技术的专有权,以中国普迪和德赛公司专利侵权的理由扣押出口的产品。据统计,在跨国公司组成的技术联盟中,95%以上是由美国、日本、欧盟等国家和企业联合组建的,其中70%以上的技术联盟分布在高技术产业,特别是通信产业和生物产业。另一方面,美国企业还非常注重联盟内部技术合作的协同效益,积极参与联合研发的核心环节,努力取得合作研发成果的所有权而非使用权。

结合中国的技术引进和利用外资来看,如果把技术引进与外商直接投资做一比较,实际情况证明:跨国公司很难通过许可贸易方式转让最好的技术给对方,而且大都不追加动态技术。而外商直接投资则不然,外国投资者必须采用最先进的技术,而且要不断地追加动态技术。一般来讲,只要跨国公司在东道国的投资项目具有一定规模,那么其投入的技术就是最先进的,如果这一产品是面向国外市场则对技术的要求就更高了。

现在世界上大多数跨国公司都看好中国的巨大市场，纷纷来中国投资转让技术，并形成了一种跨国公司之间及跨国公司与中国企业之间的竞争局面。这种竞争的核心就是技术的竞争，谁拥有了最先进的技术，谁就会在竞争中取得优势。跨国公司拥有的技术往往是本行业最先进的技术，除部分是专利技术以外，核心的大都是秘密的专有技术。因此，如何控制和对技术保密就成为跨国公司首先要考虑的问题。总结以往跨国公司在中国投资的情况，我们可以得出这样的规律：越是高新技术产业，外商投资企业越是要对企业控股；越是技术先进的企业，跨国公司越是倾向于采取独资方式。跨国公司在中国采用的技术主要还是以应用技术为主，这些技术多是围绕着其在中国设立的企业来进行的，通常来讲在独资企业和外方控股的合营企业中，跨国公司转让的技术都是在中国国内领先的。实际情况也表明跨国公司投资的独资企业技术的先进程度要优于合营企业，合营企业中跨国公司控股的企业技术水平要优于其不控股的合营企业，跨国公司投资企业的技术水平要大大优于其向内资企业转让的技术，这也是这几年跨国公司在中国的投资大都选择独资企业的原因之一。2001 年外商投资新设立的项目中独资企业占 60%以上。中国加入世界贸易组织以后，这一趋势愈加明显，2002 年外商投资新设立的项目中独资企业进一步上升到 65%以上，2007 年为 78%。尽管这几年外商来中国投资发生一些变化，但 2015 年这一数字仍然维持在 77%。

近些年来，跨国公司对中国的技术投入明显加快，并开始注重对高新技术的投入，最突出的变化是研发中心的设立。目前外商投资企业的技术引进约占全国技术引进总额的 50%以上，主要涉及机械、电子、能源、交通、信息、化工等领域。中国几个高新技术产业发展最快的城市都是外商投资企业为主体的，而在外商投资企业的技术引进中又主要是由跨国公司来进行的。目前跨国公司在中国投资的企业越来越多地投入高新技术，促进了中国高新技术产业的发展，在高新技术产业增加值中外商投资企业占多数，在高新技术出口和机电产品出口都占有较大的比重。在跨国公司加强对技术知识产权保护的同时，市场竞争的焦点越来越多地演变成知识和技术的较量，而专利成为企业的战略性资源。企业以专利权为基础，分析、研究、运用和管理专利的各项内容，充分发掘其在专利资源方面的优势，形成一套完整的专利战略体系，把专利战略的应用作为其参与全球市场竞争的重要方式和手段，这在当代已成为国际企业竞争的战略制高点。

第三节　跨国公司的专利战略

一、专利战略的含义及特点

目前学术界内尚无关于专利战略的标准定义。国际上，美国虽然没有明确的关于专利战略定义的描述，但是它运用专利战略已经长达 90 多年，代表性的观点有理纳德·玻克维兹的“专利战略是保证你能保持已获竞争优势的工具”；日本经济学家斋藤优将专利战略定义为“如何有目的地有效利用专利制度的方针”；日本专利工作者高桥明夫认为“专利战略是根据企业方针进行的战略性专利活动，从战略上进行进攻和防卫，充分发挥专利的各种作用”；韩国则认为专利战略是“实现其科技领域成功的关键举措”。国内关于专利战略的表述多种多样，有学者将其概括为“专利战略是从维护国家、民族、集团或企业的利益出发，研究通过知识产权保护实行垄断与反垄断的策略”；还有学者表述为“为了企业的长远利益和发展，充分依靠和运用专利制度，使专利机制成为促进企业技术创新的一个主要动力机制和保护机制，在技术竞争和市场竞争中谋求最大经济利益，并保持自己技术优势的深层次、全局性谋略”。虽然研究角度的不同决定了相关研究主体对专利战略定义的表述各不相同，但其中所蕴含的核心内容和基本思想是一致的，即专利战略是与专利相联系的法律、技术和经济原则的结合，表现为一系列谋略的总和，是根据变化不断调整的动态体系；强调了专利战略对于企业发展的重要推动作用及利用专利战略达到保持竞争优势和市场份额的最终目的。

从这个角度，我们将专利战略概括为：专利战略是企业面对激烈变化的竞争环境，在专利制度提供的法律保护和种种便利条件的基础上，充分利用专利情报信息，分析自身及竞争对手的状况，以专利的各项内容为研究对象，为保护自己和取得市场竞争优势，从而争夺并控制市场而进行的一系列谋划。从定义可以看出，专利战略有别于通常所说的“战略”概念，它不仅是企业在使用，专利资源过程中一系列整体性战略观念与谋略战术的集合，而且是一个动态的过程。由于专利战略是针对企业自身的情况制定实施的，并且根据市场竞争的变化而变化，在激烈的市场竞争中，能起到技术和市场的独占作用，并有利于新技术的开发和产品市场竞争格局的形成，同时对一个企业、行业和地区都能起到积极有效的保护和推动作用。可以说，它是企业以专利作为市场竞争武器加以研究、发展和运用的更深层次，相对于单纯依靠专利制度参与竞争来说，它更加灵活、多变、有效和难以防范。

专利战略服务于企业参与市场竞争的需要，企业根据市场竞争和企业自身发展目标的要求，通过对自身及对手企业的经济实力、技术能力、专利资源、市场经营状况、专利技术的竞争和发展态势等诸多方面因素的综合分析，在专利调查、专利申请、专利许可、专利转让、专利引进、专利信息使用、专利与其他知识产权关系和专利诉讼等方面灵活利用企业的专利资源，确立一系列谋略，用以指导企业在相关技术经济领域开展竞争、打开并占领市场、最终取得市场竞争的有利地位。其涉及的内容广泛，是一个科学的、动态的体系。归纳起来，专利战略具有如下特点。

第一，独特性。专利战略不存在一个固定的、通用的模式。每个企业的专利战略是根据企业自身情况而制定的，并且根据每个企业内外部环境的变化而变化，因此各企业之间，同一企业不同时期的专利战略均具有自己的特点。

第二，保密性。除了专利申请说明书按照法律的规定必须公开之外，企业专利战略体系的各项内容都属于企业的商业机密，对于相关人员的保密度要求较高。

第三，风险性。专利战略作用的对象是企业的专利资源，专利是企业的智力成果之一，而智力成果往往具有很大的不确定性，容易受到来自内外部环境的影响而产生价值上的变化，因此，企业能否把握未来变化以做出重大的专利战略决策，正体现了其显著的风险性特点。

第四，相关性。市场竞争中，专利战略的运用与企业经营中的其他战略有很高的相关性，通常良好的专利战略需要结合企业自身的特点配合企业其他战略才能取得最佳效果。

第五，法律性。专利战略是以专利制度为基础的，而专利制度受各国专利法的制约，因此，在运用专利战略参与市场竞争的过程中显示出浓厚的法律性特征。

二、专利战略的类型及其内容

在市场竞争中，企业的专利战略主要有进攻型专利战略和防御型专利战略两种类型。

所谓进攻型专利战略是指企业积极主动地将开发出来的技术及时申请专利并于取得专利权后，在法律给予的专利权保护的基础上，利用专利抢占和垄断市场。它又包括以下几种类型。

第一，基本专利战略。跨国公司基于对未来发展方向的预测，为保持自己新技术、新产品的竞争优势，将其核心技术或基础研究作为基本专利来保护，进而控制该技术领域的发展。基本专利战略中的基本专利往往是企业那些划时代的、先导性的核心技术或主体技术，它具有广泛应用的可能性和获取巨大经济利益的前景，如集成电路的基尔比技术、照排系统中的汉字压缩和复原技术。企业通过申请基本专利享有法律赋予的专利权，这种合法的暂时性垄断使企业排除竞争对手和最大限度占有市场成为可能。因此，国际上一些实力雄厚的跨国公司都首先考虑这一策略，独占某些高新技术领域的控制权。

第二，专利网战略。它是指企业围绕基本专利技术，开发与之配套的外围技术，并及时就开发的外围技术申请专利，获得专利权的一种战略。专利网战略有两种类型，一是拥有基本专利的一方，在自己的专利周围设置许多原理相同的小专利组成专利网，抵御他人对基本专利的进攻。这既是对专利保护功能的充分运用，又是有效保护基本专利的重要手段。二是在竞争对手的基本专利周围设置自己的专利网，以遏制基本专利，改善自己在市场竞争中的地位。

第三，专利有偿转让战略。专利有偿转让战略包括出售专利权战略和专利权实施许可战略。企业研究开发出来的专利技术、产品除了自己实施、生产外，还可以通过有偿转让专利的所有权或使用权的方式，获取更大的利益。对于拥有众多专利的企业，不可能全部自己实施，因此，专利技术所有权或使用权的转让就成为企业收回研发成本并从中获利的重要战略之一，可以获取高额的垄断利润。此外，有偿转让战略也是跨国公司市场竞争的有利武器之一。通过专利技术的转让将自己的产品或商标施加给受让方，从而进一步扩大产品市场占有率，提高企业竞争力。

第四，专利投资与产品出口战略。即企业向准备投资或输出产品的国家申请专利，旨在保护投资和获得未来专利产品输出垄断权的战略。由于各国专利法律具有地域性，专利技术只受获得专利权国家专利法的保护，所以在跨国公司进行技术投资和专利产品出口之前，需要先行到这些国家进行专利申请，避免投资和产品受他人控制，积极主动地利用专利的独占性获得市场竞争主动权。

第五，专利与商标相结合战略。该战略有 4 种做法：一是专利与商标搭配战略。这一战略一般是建立在专利与产品相结合的战略上的，是指一个企业允许其他企业实施自己的专利，但作为交换条件把本企业的产品连同产品上的商标施加给对方使用。这样除了可以提高本企业产品的销售量之外，还可以进一步培育本企业的品牌，提高本企业的知名度。二是专利与商标交换战略。企业利用专利技术换取对方具有较高知名度的商标的使用权，使专利产品投放市场后能有效引导消费者，促进产品销售，这种战略适用于跨国公司之间。三是商标实施的专利战略。企业为获得更高信誉，加强产品保护力度，可以对获得商标权保护的产品施加专利保护。一般地说，专利产品与非专利产品相比具有特定的信誉功能。一个企业拥有的专利量较多，在公众心目中就会形成一种技术创新能力强的良好形象，进而会提高企业市场竞争形象。因此，在商标保护的基础上再施加专利保护，可以利用专利的信誉及市场垄断性，获取更大的市场利益。四是利用商标承接专利垄断权战略。基本内容是，先利用专利权形成产品的市场垄断优势，再利用商标权在专利保护期届满前及届满后延续对专利产品市场的持续控制。

由于按照各国商标法规定，商标到期后可以反复申请延期，这样就不至于使专利产品的市场垄断优势和已经获得的优势市场因专利权的终止而消失。

第六，专利的回授战略。这一战略是指企业在引进原输出国专利技术后，对其进行研究、消化、吸收和创新，再将创新了的技术以专利的形式卖给原输出国的战略。它对于正确处理好引进技术与消化吸收、改进创新的关系，摆脱原输出国专利的控制具有十分重要的意义。发达国家的跨国公司在引进他国专利技术时，特别注重技术的改进和创新，通过运用这一战略获得了巨大的成功。例如，日本东莱公司在引进美国菲利普石油公司 PPS 树脂基本专利基础上开发出新的双向拉伸薄膜技术，确定了自己的专利权，并使得菲利普石油公司不得不购买该专利在美国的实施独占权。

所谓防御型专利战略是指企业在市场竞争中受到其他企业或单位的专利进攻或者竞争对手的专利对企业经营活动构成妨碍或威胁时，所采取的保护自身利益，打破市场垄断格局，改善竞争被动地位的策略。主要有以下几种。

(1)消除对方专利权战略。各国的专利法一般都有规定，专利权授予之后，任何人如果发现专利不符合专利授予条件可以申请撤销其专利权。该战略主要是利用竞争对手专利上的漏洞、缺陷或不符合专利条件的情况，运用专利法赋予的权限，启动专利权撤销程序或无效程序，部分或全部取消对方的专利权。这是排除竞争者对本企业构成威胁的一种最有效的方式。

(2)文献公开战略。这一战略是一种以公开发明来阻止部分对手申请专利、获得专利的战略。如果企业认为自己开发成功的技术、产品没有必要取得专利权，但又担心其他企业取得这一技术的专利权将给本企业带来威胁时，就可以采取抢先公开技术内容的方式，使之丧失专利申请必备条件之一的“新颖性”，从而阻止竞争对手获得专利权。该战略经常被跨国公司用以遏制竞争对手，如美国的 IBM(国际商业机器公司)就常常采取这种战略。西方一些报刊也时常登载企业提供的一些技术文献，使他人不能申请有关专利。

(3)利用失效专利战略。失效专利是专利权已过保护期或因故提前终止的专利技术。专利权有一定的保护期限，保护期届满后，该专利技术进入公有领域，任何人都可以自由利用。利用失效专利战略就是从失效专利中选择相关技术进行研究开发、生产的一种战略。企业使用这些失效专利技术风险小、效益高，是一种既简捷又经济省力的途径，尤其对许多中小企业而言颇有开发价值。日本人利用飞利浦公司盒式磁带录音机失效专利的例子就堪称该战略的经典。盒式磁带录音机是由飞利浦公司首先发明的，该公司先后将在多国申请的专利都主动放弃，因为公司以为此时发展录音机产业没有市场。精明的日本人利用失效专利战略，先后开发出品质不一的各式录音机，获得了巨大的经济利益。

(4)交叉许可战略。交叉许可是指交易各方将各自拥有的专利、专有技术的使用权相互许可使用，互为技术许可方和被许可方。这是一种企业间以专利技术作为合同标的进行对等交换的战略。一个企业不可能开发所有的技术，也不可能保证所有开发的技术都能获得专利权。如果本企业拥有自主开发的优秀专利，而竞争对手的专利对本企业的生产经营又构成妨碍时，就可实施交叉许可战略。交叉许可战略通常在企业间的专利比较接近，而专利权的归属又错综复杂或相互依存的情况下适用，如改进发明与原发明、从属发明与基本发明之间。技术贸易中常见的专利实施许可合同中规定的"反馈条款"也属于企业运用交叉许可的范畴。还有一种情况则是就互不关联的两项专利技术，各方取得专利权后，相互之间都可以自由使用。西方一些大企业为合作垄断技术市场，就常常利用这种交叉许可战略达到对专利实施的垄断。交叉许可战略的运用对企业双方都有好处，特别是对那些相似专利技术而言，双方可以签署专利交叉许可协议，并以此为基础成立联合技术公司，共同占领了国内外市场，可以说这样的例子屡见不鲜。

随着全球范围内竞争的不断发展和升级，专利战略的主体和客体都产生了一些新的变化。首先，主体参与竞争的方式从"各自为战"走向了"专利联盟"。在以往的市场竞争中，跨国公司间存在着尖锐的利益冲突，其知识产权活动也多各自为战。但近年来掌握同类关键技术的跨国公司联合作战、共享利益成为明显趋势。其次，专利战略的客体也发生了变化，从以往的单个专利技术到现在的单个专利技术、相关专利技术系列和专利技术组合，客体更加多元化了。除此之外，跨国公司专利战略最重要，最鲜明的新发展就是专利和标准的结合。标准就是指技术标准，它与技术法规和合格评定程序同为技术性贸易壁垒的重要措施。

第六章 国际服务贸易概述

国际服务贸易是近年来国际贸易发展的一个重心，同时也是推动各个国家经济联系日益紧密的一个重要支柱。与国际服务贸易相关的各项理论，学术界仍在探讨之中。这里从学者们探讨的现有成果出发，对国际服务贸易进行一些浅层次的探讨。

第一节 国际服务贸易的概念

一、国际服务贸易的科学内涵

（一）国际服务贸易的一般内涵

服务贸易是指服务输出和服务输入。服务输出即是向世界其他地方出售服务；而服务输入则是向世界其他地方购入服务。

狭义的国际服务贸易是无形的，是指发生在国家之间的符合于严格服务定义的直接服务输出与输入活动。

而广义的国际服务贸易既包括有形的劳动力的输出输入，也包括无形的提供者与使用者在没有实体接触的情况下的交易活动，如卫星传送与传播、专利技术贸易等。

一般人们所指的服务贸易都是广义的国际服务贸易。

（二）国际服务贸易的其他内涵

(1)联合国贸易与发展会议是从过境这一视角来定义国际服务贸易的：货物的加工、装配、维修以及货币、人员、信息等生产要素为非本国居民提供服务并取得收入的活动，是一国与他国进行服务交换的行为。

(2)美加自由贸易协定中定义：国际服务贸易是指由代表其他缔约方的一个人，在其境内或进入某一缔约方提供所指定的一项服务。

(3)世界贸易组织服务贸易协定(GATS)将服务贸易的概念定义为：跨越国界进行服务交易的商业活动，即服务提供者从一国境内向他国境内，通过商业或自然人的商业存在向消费者提供服务并取得外汇报酬的一种交易行为。服务领域是除了政府以履行政府职能为目的所提供的服务外的任何服务。也就是说，所有以盈利为目的的商业服务活动都属于 GATS 的范围。

上述服务贸易的定义抓住了服务贸易的特征，即服务者和贸易者的不可分，可以把服务贸易同传统的货物贸易清楚地区别开来。但是，关于服务贸易的定义，仅仅探讨至此是不够的，因为它存在明显的缺陷，即无法把服务贸易同生产要素的国际流动区分开。为了克服这一缺陷，巴格瓦蒂等人把生产要素的国际流动区分为暂时流动和永久流动，认为生产要素在国际间的暂时流动为服务贸易，而生产要素的永久流动则不属于服务贸易。资本在国际间的永久流动是国际直接投资，人力在国际间的永久流动则是国际移民。

（三）服务贸易概念的产生和发展

“服务贸易”作为经济学领域的一个新课题，国内外经济学界也经历了一个长期探索过程。1972 年，经济合作与发展组织（OECD）首次把“服务贸易”作为一个独立的经济学概念在文献中正式提出。

1974 年，美国贸易法于第 301 条款中再次提出“世界服务贸易”的概念。1989 年，美国、加拿大两国签署的《美加自由贸易协定》（在此基础上，1992 年，美、加和墨西哥正式签署了“北美自由贸易协定”NorthAmerica Free Trade Agreement），成为世界上第一个在国家间贸易协议上正式定义服务贸易的法律文件，其定义的“服务贸易”是：由或代表其他缔约方的一个人，在其境内或进入一缔约方提供所指定的一项服务。

随着服务业在全球的崛起，1986 年 9 月开始的关贸总协定乌拉圭回合谈判，首次将服务贸易列入谈判议题，从而引发了全球服务贸易研究大热潮。此次谈判的重要结果是在 1994 年 4 月 15 日产生了《服务贸易总协定》。

二、服务、服务产品和服务贸易的特征和供应模式分析

（一）服务、服务产品和服务贸易的特征

按照 ISO 9000 国际标准服务”就是为满足顾客的需要，供方和顾客之间接触的活动以及供方内部活动所产生的结果。它包括以下几方面的含义：第一，服务是产品的一种，也是活动或过程的结果；第二，服务是服务者与被服务者双方接触活动及服务者内部活动（或过程）的结果；第三，服务必须以顾客为核心而展开；第四，服务一般说来是无形产品，有时也会形成一些有形产品。

相对于有形产品而言，服务是“可被区分界定，主要为不可感知，却可使欲望获得满足的活动，而这种活动并不需要与其他产品和服务的出售联系在一起。生产服务时可能会或不会需要利用实物，而且即使需要借助某些实物协助生产服务，这些实物的所有权也不涉及转移的问题”。服务是以无形的方式，在顾客和服务资源，有形资源商品或服务系统之间发生的，可以解决顾客问题的一种或一系列行为。

从服务的定义来看，它的本质就是满足他人的需要，以服务对象作为中心和出发点。

与实物产品和货物贸易不同，服务产品和服务贸易具有以下几种特征。

（1）无形性。服务是一种特殊的产品，尽管人们可以体会到它的存在、它的效用，但它却不占空间，无形态可言。

(2)不可分割性。实物产品的生产和消费往往是可以分割的,即生产在先,消费在后。而服务的生产与消费往往是同时发生的,通常无法将服务进行再生产和套利活动,所以服务的生产和出口过程一定程度上讲也就是服务的进口和消费过程。

(3)不可储存性。服务需满足一种特定时间内的需要,而由于上述服务提供的无分割性,我们不可能把服务储存起来等待消费。

(4)服务贸易是劳动活动和货币的交换,不是物品和货币的交换。

(5)服务贸易更多地依赖于生产要素的国际移动和服务机构的跨国设置,无论服务贸易的形式如何,它都与资本、劳动力和信息等生产要素的跨国移动密切相关。

(6)服务贸易的统计数据和货物贸易一样,可以在各国国际收支表中得到体现。但是,服务贸易的统计数据却无法像货物贸易那样,在各国海关进出口统计上显示。

(7)服务贸易与货物贸易的监管方式不同,它不是通过边境措施,而是通过国内立法和有关行政规定来进行监管,因此它所涉及的法规形式和强度都远远超过货物贸易。

(二)可贸易和不可贸易服务

一般而言,凡是服务生产和消费同时进行,且需要提供者和消费者面对面地进行交流的服务为不可贸易性服务;反之则为可贸易性服务。提供者和使用者相互交流部分产生的成本占总成本比重越小,某种服务的可贸易性越强。

并非所有服务都是可以异地贸易的,有些服务只能在供应的“固定”地点消费或购买,例如服装零售和快餐馆、仓储、运输、旅馆、公用设施及个人和家庭服务等。这些服务需要服务供应者和购买者直接的、面对面的相互交流;而可贸易服务所需要的相似的相互交流可通过某种媒介完成,例如电信或快递服务。

然而信息技术的发展、运输技术的发展以及政府管制的减弱都在不同程度上延伸了服务的交易空间,使许多不可贸易的服务具有贸易性。就信息技术的发展而言,因为信息的储备功能使服务变得有货物的功能。信息技术还改变了信息网络的规模和内容,加强了经济活动的原动力和多样化。信息技术被广泛认为在个人和国家发展及经济成功方面起着关键的作用。信息技术革命的本质特征在于其在一定时限内,在交流地点间传递信息时基本消除了距离的影响。它有效地消除了国家边境作为服务贸易障碍的影响。再如传统运输技术的发展也扩大了服务的可贸易性。航空运输速度、容量和路线的改进对国际商业旅游十分重要,但同时在大洲内部航运和地面的高速运输仍有很大的市场可供竞争。航天飞机和太空旅游更使自然人的流动范围扩大到地球以外。

(三)服务贸易的供应模式

按照GATS对服务贸易的定义,服务贸易有四种供应模式,即跨境交付、境外消费、商业存在和自然人流动。

模式1,跨界供应:从一成员国境内向另一成员国提供服务。(服务本身跨越国境,例如货物运输、电报、电话、传真、网上服务等通过电子邮件提供服务。)

模式2,境外消费:也称消费者移动,是指一成员国居民在另一成员国境内享受服务。(例如:消费者在国外旅游、教育、手术、就医所受的待遇。)

模式3,商业存在:一成员国的服务者在任何其他成员国境内通过建立、经营和扩大商业实体来提供服务。(例如:于其他WTO会员之国内建立分支机构、代理机构。)

模式4,自然人的移动或存在:一成员国的服务者进入并暂时留在另一成员国境内以提供服务。自然人流动是国际服务贸易的重要组成部分之一,指缔约方的自然人(服务提供者)过境移动,在其他缔约方境内提供服务而形成的贸易。它涉及自然人实质性的具有明确商业目的的跨境移动。自然人将其中的部分收入汇回境内,用于境内消费,这部分服务贸易属于自然人移动。

三、国际服务贸易的作用

GATS序言中指出,达成服务贸易协定,实行服务贸易自由化的主要目的,就是"希望建立一个服务贸易准则和规范的多边框架,从而在透明度和自由化的条件下扩大该类贸易,并以此作为促进贸易伙伴经济增长和发展中国家发展的一条途径","希望有助于提高发展中国家在世界服务贸易中的参与程度,将帮助它们,特别是通过其国内服务能力、效率和竞争力的提高扩大这方面的出口"。

然而,有许多国家,尤其是发展中国家对服务贸易的经济效益提出了质疑,认为服务贸易自由化的提出只能为发达国家带来益处,是发达国家追寻自身利益、扩大贸易利益国际分配不公的一种手段。服务贸易自由化对发展中国家而言,一方面会带来一定的利益,但另一方面也会使发展中国家面临服务贸易自由化的巨大冲击和风险。因此,广大发展中国家在加入服务贸易自由化进程和选择服务贸易政策与战略时,必须对服务贸易自由化所产生的各种经济效应进行详细的分析,反复权衡服务自由化所带来的风险和收益。

(一)服务业在国民经济中的有着至关重要的战略地位

根据各国服务业的发展状况,服务业在一国的国民经济中占据着重要的作用,主要表现在以下几个方面。

(1)充当基础设施。运输、通信、银行、教育、保健和公用事业等服务业是每个国家基础设施的主要组成部分。拥有上述服务部门有助于解决"瓶颈"问题,形成经济发展的前提条件。

(2)作为中间环节。特别是通过(生产者)服务向商品或其他服务生产提供中间投人的那些环节,充当基础设施的一些服务同样属于这一类。保险、贸易、数据服务、会计、研究与开发、工程、建筑、法律服务和广告等服务也很重要。所有这一切都是作为生产者服务提供中间投入,通过其与工业活动和其他服务业相互作用,中间投人的效能将影响经济竞争力的提高。

(3)对经济的战略意义。一般来说,银行、保险等服务被许多国家看做经济增长和发展的重心。如果一个国家不能有效控制宏观经济政策的上述方面,那么,它在管理其经济方面就会发生困难。东南亚金融危机就说明了这个问题。

(4)结构调整的作用。有些国家,特别是那些在国际经济交往中有竞争力的国家,总是把服务行业看做经济增长、取代夕阳产业、实行结构调整的基本着眼点。

(5)对社会文化的影响。大众媒介、广告、教育、出版和旅游等服务业都会有一定的社会文化价值内容。通过它们的活动将影响人们的价值取向、行为模式和消费方式。

服务业的迅速发展是20世纪经济发展的主要特点之一。服务业水平高低是国家经济发展水平高低的重要标志，经济越发达的国家，第三产业也越发达。80年代，世界经济活动总量中，第三产业已经超过了第一产业和第二产业之和，取代了物质生产部门而成为最强大、最广泛的经济部门，发展服务贸易的过程，实际上是服务业外向化的过程。

随着国际服务贸易的迅速发展，在各国的经济地位及作用日益显著，国际服务贸易已成为经贸竞争的新领域。各国政府对服务贸易的发展也越来越重视，服务业的发展情况逐渐成为衡量一国经济发展水平的标志。

国际服务贸易已经不是一般意义上的服务交换，它逐渐转变成为国际信息流动的渠道，并且具有世界信息、技术、金融的再分配机制的功能。它是一种吸收、反馈信息的网络，是技术转让的重要渠道。服务贸易在各国国民经济中占据着重要的地位，发挥着巨大的作用，但这并不意味着它将取代、排挤物质生产。相反它必须与物质生产、商品贸易及现代科学技术紧密结合，才具有巨大的生命力，在发展生产中开拓服务业。

（二）服务贸易有利于提升资源配置

根据H—O模型，由于世界各国的生产要素禀赋状况存在差异，因此每个区域或国家利用它的相对丰富的生产要素从事具有相对优势的产品的生产，而后通过贸易，就可以优化资源配置，促进资源的利用效率，提高经济福利和生活水平。西方经济学家麦克杜格尔提出的资本国际流动模型，可以对国际资本流动所产生的经济效益进行分析。

在图6-1的模型里，横轴代表资本总量，纵轴代表资本的边际产出，FG是X国的资本边际产出曲线，DE是Y国的边际产出曲线。X国是资本资源丰富的国家，拥有总资本似，Y国是资本短缺的国家，拥有的资本量是$O'A$。在资本不能流动的前提下，X国的资本全部用于投资国内市场，由于资本过剩，资本的边际产出和边际报酬都较低，为Y国国内资本不足，资本的边际产出和边际报酬为$O'H$，高于X国。在此情况下，资本资源在两国间的配置不合理。如果实行资本流动自由化政策，允许资本在国际间的自由流动，则在市场利益机制的调节下，资本会从低报酬的X国流向高报酬的Y国，最终在资本的边际产出相等的E点实现均衡。此时，共有数量的资本从X国流向Y国。资本的流入，一方面提高了资本资源的配置效率，使X国资本的边际产出由提高到另一方面资本资源配置的结构的改善又提高了两国的总福利水平，资本自由流动使两国总福利增加EGM，其中X国增加EGR，Y国增加ERM。

目前全球金融资源的配置非常不合适，一方面，发达国家存在大量的过剩资本需要寻求投资场所和获利机会；另一方面，发展中国家所需的资本又极度缺乏，迫切需要寻找充足的资本来源以支持经济的起飞和发展。著名的钱纳里“双缺口”理论认为，发展中国家普遍存在着“储蓄缺口”和“外汇缺口”，储蓄不足和外汇不足成为制约经济增长的最重要因素。金融服务贸易自由化，特别是资本流动和国际投资的自由化，在极大程度上降低和消除了金融资源、资本和其他资源在国际间流动的壁垒，加强了国内金融和资本市场之间的联系，促进了金融市场全球一体化发展，促进了全球资本的合理流动，并由此带动了其他资源在全球范围内的合理流动和配置，对于实现全球范围内的资本和资源的最优配置起到了十分积极的作用。

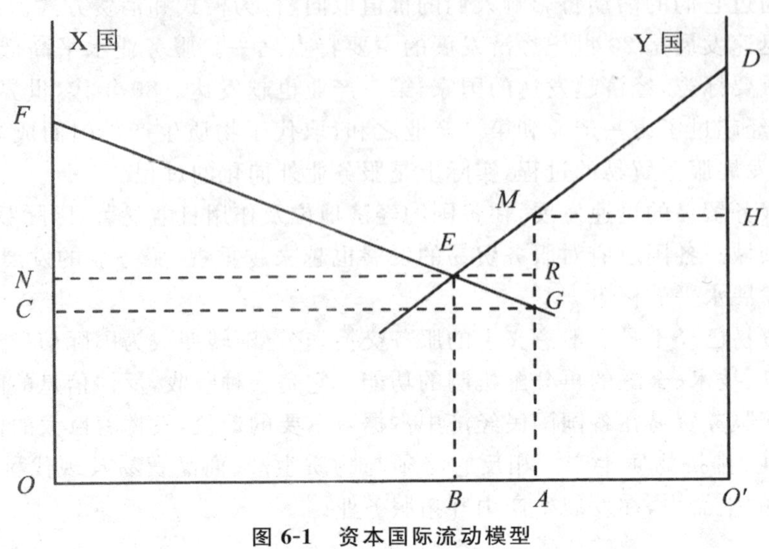

图 6-1 资本国际流动模型

服务贸易自由化除了能提高资本的配置效率外,也能优化其他资源的配置。发展经济学的"剩余出路理论"(Vent-for Surplus Theory)认为,发展中国家国内市场有限,导致生产资源不能充分利用,生产能力存在着闲置和浪费。发展中国家存在着大量剩余劳动力和丰富的自然资源,通过参与服务贸易可以充分发挥这方面的比较优势。近几年来,韩国和印度等国家利用本国丰富的劳动力资源,积极拓展本国的劳务输出,增加了国民收入,提高了国家的福利水平。发达国家相对存在着资源过剩,通过服务贸易自由化,发达国家不仅能充分利用其先进设备、先进技术、先进工艺和先进经营管理经验而从中获利,也可以促使发展中国家通过引进、模仿和学习这些先进的技术与管理经验,提高本国的生产效率、福利及消费水平。

(三)服务贸易有利于促进产业发展

随着贸易自由化趋势的不断深化,国际贸易和国际投资的持续增长,贸易对一国相关产业的发展具有一定积极作用。贸易可以从以下几个方面促进产业结构的演进。

第一,通过参与贸易活动,一国可以发现自己的比较优势,并围绕比较优势发展自己的产业。一方面,贸易所导致的生产专业化形成资源的优化配置,可以促进本国优势产业的发展;另一方面,国外生产要素的进口可以克服本国的要素瓶颈,使本国优势产业获得最大限度的发展。随着本国比较优势的变动,产业结构不断趋于高级化。

第二,贸易可以为新兴产业的建立提供市场条件。一国新兴产业初建时,国内需求往往不足以达到规模经济的要求,这时对贸易就可以通过提供新的需求来支撑产业的发展。尤其是在需求结构同资源结构不一致时,如果离开了贸易,以该国资源为基础的产业几乎不可能发展起来。最典型的如中东国家的石油工业,假若没有对外贸易,就很难想象它能够发展起来。

第三,贸易所带来的国际竞争可以最大限度地保证产业推进的效率。下面以金融服务贸易为例,分析金融服务贸易自由化对一国产业发展的影响,主要考察因金融服务贸易自由化而引起的国际直接投资的增加,以及国际直接投资在一国不同行业分配的不同而对东道国产业发展产生的影响。

一般认为,金融服务贸易自由化能有效地加快全球资本流动,积极推动全球金融资源的优化配置,对发展中国家吸引外资有重要的失去作用。首先,金融服务贸易自由化在极大程度上减少和消除了金融资源、资本和其他资源在国际间流动的壁垒,加强了国内与国际金融和资本市场的联系,为资本和金融资源在全球范围的自由流动和优化配置提供了市场条件和制度保证。其次,金融服务贸易自由化有效地改变了国际金融和资本市场上金融信息的封闭和扭曲现象,促进了金融信息的公开化和透明化,使金融信息更有效地反映了全球金融资源的配置情况,并有效地调节全球金融和资本资源的配置。最后,金融服务贸易自由化有效地促进了各国外资银行等金融机构的发展。外资银行等金融机构,尤其是跨国银行,是经济和金融全球化的微观基础,它通过其全球经营和金融活动,为跨国公司的全球经营和投资活动提供了广泛的国际金融服务,从而有效地推动了跨国公司的国际投资,为发展中国家经济增长提供了巨额的资本资源。

外资的流入增加了一国的资本要素禀赋,通常情况下都假定外国直接投资(Foreign Direct Investment,FDI)流入后可以在各生产部门间自由配置,但是我们认为跨国投资是与具体的行业相关联的,也就是说,FDI不会在本国的各行业间自由流动,资本流入之后就锁定在特定的行业中,这样的假定对各国生产函数的影响与通常的情况不同。当FDI可以在部门间自由流动时,对两部门的生产能力都造成了影响,而当FDI与具体行业相关联时,只改变该行业的生产能力。

在对跨国投资的特性做出规定之后,首先,我们分析外国资本流入发达国家的情形,发达国家一般都具有在服务业方面的比较优势,可以用图6-2的产品空间来表示该国的生产、消费

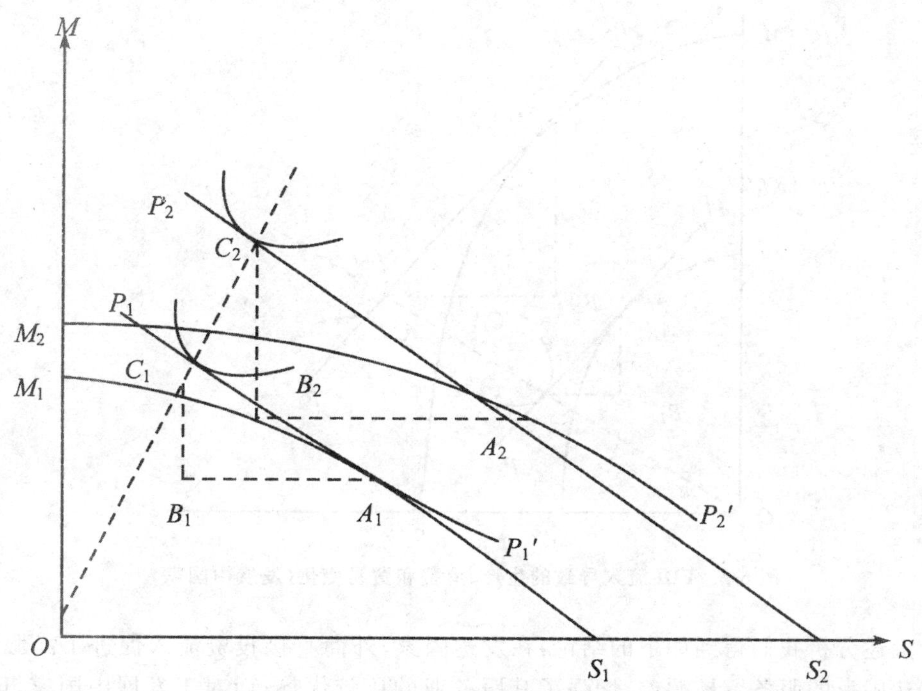

图6-2 FDI流入导致的生产、消费和贸易变化(发达国家)

和贸易的情况。在图 6-2 中，坐标横轴和纵轴分别表示该国服务业和制造业的产品产量，M_1S_1 是其生产可能性曲线，P_1P_1' 是相对价格曲线，在不存在要素变化的情况下，可知该国在 A_1 点生产，在 C_1 点消费，该国的净出口量是 B_1A_1。考虑 FDI 流入该国，由于其具有服务业的比较优势，所以流入的 FDI 中相当大比例的部分投资于服务业，于是该国的生产可能性曲线向外移到 M_2S_2，其中，服务业增产的比例高于制造业。因为国际市场产品价格不变，价格曲线的斜率也保持不变，平行外移到 P_2P_2'，此时，该国将在 A_2 点生产，社会无差异曲线是位似的，所以在 C_2 点消费，服务净出口是 B_2A_2，可以看出，该国服务业的生产和消费都增加了，但是可以证明在此服务生产的增加大于服务消费的增加，所以，服务净出口增加了。也就是说，FDI 的流入增加了该国的净服务出口，增加了该国服务业的竞争力和比较优势。

其次，我们分析发展中国家的情形，发展中国家一般不具有服务业的比较优势，相对而言其比较优势在制造业或初级产品产业，此时可以用图 6-3 的产品空间来表示其生产、消费和贸易。在 FID 流入前，该国的生产和消费点是 A'_1 和 C'_1，是服务净进口国，服务净进口量是 $B'_1C'_1$；FDI 流入后，因为该国的比较优势在制造业，所以流入的 FDI 大部分投向制造业，这样，生产可能性曲线从 $M'_1S'_1$ 向外移到 $M'_2S'_2$，而国际市场相对价格不变，FDI 流入后生产和消费点分别是 A'_2 和 C'_2，净进口量变为 $B'_2C'_2$，我们发现该国服务的生产和消费均增加了，可以证明服务消费的增加要大于服务产出的增加。也就是说，服务的净进口增加了，FDI 的流入增加了该国的服务净进口量，降低了该国的服务业的竞争力和比较优势。

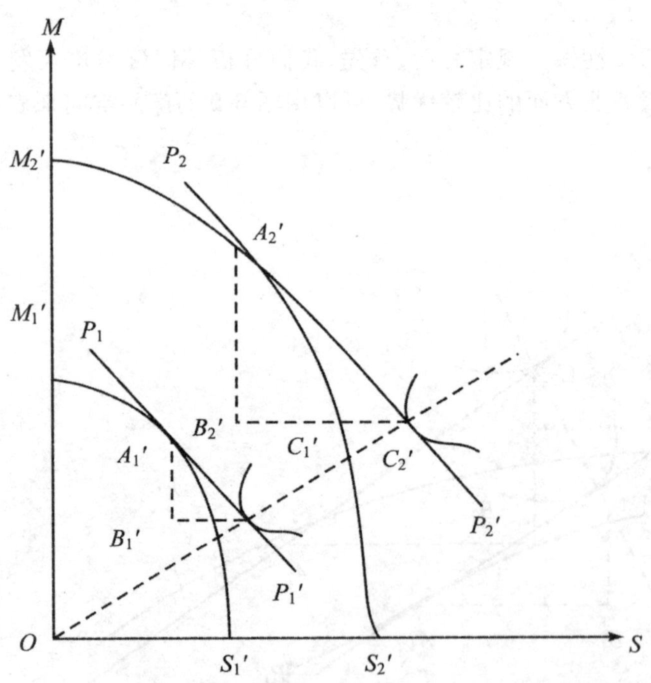

图 6-3 FDI 流入导致的生产、消费和贸易变化（发展中国家）

综合上述分析我们得到如下的结论：在发达国家，外商直接投资流入促进了净服务出口，扩大了发达国家的服务贸易顺差，增强了其服务业的比较优势；而对于发展中国家，FDI 流入增加了净服务进口，扩大了发展中国家的服务贸易逆差，降低了其服务业的比较优势。

外商直接投资对服务贸易的影响除了模型中所分析的改变一国的要素禀赋结构，从而改变其服务贸易进出口量和比较优势外，还有别的作用途径。外资企业的建立必然派生出对服务的需求，而这种需求有明显的国别倾向。由于东道国对外汇的管制、利润税收制度等原因，跨国公司希望将利润转移到其母公司，因此倾向于选择母公司所在国的服务提供者；与东道国在语言、文化方面的差别也促使跨国公司更多地倾向于选择母国的服务供给。但是，这种选择外国的服务供给的倾向在发达国家和发展中国家有显著的程度差别，发达国家的服务厂商的国际化水平较高，服务质量较好，企业信用较好。因此，在发达国家境内的跨国公司选择其母国服务供给的倾向性相对较小；而在发展中国家，服务业水平低，服务质量不理想，而且在语言、文化方面的障碍更大一些，所以在发展中国家境内的跨国公司更愿意使用外国特别是其母国的服务。由此我们认为，虽然跨国公司在对服务供给选择上的国别倾向导致了东道国服务进口的增加，但是，这种效应在发达国家和发展中国家的程度很不相同，在发达国家较弱，而在发展中国家较强，因此可以认为对发达国家的跨国投资仍然增加了其净服务出口，增强了其在服务业的比较优势，而对发展中国家，跨国投资增加净服务进口的效应更强了，其在服务业的比较优势更小了。

同样，我们可以利用上述模型的逻辑框架来分析金融服务贸易自由化对一国经济福利的影响。从图 6-2 与图 6-3 中可以看出，不管是发达国家还是发展中国家，国际直接投资的流入均使东道国商品与服务的消费量增加了，整个社会的福利水平有所提高。因此，一国积极参与国际金融服务贸易，吸引外资的流入，对本国经济福利的提高是有积极作用的。

但是，若一国某种产品的生产或消费占世界市场的份额较大时，因国际直接投资的流入导致此种产品的生产或消费发生变化，也可能会导致贸易条件的变化，这时就有可能出现所谓的“贫困化增长”。现以发展中国家为例，如图 6-4 所示，国际直接投资的流入使得制造业的产出

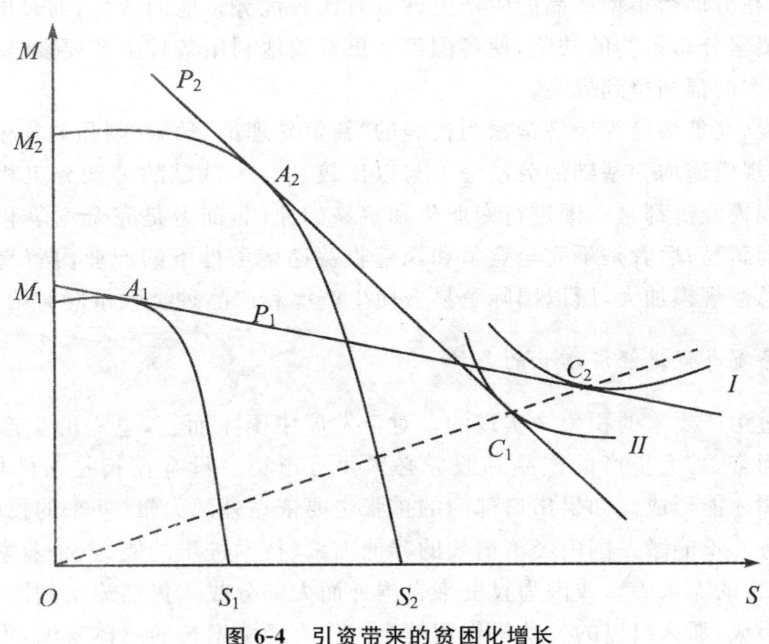

图 6-4　引资带来的贫困化增长

扩大，该国的贸易条件由原来的 P_1 恶化为 P_2，社会无差异曲线移动到 II。可以看出，在该种情况下，一国参与金融服务贸易，在大量吸引外资的同时并没有引起经济福利的提高，反而使该国福利水平下降。

（四）服务贸易有利于促进经济增长

1.对外贸易与经济增长关系的理论发展

早期的亚当·斯密认为提高劳动生产率是增加国民财富的重要手段之一。他认为分工能大大提高劳动生产率，其原因有三：第一，劳动者的技巧因专业化而得到提高；第二，由一种工作转到另一种工作，通常要损失不少时间，有了分工，就可以免除这种损失；第三，许多简化劳动和减缩劳动机械的发明，使一个人能完成许多人的工作。因此，如果每个人专门从事一种物品的生产，然后彼此进行交换，则每个人都是有利的，对于整个国家来说也是有利的。斯密主张进一步将这种分工原则推广到国与国之间。如果各国都按照各自的有利条件进行分工和交换，将会大大提高劳动生产率和增加物质财富。

英国经济学家大卫·李嘉图在 1817 年提出的比较利益说在经济学说中占有重要地位。比较利益说是在亚当·斯密“绝对成本说”的基础上发展起来的。李嘉图比斯密前进了一步，他认为在资本和劳动力不能在国际自由移动条件下，按照“比较利益”原则进行国家分工，可使资源配置更加合理，增加生产总量，对贸易各国都有利。

瑞典经济学家赫克歇尔、俄林强调，决定一国比较利益的基本因素是相对资源禀赋，也就是自然资源、劳动力和资本等投入要素的供给状况。一国所有商品的价格和生产要素的价格都是由它们各自的供求关系决定的，生产要素彼此又是不能完全替代的，而且每个国家生产要素供给的禀赋不同。如果一国相对充足的要素是劳动力，则工资相对较低，劳动密集型产品的价格就低，该国在劳动密集型产品的生产上就具有比较优势。他们认为，通过国际贸易可以弥补国际间生产要素分布不均的缺陷，使各国都能更有效地利用各种生产要素，实现合理的国际分工，使贸易各国的福利得到提高。

以赫尔普曼、克鲁格曼等经济学家为代表的“新贸易理论”学派，则强调规模报酬递增是贸易的基础，将以规模递增为基础的劳动分工与以比较利益为基础的劳动分工相区别。他们认为资源差异和规模经济都是一国进行专业化和贸易的原因，前者是完全竞争和规模报酬不变条件下的产业间贸易；后者是不完全竞争和规模收益递增条件下的产业内贸易。国际贸易会使边界市场的总额规模加大，所以国际贸易会使生产率和产品种类数量同时增加。

2.国际服务贸易促进经济增长的条件

增长是通过生产要素的积累来实现的。对于发展中国家而言，急需的生产要素是资本和技术。进一步而言，扩大生产的产品和服务必须要有市场。只有在相关条件得到满足以后，“发动机”的作用才能形成。如果出口部门的扩张主要依靠外部力量（外来的投资和管理，外来的投入品和服务），不能激发国内经济增长的其他因素（技术进步的能力、企业家精神及管理能力、对熟练劳动力的需求等），或因为投资来自国外而大部分收入仍然流出到国外，出口收入无助于国内资本形成，那么出口的发动机作用就小。作为经济增长的总体来说，出口是诸动力中的一个，而不是唯一的动力。外部市场可以利用到何种程度，国内政策在何种程度上使出口激励国内经济，出口发动机的作用也就发挥到何种程度。

目前，国际服务贸易为发展中国家提供了作为经济增长发动机的某种机遇。首先，金融服务业的发展。随着跨国公司的发展及经济全球一体化的加速，金融服务业在全球经济发展中作为“黏合剂”和“催化剂”的作用日益强化，它已成为全球经济增长的决定性部门。特别是现代科技的发展，使得金融服务更加方便和快速，但是也增加了许多不稳定的因素，一个国家如何利用是非常重要的。其次，信息服务业的发展使得发展中国家对某些信息能够共享，能够更快地掌握相关信息和先进的科学技术，只要利用恰当，它是能够促进本国的经济增长的。但是如果政策不当，不仅不能利用好外国的资金和技术，反而会被国外的资本占领国内市场，外资企业会打败本国的民族企业。

3. 国际服务贸易对经济增长的作用

(1)提高经济运行效率。在既有的投入下，经济运行效率越高，经济增长的速度越快，持续的时间越长。国际服务贸易可以通过以下途径促进经济运行效率的提高：由于外国服务供应者进入本国服务市场，本国企业能够有机会选择价廉质优的服务，提高企业的经济效率；通过进口经济发展急需而本国又不能满足要求的生产性服务，解决生产发展与服务业不相适应的矛盾；在服务贸易对外开放的情形下，外国服务企业的竞争将迫使本国服务企业向国际先进水平看齐，努力降低成本，提高质量，增强竞争能力，提高本国服务企业自身的经济效率，并通过其自身的发展促进整个国民经济效率的提高。

(2)促进技术进步，主要表现在三个方面：通过技术进口，获得国外先进技术；国际竞争的压力迫使国内的服务企业加快技术进步以提高竞争力，并由此带来其他部门的技术进步；外国服务提供者提供技术性服务，促进国内的技术进步。

(3)促进产业结构升级。经济增长与产业结构密切相关，如果产业结构僵化、落后，经济增长将失去活力和可持续性。国际服务贸易能够带来产业结构升级所需要的技术、观念、管理和人才等要素，从而为经济增长带来新的源泉。

(4)增强经济增长的稳定性。相对于其他产业而言，服务业及服务贸易的发展具有较强的稳定性。在WTO的框架下，国际服务贸易所受的保护措施、保障条款的不利影响将比产品贸易所受到的类似不利影响要小。同时，国际服务贸易的发展还能通过对其他产业的影响如促进产业升级、改善信息流通等，增强其他产业发展的稳定性，增强经济增长的稳定性。

(五)国际服务贸易自由化及其经济效应分析

1. 国际服务贸易自由化的内涵

国际服务贸易自由化是指一国政府在对外贸易中，通过立法和国际协议，对服务和与服务有关的人、资本、货物、信息等在国家间的流动，逐渐减少政府的行政干预，放松对外贸易管制的过程。

与国际货物贸易自由化一样，国际服务贸易自由化也是一个以世界市场经济的形成为前提，以生产社会化程度的提高及社会分工的深入和扩大为背景，以国际经济贸易行为为基础，以实现资源的合理、优化配置和获取最佳的经济效益为目的,以政府对贸易的干预弱化为标志的发展过程。所谓国际服务贸易自由化就是要使各国取消服务贸易壁垒,最大限度地实现服务的国际间自由交换。

由此我们可以看出,国际服务贸易自由化既是一个状态,更是一个过程。它是指各国对服务进出口贸易不加以干涉和限制的状态,同时也是一国对服务贸易逐步放松管制、减少干预的发展过程。所以,国际服务贸易自由化不是绝对的自由化,而是向着自由化发展的一个过程。

2. 国际服务贸易自由化的表现

国际服务贸易自由化的趋势,最早可以追溯到 20 世纪 50 年代,欧洲经合组织在成员国内部推行并完善了《无形贸易自由化法案》。20 世纪 70 年代起,面对巨额的货物贸易逆差和同样巨额的服务贸易顺差,美国开始积极推进服务贸易的自由化。1986 年,服务贸易被正式列为新一轮乌拉圭回合的谈判议题;1993 年,《服务贸易总协定》达成;1995 年,该协定正式投入运作。GATS 的签署和实施是国际多边贸易体制推动服务贸易自由化的一个重大突破,它为参与服务贸易的国家提供了服务贸易国际管理和监督的约束机制,为服务贸易的发展创造了一个稳定的、具有预见性的、自由贸易的法律框架,服务贸易逐步自由化的原则为世界各国所接受,国际服务贸易获得了一个崭新的发展空间。

服务贸易自由化趋势是世界经济全球化趋势不断发展和各国经济相互依存日益加深的具体反映。目前服务贸易自由化趋势可以概括为以下几方面:一是服务贸易自由化在国际多边贸易体制推动下逐步扩展;二是各国做出的服务市场准人的承诺推进了服务贸易的自由化;三是各国服务贸易壁垒有所降低,服务业国际化程度逐渐提高;四是为发展中国家参与服务贸易自由化提供了基础。

3. 国际服务贸易自由化是否符合本国利益——弗·布格斯模型

开放服务贸易无疑会对一国服务部门的发展带来好处,如将外国竞争者引人本国市场给本国服务提供者带来了革新和提高效率的压力,这是本国服务部门发展和国民收入增长的动力。另外,竞争使服务价格降低,并有助于服务提供者实现更广泛的规模经济和在其拥有比较优势的部门提供更为专业化的服务等。这些都是本国服务部门进一步发展的潜在源泉。弗·布格斯(1995)运用数理模型的方法分析了服务贸易自由化与一国国民福利之间的关系。

(1)弗·布格斯模型的含义。弗·布格斯将服务贸易自由化定义为服务要素流动的自由化,即服务的提供需要本国的服务要素和他国可流动的服务要素的共同投入。这实际上主要是指服务贸易中的商业存在和自然人流动两种方式,因为跨境提供主要是服务产品的流动,涉外服务则是消费者的流动。他认为服务生产、消费和交易的同时性使服务产品不具有跨越国境的可贸易性,而只存在服务要素的跨国流动。当然我们看到其定义范围是有局限的,事实上服务的直接跨境提供和涉外服务不仅大量存在,而且已构成《服务贸易总协定》对服务贸易定义的组成部分。但商业存在毕竟还是当今国际服务贸易最主要的提供方式。

在弗·布格斯模型中,经济由商品和服务部门构成。假定两部门都是完全竞争的,并有固定的规模收益率。两部门各使用两种要素:一是劳动力,其总供给量是固定的,但可在两部门中流动;二是两部门各自所需要的特定要素,如资本或具有高度技能的劳动力。特定要素在短期内供给是固定的，而从长期看，如果不存在贸易壁垒，在一定的使用费率上特定要素完全可在国际间流动。

弗·布格斯模型指出，如果服务要素的流入对产品部门的特定要素具有互补作用，国民经济就受益；如果服务要素的流入与产品部门特定要素之间具有互替性，经济则会受损。事实上，分析两者的关系在很大程度上取决于服务部门特定要素的性质。服务部门范围广泛，其特定要素在各个具体领域也有所不同。①在有的部门，这种特定要素主要是资金，如银行、保险、证券服务部门等；在有的部门，特定要素主要是具有特殊技能的人员，如律师、会计师、医师、建筑师的服务及管理、投资等咨询服务；②有些部门的特定要素主要为自然景观或人文景观，如旅游业；③一些部门的特定要素则是资金、技术、设施、具备专业技能的人员的综合，如航空服务业。

(2)弗·布格斯模型的政策建议。在特定要素是资金的情况下，分析服务要素流入对产品部门特定要素的作用格外重要。对于资金短缺、服务业落后的国家(如大多数发展中国家)来说，允许作为服务要素的资金从国外流入对产品部门特定要素的增长具有促进作用，至少互替作用是很微弱的。尤其在商业存在方式的对外开放中，外国服务提供者提供资金(资金金额大小因其所从事的行业而不同)是设立商业存在的前提之一，且投资设立商业存在可增加当地的就业，甚至有助于提高当地劳动力的素质及增加当地劳动力的收入，这些都有扩大产品需求的效应，对产品部门特定要素的增加也有拉动作用。

在特定要素为专业人员的服务部门，也不会因开放该要素流入而使产品部门的特定要素减少。因为作为产品部门特定要素的专业技术人员与服务部门的专业技术人员是不可替换的，两者的业务技能、专业知识大相径庭。对服务落后的国家来说，外国服务要素的流入还会对产品部门的良好运作带来潜在的好处，为其创造更好的经营环境。例如，外国律师所提供的法律服务、会计师所提供的会计、审计、税务服爹等对产品部门的出口、融资、日常业务处理和进行国际经济合作等都会有很大帮助；同时也有利于产品部门特定要素的增长，使产品部门在获取资金、先进设备、改进技术及培训专业技术人员等方面渠道更畅通。并且，引进外国专业人员的服务，该特定要素的使用费(即外国专业人员的收入)将有相当部分在本国花费，不能全部汇回，在产品部门特定要素与服务部门特定要素不存在互相排斥的情况下，开放服务贸易就更有可能对国民福利带来好处。

在特定要素为自然、人文景观的服务部门推行开放措施显然与产品部门的特定要素不会存在互替关系。产品部门特定要素的增减基本上不影响景观的存在。如果资金的分配对两部门的特定要素有影响，如维护和开发景观需要有一定的资金投人，开放该服务部门、引进外资可解决资金不足的问题。此外，开放措施还将使外国投资的旅游服务设施增加，从而提高本国景观的利用率和旅游业收入，增加当地就业。

在特定要素为资金、技术、专业技术人员等综合服务部门进行开放、引进国外要素，也会对产品部门特定要素产生积极影响。如在航空服务领域，机场、飞行区等基础设施建设和运力增加、航线增多本身就对相关产品部门(钢材、建筑材料、飞机及零部件)的发展有巨大的促进作用，不仅为其产品提供了需求，更主要的是外国服务要素——资金、技术、设备和专业人员的流入会使与航空运输业紧密相关的产品部门更容易获得所需的特定要素。

尽管以上分析主要基于商业存在和有限的自然人流动方式的服务贸易，但结合我国目前的服务贸易开放主要集中于商业存在，弗·布格斯模型带给我们的启示是很有意义的，特别是从当前我国失业率高、服务贸易投资不足的状况分析，进一步开放服务贸易将有利于整体经济的发展。根据以上模型，我们也看到虽然开放服务贸易从长远来看可使国民经济获益，但短期内外国要素拥有者将获得直接利益，尤其是金融、旅游饭店、零售等领域。

值得注意的是，弗·布格斯模型将服务贸易自由化定义为要素流动的自由化，因而没有充分分析服务产品流动和消费者流动这两种服务贸易自由化的方式，而事实上随着通信和计算机技术的发展，跨境提供方式的服务贸易将更为常见，如网上提供服务正在以前所未有的速度发展。由于跨境服务和境外消费方式是直接以本国资金支付外国服务，其对产品部门特定要素的影响是负面的，可能会使产品部门的资金减少，而很难论证其对产品部门特定要素具有互补作用。况且这两种方式的服务贸易自由化会使本国的服务提供者面临更大的竞争压力，政府来说则难以实施有效的监管措施，也无法获取税收收入，显然对本国的不利影响居多。

4.国际服务贸易自由化的正负经济效应

国际服务贸易的生产中包含三种要素：体力、人力资本和实物资本。这三种要素决定了服务贸易价值的大小，从而也决定了某个国家在这种服务项目上有无优势。由于不同服务使用的要素组合不同，以及服务部门的多样性，它涉及的范围从高技术行业（如信息、数据处理服务）到简单的劳动力输入与输出，这就使发展程度不同的国家都可能在某些服务项目上拥有比较优势。

(1)服务贸易自由化的正效应分析。理论界对服务贸易研究表明，服务贸易自由化能更好地反映其带来的实际经济效应。服务贸易自由化有以下几个主要的经济效应。

①规模经济效应。规模经济效应原理对于服务贸易同样适用，从而成为服务贸易自由化的动态正效应之一。美国经济学家保罗·克鲁格曼指出，规模经济效应与国际市场不完全竞争相联系的国际产品差异可以更好地解释增长迅速的工业国与相同产业之间的贸易，这种情况在国际贸易服务领域更加明显。而且规模经济占主要地位时，从生产规模化和产品多样化中获得的贸易利益会超过常规的比较利益，成为贸易利益的主要来源。服务贸易自由化会有效地消除制约规模经济实现的因素；服务贸易自由化可以使国内市场和国际市场连为一体，服务的提供可以突破国内市场的局限，以国际市场为依托来安排其提供的规模和方式；服务贸易自由化会强化竞争，淘汰低效的服务提供者，消除垄断形成的高利润，有利于消除国内市场的拥挤状态，提高国内服务业的规模，实现规模经济效应。

②竞争优势效应。服务贸易自由化可以促使各国的服务业在激烈的国际市场竞争中，改善经营管理，加快技术进步和技术创新，加强市场开拓，强化企业竞争观念、市场观念和人才观念，使企业更加重视人才和人力资本投资，推动服务部门专业化程度的提高，从而促进服务部门技术标准化和服务综合化程度的提高，提高厂商乃至贸易国的竞争力。

③经济刺激效应。服务贸易自由化可以产生提高经济效率、促进经济增长的刺激效应，如竞争意识的形成，新技术、新知识的获得，提高专业化的程度，引进制度和态度方面的转变等。这些对经济的刺激效应，可以提高潜在的生产力，促进经济发展。

④经济资源充分利用效应。服务贸易自由化对发展中国家有着重要的意义。一方面，发展中国家缺少作为基础设施的服务部门和教育服务，因此应该通过服务自由化扩大此类的进

口,补充国内相关部门的不足;另一方面,发展中国家国内市场有限,一部分生产能力和生产资源未得到充分利用,可以利用这部分资源来扩大出口。因此,服务贸易自由化在总体上可以使发展中国家充分利用经济资源,提高国内的福利和消费水平。

⑤学习效应。服务贸易自由化会促进对国外先进的技术、经验、管理方法的引进和学习,从而降低服务业的成本,提高效率;可以形成强大的竞争压力和优胜劣汰机制,强化学习的动机和机制,而且服务贸易自由化可以有助于国内的服务业形成适当的生产规模,更有利于学习效应的发挥。

(2)服务贸易自由化的负效应分析。总的来说,负效应包含以下几个主要方面。

①阻碍国内服务业发展效应。服务贸易自由化大大加剧了国际上的竞争,使任何一国的服务业不仅面临的是国内竞争,而且是激烈的国际竞争,而且再不能通过国家的保护来谋求竞争优势。国内市场的开放使国内的服务业面临着国外的严重挑战,这种挑战会压缩国内的市场空间,影响国内服务业的发展和扩张。

②危害国家安全效应。服务贸易的内容十分广泛,包含了金融、保险、旅游、运输、建筑、专业服务、信息通信服务等,其中许多内容科技含量很高,或是对国民经济的发展起到至关重要的作用。服务贸易自由化使一些发展中国家对外完全开放这些领域的市场,发达国家凭借自己技术和资金的优势很快能进入甚至操纵这些国家的一些服务行业,不利于国家安全。

③国际收支恶化效应。随着服务业在三大产业中的比重越占越大,服务贸易在国际贸易中的比重不断增大,其发展影响国际收支的作用也不断增强。而且服务贸易还会影响国际收支资本项下额度的变化。服务贸易自由化无疑对发展中国家是一个很大的冲击,对于一些需要进口大量服务的发展中国家来说,国际收支的恶化也是一个不可忽略的负效应。

综上所述,服务贸易自由化的主流经济效应体现为正效应,而事实也说明,服务贸易自由化程度较高的国家的确能够促进其整个经济的发展,因此实行服务贸易自由化是必然的趋势。对于强调负效应的发展中国家来说,应该通过适当的政策配合来缓解自由化带来的负面冲击,但是不应因此采取绝对化的手段阻碍整个世界服务贸易自由化的进程。

第二节 国际服务贸易的产生与发展

一、对外服务贸易产生的条件

国际贸易是在一定的历史条件下产生的。随着人类社会生产力的发展,出现分工和不同的产品占有,又有可供交换的剩余产品的存在,这样就产生了商品生产和商品交换的经济现象,也相应产生了为实现商品交换的场所——市场。随着人类社会生产力的发展,社会分工进一步扩大,商品生产和商品交换必然超越出一国的界限,产生对外贸易。

在原始社会初期,人类处于自然分工状态,生产力水平极其低下,人们只能依靠共同劳动获取极为有限的生产资料,在氏族部落成员之间进行平均分配,没有剩余产品和私有制,也就没有商品生产和商品交换,更谈不上什么贸易行为。

人类历史上的三次社会大分工，一步一步地使贸易产生的必要条件得以满足。人类社会的第一次大分工，是畜牧业和农业之间的分工，它促进了生产力的发展，使产品有了剩余，在氏族公社的部落之间出现了剩余产品的交换。人类社会的第二次大分工，是手工业从农业中分离出来，由此而产生了直接以交换为目的的生产——商品生产。商品生产和交换的不断扩大，产生了货币，产品交换逐渐演变为以货币为媒介的商品流通。这些直接导致了第三次社会大分工，即出现了商业和专门从事贸易的商人，原始社会末期出现了阶级和国家，商品流通超出国界，产生了对外贸易，但对外服务贸易不只是作为其附属的经济活动。

二、现代服务业和服务贸易的兴起

三次产业的概念是澳大利亚经济学家费希尔于1935年在《安全与进步的冲突》一书中首次提出的；此后，英国经济学家、统计学家科林·克拉克(C.G.Clark)1940年在《经济进步的条件》一书中，系统地分析了三次产业分类法，用发达国家的历史数据总结出伴随经济进步而产生的劳动力就业结构的演进规律，从而开拓了产业结构理论应用性研究的领域，使三次产业分类法得到广泛的普及。克拉克认为，“经济规律是从比较观察中总结出来的，而不是从事先假定中演绎出来的”。他认为存在所有国家在经济进步过程中具有一般性的规律，这个规律就是：“劳动人口由农业移到制造业，再从制造业移向商业和服务业。”由于克拉克在阐述该定理时引证了配第早在1691年所发现的相关规律，该定理被文献指为配第-克拉克定理。配第-克拉克定理为后来的许多经济学家的研究所证实。1957年，克拉克在《经济进步的条件》第三版一书中，又以“服务性产业”代替“第三产业”这个术语，并在书中明确地将产业结构划分为三大部门。第一产业部门以农业为主，包括畜牧业、游牧业、狩猎业、林业、渔业；第二产业以制造业为主，包括矿业(克拉克认为，矿业是两可的部门，也可以包括在第一产业)。其余的经济活动统统被称为“服务性产业”。

纵观历史，服务贸易与货物贸易是同时兴起的，例如货物贸易就伴随着对运输、保险、通讯等服务贸易的需求，然而早期的服务贸易缺少产业基础，是比较单一的。随着各国第一、第二产业水平的不断提高，逐步认识到加快服务业发展对国民经济具有重要的战略意义，因此以服务业为主体的第三产业得到了较快发展，服务贸易规模不断扩大，涉及的领域逐步拓展，呈现出良好的发展前景。第二次世界大战以后，由于经济生活和国际分工的纵深发展，促进了国际服务贸易规模日益扩大和交易额的急剧上升，使服务贸易的增长速度远超过货物贸易的增长，特别是由于高新技术的日新月异，使许多过去无法作为贸易对象的技术和信息成果，如今均可转化成为国际服务贸易的内容，从而使国际服务贸易的种类不断增加，内容和范围不断扩大。

服务贸易作为世界贸易的组成部分，发展尤为迅速。进入20世纪90年代后，服务贸易由原来作为货物贸易的补充一跃成为独立重要的贸易方式，并成为各国贸易竞争的新领域。目前，发达国家在世界服务贸易中占绝对优势，尤其是在金融、电信、设计咨询、软件开发等知识密集型领域更是胜出一筹。未来世界服务贸易将会如火如荼地发展。

由于WTO的推动作用和各国经济相互依赖的加强，未来区域内服务贸易的自由化将与多边贸易体系下的服务贸易自由化并行发展。当今蓬勃兴起的自由贸易区就是如此。

以科学技术为基础的知识经济正深刻地改变着世界，信息和通信技术在知识经济的发展过程中处于中心地位。以知识经济为核心的新的服务贸易方式和贸易产品方兴未艾，将成为未来贸易的重要内容。不仅如此，现代农业和制造业也呈现了“业务服务化”趋势。

当代信息技术的发展使电子商务成为新的贸易方式。这种方式不受地域和时间的限制，并且可以全天候地进行，节省了大量贸易成本。电子商务不仅能加快信息的反馈速度，降低成本，提高服务贸易运作效率，而且在激烈的市场竞争中还可以提供更有利于企业的服务贸易机会和条件。信息技术和信息化手段已成为世界服务和货物贸易分工发展的加速器、提高贸易效益的裂变器。进入21世纪，通过无纸贸易达成的交易额已达到数千亿美元。以知识经济为特征，包括信息、金融、技术和专业等在内的知识性服务业和服务贸易将逐渐成为贸易的主要内容。在未来贸易中的比重将会越来越大。知识经济的发展使服务贸易的发展如虎添翼，在全球贸易中的地位愈来愈重要。

在贸易和投资的自由化趋势下，服务业成为全球对外直接投资最主要的行业，市场竞争日趋激烈。经济全球化迅速发展，并体现为贸易、投资和金融的自由化。这同时也是WTO的宗旨和努力方向。在未来若干年内，WTO在监督实施乌拉圭回合协议的基础上将继续进行有关服务贸易领域的后续谈判，还将对投资、竞争、环境、政府采购、贸易促进及劳工标准等新议题进行谈判，并制定出相应的规则。

全球服务外包发展趋势日益明显，并展示出交易规模扩大、业务范围拓宽、离岸方式强化的特点。全球服务外包具有以下特点：

(1)全球产业布局基本形成，发包方与接包方集中度较高。随着经济全球化的发展，欧美国家产业转移速度加快，越来越多的服务外包以离岸的方式进行。目前，以美、欧、日等发达国家作为主要发包国，发展中国家中的新兴经济体作为主要接包国的全球离岸服务外包格局基本形成。

从发包市场看：服务外包发包方市场主要集中于北美、西欧和日本，总量约占全球的95%左右，其余国家所占比重仅为5%。美国是全球第一大IT服务需求市场，占有全球三分之一以上的市场份额，日本的IT服务市场排在全球第二位，占到了14%。西欧共占到了31%。亚太地区则占到了7%。从离岸业务角度看美国的份额超过50%，为最大的服务外包发包国。

从接包市场看：越来越多的发展中国家已经认识到发展服务外包对推动本国产业结构调整、技术升级换代以及拓宽就业渠道的重要作用，纷纷立足政治经济稳定、人力资源基础技术完善、工资水平较低等自身优势打造错位发展格局。目前，印度、爱尔兰、加拿大、东欧、菲律宾等东南亚国家以及中国是离岸外包的主要承接国，占到全球的94%左右。

(2)信息技术及网络技术的发展使服务外包所需的技术知识水平提高，全球知识型服务外包兴起。许多公司不仅将数据输入、文件管理等低端服务转移，而且还将风险管理、金融分析、研发等技术含量高、附加值大的业务外包出去。

(3)参与的国家、企业等群体增多。目前服务外包不仅局限于发达国家和一些大公司，许多发展中国家和一些中小企业甚至个人，为了降低成本也将部分业务外包出去，外包的客户范围不断延伸。与此同时，外包的承接国家也越来越多，一些发展中国家纷纷参与到承接国际服务外包的行列中来，如印度、中国、俄罗斯、韩国、菲律宾、泰国、越南、柬埔寨、马来西亚、委内瑞拉、孟加拉国等。

三、国际服务贸易的发展

(一)国际服务贸易的发展阶段

依据第二次世界大战后国际服务贸易发展过程的不同特征,可将其发展分为三个阶段。

第一阶段,作为货物贸易附属地位的服务贸易阶段(20 世纪 70 年代之前至 1970 年)。这一时期,世界各国还未意识到服务贸易作为一个独立实体的存在,在实际经贸活动中,服务贸易基本上是以货物贸易附属的形式进行,如仓储、运输、保险等服务。因此,当时尽管事实上存在着服务贸易,但独立于人们的意识之外,所以对服务贸易缺乏具体的数量统计。

第二阶段,服务贸易快速增长阶段(1970—1994 年)。大部分服务曾被认为是不可能“输出”的,随着技术、运输、通信的发展和管理的缓和,过去认为不可能输出的服务也变为可能输出了。从 20 世纪 70 年代起,世界贸易中服务贸易出现迅速增长的势头。根据世界银行等国际组织的统计资料分析,1992 年世界货物贸易额约为 36 400 亿美元,而服务贸易额就达 10 000 亿美元,约占货物贸易额的 21%。1992 年服务贸易的年增长率为 12%,大大高于货物贸易 6%的年增长率,说明世界贸易正在向服务贸易倾斜。为了更好地反映国际贸易中货物贸易和服务贸易的情况,世界银行的国际收支表也做了调整,把经常项目下的服务贸易收益同投资收益明确区分开,服务贸易由原来的 4 种,扩充为运输、旅游、通信、建设、保险、信息、专利、业务、娱乐、政府等 11 种,原来放在运输内的货物保险,单独作为保险列出。资本项目增加了财务项目、直接投资、证券投资等,被列在财务项目下,其中证券投资增加了金融市场商品、金融派生商品。世界贸易中服务贸易的增长主要集中在美国、法国、英国、日本和德国等发达国家。1992 年服务贸易在贸易总额中的比率,在输出方面,美国、法国和英国超过 20%;在输入方面,日本和德国超过 20%。美国货物方面的国际竞争能力在减弱,而服务贸易的赤字额从 1968 年起急速扩大,1992 年约占货物贸易赤字额的 60%,70 年代后期至 80 年代,美国服务领域的各项限制有了很大的缓和。由于政府介人缩小,促进了民间的竞争。在金融、航空、信息、通信等领域,还波及日本、德国等其他发达国家的自由化过程。

第三阶段,服务贸易在规范中向自由化方向发展阶段(1994 年以来)。1994 年 4 月,规范服务贸易的多边框架体系《服务贸易总协定》签署后,服务贸易的发展进入了一个新的历史时期。服务贸易在高速发展的同时又有一些反复。1994 年和 1995 年,服务贸易的增长速度分别为 8.03%和 13.76%,比同期货物贸易的增长速度略低;但从 19%年以来,服务贸易和货物贸易几乎处于同步增长并略高于货物贸易的增长速度。《服务贸易总协定》的签署不仅规范了服务贸易的发展,还大大促进了货物贸易的发展;不仅给服务贸易以较为准确的定义,还规范了服务贸易的统计范围,使其成为国际贸易活动的三个组成部分之一,即货物贸易、服务贸易和技术贸易。

(二)国际服务贸易发展的特征

20 世纪 70 年代以来,国际服务贸易发展迅速、规模不断扩大,这种迅速发展的趋势一直延续至今。据世界贸易组织统计,1970 年世界服务贸易额 640 亿美元,1980 年达到 3 830 亿美元，增长了近5倍；1990年达到8 490亿美元，翻了一番多；1992年首次突破万亿美元；2000年达到14 354亿美元；2008年达到7.2万亿美元。服务贸易在整个国际贸易中所占比重，在70年代和80年代约占1/5，进入90年代后则增至1/4。在今后二三十年内，服务贸易在整个国际贸易中的比重大约每年提高1%，预计到21世纪30年代，服务贸易的比重将与货物贸易的比重大体相当，甚至超过货物贸易的比重，成为国际贸易的主要对象和主要内容。近年来，国际服务贸易发展的特征有以下几方面。

1.服务贸易地区发展不平衡

国际服务贸易的格局随着经济、科技的发展不断变化。世界经济的不平衡性决定了服务贸易的不平衡性。美国是当今世界最大的服务贸易国。从单个国家来看，自1981年起，美国的服务贸易出口取代法国跃居世界首位，并一直保持至今。按国家类型来看，服务贸易大国都是发达国家，出口前10位的几乎都是发达国家(表6-1)。

表6-1　2016年世界货物进出口总值排行表

排名		国家地区	进出口总值(亿美元)			进出口总值占比(%)		
2016	2015		2016	2015	变化%	2016	1015	变化百分点
		世界	321 800.00	332 320.00	−3.17	100.000	100.000	…
1	2	美国	37 059.58	38 178.73	−2.93	11.516	11.489	0.028
2	1	中国大陆	36 855.92	39 530.34	−6.77	11.453	11.895	−0.442
3	3	德国	23 945.38	23 781.57	0.69	7.441	7.156	0.285
4	4	日本	12 518.60	12 727.69	−1.64	3.890	3.830	0.060
5	7	法国	10 742.85	10 791.87	−0.45	3.338	3.247	0.091
6	6	荷兰	10 731.20	10 829.26	−0.91	3.335	3.259	0.076
7	8	中国香港	10 640.70	10 698.17	−0.54	3.307	3.219	0.087
8	5	英国	10 451.59	10 865.23	−3.81	3.248	3.270	−0.022
9	9	韩国	9 016.18	9 632.55	−6.40	2.802	2.899	−0.097
10	10	意大利	8 659.69	8 684.90	−0.29	2.691	2.613	0.078

2.技术型服务项目远超传统服务项目

通信、广告、设计、咨询、技术信息等新型服务贸易的发展速度远远超过旅游、运输等传统型服务贸易。特别是信息技术、网络等新兴产业的出现，更大大促进了新型服务贸易的发展。

WTO资料显示，在其他商业服务中，增长最快的是计算机和信息服务，2010—2015年间年均增长17%，其次是保险服务增长14%和各类专业服务(Other Business Services)增长13%。其中，各类专业服务是最活跃的部门，2015年的贸易额为5 950亿美元，占当年其他商业服务总额的一半，所不同的是，在美、欧国家，涉及法律、会计、管理、咨询和公共关系等服务占各类专业服务的75%～80%；而在亚洲地区，涉及货物和与货物有关的专业服务最为突出，其中日本、中国大陆、香港地区和新加坡就占了亚洲地区这类服务的72%。

3.发达国家生产性服务贸易增长较快，而发展中国家劳务贸易发展较快

发达国家的金融服务、通信、知识产权贸易等发展迅速，而发展中国家建筑工程承包、劳务输出发展迅速。

在发达国家，生产性服务业在整个服务业中的比重超过60%，其发展速度也明显快于消费性服务业，特别是金融、保险、物流、运输、信息、商务服务发展最快，1980—2014年，全球服务贸易规模从3 600亿美元扩大到21 000亿美元，增长了近5倍，增长的主要是生产性服务业。以我国为例，从2001年到2014年，中国服务贸易总量从719亿美元增长为6 043亿美元，增长了8.4倍。其中，服务贸易进口额和出口额分别从2000年的390亿美元、329亿美元增长到2014年的3 821亿美元、2 222亿美元。进口额年均增长率为17.8%，出口额年均增长率为15.8%。

四、国际服务贸易发展的原因

（一）客观原因

服务贸易的发展并不是一朝一夕的结果，它是生产力水平发展到一定阶段的必然要求，服务贸易发展的原因有以下几点。

1.服务业在各国经济中的地位上升

服务贸易的迅速发展反映了服务业交换的扩大，这自然也是服务业在国民生产总值或国内生产总值比重上升的客观反映。20世纪80年代以来，无论是发达国家还是发展中国家这一比值都有不同程度的提高。因此，随着各国国民经济服务化的加强，国际间相互提供的服务也日益活跃起来。

2.国际分工的深化与发展

许多服务行业从制造业分离出来形成独立的服务行业，其目的是应付国内和国际市场上激烈的竞争，如知识密集型服务日益起着把技术进步转化为生产能力和国际竞争力的作用。在生产的各阶段不断出现对专门服务的需求。在生产的“上游”阶段，要投入的专门性服务有可行性研究、风险资本、产品概念与设计、市场研究等。在生产的“中游”阶段，有的服务与商品生产本身相结合，如质量控制、设备租赁、后勤供应、保存和维修；有的服务与生产并行出现，如公司运行需要的会计、人力资源管理、电信、法律、保险、金融、安全、伙食供应等专门服务。在生产“下游”阶段，需要广告、运输、销售、人员的培训等服务。这样，一家生产企业在世界市场上保持竞争地位的关键是对“上游”“中游”和“下游”三个阶段服务的反馈。

此外，服务已成为产品增值的主要来源之一。生产“下游”阶段的服务既有助于竞争能力的提高，又是产品增值的来源之一。在当今世界市场上，影响资本和消费品竞争地位的主要因素是服务的支持，如产品或服务一揽子协议使顾客难以离开供应者，使新供应商难以进入该产

品领域。高技术产品的出口刺激了知识密集型服务的出口,反之亦然。例如,资本货物的出口伴随着咨询服务的出口,而飞机的出口导致训练和维修协议的达成。

3.经济服务化

经济服务化从宏观上讲,是指服务业成为国民经济的主要部门,一是劳动者在各产业部门间的分布,服务业的比重超过农业和工业;二是各产业在国民经济总值中的比重的变化。

从微观上讲,经济服务化则是指工农业生产过程中服务的投入或者软件的投入比重加大。这种情况在制造业最为明显,所以有的人称之为经济柔性化。在实物生产过程中,各种物资的投入为硬件,而技术、信息、知识及其投入则为软件。

4.跨国公司的迅速发展加强了服务的国际化

跨国公司的迅速发展,提高了服务国际化的速度。信息技术的发展使投资者更快捷地获得外国市场的信息,实现规模经济。许多跨国公司在金融、信息和专业服务上都是重要的供应者,面向全球出售服务。

5.国际服务合作的扩大促使服务贸易扩大

国际服务合作是指拥有工程技术人员和劳动力的国家和地区,通过签订合同,向缺乏工程技术人员和劳动力的国家和地区提供所需要的服务,并由接受服务的一方付给报酬的一种国际经济合作。国际服务合作主要有以下几种方式:①承包外国各类工程。②各种技术性服务出口或生产技术合作。③向国外出租配有工作人员的各种大型机械。④向国外提供咨询服务。这种经济交往,一方面有利于服务输人国的经济发展,另一方面也有利于服务出口国的经济效益和科学技术水平的提高。国际服务合作已成为世界各国进行国际交往的重要方式和内容。

6.旅游业的发展加速了世界服务贸易的扩大

第二次世界大战以后,旅游业的发展速度超过了世界经济中的许多部门,成为蓬勃发展的行业。1970 年以来,国际旅游业成为仅次于石油和钢铁工业的第三大产业。1980,年国际旅游总收入 925 亿美元,出国旅游人数 2.85 亿人次;2007 年,全球旅游收人已达 8 000 亿美元,国际跨境旅游人数达到了 9 亿人次。发展到现在,世界旅游城市联合会委托中国社会科学旅游研究中心完成的《世界旅游经济趋势报告(2018)》(以下简称“报告”)显示,2017 年全球旅游总人次和全球旅游总收入保持强劲增长势头,成为全球经济增长的重要动力。报告显示,2017 年,全球旅游总人次快速增长,达到全球人口总规模的 1.6 倍。全球范围内,参与旅游的群体不断扩大,旅游消费已然成为全球民众的重要生活方式;全球旅游总收入超过 5 万亿美元,相当于全球 GDP 的 6.7%。旅游对于推动全球经济增长的作用更加明显;全球旅游总人次和旅游总收入的增速均超过 2016 年,分别增长 6.8%和 4.3%,全球旅游经济进入快速增长期,且旅游消费水平不断提高;2017 年全球旅游总收入和旅游总人次增速持续高于 GDP 增速。

7.科学技术促进了服务贸易的繁荣

科学技术自身也是服务贸易的主要内容之一。科学技术在经济发展中的作用日益明显，各国为了增强自身的国际竞争力纷纷加强了研究和开发投入，并积极从国外购买先进技术，国际间的技术贸易已成为服务贸易的重要内容之一，如专利、咨询、金融工程等服务。

科学技术的发展产生了众多的新型服务部门。国际因特网和电子数据交换技术的发展创造了电子商务这一崭新的服务部门。

科学技术的发展改变了原有的服务的性质，使得越来越多的以前“不可贸易”的服务变成“可贸易”的服务。例如，原来不可贸易的知识、教育服务，现在可以储存在光盘中以服务产品的形式交易。

科学技术的发展促进了劳动要素在国际间的流动。科学技术的进步大大缩短了时空距离，促进了服务人员的过境移动。特别是第三次科技革命，加速了科技人员和其他服务人员的国际流动。

8.需求方面的原因

服务产业的发展，一般是从满足生产的需要开始，即围绕实物产品的生产和流通提供服务，然后扩展到为人们的生活服务。服务产业的产生源自商业，接踵而来的是运输业、旅游业、餐饮业、人员流动服务。随着人们生活水平的提高及服务领域的细化，使得人们对服务需求快速增长。根据马斯洛的需求层次理论，人的最浅层次的需求是和物质产品有关的生理需要，在满足了低层次的需求后，人开始产生其他和服务有关的安全、社会尊重和自我实现需求。就像《又一次革命》一文中所说，到2010年，服务经济将进入全盛时期，届时在美国经济结构中服务业将占到国内生产总值的90%，而制造业仅占10%。2015年，休闲型服务企业从酒吧、录像厅到歌剧院所创造的产值将占到美国国内生产总值的50%。

9.解决就业和平衡国际收支的需要

根据上述数据显示，服务业无论是过去、现在或将来，在各国都是作为吸纳劳动力人数最多的一个产业，也是各国创造中高收人阶层的一个产业。服务业的迅速发展和新型服务部门的出现，解决了各国大部分劳动力的就业。同时许多国家通过服务的输出，获得巨大的外汇收入，缓解了货物贸易逆差对经济造成的不利影响，有利于改善国际收支平衡。

（二）影响因素

人们对国际服务贸易有不同的理解。按照传统的观点，国际服务贸易被视为服务的进出口，这是一种跨境贸易的概念。按照《服务贸易总协定》的观点，国际服务贸易还应包括由商业存在——简单地说，就是属于服务业的外国直接投资企业——所完成的贸易。由于目前除美国外各国尚未公布关于服务贸易定义的数据，因此本书所采用的仍是传统的跨境贸易的概念。

出口方是服务的供给者，进口方是服务的需求者。因此，服务贸易的发展是由对服务的供给和需求所决定的，国际服务贸易的宏观分析框架就是识别影响国际服务贸易的供给和需求的宏观变量。

1. 影响国际服务贸易供给的宏观变量

一个国家或地区向国际市场提供服务的能力直接受国内服务业发展水平的影响。服务区别于货物的一个显著特点在于生产者与消费者有很大程度的互动，换言之，服务生产过程在很大程度上影响消费者对服务的最终结果的评价。因此，国内服务业发展水平高的国家或地区积累了丰富的服务生产经验，能够高效率地提供顾客满意的服务，在国际市场上的竞争力也会较强。

根据波特的“国家钻石”理论，一个国家或地区向国际市场提供服务的能力还受国内服务需求的影响。国内服务需求越高，越能推动国内服务业的发展，从而向国际市场提供服务的能力也越强。但是，国内服务需求大也可能导致另一个结果，即服务对象主要在国内，出口动机受到抑制，尤其是国内经济规模大的国家更可能以内需为主。

一个国家或地区向国际市场提供服务的能力还受其自身货物贸易能力的影响。一方面，许多服务贸易是伴随着货物贸易而发生的，如国际货运服务、保险服务、进出口信贷服务和维修服务等；另一方面，根据波特的理论，跨国商务活动是产业国际竞争力的重要影响因素，在货物出口市场上领先的国家或地区积累了丰富的国际商务经验，有助于顺利开展国际服务贸易。

2. 影响国际服务贸易需求的宏观变量

一个国家或地区对国外服务的需求直接受国内服务需求的影响。服务需求主要来自两个方面：一是生产的需求，即生产者需求；二是消费的需求，即消费者需求。生产者需求受国内经济规模的影响，国内经济规模越大，对生产者服务的需求越大；后者受收人水平的影响，收人越高，对服务的消费需求越高。

一个国家或地区对国外服务的需求还受国内服务业发展水平的影响。如果国内服务生产足以满足国内需求，则对国外服务的需求就低。

同样，一个国家或地区对国外服务的需求还受它对国外货物的需求的影响，原因在于许多货物进口会引发相应的服务进口。

五、国际服务贸易的发展趋势

经济全球化首先表现为贸易与市场的全球化，各国的商品不仅在本国内，而且在国外与本国及其他国家的竞争者之间进行竞争。这种竞争最初是在有形商品之间展开的，随着经济与贸易的不断发展，进而在无形商品之间展开。贸易的全球化首先是货物贸易的全球化，然后才是服务贸易的全球化。在全球化过程中，服务贸易的发展有其不同于货物贸易的独特趋势。

（一）加速化趋势

自 20 世纪 60 年代以来，由于各国政府逐步放宽了对服务贸易的限制，国际服务贸易得到了迅速发展，1980—2015 年，全球服务贸易出口总值已经从 3 600 亿美元扩大到超越 100 000 亿美元，其间增长了 30 多倍，其增长率不仅高于同期世界 GDP 的平均增长率，而且高于同期世界商品贸易出口额的年平均增长率。服务贸易的增长不但快，而且还有不断加速的趋势，服务贸易在整个国际贸易中的比例在20世纪70年代和80年代约为20%,但在90年代则上升到25%左右。从各国国内的情况来看,服务业在国民经济中的比例不断上升,从20世纪90年代开始,世界产业结构中第三产业的比重就一直在60%以上。

(二)高科技化趋势

随着新一轮科技革命的不断推进及知识经济时代的到来,国际服务贸易也在全球化的过程中呈现出知识化和高科技化特征。目前,国际高科技领域发展最快的是以计算机、通信技术为代表的信息技术(IT)产业,而信息技术产业的发展中心及发展的方向则是软性化的服务。考察服务业的分类目录,就会发现服务业是高新科技产业化的主要领域,在服务业的各子目录中,很多产业都是目前技术水平发展变化最快的行业。由于世界服务贸易以高新技术为载体,服务产业与高新技术产业在当今世界经济中的作用越来越重要。在过去10年中,许多新兴服务行业从制造业分离出来,形成独立的服务经营行业,其中技术、信息知识密集型服务行业发展最快,其他如金融、运输、管理咨询等服务行业,由于运用了先进的技术手段,也很快在全世界范围内扩大。高新科技的发展,不仅使世界服务业的发展不断地高科技化,而且也使很多传统的产业和传统的服务都被高科技手段所武装,金融的电子化、商务活动的电子化、电信业务的数字化都体现了世界服务贸易的高科技化趋势。

(三)非平衡化趋势

世界服务贸易在迅速发展的同时,其不平衡性也不断加强,主要表现在两个方面。

(1)地区间的非平衡性发展。服务贸易的发展是和经济发展的水平紧密联系的,由于经济发展水平的差异,世界服务贸易的发展也呈现出明显的地区性不平衡,世界服务贸易一直是以发达国家为中心而发展的。

欧盟是世界上服务贸易额最大的地区,该地区服务贸易的发展专业化强,与经济的拟合程度高,而且一直是服务贸易的净出口地区,其服务贸易的净出口额占世界的比例一直在40%以上。英国和德国分别为欧盟成员国中最大的服务出口国和进口国。

亚洲地区仅次于欧盟,服务贸易额占世界总额的比例位居第二,占世界服务贸易总额的比例在20%左右,而且,由于中国、韩国、中国台湾、新加坡及中国香港的服务贸易的迅速发展,亚洲地区的比例还在不断上升。但是,由于亚洲地区除日本外大部分是发展中国家和地区,服务贸易的总体发展水平不高,服务贸易中进口大于出口,是服务贸易的净进口地区。

北美地区国家少,虽然服务贸易总量不如亚洲,但由于美国和加拿大都是发达国家,经济与贸易发展水平比较高,因此是服务贸易竞争力较强地区。

从世界服务贸易进出口额的国家排序来看,位居世界服务贸易前列的国家大多是发达国家;从国别构成来看,发达国家占据国际服务贸易的绝对主导地位,占全球服务进出口总额的75%以上,其中,美、英、德三国就占了全球服务贸易总额的30%左右。近年来,发展中国家的服务贸易也出现了较大幅度的增长,发展中国家和地区在国际服务贸易中的地位趋于上升,特别是一些新兴市场经济体。但与发达国家相比,在服务贸易整体规模方面还有相当大的差距,所占份额还相当小。

发达国家与发展中国家服务贸易的不平衡,不仅体现在世界市场的份额上,还体现在发展中国家服务贸易存在大量逆差，而发达国家则有大量的顺差上。由于发展中国家服务贸易的发展远远跟不上本国市场对服务贸易产品的需求，因而存在巨大的贸易逆差。与此相反，发达国家则长期保持服务贸易顺差，作为世界服务贸易超级大国的美国，虽然每年都有巨额的外贸赤字，但在服务贸易上却有大量顺差，是世界上最大的服务贸易顺差国。

(2)部门间的非平衡性发展。服务贸易发展的不平衡性不仅体现在总量方面，而且体现在结构方面。从世界服务贸易的结构比例来看，世界服务贸易的进出口额中，运输服务和旅游服务所占的比重一直在60%左右，而电信、建筑、保险、金融等其他服务所占的比重一般都低于10%(除了其他商业服务之外)。

(四)结构优化趋势

第二次世界大战以后，由于第三次产业革命，电信、金融及各种信息产业、高新技术产业得以迅速崛起并快速进入服务贸易领域，从而使得世界服务贸易的结构不断发生变化，原有的运输旅游及其他服务中，运输服务比重下降。而20世纪90年代以来，金融、信息服务业在新的科技浪潮的推动下，增长速度很快，在世界服务贸易中扮演着越来越重要的角色。1970年在世界服务贸易的构成中，国际运输服务占38.5%，国际旅游占28.2%，其他服务占30.8%。20世纪80年代以来，世界服务贸易的结构发生了很大的变化，逐渐向新兴服务贸易部门倾斜，旅游、运输等传统服务贸易部门保持稳定增长。1990—2015年，运输服务占世界服务贸易的比重从28.6%下降到23.3%，旅游服务占比从33.9%下降到28.9%，而以通信、计算机和信息服务、金融、保险、专有权利使用费和特许费为代表的其他服务类型占比则从37.5%逐步增长到47.8%。

(五)贸易壁垒隐蔽化趋势

由于服务贸易的特殊性，关税保护方式并不适用于对服务贸易的保护。但是，由于WTO的《服务贸易总协定》的要求，各成员国必须加快服务贸易的自由化进程。于是为了保护本国的服务业，各国纷纷采取非关税壁垒措施，M. J. Trebilcock和R. Howse把各国所采用的服务贸易壁垒分为四类。

(1)直接且明显的歧视性壁垒。这是指直接针对服务业的明显的贸易壁垒，如电视和广播中对国内内容的管制、外国人建立和拥有金融机构的限制等。

(2)间接但明显的歧视性壁垒。这是指不是专门针对服务业但明显歧视外国人或要素在国际间流动的贸易壁垒，如对移民以工作为目的的暂时入境的限制、向国外付款和支付的限制等。

(3)直接但明显中性的贸易壁垒。这是指对国内外单位和个人都限制的服务业管制，如电路和电信的管制等。

(4)间接但明显中性的壁金。这是指并非针对服务业，也并非针对外国人的壁垒，如国内标准、职业服务中的许可证、文凭或凭证规定等。

在《服务贸易总协定》签署之后，上述第一类与自由化趋势明显相悖的壁垒已经被限制或者被要求逐步取消，使用的余地不大。第二类壁垒也由于其明显的歧视性，其作用也受到限制。因此，各国尤其是发达国家主要在第三、第四类不太明显的方式上下工夫，如制定一些不利于外国竞争者的行业标准;政府在安排服务支出的时候,优先考虑本国企业;对本国服务出口实行隐蔽性补贴、减免税等,这些做法都体现了服务贸易壁垒的隐蔽化趋势。

第三节　国际服务贸易的分类

服务贸易指一国居民与他国居民所做的服务交易,也就是通过提供服务来从事进出口贸易活动。由于服务贸易亦可能通过单纯以服务供给者提供服务的方式,或是与商品结合的方式以提供服务,因而服务贸易的交易形态相对较商品交易更为复杂。

一、商业对国际服务贸易的分类

由于国际服务贸易的多样性和复杂性,目前尚未形成一个统一的分类标准。许多经济学家和国际经济组织为了分析方便和研究的需要,从各自选择的角度对国际服务贸易进行划分,下面对有代表性和影响力的分类及其标准加以扼要阐述。

(一)以"移动"为标准

R·M·斯特恩在1987年所著的《国际贸易》一书中,将国际服务贸易按服务是否在提供者与使用者之间移动分为以下四类。

1. 分离式服务

它是指服务提供者与使用者在国与国之间不需要移动而实现的服务。运输服务是分离式服务的典型例子。如民用航空运输服务,一家航空公司可以为另一国家的居民提供服务,但并不需要将这家航空公司搬到国外去,也不必要求顾客到这家航空公司所在国去接受服务。

2. 需要者所在地服务

它是指服务的提供者转移后产生的服务,一般要求服务的提供者与服务使用者在地理上毗邻、接近。银行、金融、保险服务是这类服务的典型代表。例如,一外国银行要想开办中国的小额银行业务市场份额,它必须在中国开设分支机构,这就要求国与国之间存在着资本和劳动力的移动,也是一种投资形式。

3. 提供者所在地服务

它是指服务的提供者在本国国内为外籍居民和法人提供的服务,一般要求服务消费者跨国界接受服务。国际旅游、教育、医疗属于这一类服务贸易。例如,外国游客到中国的西安、杭州等游览接受中国旅行服务,或者中国游客到法国的巴黎、美国的纽约接受当地的旅行服务;此时,服务提供者并不跨越国界向服务消费者出口服务,对服务提供者而言,也不存在生产要素的移动。

4.流动的服务

它是指服务的消费者和生产者相互移动所接受和提供的服务,服务的提供者进行对外直接投资,并利用分支机构向第三国的居民或企业提供服务。如上述的设在意大利的一家美国旅游公司在意大利为德国游客提供服务。流动式服务要求服务的消费者和提供者存在不同程度的资本和劳动力等生产要素的移动。

这种分类方法以“移动”作为划分国际服务贸易类型的核心,其本质涉及到资本和劳动力等生产要素在不同国家间的移动问题。由于这种生产要素的跨国界移动往往涉及到各国国内立法或地区性法律的限制,并涉及到在需求者所在国的开业权问题,因此,研究这类问题用这种分类方法比较合适。不过这种服务分类存在着难以准确、彻底地将服务贸易进行划分的缺陷,如上述在各国间相互开业提供的旅游服务就很难加以划分。

(二)以行业为标准

鉴于国民经济各部门的特点,一些经济学家以服务行业各部门的活动为中心,将服务贸易分为七大类。

1.银行和金融服务

银行和金融服务是服务贸易中较重要的部门,其范围包括:①零售银行业服务,例如储蓄、贷款、银行咨询服务等。②企业金融服务,如金融管理、财务、会计、审计、追加资本与投资管理等。③与保险有关的金融服务。④银行间服务,如货币市场交易、清算和结算业务等。⑤国际金融服务,如外汇贸易等。

第二次世界大战后,尤其是20世纪80年代以来,随着金融服务的国际化,在金融服务贸易中发生了重大的变化。证券市场进一步发展,银行系统外部增加金融中介,国际金融市场的管制逐渐放松,金融机构扩大业务范围,权力越来越大,在金融活动中广泛应用信息技术,外汇管制也逐步放宽,所有这一切都大大推动了金融业的服务贸易。

2.保险服务

保险服务的职能是为保险单持有者提供特定时期内对特定风险的防范及其相关的服务。如风险分析、损害预测咨询和投资程序。保险服务贸易既包括非确定的保险者,也包括常设保险公司的国际交换。目前,保险服务贸易主要体现在常设保险公司的业务。

3.国际旅游和旅行服务

旅游服务贸易为国内外的旅行者提供旅游服务,国际旅游服务贸易主要指为国外旅行者提供旅游服务。旅游贸易包括个人的旅游活动,也包括旅游企业的活动。其范围涉及旅行社和各种旅游设施及客运、餐饮供应、住宿等,它与建筑工程承包、保险和数据处理等服务有直接联系,它与国际空运的联系极其密切。在国际服务贸易中的比重较大。

4.空运和港口运输服务

空运与港口运输服务是一种古老的服务贸易项目，一般的货物由班轮、集装箱货轮、定程或定期租轮运输，特殊的商品通过航空、邮购、陆上运输。港口服务与空运服务密不可分，它包括港口货物装卸及搬运服务。

5.建筑和工程服务

这类服务包括基础设施、工程项目建设、维修和运营过程的服务。其中还涉及包括农业工程和矿业工程的基础设施和仪器仪表的生产和服务、专业咨询服务和与劳动力移动有关的服务。这类服务贸易一般要受到各国国内开业权的限制，并与经济波动、政策和各国产业政策、投资规划等引起的波动有密切关系。政府部门是这类服务的主要雇主，这类服务一般涉及政府的基础设施与公共部门投资项目。

6.专业(职业)服务

这类服务主要包括律师、医生、会计师、艺术家等自由职业的从业人员提供的服务，以及在工程、咨询和广告业中的专业技术服务，国际专业(职业)服务贸易的层次性较强，在不同层次交易水平不同。目前主要有以下层次：①由个人承担的专业服务；②由国际专业服务企业承担的专业服务；③作为国际多边集团经营的一部分专业服务；④发达国家雇用发展中国家的企业承包工程项目的专业服务。

专业服务形式多种多样，可以通过直接的面对面的服务提供者与消费者的交换进行，也可通过间接的销售渠道，如电信渠道进行交换，或通过某些机构、联盟或在海外的常驻代表把这种服务提供给消费者。专业服务的发展较迅速。

7.信息、计算机与通信服务

这类服务涉及三种主要方式。

信息服务。这一服务如数据搜集服务、建立数据库和数据接口服务，并通过数据接口在电信网络中进行数据信息的传输等。

计算机服务。这一服务如数据处理服务，服务提供者使用自己的计算机设备满足用户的数据处理要求，并向服务消费者提供通用软件包和专用软件等。

电信服务。这一服务包括基础电信服务，如电报、电话、电传等，以及综合业务数据网提供的智能化的电信服务等。电信服务的质量和水平受电信基础设施的影响。发达国家这类服务占有绝对优势。

上述分类方法以“行业”为核心，其本质涉及输出业务的范围和供求双方业务的深度和广度。各国生产要素在海外活动的收益和范围体现在各国出口的各种服务之中，所以，提供的服务范围越广泛，服务分工越细，供应方的收益也越大。从这种角度分析，采用这类分类方法是比较合适的。这与关税与贸易总协定乌拉圭回合服务贸易谈判小组的划分有类似之处。

（三）以生产过程为标准

生产过程可分为产前、产中和产后三个阶段，在此基础上，根据服务与生产过程之间的内在联系，也可形成三个不同阶段的服务行为，即：服务贸易分为生产前服务、生产服务和生产后服务。

1. 生产前服务

生产前服务主要涉及市场调研和可行性研究等。这类服务在生产过程开始前完成，对生产规模及制造过程均有重要影响。

2. 生产服务

生产服务主要指在产品生产或制造过程中为生产过程的顺利进行提供的服务，如企业内部质量管理、软件开发、人力资源管理、生产过程之间的各种服务等。

3. 生产后服务

这种服务是联结生产者与消费者之间的服务，如广告、营销服务、包装与运输服务等。通过这种服务，企业与市场进行接触，便于研究产品是否适销、设计是否需要改进、包装是否满足消费者需求等。

这种以“生产”为核心划分的国际服务贸易，其本质涉及到应用高新技术提高生产力的问题，并为产品的生产者进行生产前和生产后的服务协调提供重要依据。

（四）以服务对象为标准

按服务对象是生产者还是消费者，可分为生产者服务和消费者服务。如果服务能够像一般商品那样被区分为资本和消费品的话，那么生产者服务无疑对应着作为资本品的服务，消费者服务则对应着作为消费品的服务。

生产者服务在其理论内涵上，是指市场化的非最终消费服务，亦即作为其他产品或服务生产的中间投人的服务。在我国，生产者服务又被称为“面向生产的服务”或“生产性服务”。在外延上，生产者服务是指相关的具体生产性服务产业与贸易。

消费者服务在其理论内涵上，是指市场化的最终消费服务，亦即作为最终产品或服务生产的最终消费的服务。对于以服务最终消费反映的消费者服务来说，在外延上，消费者服务是指相关的具体消费性服务产业与贸易。在我国，消费者服务又被称为“面向消费者的服务”。生产性服务业是指直接或间接为生产过程提供中间服务的服务性产业，它涉及信息收集、处理、交换的相互传递、管理等活动，其服务对象主要是商务组织和管理机构，其范围主要包括仓储、物流、中介、广告和市场研究、信息咨询、法律、会展、税务、审计、房地产业、科学研究与综合技术服务、劳动力培训、工程和产品维修及售后服务等。

消费性服务业是指直接或间接为消费者提供最终服务的服务性产业，如商贸服务业、旅游业、餐饮业、市政公用事业、社区服务业、房地产等都属于消费性服务业。

（五）以要素密集度为标准

沿袭商品贸易中所密集使用某种生产要素的特点，有的经济学家按照服务贸易中对资本、技术、劳动力投入要求的密集程度，将服务贸易分为：

（1）资本密集型服务。这类服务包括空运、通信、工程建设服务等。

（2）技术与知识密集型服务。这类服务包括银行、金融、法律、会计、审计、信息服务等。

（3）劳动密集型服务。这类服务包括旅游、建筑、维修、消费服务等。

这种分类以生产要素密集程度为核心，涉及产品或服务竞争中的生产要素，尤其是当代高科技的发展和应用问题。发达国家资本雄厚，科技水平高，研究与开发能力强，它们主要从事资本密集型和技术、知识密集型服务贸易，如金融、银行、保险、信息、工程建设、技术咨询等。这类服务附加值高，产出大。相反，发展中国家资本短缺，技术开发能力差，技术水平低，一般只能从事劳动密集型服务贸易，如旅游、种植业、建筑业及劳务输出等。这类服务附加值低、产出小。因此，这种服务贸易分类方法从生产要素的充分合理使用以及各国以生产要素为中心的竞争力分析，是有一定价值的。不过，现代科技的发展与资本要素的结合更加密切，在商品和服务中对要素的密集程度的分类并不是十分严格，也很难加以准确无误地区别，更不可能制订一个划分标准。

（六）以商品为标准

关税与贸易总协定乌拉圭回合服务贸易谈判期间，1988 年 6 月谈判小组曾经提出依据服务在商品中的属性进行服务贸易分类，据此服务贸易分为：

（1）以商品形式存在的服务。这类服务以商品或实物形式体现，例如：电影、电视、音响、书籍、计算机及专用数据处理与传输装置等。

（2）对商品实物具有补充作用的服务。这类服务对商品价值的实现具有补充、辅助功能，例如：商品储运、财务管理、广告宣传等。

（3）对商品实物形态具有替代功能的服务。这类服务伴随有形商品的移动，但又不是一般的商品贸易，不像商品贸易实现了商品所有权的转移，只是向服务消费者提供服务。例如技术贸易中的特许经营、设备和金融租赁及设备的维修等。

（4）具有商品属性却与其他商品无关联的服务。这类服务具有商品属性，其销售并不需要其

他商品补充才能实现，例如通讯、数据处理、旅游、旅馆和饭店服务等。

这种分类将服务与商品联系起来加以分析，事实上，从理论上承认“服务”与“商品”一样，既存在使用价值，也存在价值，与商品一样能为社会生产力的进步作出贡献。服务的特殊性就在于它有不同于商品的“无形性”，但是，这种“无形性”也可以在一定形式下以商品形式体现。

（七）以是否伴随有形商品贸易为标准

1. 国际追加服务

国际追加服务指服务是伴随商品实体出口而进行的贸易。对消费者而言，商品实体本身

是其购买和消费的核心效用，服务则是提供或满足了某种追加的效用。在科技革命对世界经济的影响不断加深和渗透的情况下，这种追加服务对消费者消费行为的影响，特别是所需核心效用的选择是具有深远影响的。

在追加服务中，相对较为重要的是国际交通、运输和国际邮电通信。它们对于各国社会分工、改善工业布局与产业结构调整、克服静态比较劣势、促进经济发展是一个重要因素。特别是不断采用现今的科学技术，促使交通运输和邮电通信发生了巨大的变化，缩短了经济活动的时空距离，消除了许多障碍，为全球经济的增长日益发挥着重要作用，也成为国际服务贸易的重要内容。

2. 国际核心服务

国际核心服务指与有形商品的生产和贸易无关，作为消费者单独所购买的、能为消费者提供核心效用的一种服务。

国际核心服务根据消费者与服务提供者距离远近可分为：

面对面型服务。指服务供给者与消费者双方实际接触才能实现的服务。实际接触方式可以是供给者流向消费者，可以是消费者流向供给者，或是供给者与消费者双方的双向流动。

远距离服务。它不需要服务供给者与消费者实际接触，一般需要通过一定的载体方可实现跨国界服务。例如，通过通信卫星作为载体传递进行的国际视听服务，其中包括国际新闻报导、国际文体活动和传真业务等。

二、世界贸易组织对国际服务贸易的分类

跨越国界所进行的服务交易，若依照世界贸易组织（World Trade Organization，WTO）服务部门分类方法，将服务贸易分为 12 大部门和 150 多个分部门：①商业性服务；②通信服务；③建筑服务；④销售服务；⑤教育服务；⑥环境服务；⑦金融服务；⑧健康及社会服务；⑨旅游及相关服务；⑩文化、娱乐及体育服务；⑪交通运输服务；⑫其他未包括的服务。这 12 项服务业又可细分为 156 项子服务行业（见表 6-2）。

表 6-2 世界贸易组织的服务部门分类

部门	涵盖的分部门
1. 商业性	服务专业性（包括咨询）服务；计算机及相关服务；研究与开发服务；不动产服务；设备租赁服务
2. 通信服务	邮政服务；快件服务；电信服务；视听服务
3. 建筑服务	建筑物的一般工作；民用工程的一般建筑工作；安装与装配工作；建筑物的完善与装饰工作等
4. 销售服务	代理机构的服务；批发贸易服务；零售服务；特约代理服务；其他销售服务
5. 教育服务	初等教育服务；中等教育服务；高等教育服务；成人教育服务；其他教育服务

续表

部门	涵盖的分部门
6. 环境服务	污水处理服务;废物处理服务;卫生及其相关服务,其他环境服务
7. 金融服务	银行及其他金融服务;保险及有关服务等
8. 健康及社会服务	医院服务;其他人类健康服务;社会服务;其他健康与社会服务
9. 旅游及相关服务	宾馆与饭店;旅行社及旅游经纪人服务社;导游服务等
10. 文化、娱乐及体育服务	娱乐服务;新闻机构服务;图书馆、档案馆、博物馆及其他文化服务;体育及其他娱乐服务
11. 交通运输服务	包括海运服务;内河服务;空运服务;空间服务;铁路运输服务;公路运输服务;管道运输,包括燃料运输和其他物资运输服务;所有运输方式的辅助性服务,包括货物处理服务、存贮与仓库服务、货运代理服务及其他辅助性服务
12. 其他未包括的服务	

以上部门大致可以归纳为20个领域:①国际运输,包括卫星发射服务;②跨国银行和国际性融资机构的服务及其他金融服务;③国际保险与再保险;④国际信息处理和传递;⑤国际咨询服务;⑥海外工程承包和劳务输入;⑦国际电讯服务;⑧跨国广告和设计;⑨国际租赁;⑩售后维修、保养和技术指导等服务;⑪国际视听服务;⑫国家间会计师、律师和法律服务;⑬文教卫生和国际交往服务;⑭国际旅游;⑮跨国商业批发和零售服务;⑯专门技术和技能的跨国培训;⑰长期和临时性国际展览与国际会议及会务服务;⑱国际仓储和包装服务;⑲跨国房地产建筑销售和物业管理服务;⑳其他官方或民间提供的服务,如新闻、广告、广播、影视等。

三、国际货币基金组织对国际服务贸易分类

国际货币基金组织按照国际收支统计将服务贸易分为以下四类。

(1)民间服务(或称商业性服务)。民间服务(或称商业性服务),指1977年国际货币基金组织编制的《国际收支手册》中的货运,其他运输、客运、港口服务等,旅游;其他民间服务等。进一步分类如下:①货运:运费、货物保险费及其他费用;②客运:旅客运费及有关费用;③港口服务:船公司及其雇员在港口的商品和服务的花费及租用费;④旅游:在境外停留不到一年的旅游者对商品和服务的花费(不包括运费);⑤劳务收入:本国居民的工资和薪水;⑥所有权收益:版权和许可证收益;⑦其他民间服务:通信、广告、非货物保险、经纪人、管理、租赁、出版、维修、商业、职业和技术服务。一般我们把劳务收入、所有权收益、其他民间服务统称其他民间服务和收益。

(2)投资收益。投资收益,指国与国之间因资本的借贷或投资等所产生的利息、股息、利润的汇出或汇回所产生的收入与支出。

(3)其他政府服务和收益。其他政府服务和收益,指不列入上述各项的涉及政府的服务和收益。

(4)不偿还的转移。不偿还的转移,指单方面的(或片面的)、无对等的收支,即意味着资金在国际间移动后,并不产生归还或偿还的问题。因而,又称单方面转移。一般指单方面的汇款、年金、赠与等。根据单方面转移的不同接受对象,又分为私人转移与政府转移两大类。政府转移主要指政府间的无偿经济技术或军事援助、战争赔款、外债的自愿减免、政府对国际机构缴纳的行政费用以及赠与等收入与支出。综上所述,无论国际服务贸易的定义与分类从何种角度出发,国际服务贸易都存在着人员、资本、信息以不同形式的跨国界移动,或在一定形式下存在于商品跨国界移动中。

第七章　国际服务贸易协议

现代经济是服务经济，由于近些年来服务贸易高速蓬勃地发展，日益成为最强大、最广泛的经济部门，各国政府越来越认识到服务业对于经济发展所起的战略作用，认识到建立一个全球性的对服务领域开放的国际协定的重要性，于是国际服务贸易协议应运而生。

第一节　GATS

一、《服务贸易总协定》的产生

（一）《服务贸易总协定》产生的背景

1. 国际服务贸易的迅猛发展

随着科学技术的发展，国际经济和贸易发展出现了新的变化，尤其是20世纪60年代后，世界经济结构从以货物贸易为主转变为以服务贸易为主，服务跨国流动的规模逐渐变大、形式不断增多。服务业在各国国民经济中的地位逐步上升，发达国家尤为显著，1970年其服务业产值占到GDP比重的60%左右。服务贸易日渐成为世界各国获取外汇收入、改善本国在国际经济贸易交往中的地位、降低资源和能源消耗、减少污染、提高经济效率和效益的重要途径。服务贸易在很大程度上决定了一国国际贸易的水平，进而决定一国在国际竞争中的地位。

另外，服务贸易规模的迅速扩大使得其在该领域中的利益冲突也日趋加剧，出现了各种各样的服务贸易壁垒，其中大部分属于非关税壁垒，而且国际贸易壁垒的种类、形式仍处于不断的发展、变化之中。关贸总协定前七个回合的谈判已使国际上的关税壁垒大幅减少，甚至在一些方面达到了零关税。但非关税壁垒仍然非常多，这是因为非关税壁垒大多数情况下是政府的行政措施，其产生、变化和调整有极大的灵活性，因而具有不确定性，加之本身不透明，难于监督和控制，所以在一定程度上限制了贸易的自由化及其进一步发展。尽管有一些双边和区域性的经济协定对服务贸易有所涉及，但是这些协定所适用的国家有限，难以规范世界范围的服务贸易活动。另外一些涉及服务贸易的行业性国际组织，涵盖服务贸易范围小，仍然无法解决服务贸易领域的全部问题。基于此，建立一个用来规范、管理、协调各国服务贸易行为的国际性的协定就成为许多国家的一致要求。在这种背景下，服务贸易在关贸总协定新一轮回合谈判中被列入谈判范围。

2.发达国家是服务贸易自由化的积极倡导者

(1)美国

20世纪70年代，服务业已在美国经济中占有重要地位和明显优势，其金融、保险、数据处理、专业服务、电信、广告、影视娱乐等服务贸易均获得了飞速发展。1979—1982年美国经济危机后，其国内经济增长缓慢，此时美国急切希望打开其他国家的服务贸易市场，用服务贸易顺差弥补其巨大的货物贸易逆差，推动经济增长。然而，由于来自各方面的对服务贸易的限制，构成了对美国服务的出口，尤其是高技术服务出口的严重威胁，成为通向世界服务贸易自由化道路的难以逾越的障碍。美国国会在其《1974年贸易法》中授权总统就服务贸易问题与别国进行多边谈判以寻求“更公平的贸易”。美国鼓吹服务贸易的自由化将和商品贸易的自由化一样，对所有国家都有益，从而对全世界都有益。这种论述对美国来说确实如此，服务贸易自由化切实对美国有极大的好处，主要表现为：第一，服务贸易在美国的国际收支中占有极重要的地位；第二，服务业在美国的经济中占有极重要的位置；第三美国的国内服务业市场已实现了对外开放，美国强烈要求它国也开放自己的国内市场，而美国在服务业上又具有相当大的比较优势，开放别国市场，实现服务贸易自由化对美国经济恢复其竞争能力和霸主地位至关重要；第四服务贸易自由化符合美国跨国公司的利益。

美国由于在国际服务业占有领先地位，其瞄准商机，从20世纪70年代中后期就开始致力于将服务贸易纳入多边贸易谈判的轨道。在关税与贸易总协定的东京回合中，在美国的坚持下，在非关税协议部分加人了有关服务贸易的内容，但有关服务贸易条款的规定相对来说是很有限的。属非约束性的义务承诺，而且也只在跟商品贸易有关联时才有效。在东京回合期间，美国政府继续进行有关服务贸易的研究，而在里根入主白宫后，就给予服务贸易以优先重视。里根政府成立了“服务咨询委员会”来协调政府和产业界在有关服务贸易方面的立场。美国于1980年发起了一场公关运动以推动国际社会就服务贸易进行谈判以达成一项“国际公约”，并力图将其纳人关税与贸易总协定的范围之内，为此举办了一些高层次的研讨会、学术研究，并在经合组织中为服务业问题制订了一个工作计划。继而，美国国会在1984年的《贸易与关税法》中授权政府就服务贸易、投资和知识产权进行谈判，并授权对不在这些问题上同美国妥协的国家进行报复。

(2)欧共体

一开始欧共体并未对美国的提议给予回应，但是经过调查研究，欧共体发现其服务出口是美国的3倍，可谓服务贸易的“超级大国”，它的许多项目的出口都居世界首位。而且，研究结果还显示，随着国际服务贸易的自由化，信息、技术、广告和咨询，这些欧共体的主要服务产品还将进一步增长。所以，欧共体也成为国际服务贸易自由化的积极倡导者。

(3)日本

日本自始至终便非常支持美国的服务贸易自由化主张，原因是日本对美国和欧共体一直存在巨大的商品贸易顺差，日本希望能以此举缓解美欧的政治压力。此外，虽然日本长期以来在服务贸易方面存在逆差，但日本正在着力提高其在服务业的竞争能力，尤其是在金融和人力资源方面。出于这样的考虑，在1982年5月的经济部长会议上，日本决定积极推进服务贸易的国际章程的制定，随后与美国共同提出在1984年6月发达国家首脑会议上开始进行包括服务贸易自由化在内的新的洽谈，并积极为之斡旋。此外，日美经济小组在1981年10月的第二次报告中提出：首先，日美之间将要发生贸易摩擦的领域除了金融服务业外，还有保险、电子计算机软件及信息处理和国际运输等行业；其次，由于竞争激化和两国政策的差别，在上述领域的问题可能不断激化和尖锐；再次，由于上述两方面原因，两国应限制政府对服务贸易的干预，努力制定引向公正国际竞争的国际章程；最后，两国应该把其他国家民间服务业以“本国国民待遇”作为服务贸易的政策目标。

3.发展中国家态度的转变

在美国提出进行服务贸易多边谈判时，绝大多数发展中国家持反对态度，其理由如下。

(1)服务业中的许多部门都是资本—知识密集型行业，如银行、保险、通信等。而在发展中国家中，这些行业十分薄弱，并不具备竞争优势。

(2)发展中国家的服务经济尚未发展为支柱产业，其服务部门还不成熟，经不起发达国家激烈竞争的冲击，过早地实行服务贸易自由化会毁坏和断送其服务业的前程，因此它们坚决主张在其本国的“幼稚工业”没有获得竞争力以前，决不会开放服务市场。

(3)有些服务行业可能直接关系到一个国家的主权与安全，如果就电信、金融、运输及与之相关的投资领域进行谈判，无异于就国家控制其经济发展的战略以及保卫其国家安全的能力进行讨价还价，这是绝大多数发展中国家所不能接受的。

在美国不断施压以及发达国家就服务贸易谈判问题形成统一意见的背景下，发展中国家不愿谈判的立场也发生了改变。首先，一些新兴的发展中国家和地区因在某些服务行业已取得相当的优势，如韩国的建筑承包业就具有相当强的国际竞争力。其次，大部分发展中国家，一方面迫于来自发达国家的压力，另一方面也认识到如果不积极参与服务贸易的谈判，将会形成由发达国家决定服务贸易的全部规则的局面，这甚至会损害已取得的货物贸易利益。因此，其他发展中国家也先后表示愿意参加服务贸易谈判。

1986年9月，关税与贸易总协定成员部长们在埃斯特角城的特别成员大会上，正式将服务贸易列为新一轮多边贸易谈判的谈判议题，服务贸易谈判正式启动。

(二)《服务贸易总协定》产生的历程

1.第一阶段(1986年10月—1988年12月)

在多边贸易谈判之前，人们就是否有必要针对服务贸易问题进行谈判，或是否有必要将服务贸易纳入关贸总协定框架产生了不同意见，其结果是将服务贸易置于关贸总协定框架外进行多边贸易谈判。

当多边贸易谈判开始后，对于谈判的程序问题，参与者产生了分歧：第一，谈判是在原有关贸总协定基础上再增加一个服务贸易协定，还是形成一个单独的服务贸易规则性协定；第二，服务贸易谈判是按照关贸总协定规则，由缔约方全体主持，还是另外组织，或者与货物贸易谈判并行起来进行。

各国立场如下。

(1)美国。美国认为,服务贸易和货物贸易一样,都涉及生产要素的转移,两者是二位一体的,货物离不开服务,且货物总是服务的最终产品。因此美国主张确立以货物贸易谈判及其原则和服务贸易谈判合并起来的“单轨制”谈判方式。

(2)发展中国家。在发展中国家中,除韩国、新加坡等新兴工业化国家和地区在某些领域具有一定的比较优势外,大多数国家和地区在服务贸易市场上都不具备竞争实力,而且多数服务行业还处于“婴儿期”,因而发展中国家一致主张保护民族服务产业和有限开放国内服务市场。巴西、印度等10个发展中国家针对美国的立场,提出在关贸总协定框架之外就服务贸易进行单独谈判,即服务贸易与货物贸易的谈判相互独立,实行“双轨制”谈判。

(3)欧共体。欧共体由于其自身的利益,既不完全赞成美国的全面自由化主张,也不完全赞成发展中国家的立场。一方面,欧共体担心服务贸易自由化后,将失去由于历史原因在发展中国家服务市场上占有的优势,而以往美国对这些市场的渗透能力有限;此外,还考虑到不久以后欧洲实现统一市场后将失去的有效保护。另一方面,欧共体在国际服务市场上具有较为明显的比较优势,各国在国际服务市场都占有相当的份额,不愿意完全失去对相关市场的继续占领和扩充。因此,欧共体认为服务贸易应实现“渐进的全面自由化”,主张在关贸总协定内设立一个专门谈判委员会主持服务贸易谈判。在谈判内容上,可以先征询各国谈判的具体立场和观点,并审查各国的服务贸易法规和识别国别歧视规定,在此基础上,最后综合各国意见和现行法规而确定谈判内容。

经过多次正式和非正式磋商,各参加方终于达成了一致意见,其内容大致体现了欧共体的立场,即服务贸易谈判按照货物贸易与服务贸易分离的“双轨制谈判”方式进行。

谈判程序总得来说可分为两步:第一步,征询各国对谈判内容的意见和审查各国现行服务贸易法规;第二步,制定有针对性的多边原则和规则框架。1987年1月28日,服务贸易谈判组终于制定了谈判的初步安排,并对谈判内容进行了确定,主要包括:第一,服务贸易的定义和统计问题;第二,服务贸易原则与规则的概念;第三,服务贸易多边框架的范围;第四,现行国际法规与规则;第五,促进或限制服务贸易发展的措施与做法。

虽然经过了两年的艰苦谈判,但是各方并没有就上述要点达成一致,在讨论时也是各执一词。发展中国家和地区试图将讨论集中在定义、统计、适用范围及发展等问题上,发达国家则更为关心主要概念和阻碍服务贸易的壁垒。由于各方观点分歧过大,直至1988年蒙特利尔部长级中期审议会议前夕,谈判也没有取得进展。

2. 第二阶段(1988年12月—1990年6月)

在这一阶段,谈判开始进入“黄金期”。发展中国家为获取美国等发达国家在货物贸易上的让步,同意采用“双轨制”谈判方式将服务贸易作为与货物贸易并列的议题。

1988年12月,中期部长级会议在加拿大的蒙特利尔举行。为加速谈判,各国在一定程度上摆脱了对服务贸易定义的纠缠,而将谈判重点集中在透明度、逐步自由化、国民待遇、最惠国待遇、市场准入、发展中国家的更多参与、例外和保障条款以及国内规章等原则在服务部门的运用方面。1989年4月,服务贸易工作组举行会议,决定开始对电信和建筑部门进行审查,然后又审查运输、旅游、金融和专业服务部门,进入了“部门测试”过程。与此同时,各国代表同意采纳一套服务贸易的准则，以消除服务贸易谈判中的诸多障碍。各国分别提出自己的方案，阐述了自己的立场和观点。

1990 年 5 月，中国联合印度、喀麦隆、埃及、肯尼亚、尼日利亚和坦桑尼亚等亚非国家向服务贸易谈判组联合提交了“服务贸易多边框架原则与规则”提案（简称“亚非提案”），对最惠国待遇、透明度、发展中国家的更多参与等一般义务与市场准入、国民待遇等特定义务做了区分。后来《服务贸易总协定》文本结构采纳了“亚非提案”的主张，并承认成员方发展水平的差异，对发展中国家做出了很多保留和例外，这在很大程度上反映了发展中国家的利益和要求。

3. 第三阶段（1990 年 7 月—1993 年 12 月）

在最后阶段，发达国家与发展中国家在各国开放和不开放服务部门的列举方式上出现了“肯定列表”和“否定列表”之争。美、加等发达国家提出“否定列表”方式，要求各国在提交初步减让表时，只将本国不愿在市场准入纪律和国民待遇原则方面做出减让的服务部门或分部门列入清单，把这些服务部门或分部门作为例外处理。部门清单一经提出，便不能增加，并承诺在一定时期内逐渐减少列入清单中的服务部门或分部门的数量。发展中国家则提出“肯定列表”方式，即各国将同意在市场准入纪律和国民待遇原则方面做出减让的服务部门或分部门列入清单，并可以根据本国国内服务业发展水平逐步增加可减让的服务部门或分部门。

谈判结果是《服务贸易总协定》文本采纳了发展中国家的主张，对市场准入和国民待遇等特定义务按“肯定列表”法确定，使发展中国家避免了使用“否定列表”方式可能带来的不可预见的后果。

1990 年 12 月，在布鲁塞尔部长级会议上，服务贸易谈判组修订了《服务贸易多边框架协议草案》文本，其中包含海运、内陆水运、公路运输、空运、基础电信、通信、劳动力流动、视听、广播、录音、出版等部门的草案附件。1991 年 4 月开始围绕协定的框架、初步承诺表和部门附件三个方面进行重点讨论，最终确定了各国可将被选择部门免除最惠国待遇义务的程度。1991 年 6 月，服务贸易谈判组达成《关于最初承担义务谈判准则》协议，对初步承诺的时间进行了安排。

1991 年 12 月 20 日，一份名为《实施乌拉圭回合多边贸易谈判成果的最终方案（草案）》由关贸总协定总干事邓克尔提交出来，即著名的《邓克尔方案》，从此《服务贸易总协定》草案形成。该草案包括 6 个部分、35 个条款和 5 个附录，基本确定了该协定的结构。草案由参加谈判的代表团带回各自国内进行讨论。如果各国认为基本可以接受，就将该草案作为进一步谈判的基础；如果各国不同意该草案的主要规定，那么谈判就此结束。倘若如此，将意味着“乌拉圭回合”整体谈判的完结，建立新的多边贸易体系的努力化为乌有。结果是，尽管各国都对《草案》存有或多或少的不同意见，但都不愿承担导致“乌拉圭回合”谈判失败的责任，因此都表示可以进一步考虑，于是各国进入了关于服务市场开放具体承诺的双边谈判阶段。

在各国的磋商、谈判之下，协议草案得到了完善。最后，各谈判方在 1994 年 4 月 15 日于摩洛哥马拉喀什正式签署了《服务贸易总协定》（General Agreement on Trade in Services，GATS）。该文本在总体结构和主要内容上对原框架协议草案并无重大变更，只在部分具体规范上有所调整。该协定作为“乌拉圭回合”一揽子协议的组成部分和世界贸易组织对国际服务贸易秩序的管辖依据之一，于 1995 年 1 月 1 日与世界贸易组织同时生效。至此，长达八年的乌拉圭回合谈判终于结束。GATS 与各个成员的服务贸易减让表，构成了乌拉圭回合谈判在服务贸易领域的最终成果。这是多边贸易体制下第一部规范国际服务贸易的框架性法律文件，标志着服务贸易自由化进入一个新的阶段。

作为代表，我国政府参加了乌拉圭回合服务贸易的各项谈判，并在 GATS 上签字承诺自己的义务，同其他各成员方就服务贸易市场准入减让问题进行谈判，并于 1994 年 9 月提交了正式的服务贸易市场准入减让表。

二、《服务贸易总协定》的主要内容

(一)《服务贸易总协定》的框架

1. 序言

序言部分主要包括协定的目标、宗旨和总原则。GATS 的目标是谈判各方希望在透明度和逐步自由化的条件下，以逐步开放服务贸易市场为目标，建立一个服务贸易各项原则和规则的多边框架，以促进贸易各方的经济增长和发展中国家的经济与社会发展，提高世界福利。

GATS 的宗旨和总原则是在适当考虑国内政策目标的同时，通过多轮多边谈判，促使各成员方在互利的基础上获益，并确保权利和义务的总体平衡，早日实现更高水平的服务贸易自由化；给予发展中国家在承担服务贸易义务上的差别待遇；对发展中国家特别是最不发达国家予以帮助，特别要增强其国内自身服务业的能力、效率和竞争力，以使其更加全面地参与全球服务贸易；对最不发达国家在经济、发展、贸易和财政需求方面的特殊困难予以充分的考虑。

2.《服务贸易总协定》的框架协议

GATS 有广义和狭义之分。狭义的《服务贸易总协定》仅指协定本身，包括 6 个部分和 29 项具体条款。广义的《服务贸易总协定》还包含与服务贸易有关的附件及补充协议，包括 GATS 正文(框架协议)、附件、各成员方的承诺表、若干具体部门的部长会议决议和 WTO 成立后的后续谈判达成的三项协议(即《全球金融服务协议》《全球基础电信协议》和《信息技术协议》)等五个部分。

GATS 的正文有 6 大部分，29 个条款，规定了服务贸易的概念、原则和规则，各成员方的基本权利和应遵守的义务，是服务贸易规则的核心内容，是所有成员之间进行服务贸易应遵循的原则，它也为其后制定的若干具体服务部门的协议奠定了基础；8 个附件是《服务贸易总协定》不可分割的组成部分，旨在处理一些敏感的、与国家主权和安全相关的金融、电信、运输和自然人流动等重要服务部门及服务提供方式的特殊问题。

《服务贸易总协定》正文 6 大部分的主要结构如表 7-1 所示。

表 7-1　GATS 的框架结构

1	GATS 的框架协议	
	第 1 部分　适用范围和定义	第 1 条　服务范围和定义
	第 2 部分　一般义务与纪律	第 2 条　最惠国待遇
		第 3 条　透明度
		第 4 条　发展中国家更多参与
		第 5 条　经济一体化
		第 6 条　国内规定
		第 7 条　承认(资格/许可)
		第 8 条　垄断/专营服务提供者
		第 9 条　商业惯例
		第 10 条　紧急保障措施
		第 11 条　支付/转让
		第 12 条　国际收支平衡的保障限制
		第 13 条　政府采购
		第 14 条　一般例外
		第 15 条　补贴
	第 3 部　分具体承诺	第 16 条　市场准入
		第 17 条　国民待遇
		第 18 条　追加约束
	第 4 部分　逐步自由化	第 19 条　具体承诺的谈判
		第 20 条　具体承诺减让表
		第 21 条　减让表的修改
	第 5 部分　组织机构条款	第 22 条　磋商
		第 23 条　争端解决与执行
		第 24 条　服务贸易理事会
		第 25 条　技术合作
		第 26 条　与其他国际组织的关系
	第 6 部分　最终条款	第 27 条　利益的否定
		第 28 条　术语定义
		第 29 条　附录

续表

2	附件	第2条　豁免的附件
		附件1　本协定项下提供服务的自然人移动的附件
		附件2　空运服务的附件
		附件3　金融服务的附件
		附件4　金融服务的第二附件
		附件5　海运服务谈判的附件
		附件6　电信服务的附件
		附件7　基础电信谈判的附件
3	部长会议决议	(1)有关专家服务的决议机构安排的决议
		(2)某些争端解决的决议
		(3)服务贸易与环境的决议
		(4)自然人移动的决议
		(5)金融服务的决议
		(6)海运服务谈判的决议
		(7)基础电信谈判的决议
		(8)专家服务的决议
4	有关金融服务承诺的谅解书协议	
5	各国承诺清单	
6	后续谈判协议	(1)全球金融服务协议
		(2)全球基础电信协议
		(3)信息技术协议

资料来源：WTO,《服务贸易总协定》,1995。

第1部分(第1条)为“适用范围和定义”(Scope and Definition),主要是对协定中的服务贸易的定义及GATS协议的适用范围进行了界定。

第2部分(第2～15条)为“一般义务与纪律”(General Obligations and Disciplines),这一部分内容是GATS的核心,其确定了包括最惠国待遇、透明度、经济一体化、发展中国家更多参与等服务贸易应遵循的几项基本原则。这些原则具有一般的指导意义,是各成员在服务贸易中各项权利和义务的基础。

第3部分(第16～18条)为“具体承诺”(Specific Commitments),是该协定的中心内容,包括“市场准入”“国民待遇”两方面,是各成员方提出并要遵守的特定义务。

第4部分(第19～21条)为“逐步自由化”(Progressive Liberalization),主要确定服务贸易自由化的进程安排和具体承诺表制定的标准,包括特定承诺的谈判、特定承诺清单、承诺清单的修改,规定了各成员尤其是发展中国家通过谈判逐步实现服务贸易自由化的目标。

第5部分(第22～26条)为"组织机构条款"(Institutional Provisions),主要包括有协商机制、争端解决与执行、服务贸易理事会、技术合作及与其他国际组织的关系等。

第6部分(第27～29条)为"最终条款"(Final Provisions),主要是对该协定中的重要概念做出定义,并规定了各成员可拒绝给予该协定各种利益的情形。

3. 附件

附件是GATS的重要有机组成部分,其涉及各个具体服务部门特殊情况的条款共8项,由《第2条豁免的附件》《本协定项下提供服务的自然人移动的附件》《空运服务的附件》《金融服务的附件》《金融服务的第二附件》和《海运服务谈判的附件》《电信服务的附件》和《基础电信谈判的附件》组成,规定了某些重要服务贸易部门的多边自由化规则,是GATS不可分割的内容。

4. 部长会议决议

针对服务贸易自由化的部长会议决议主要包括《有关专家服务的决议机构安排的决议》《某些争端解决程序的决议》《服务贸易与环境的决议》《自然人移动的决议》《金融服务的决议》《海运服务谈判的决议》《基础电信谈判的决议》《专家服务的决议》等。

5. 有关金融服务承诺的谅解书协议

由于在乌拉圭回合谈判中GATS及《金融服务附件》没有对市场准入和国民待遇做出最低标准的规定,部分发达国家要求进一步扩大金融服务贸易自由化,提出了一份关于金融服务谈判的建议——主张有能力且愿意开放金融部门的国家在开放承诺上自愿采取"否定清单"方式,其他成员国仍可按照GATS第三条(关于市场准入和国民待遇)的规定采用"肯定清单"方式。

6. 各国承诺清单

据GATS的规定可知,各国承诺清单包括初步自由化承诺的各国承诺表、规定成员方承诺开放的本国服务业部门和分部门以及具体承担的关于国民待遇和市场准入的义务以及限制条件。

7. 后续谈判协议

在世界贸易组织成立之后的后续谈判过程中,各参与方达成了三项协议,主要包括《全球金融服务协议》《全球基础电信协议》《信息技术协议》,这三项协议对全球服务贸易自由化进程发挥了重要作用。

(二)GATS的基本原则

GATS第2部分"一般责任与纪律"共14条,规定了各成员方必须遵守的责任和纪律。

1. 最惠国待遇原则

最惠国待遇原则是指缔约国的一方现在或将来给予第三国的一切优惠,应无条件、无补偿、自动地适用于缔约的另一方。在WTO体制下，该原则具有无条件性、无歧视性、多边性、自动性等特点。最惠国待遇不仅是关贸总协定对货物贸易所确立的首要原则，也是服务贸易的基本原则。

在《服务贸易总协定》中，其第2条第1款做出了如下规定："每一成员方给予任何其他成员方的服务或服务提供者的待遇，应立即无条件地以不低于前述待遇给予其他任何成员方相同的服务或服爹提供者。"即意味着要平等地对待所有成员伙伴。同时，总协定第2条第2款又规定"一成员可保持一项与第1款不相符合的措施"，但是，此项措施应列入《关于第2条豁免的附件》中，并应符合附件规定的各项条件。根据附件的规定，可免除的义务应是经过谈判而达成的协议，即使获准列入免除表，也有一定的期限。原则上这种免除不得超过10年并且每5年进行一次复审，由服务贸易理事会负责，而且在任何情况下可由将来举行的多边贸易谈判予以变更。除此之外，与货物贸易原则一样，《服务贸易总协定》规定边境贸易可以成为最惠国待遇的例外，本条第3款将边境贸易定义为"为方便彼此边境毗邻地区而交换当地生产和消费的服务"。这样就防止了各成员方利用边境贸易的例外，过分扩大边境贸易的规模与范围，以规避多边原则，取得额外收入。

GATS的最惠国待遇原则适用于除被各成员方列入豁免清单外的所有服务贸易部门。这一条款的最终确定是发达国家与发展中国家彼此争论与妥协的结果。因为在谈判初期以美国为首的发达国家要求采用有条件的最惠国待遇，在服务贸易领域实行互惠与对等，拒绝"搭便车"(Free Rider)。而广大发展中国家则坚持沿用无条件最惠国待遇，因为"有条件"的最惠国待遇意味着如果发展中国家达不到一定水平的自由化，就不能分享《服务贸易总协定》的减让措施；而由于历史及各方面原因，发展中国家的服务业水平普遍较低，实施服务贸易的自由化有许多困难，在经过多次磋商谈判之后，终于将最惠国待遇条款明确为"无条件的"最惠国待遇。

2.透明度原则

透明度原则意味着成员方正式实施的有关服务贸易的任何法律和规章，或对法律和规章的修改，都要及时予以公布。这一原则的实施目的在于防止成员之间进行不公平贸易，形成服务贸易壁垒。

GATS对透明度原则做了以下具体规定。

(1)立即公布相关措施

GATS第3条第1款规定，除非在紧急情况下，每一成员方必须将影响本协议实施的有关法律、法规、行政命令及所有的其他决定、规则以及习惯做法，最迟在它们生效之前予以公布；如果一成员为涉及或影响服务贸易的国际协定签字国，则该项国际协定也必须予以公布；如不能按照要求公布所有措施，该成员也应公布这一消息。除上述情况外，应以其他方式使此类信息可以公开获得。

GATS对服务贸易垄断的透明度也做了具体规定，第8条记载如下：当一成员方有理由确信，另一成员方的垄断服务提供者采用了与最惠国待遇和该国所承担的义务不相一致的行动，因而向服务贸易理事会提出时，理事会可要求建立、维护或批准上述服务提供者的成员方提交有关运营的具体资料。

(2)每年向理事会报告新的或更改的措施

GATS第3条第3款规定,对本协定项下具体承诺所涵盖的服务贸易有重大影响的任何新的法律、法规、行政准则或现有法律、法规、行政准则的任何变更,成员方应立即或至少每年向服务贸易理事会报告。

除此之外,GATS的其他条款中也有相应的通知条款。如第5条“经济一体化”中要求经济一体化组织成员立即通知服务贸易理事会有关经济一体化协议及对它的任何补充或重大修改。

(3)设立咨询点

GATS第3条第4款规定,每一成员方对其他任何成员方要求提供的任何一般通用的措施或国际协定的特殊资料时,应立即予以答复。每一成员应在《建立WTO协定》(Agreement Establishing the WTO)(本协定中称《WTO协定》)生效之日起两年内设立一个或多个咨询点,以便其他成员方服务提供者获取有关提供商业和技术方面的服务,专业资格的登记、认可和获得以及为获得服务技术给予的各种便利等。对于个别发展中国家成员,可同意在设立咨询点的时限方面给予适当的灵活性。咨询点不一定是法律和法规的保存处。

除第3条外,GATS的其他条款中也对信息提供做出了具体规定。如第4条第2款中进一步规定,发达国家成员方在WTO协定生效之日起两年内,建立向发展中国家成员方的服务提供者提供信息的咨询点,其他成员方在可能的范围内亦应如此,以方便发展中国家成员服务提供者获得与其各自市场有关的信息。

在对成员提出透明度要求时,某些服务业会涉及许多关系到国家公共利益与公、私企业的合法商业利益的机密资料,针对这一问题,GATS并不要求各成员提供一旦公开则有悖法律实施、公共利益或有关合法商业利益的机密资料。

3.发展中国家更多参与原则

GATS进一步认识到在发达国家成员和发展中国家成员中服务业的发展是不平衡的,并将这一认识体现到了旨在促进服务贸易自由化的协议文本之中。为了帮助发展中国家成员发展服务业,GATS第4条专门规定,各成员方要通过谈判具体承诺的方式来促进发展中国家的更多参与。主要规定有以下几点。

(1)呼吁发达国家成员对于发展中国家成员具有出口利益的支付方式和服务部门给予自由准入的优先权。

(2)承认发展中国家成员为了促进其服务业的发展,可以在总体部门和单个部门中维持较高水平的保护。因此,总协定规定这些国家面对进口的竞争,可以开放较少的部门,开放较少的交易模式。

(3)在做出自由化承诺时,发展中国家成员可以设置条件,要求愿意在那里投资的外国提供者,在服务业中投资并建立子公司(或其他形式的商业存在),同东道国合作设立合资企业;向当地公司提供技术或信息和销售渠道。

GATS还为最不发达的成员方参与服务贸易制订了优惠政策。在实施上述两款时,应特别优先考虑到不发达国家成员方,应根据它们特殊的经济状况与在发展经济、贸易和财政上的需要,对这些国家在接受各种谈判的具体承诺中的严重困难给予特殊考虑。各缔约方通过对承担特定义务的协商,使发展中国家在国际服务贸易领域能更多地参与,《服务贸易总协定》特别关注到了最不发达国家的服务贸易发展。不足的是,没有太多硬性规定保证这一原则的实施。

4.经济一体化

"经济一体化"原则规定了成员方实施无歧视待遇的义务,要求在服务贸易协定中安排具有实质性意义部门的减让和在成员方之间实质地消除所有歧视。GATS认为,区域性或次区域性的双边或多边服务贸易自由化协定会促进世界范围的国际服务贸易自由化和经济一体化,所以,在该条款中,GATS允许最惠国待遇原则作为例外,不适用于区域性或次区域性的双边或多边服务贸易自由化协定,且发展中国家的有关协议采取较为灵活的政策,允许按照其发展水平达成某些协议。但是,此类自由化协议必须满足以下条件。

(1)包括众多的重要服务部门并在相当程度上影响服务贸易量和服务提供方式。

(2)旨在取消缔约方之间现行的歧视性措施和禁止采取新的或更多的歧视性措施。

(3)各个服务部门和分部门对于该协定之外的GATS任何成员的服务贸易壁垒总体水平不能因为该协定而高于之前的实施水平。

大多数发展中国家的一体化协定大体上包括服务贸易自由化,但是依然在一定程度上对服务贸易进行区别对待和严加管制,各种类型的区域性和次区域性服务贸易优惠协议的出现在所难免,在服务贸易自由化方面的进展也不大。因此,应当对这些协议严格监视与审议,以免削弱GATS的多边性质。

5.国内规定

GATS第6条表示了对成员国国内规定的尊重,赋予各国一定的自主权,其中包括政府当局引进新规定以管理服务产业的权力,并对发展中国家做出了优惠安排,例如为实现国家政策目标可以在某些部门采取垄断性授权,但是这类特殊安排必须建立在合理、客观和非歧视的基础上。"合理、客观、非歧视"包含两层意思:一是在对待本国服务和服务提供者与任何其他成员国的服务和服务提供者方面应一视同仁;二是在不违背一国宪法结构和法律制度性质的前提下,成员国的国内规章制度应尽可能地与国际惯例接轨,从而为国际服务贸易自由化奠定国内法的基础。其次,该条款对各成员国当局提出了一些义务和要求,如要求每一成员国或尽快设立司法、仲裁、行政法庭或程序,在受影响的服务提供者请求下,对影响服务贸易的行政决定迅速进行审查,并在请求被证明合理的情况下提供适当的补救,同时这类机构应独立于有关行政命令的负责机构。

总之,在国际服务贸易方面,一国对服务提供者资格的要求条件、程序、服务的技术标准和许可证的规定,对服务贸易自由化有着极其重要的影响。因此,GATS要求任何成员的上述国内规定都不应构成不必要的服务贸易壁垒。

6.承认(资格/许可)

在进行服务贸易时,涉及的各类事项繁多,为确保服务质量,需要评估服务提供者各方面的素质,因此,各国往往设置相应的标准来限制国外服务厂商的进入。一成员国的服务提供者在其他成员国境内提供服务，首先必须获得东道国的职业证书、营业执照、任职资格及其他许可，然而，由于成员国之间的制度、文化、习俗、语言等的不同，不同成员国对外国服务提供者的资格要求也各不相同，此外，成员国之间的服务提供者所受的教育、经验、证书也不同，要达成相互全部的、无条件的认同是不现实的。因此，在任职资格上实行限制，则必然会造成对服务贸易自由化的阻碍。

GATS在“承认”这一条款中，列出了四种认可方式：(1)协议方式；(2)以与有关国家签订的协议或安排为根据；(3)自动给予认可；(4)努力制定和采用认可的共同国际标准和准则，或相关服务贸易与行业实施的共同国际标准。

这一条款的设置的目的是将有关服务的规定、标准和要求达成一致和相互认可，促进国际有关服务贸易的标准的一致性，即国际标准化问题，鼓励服务标准从地区或局部的标准化推广到各成员全体的、世界的标准化。但是，由于各国规定的巨大差异和发展水平的不同，这必将是一个长期的过程。

7. 垄断和专营服务提供者

服务专营和限制性商业惯例适用在服务业市场常常出现，这些行为都将造成贸易垄断的不良后果，从而影响贸易自由化的进程。在这种情况下，成员方有义务确保服务提供者不滥用垄断和专营权力，为此，GATS对垄断和专营服务提供者和商业管理等反竞争行为做出了一系列规定：各成员国应确保在其境内的任何垄断服务提供者在相关市场中不违反该成员国的最惠国待遇义务和各项具体承诺，不能在成员之间构成歧视性待遇；如一成员国的垄断服务竞争者直接或通过附属公司参与其垄断权范围之外且受该成员具体承诺约束的服务提供的竞争，则该成员应保证该提供者不滥用其垄断地位在其领土内以与此类承诺不一致的方式行事；如果一成员有理由认为任何其他成员的垄断服务提供者违反上述规定，则在该成员请求下，服务贸易理事会可要求设立、维持或授权该服务提供者的成员提供有关经营的具体信息；在WTO协定生效后，如一成员对其具体承诺所涵盖的服务提供给予垄断权，则该成员应在所给予的垄断权预定实施前不迟于3个月通知服务贸易理事会，并应适用第21条中有关规定。

这一条款的目标人群是发展中国家，由于服务业发展水平低，发展中国家一些重要的服务行业都采取国家垄断的形式以保护国家安全和维护国家利益，这为其他国家，特别是发达国家的服务提供者在这个国家的竞争带来巨大的不利，因此，美国等发达国家竭力主张加入此条款以保障本国服务业在国际上的竞争。

8. 商业惯例

有关人士意识到，在GATS中除了第8条关于垄断和专营服务提供者的商业惯例之外，服务提供者的某些商业惯例同样会抑制竞争，阻碍国际服务贸易自由化的进程，从而阻碍服务贸易的发展。协议充分承认了服务提供者可能会采取扭曲竞争、限制贸易的商业惯例，因此，这个条款要求限制某些企业在服务市场上实施影响竞争的做法，包括一些有关服务出口的反竞争性限制做法。但是，条款并没有对消除此类惯例实行强制性规定，只是申明在任何其他成员方的请求下，每一成员方都应该与其进行取消相关商业惯例的磋商，被请求的成员对此类请求应给予充分和积极的考虑，并应通过提供与所涉事项有关的、可公开获得的非机密信息进行合作。在遵守其国内法律并在就提出请求的成员保障其机密性达成令人满意的协议的前提下，被请求的成员还应向提出请求的成员提供其他可获得的信息。

这一规定维护了发展中国家的利益，这是发展中国家对发达国家的某些占有垄断地位的私营企业进行限制的规定。

9. 紧急保障措施

这一条款规定了成员方可以采取临时性的紧急保障措施，修改或撤销其承担的特定义务，否则通常情况下，成员国做出具体承诺生效后，需三年之后才能进行修改或撤销。GATS 规定，如一国发生国际收支严重失调和对外财政困难或对外金融地位困难，以及在经济发展或转型过程中因国际收支平衡受到特殊压力而为保持适当的财政储备水平以实施其经济计划，或者由于某一具体承诺而使某一服务的进口数量太大以至于对本国服务提供者造成了严重损害或威胁时，在通知服务贸易理事会并陈述理由之后，可对其所做出承诺的服务贸易采取某些限制性的紧急保障措施，例如部分或全部地中止相关承诺。

一旦需要采取这种紧急保障措施，该成员国应在之前或之后立即向全体成员通知这种措施并提供相关数据，且应与有关各方充分磋商，所有这些紧急保障措施都应受到全体成员的监督，且受到影响的其他成员可采取相关的措施。另外，采取的紧急保障措施必须是非歧视性的，而不是选择性的，同时随着形势的改善，紧急保障措施也应逐步取消。

10. 支付和转让

在服务贸易中，一个很重要的方面就是服务收入汇回、资金的转移和货币的兑换等问题。各国为了各自国际收支的目的，往往对服务利润的汇出附加一定的条件，这也构成了服务贸易壁垒。因此，协定第 11 条规定除紧急保障措施的条件外，GATS 下有关服务贸易的具体承诺的执行不能因受到支付和货币转移方面的限制而遭到阻碍，而且规定 GATS 的任何条款都不能影响国际货币基金组织成员在“基金协议条款”下的权利和义务。本条款的目的是保证 GATS 下的具体承诺能够在支付方面得到执行，而不致被削弱。

11. 国际收支平衡的保障限制

在实际的服务贸易中，由于处于经济发展或经济转型过程中的成员在国际收支方面的特殊压力，可能需要使用限制措施，特别是保证维持实施其经济发展或经济转型计划所需的适当财政储备水平。如发生严重国际收支和对外财政困难，一成员可对其已做出具体承诺的服务贸易采取限制性措施，或对与此类承诺有关的交易的支付和货币转移做出限制，尤其是金融地位比较脆弱的发展中成员为实施其发展目标而维持其外汇储备的要求应予以考虑。这种限制性措施要迅速通知各成员，并且不应超过必要的程度，不得在各成员之间造成歧视，应与《国际货币基金组织协定》相一致，而且应避免对任何其他成员的商业、经济和财政利益造成不必要的损害，同时这些措施应是暂时的，随相关状况的改善而逐步取消。

这一条款对本身金融地位就不稳定的发展中国家具有重要的作用，对发展中国家保持一定外汇储备的做法也表示认可，发展中国家可以充分利用这个规定对服务进口量做出一定的限制。

12.政府采购

GATS第13条规定,最惠国待遇、国民待遇和市场准入的各项规则,不适用于成员方涉及政府采购的法律、法规或规章。这里的政府采购只能是为政府机构采购服务,是政府支出的安排和使用的行为,而用于商业转售或用于商业销售目的的采购服务不属于政府采购。此外,各成员方在WTO协议生效后两年内,应就此问题进行多边协商以减少政府采购对服务贸易的不利影响。

13.一般例外

基于服务贸易的特殊性,对于涉及政治经济稳定、公共道德等国计民生重大问题的服务贸易措施,GATS规定了例外条款。GATS关于普遍原则和义务的例外规定大部分和商品贸易中的例外规定相似,如经济一体化、公共利益与安全、收支平衡等。具体来说,在实施的措施不会在情况相似的国家之间构成任意或不合理歧视的手段或构成对服务贸易变相限制的前提下,在以下特定情况下可以采取与GATS不一致的措施:为保护公共道德和维护公共安全、公共卫生、环境、文化、资源等,为了维护国内法律和制止欺诈行为。GATS对各成员的以下方面没有制约作用:(1)有关国家安全的情报;(2)有关军事、放射性物质和战争时期等所采取的行动;(3)为执行联合国宪章而采取的行动。这些规定的宗旨是不干涉各成员国为了公共安全所采取的措施。

14.补贴

发达国家或发展中国家的服务贸易补贴十分普遍,且补贴方式千差万别。补贴往往对贸易造成一定的扭曲作用,是国际贸易中的敏感问题。《补贴与反补贴协议》是商品贸易领域适用的、较为全面且严格的多边规则,但是如果该协议直接适用于独特而复杂的服务贸易领域却颇具难度。因此GATS尚未形成多边的反补贴纪律框架,而是规定各成员方的谈判义务,要求各成员方进行多边谈判并制定必要的多边规则以避免补贴对服务贸易的扭曲影响。GATS认识到补贴在发展中国家发展计划中的作用,认为对发展中国家补贴方面的需要应予以灵活处理,各成员应相互通报各自服务提供者的补贴问题,并同时进行谈判。受到某成员补贴影响的另一成员可要求就此同该成员进行磋商解决。

通过国际贸易的实践可知,补贴问题是一个很难解决的问题,在商品贸易,尤其是初级产品、农产品贸易问题中表现突出,其原因之一就是补贴同国内政策甚至是国内政治联系在一起,而其本身又没有一个统一的标准来衡量。服务业补贴问题则更加复杂,因为服务业更紧密地同国内政策、投资优惠安排、研究与开发的政府资助联系在一起,而发展中国家又有充分的理由,如加强自身服务能力等,对某些行业进行补贴,因此就补贴问题而进行的谈判将更加具有难度。

(三)GATS的具体承诺

GATS第三部分规定了一参加方在承担具体的服务市场开放义务所应遵循的原则,包括第16条“市场准入”、第17条“国民待遇”和第18条“追加约束”。

1.市场准入

GATS第16条规定,在服务贸易中的市场准入方面,每个成员给予其他任何成员的服务和服务提供者的待遇,不得低于其承诺表中所同意和明确规定的期限限制和条件。同时,当一成员根据这一规定承担市场准入义务时,除非承诺表中有明确规定,它不能保持或采用下列六种措施。

(1)以数量配额、垄断和专营服务提供者的方式,或者以要求经济需要调查的方式,限制服务提供者的数量。

(2)以数量配额或要求经济需求调查的方式,限制服务交易或资产的总金额。

(3)以数量配额或要求经济调查的方式,限制服务业的总量或以指定的数量单位表示的服务提供的总产出量。

(4)以数量配额或要求经济需求调查的方式,限制某一特定服务部门或服务提供者为提供某一特定服务而需要雇用自然人的总数。

(5)限制或要求一服务提供者通过特定的法人实体或合营企业才可提供服务。

(6)通过对外国持股的最高比例或单个或总体外国投资总额的限制来限制外国资本的参与。

2.国民待遇

服务贸易领域的国民待遇不是一般义务,而是一项特定义务,各成员方只在自己承诺开放的服务部门中给予外国服务和服务提供者以国民待遇。《服务贸易总协定》第17条规定,每一成员方应在其具体承诺表所列的部门中,依照表内所述的各种条件和资格给予其他成员方的服务和服务提供者的待遇,就影响服务提供者的所有规定来说,不应低于其给予本国相同的服务和服务提供者,这种国民待遇的给予和获得并不问其给予任何其他成员的服务和服务提供者的待遇与给予本国相同服务和服务提供者的待遇的"形式"是否相同,只要实施的结果相同就可以了。反之,如果形式相同或不同的待遇改变了竞争条件,使其有利于国内服务和服务提供者,就被认为实施了歧视待遇而违背了该条款。

同时,GATS就国民待遇的规定还涉及本国服务提供者与外国服务提供者的公平竞争机会问题;但这一概念不够具体,发达国家往往借此干预发展中国家的国内政策领域。例如,针对许多发展中国家对外国银行在其境内提供银行服务往往有业务范围和地域的限制,发达国家认为在发展中国家营业的该国银行与当地银行处于不公平的竞争地位,因而认为没有得到国民待遇。另外,发展中国家实行的外汇管制措施也常被发达国家认为是对外国银行参与公平竞争的机会造成了潜在的损害。

此外,GATS第20条和第21条分别对具体承诺表的制定与修改进行了规定。第20条第1款规定,各成员方应根据总协定第三部分制定各自的具体承诺表。在已做出承诺的部门,承诺表应具体包括以下内容:(1)有关市场准入的内容限制和条件;(2)有关国民待遇的条件和要求;(3)有关其他具体承诺的雇行;(4)各项承诺实施的时间框架;(5)各项承诺生效的日期。根据该条第2款的规定,不符合市场准入和国民待遇的各项措施应有专门栏目注明。该条第3款明确指出,各成员方的具体承诺表应作为总协定的附件并成为总协定的组成部分。

3.追加约束

GATS 第 21 条为具体承诺表的修改做出了规定。第 1 款指出,一成员方在具体承诺生效的 3 年后的任何时候可修改或撤销其承诺表中的任何承诺;但是,修改成员方应至少在实施修改或撤销前 3 个月将此意向通知服务贸易理事会。第 2 款规定,受此修改或撤销影响的成员方可请求修改成员方给予必要的补偿调整,而修改成员方应就此举行谈判。在此谈判中,有关成员方应努力维持互利义务的总体水平不低于谈判前具体承诺表中所规定的标准;各项具体的补偿调整措施应以最惠国待遇为基础。第 3 款规定,如果修改成员方和受影响的成员方在谈判规定的期限结束之前未能达成协议,受影响的成员方可将此事项提交仲裁;除非修改成员方做出与仲裁裁决相符的补偿性调整,否则,不得修改或撤销其具体承诺;如果未提交仲裁,修改成员方可自主实施其修改和撤销措施;如果修改成员方实施其修改或撤销措施与仲裁裁决不一致,任何参与仲裁的受影响的成员方可修改或撤销相应程度的义务,而且此修改或撤销可单独针对修改成员方,而无须顾及第 2 条的最惠国待遇义务。

(四)逐步自由化

这一部分内容包括第 19～21 条三个条款,就进一步扩大服务贸易自由化的谈判原则、适用范围、具体承诺的减让表以及减让表的修改做出了规定。

1.具体承诺的谈判

服务贸易中的业务往来十分复杂,不可能在短时间内制定出一个完整而详尽的多边法律规范,要消除国际服务贸易的壁垒,规范各成员的服务贸易行为,这需要一个过程,这一条款的规定,体现了逐步自由化中"逐步"的思想,是非常务实的,对于发展中国家尤为重要。

GATS 第 19 条在"逐步"方面做出了三方面的规定,具体如下。

(1)各成员方应在协定生效之日起 5 年内开始多边谈判,并在此后定期进行连续回合的谈判,以期逐步实现更高的自由化水平。此类谈判应针对减少或取消各种措施对服务贸易的不利影响,以此作为提供有效市场准入的手段。此进程进行的宗旨是,在互利基础上促进所有参加方的利益,并保证权利和义务的总体平衡。

(2)在开展贸易自由化时应适当尊重各成员的国家政策目标及其总体和各部门的发展水平。个别发展中国家成员应有适当的灵活性,以开放较少的部门,开放较少类型的交易,以符合其发展状况的方式逐步扩大市场准入,不要求发展中国家与发达国家同时达到服务贸易自由化。

(3)为了实现服务贸易自由化的共同目标,各成员国可以在一些难度较大、争议较多的部门先进行双边的或简单的多边谈判,然后逐步过渡到多边协定。

这一部分实际上是对第三部分规则的延伸,主要是为具体部门的谈判规定原则、程序、范围、目标和一些特殊例外,其目的是促进第三部分具体承诺的落实,所采用的原则和准则与 GATS 的总原则和义务是一致的,可视为普遍原则的具体体现。

2.具体承诺减让表

成员国在根据 GATS 第三部分通过谈判做出承诺后要将具体内容列入承诺减让表中,大致包括:(1)市场准入的条款、限制和条件;(2)国民待遇的条件和资格;(3)与附加承诺有关的承诺;(4)承诺的生效日期和履行承诺的时间框架。具体承诺减让表的规定对各部门开放谈判的进行和达成具有一定的指导作用。

3.减让表的修改

减让表的修改必须严格按照相关规定进行,且需以承诺生效3年为期,承诺生效3年后才可以进行修改。在修改时必须在一定时间内与受影响的其他成员达成补偿性协议,并通告服务贸易理事会。其他成员在受影响后,有权自行采取补偿性的措施对其承诺做出相应的修改和撤回,但均需要通知服务贸易理事会。条款还规定,对承诺的修改和撤销不能低于修改或撤销之前的互利承诺水平,否则利益受损的成员方可以要求进行补偿谈判或仲裁,谈判和仲裁必须在最惠国待遇的基础上进行,以保证所有成员的利益和权利与义务的总体平衡。

(五)GATS的组织机构条款

GATS的组织机构条款主要规定了服务贸易的争端解决机制及组织结构,包括第22～26条的5个条款。服务贸易的争端解决机制和商品贸易的基本相同,在GATS没有特别规定时,适用《世界贸易组织协定》的附件2《争端解决规则与程序谅解协议》。

1.磋商

此条款规定,任何一成员都有权对其认为会有损于自己利益的做法向另一成员提出磋商,而另一成员应给予同情的考虑,并做出积极的反应,主动给予适当的机会予以充分的磋商。如果磋商没有成功达到圆满的结果,服务贸易理事会或争端解决机构可与当事另一方成员或其他成员就未能找到满意解决办法的任何事项进行磋商解决有关问题。

该条款不适用于涉及产生于两个成员之间,与避免双重征税的国际协议有关的国民待遇问题,即产生于双重征税协议的争议不受世贸组织的争端解决规定的约束。磋商在无法实现时由争端解决机构做出最终裁决,如果裁决得不到执行,则可以进行报复,即停止或撤销相应的承诺义务。报复应尽量在同一领域进行,但如果同一领域的报复无法实现时,可以在另一领域进行,即"交叉报复"。

2.争端解决与执行

争端解决与执行的条款规定,任一成员认为另一成员未能履行其应尽义务,由此使其在协定项下的利益正在丧失或正在受到损害,受损害的成员有权提出书面请求或建议,另一成员应给予同情的考虑,以期达到双方都满意的结果,妥善解决该争端。当受损方的成员认为该争端在合理的一段时间内没有达到满意的结果,或当事方认为磋商结果不尽如人意时,可将此争端提交争端解决机构。

倘若经裁决,争端解决机构认定情况足够严重,则可授权一个或多个成员依照第22条对任何其他一个或多个成员中止义务和具体承诺的实施。

3. 服务贸易理事会

为了更加便捷有效地实施 GATS，促进实现成员所期待达到的目标，服务贸易理事会成立了，其职能是监督 GATS 的实施。服务贸易理事会可设立其认为对有效履行其职能适当的附属机构来分散其职能，选出代理理事会主席并制定工作原则和程序，来更好地推动服务贸易的自由化进程。

4. 技术合作

为了避免发达国家和发展中国家服务贸易的发展不平衡，GATS 对国与国之间的技术合作专门设定了一个条款。条款规定，发达国家成员和其他工业化国家成员应尽量为其他成员的服务提供者，特别是来自发展中国家的服务提供者，提供服务方面的技术援助。给予发展中国家的技术援助应在多边一级由秘书处提供，并由服务贸易理事会决定。

5. 与其他国际组织的关系

服务贸易理事会应不断地做出适当的安排与联合国及其专门机构及其他与服务有关的政府间组织进行磋商和合作。

（六）最终条款

此部分内容包括第 27～29 条的三个条款，其规定了 GATS 中利益的否定、术语的定义和附则。

1. 利益的否定

该条款规定，各成员可以拒绝给予那些不是 GATS 成员，或不适用本协定的另一成员的服务或服务提供者 GATS 项下的利益。

2. 术语定义

GATS 对一些术语做了解释性的说明和定义，以免一些术语的定义和范围导致各成员国在依照 GATS 进行谈判时造成不必要的歧义，阻碍谈判的顺利进行，从而阻碍服务留易自由化的进程。

（七）附件

在 GATS 中共有 8 个附件，其中 1 个是关于最惠国待遇例外的附件，另外 7 个分别是关于自然人员移动、空运服务、金融服务（共 2 个）、海运服务、电信服务（共 2 个）等具体服务部门的附件。这些附件是 GATS 的组成部分之一，对具体服务部门如何实施 GATS 的原则或规则做出更为具体的规定。

1. 自然人提供服务活动的附件

该条款的适用范围是各成员方提供服务的自然人和受雇于服务提供者的自然人。该附件允许成员方可就适用于GATS的提供服务自然人临时逗留的具体承诺进行协商,但不适用于以移民为目的、寻求在一成员方长期居留或长期就业的人员。在具体承诺范围内的自然人应被允许根据具体承诺的条件提供服务。同时,该附件不阻止一成员实施相应措施对自然人进入或临时居留境内进行管理,包括为保护其边境的完整和确保自然人有秩序跨境流动所必需的措施,只要这类措施不致损害或阻碍依据具体承诺的条件予以的其他任何成员的利益。

2.空中运输服务的附件

该条款适用于影响空运服务和相应的辅助服务贸易措施。它将运输权利和可能影响运输权利谈判的有关活动排除在GATS的范围之外。但该附件适用于飞机修理和维修服务、推销空运服务和电脑预约系统服务。

3.金融(含保险)服务的附件

金融服务共包括两个附件。附件一规定:(1)界定政府为行使行政职能而提供的金融服务的范围;(2)确立各国政府有权采取谨慎措施以保证金融体制的实施性和稳定性,但是这些措施在与GATS的有关条款不相符合时,不能用以逃避自己的承诺与义务;(3)规范金融服务的定义。金融服务是由一成员方的金融服务提供者所提供的任何有关金融方面的服务。金融服务包括保险和与保险有关的服务以及所有银行和其他金融服务。附件二规定:允许各参加方在GATS生效4个月后的60天内,列出其最惠国待遇的例外清单,并可改进、修改或撤销其减让表中有关金融服务的全部或部分具体承诺。

4.海运服务谈判的附件

该条款规定,在GATS生效后,各方就海运服务部门再次进行谈判。在此之前,各参加方可以随意撤销其在该部门的承诺,无须给予补偿。

5.电信服务的附件

该附件的主要目的在于约束各成员方在提供电信服务时,不应限制其他成员方服务提供者的行为,或对提供服务的行为造成障碍。

(八)服务贸易自由化的后续谈判和成果

自1995年1月1日WTO成立以来,各成员方一直致力于继续乌拉圭回合谈判的未尽议题。其中,关于服务贸易具体部门的分项谈判是这些议题中的重要内容。目前,世贸组织已在金融服务、基础电信和信息技术三方面实现了历史性突破,取得了重要成果。世贸组织所达成的这三项关于服务贸易的协议,不仅将服务贸易自由化原则向具体成果方面推进了一大步,同时,也将对世界经济产生重要影响。尽管这三项协议目前仅对签约方有约束力,但由于签约方所控制的有关贸易额在全球的相关贸易额中占绝大多数,因此,这三项协议所确定的内容在不久的将来也会成为世贸组织全体成员的义务和承诺。

1.《全球金融服务协议》

在1994年4月15日乌拉圭回合一揽子协议于马拉喀什签字后，关于金融服务的多边谈判重新开始，目的是使所有成员同意在无条件最惠国待遇基础上缔结永久性的金融服务协议，促进金融服务贸易自由化。1996年，有关谈判方曾在美国宣布退出后，在欧盟的领头下达成临时协议。1997年12月13日，世贸组织70个成员提供了56份开放金融、保险市场的清单，其中34份是经过修改的金融服务市场清单。至此，总共有102个成员做出承诺，逐步实现自由化。

《全球金融服务协议》的内容大致包括：允许外国公司在国内建立金融服务机构并享受与国内公司同等的进入市场的权利；取消对跨境服务的限制；允许外国资本在本国投资项目中所占比例超过50%等。据此，签约方将开放各自的银行、保险、证券和金融信息市场，全球95%以上的金融服务贸易将在这个协议的调整范围内。由此可见，该协议对全球金融服务业有着巨大的影响。此外，从法律角度而言，这个协议同样具有深远的意义，根据该协议的规定，绝大多数世贸组织成员对开放其金融服务市场和保证非歧视经营条件做出承诺，使金融服务贸易依照多边贸易规则进行，有助于建立一个具有预见性和透明的法律环境。《全球金融服务协议》于1999年3月1日开始生效。

2.《全球基础电信协议》

作为GATS的遗留问题，基础电信问题也被摆上了谈判桌。1994年5月，包括美国、日本、欧盟在内的成员自愿参加谈判，目的在于开放年收入达5 000亿美元的全球基础电信市场。经过近3年的艰苦谈判，终于在1997年2月15日，69个世贸组织成员方缔结了关于基础电信服务的协议，该协议于1998年1月1日生效，被认为是推动国际电信服务贸易发展的最有力因素。协议的主要内容是敦促各成员方向外国公司开放电信市场，并结束在国内电信市场上的垄断行为。协议涉及语音电话、数据传输、传真、电话、电报、移动电话、移动数据传输、企业租用私人线路以及个人通信等各项电信服务。世贸组织各成员方在电信服务自由化方面承担的义务依协议的规定有所不同。其中18个成员方将完全取消对外国公司进入本国市场的限制，47个成员方允许外国电信公司对本国电信企业进行控股，而印度等30个国家将允许外国资本在本国电信企业中占25%的股份。由于电信垄断将逐步取消，各成员方电信服务业的竞争必然加剧，这有利于现有通信技术的更新改造，促使电信服务部门进一步提高服务质量。正如世贸组织第一任总干事鲁杰罗所说，这是世贸组织历史上的一个里程碑，它必将给电信产业及其贸易带来极大的利益，既为发达国家也为发展中国家提供了迎接21世纪挑战的更好机遇。

3.《信息技术协议》

《信息技术协议》达成于1996年12月13日，生效于1997年4月1日。由于信息技术对21世纪的世界经济，特别是对电信服务业的发展产生巨大的影响，因此将信息技术产品贸易自由化与电信服务贸易自由化联系起来，是服务贸易自由化中的一项重要内容。1996年12月13日，世界贸易组织在新加坡举行部长级会议，美国和欧盟提出签订信息技术协定以消除全球信息技术产业的关税。在新加坡部长级会议结束前，世界贸易组织通过了关于信息技术产品的部长级会议宣言，并成立了信息技术产品贸易发展委员会以监督该协议的执行，推动信息技术产品贸易的发展及负责扩大信息技术协议的签字方。1997 年 3 月 26 日，40 个成员方在日内瓦签订了《信息技术协议》，决定在 2000 年以前降低或取消多项信息技术产品的关税，总值约 6 000 亿美元的信息技术产品可望实现自由贸易。

该协议涉及的范围主要包括：电脑、电信设备、半导体、制造半导体的设备、软件、科学仪器等 200 多种信息技术产品。协定要求到 2000 年将信息技术产品的进口关税降为零(少数签约方如哥斯达黎加、印度尼西亚等的最后期限为 2005 年)。该协议的宗旨是提高社会水平及扩大商品生产和贸易的目标，实现信息技术产品全球贸易的最大自由化，鼓励世界范围内信息技术产业的不断技术进步。该协议虽然由世界贸易组织成员和申请加入国或单独关税区自愿参加，但参加方在《信息技术产品协议》承担的义务是在最惠国待遇基础上实施的，因此所有其他世界贸易组织成员均可获得好处。在参加主体上，它类似于诸边贸易协议，在适用对象上，则与多边贸易协议相同，可称为“次多边贸易协议”。

三、对《服务贸易总协定》的评价

《服务贸易总协定》的签订和实施是国际贸易发展史上的一大进步，改变了一直以来服务贸易仅存在于少数国家制定的法律框架，而游离于世界多边贸易法律框架之外的状态，是贸易自由化和贸易保护主义斗争和妥协的结果。GATS 的出现，对加速世界服务贸易的发展和在世界范围内实现服务贸易自由化起到了巨大的推动作用，但作为一个相对年轻的国际框架体系，面对不同国家之间的不同状况，不可避免地存在着一定的局限性。

(一)《服务贸易总协定》的积极意义

从整体的发展进程上看，总协定明确了今后国际服务贸易的发展方向和必须遵循的共同规则，为国际服务贸易的进一步发展奠定了良好的基础；从法律结构上看，总协定具有十分显著的体制特征，对承诺义务和一般义务做了严格区分。作为一个代表性最广泛的、关于服务贸易的专门性的、涉及对象广泛的、综合性的多边协定，GATS 对统一规范全球服务贸易具有无法估量的影响。

1. GATS 为国际服务贸易的发展创立了国际准则，是国际服务贸易迈向自由化的里程碑

在 GATS 签订之前，关税与贸易总协定(General Agreement on Tariffs and Trades, GATT)对国际贸易自由化的推动和努力主要集中于商品贸易领域，国际服务贸易一直缺乏一套有关国家和地区共同遵守的国际规则。各国的服务贸易政策和规则协调主要通过以下两种方式。

(1)双边和区域协调。许多国家和地区签订了双边贸易协定，在服务贸易上给予互惠待遇。

(2)行业协调。国际服务贸易政策的协调以行业为主，在这种方式下的服务规则的谈判通常都是在诸如国际电信协会、国际民航组织、国际清算银行、国际海事咨询组织等国际性行业

组织主持下进行的。

双边和行业性质的政策和规则的协调方式并不能完全适应国际服务贸易发展的要求，妨碍了国际服务贸易的完全自由化，减缓了世界服务贸易流量的增加。GATS的诞生为服务贸易的逐步自由化第一次提供了体制上的安排与保障，对于建立和发展服务贸易多边规范是一项重大突破。它确立了通过各成员方多边贸易谈判，促进各成员国市场开放和发展中国家服务贸易增长的宗旨，为各成员方进一步谈判提供了基础，促使服务贸易向自由化方向不断迈进。

2.促进国际服务贸易的自由化，在更大程度上推动国际服务贸易的全面增长

从根本上说，服务即商品。在这种无形商品的流通过程中，各国劳动力所具有的技术、知识水平的差异，使得他们所提供的同样的服务或服务化的商品之间存在着类似有形商品贸易中的比较优势。正是这种比较优势，导致各国的服务在国际服务市场上竞争力不同，因此各国在服务贸易中必将会根据自己的情况采取一系列"奖出限入"政策，保护自己的服务市场。由此看来，国际服务贸易虽然不存在关税壁垒，但却存在着各种各样、名目繁多的非关税壁垒，并对国际服务贸易的发展形成重大障碍。而服务贸易总协定的基本精神是服务贸易自由化，即提请各国在遵守一般义务和原则的前提下，做出开放本国各个服务部门的具体承诺，然后在框架协议生效后，就上述的具体承诺举行多边谈判，以逐步实现服务贸易的自由化，使服务业在各国或地区间无阻碍地自由流动。所以，服务贸易总协定将会像关贸总协定那样，通过最惠国待遇、各国服务贸易政策透明度、市场准入和国民待遇、发展中国家更多的参与、逐步自由化，以及各成员国所制定的一系列义务、原则等在最大限度上促进其自由化，从而使国际服务贸易额有较大增长。

3.在推动国际服务贸易发展的同时，促进有形商品贸易的发展

在服务贸易自由化的进程中，不仅服务贸易本身会得到极大的发展，与服务贸易相关的有形商品贸易也会得到极大的发展。如资本、技术密集型服务的贸易，往往伴随着相应的硬件设备的有形商品贸易(如数据处理服务、远距离通信服务等)的扩大将促使通信类的各种硬件设备的发展；航空运输服务的扩大会促进飞机制造业的发展；陆路、水运服务的发展必然引起相关产业的发展；银行金融服务的发展，也必将使银行系统的传真通信及资金调拨网络的硬件贸易增长。同时，由于发达国家具有服务贸易项目的比较优势，因此，在未来的多边谈判中，有可能在发展中国家服务市场逐步开放的同时，在有形商品贸易方面向发展中国家做出更多的让步，从而促进有形商品贸易的发展，并会形成国际分工的新格局。

4.协议适当考虑了发展中国家成员的利益，具有进步意义

第一，由于服务贸易总协定对发展中国家做了许多保留与例外，特别是允许他们在国民待遇、最惠国待遇、透明度、市场准入等方面逐步自由化，并在对发展中国家经济技术援助方面，予以很大的优惠。所以发展中国家可以充分利用这些机会扩大本国具有优势的服务的出口。第二，服务贸易总协定的实施，虽然要求发展中国家为服务贸易的逐步自由化做出贡献，对本国服务业市场作适度开放，但也允许发展中国家在特定条件下采取适当的措施保护其落后的

服务业。这样,发展中国家既可以为保护国内幼稚服务业或民族服务业的发展而采取很多限制服务进口的措施和规定,也可以在适度的开放过程中,学到发达国家在服务业方面的先进技术和经营管理方式,并可以在开放过程中,使本国相应的服务业与发达国家进行竞争,使其在竞争中得到发展。

5.有利于促进各国在国际服务贸易方面的合作与交流

作为国际服务贸易的行为准则,GATS通过市场准入推动全球服务市场开放,为国际服务贸易的扩大和发展扫除了障碍。GATS的生效使各成员方从服务市场的保护和对立转向逐步开放和对话,特别是通过透明度原则,使各成员方在服务贸易领域的信息交流和技术转让大为增加。另外,定期谈判制度为成员方提供了不断磋商和对话的机会,客观上促进了全球服务贸易的繁荣和发展。

(二)《服务贸易总协定》的缺陷和不足

1.适用范围不够清楚明确

GATS的普遍义务与原则,本应适用于所有的服务部门与提供方式,但实际上其适用范围存在模糊不清,具体表现在:(1)《服务贸易总协定》将政府为实现政府职能而提供的服务排除在调整约束范围之外,由于政府行使职能时提供的服务范围难以界定,造成GATS的实际适用范围不清晰;(2)"承诺细目表"的肯定方式进一步缩小了《服务贸易总协定》的范围,没有进入"承诺细目表"的服务部门一律不适用市场准入和国民待遇条款;(3)即便列举进"承诺细目表"的服务部门内,成员仍然可以通过对四种服务提供方式的具体细节分别列举保留和限制来缩小GATS的适用范围;(4)无论是否列入"承诺细目表",成员都可根据某种理由就某个服务部门或服务提供方式申请最惠国待遇义务的免除。可以看出,《服务贸易总协定》实际适用的服务部门与服务提供方式异常复杂,各成员所承担的义务亦难以辨析,这种立法方式容易造成协定适用上的复杂性、狭隘性和不稳定性。

2.市场准入和国民待遇不具普遍约束力,容易引发贸易摩擦

作为特定的原则义务,市场准入和国民待遇只是在"肯定清单"范围之内,在考虑了特殊的限制和保障基础上,对成员方具有一定的约束力。这种非普遍性的约束力使得市场准入和国民待遇在实行过程中,各方从自己利益出发,对其适用范围、条件以及对条款的解释各持己见,互不相让。比如,国民待遇条款规定在本国服务和服务提供者与其他成员服务和服务提供者之间可采用相同或不同的待遇,只要竞争条件和实质性效果相同即视为符合国民待遇原则。但"相同的竞争条件"和"实质性效果"协定未明确规定,从而使各成员对采取的有关举措有可能从自己立场与理解去解释,为将来的摩擦埋下隐患。与《关贸总协定》相比,《服务贸易总协定》普遍性原则和义务较少,这就使得《服务贸易总协定》在实行的过程中,更多地依赖各成员的"承诺细目表"及其对各个具体条款的个别解释,实行中产生的各种争端也就可能不断出现。

3. 最惠国待遇例外条款存在，可能导致滥用

GATS将最惠国待遇作为普遍性原则和义务，适用于所有服务部门和服务提供方式，但同时又做出了根据具体情况豁免该项义务的规定。从理论上看，最惠国条款豁免是为了保持成员间权利和义务的平衡，但对有可能提出的豁免没有规定具体限制条件，对豁免的合法性缺乏多边商定的具体标准。这些不足可能在实际操作中出现滥用豁免的现象。并且关于豁免的期限也未明确，协定附件指出“原则上，这类豁免不应超过10年，无论如何应在随后的各轮贸易自由化谈判中商谈”。可以看出10年期限并非绝对时限，还有延长的可能。在贸易中，最惠国待遇是最基础的原则，在实务中过多引用免责条款必将大大降低《服务贸易总协定》的宗旨。

4. 政府采购和补贴等议题界定不清影响了GATS的完整性

政府采购在很大程度上反映了一过服务贸易市场开放的水平，是其服务消费市场的重要组成部分。GATS规定，最惠国待遇、市场准入和国民待遇等原则与义务不适用政府机构为政府目的而进行采购的法律、法规或要求，这些构成了协定内容的缺失。世界各国普遍对服务业进行补贴，特别是发展中国家服务业发展水平较低，为避免本国服务市场受到外来冲击，对幼稚服务业实施政府补贴。《服务贸易总协定》对发展中国家补贴给予一定考虑，但补贴必然导致贸易扭曲，改变竞争条件，这与世界贸易组织推行的贸易自由化的宗旨相背离。迄今为止，关于服务贸易领域补贴和反补贴问题的多边谈判尚无实质性成果。由此可见，《服务贸易总协定》只是初步形成了制定规则、组织谈判、解决争端三位一体的服务贸易规则体系，许多问题都需要通过成员的继续谈判达成明确统一的规则，同时新的矛盾不断需要解决，GATS仍然需要不断补充完善。

5. 争端解决机制尚需进一步完善和强化

GATS关于争端解决机制基本与《关贸总协定》一致，有受理争端程序的时间期限规定，而且在争端裁决执行、对裁决的上诉、对不执行最终裁决的报复等方面均有较为详细的规定。然而，与货物贸易相比，服务贸易由于自身的特性，各种服务方式的各种限制措施种类繁多且复杂，对服务部门受损害的程度判断、对其争端的裁决难度更大，相当程度上依靠争端解决机构对各个具体问题的个别解释，对争端的解决以及裁决的执行必然产生影响，因此《服务贸易总协定》的争端解决机制在完整性、严密性、系统性与整体约束力方面仍有待于进一步完善与强化。

总之，GATS仍处在发展之中，尚需完善。造成《服务贸易总协定》局限性的原因除了服务贸易本身的独特性和复杂性之外，还与下述一系列因素密切相关：(1)国际服务贸易壁垒的长期存在；(2)发达国家与发展中国家服务贸易实力的悬殊和立场的相左；(3)肯定式清单的具体承诺的谈判方式存在的弊端；(4)国际服务贸易与国家主权安全之间的密切关系；(5)国际服务贸易所面临的反全球化与区域一体化的挑战；(6)国际服务贸易统计资料的缺乏。基于上述原因，《服务贸易总协定》仍需要更多的谈判和实践来进行补充和完善。

第二节　区域服务贸易协议

目前,世界服务贸易发展具有越来越复杂的地区和结构差异,旨在全面推进服务贸易自由化的多边贸易谈判越发困难,多哈回合举步维艰便是这一问题的深刻反映。与此同时,服务贸易的区域自由化作为服务贸易自由化的另一种重要模式在推动全球服务贸易发展的道路上扮演了日益重要的角色。以下将对欧盟、北美自由贸易区和东盟在服务贸易领域的具体政策安排进行研究。

一、欧盟的服务贸易安排

为了消除国家间在货物、服务、资本和劳动力流动方面的限制,促进各贸易领域的协调发展、整体的经济增长和各成员国的一体化发展,欧盟一直在采取积极有效的措施。其中,服务贸易在欧盟经济中占有举足轻重的地位,因此,欧盟对区域服务贸易发展和服务贸易自由化政策的制定极为重视。

随着 1993 年 1 月《马斯特里赫特条约》的生效和欧洲统一大市场的正式启动,欧盟的服务贸易自由化步伐不断加快,较短时间内基本消除了成员间的服务贸易壁垒。《马斯特里赫特条约》对欧盟服务贸易自由化的实施、推进和深化做出了原则性规定和给予了制度保障,主要体现在:

(1)人员流动。将可以自由选择居住和工作地点的自然人范围扩大至所有正在工作的自然人、学生和退休人员。(2)资本流动。设立了欧盟中央银行,为完全资本流动和欧盟单一金融服务市场的建立创造了条件。(3)共同对外。成员国对欧盟以外的任何国家,在政治、经济上均采取共同原则,保证对内服务贸易自由化和对外服务贸易的竞争力。

在《马斯特里赫特条约》的基础上,欧盟为了建立全面统一的服务市场,陆续出台了各服务部门的开放和贸易自由化措施,主要包括:

(1)金融服务领域。欧盟于 1999 年发起"金融服务行动计划",这一计划包括实现一体化程度更高的金融服务市场所需要的法律与非法律措施以及相应的时间表,被视为欧盟经济增长促进战略的核心。(2)电信服务领域。1998 年 1 月欧盟 15 国(瑞典和英国早于统一安排)的电信基础设施与服务实施自由化,打破垄断、引入竞争,提升了区域电信服务贸易的自由化程度。(3)运输服务领域。2001 年 9 月,针对公路运输、铁路运输、航空运输、内河与海洋运输等众多交通运输部门,欧盟提交了一份包括 60 项改革措施的行动方案,计划 2010 年建成现代、平衡、可持续发展的欧盟交通体系。(4)旅游服务领域。2003 年 11 月,欧盟委员会提出旅游业与经济、社会和环境可持续发展的观点,强调成员国旅游政策的统一性,号召旅游业之间、旅游目的地之间开展国家、区域和地方各层次合作,促进旅游收入的增长与欧洲文化完整性的保存。

总而言之,在《马斯特里赫特条约》以及相继出台的各种措施下,联盟成员国之间在服务贸易市场准入、国民待遇、最惠国待遇等方面几乎已不存在障碍,欧盟区域内服务贸易自由化基本实现。

二、《北美自由贸易协定》的服务贸易安排

美国、加拿大和墨西哥于1992年8月12日签署《北美自由贸易协定》(North American Free Trade Agreement,NAFTA),1994年1月1日协定生效。NAFTA服务贸易部分具有涉及面广、规定细化、可操作性强的特点,其较完善的细节条款和较高的服务贸易自由化水平为世界其他区域服务贸易协议的制定提供了成熟的模板。

(一)签署背景

自20世纪80年代起,欧洲经济一体化进程加快,日本对北美市场的进攻也咄咄逼人,美国和加拿大的国际经济地位与竞争优势相对减弱,这使双方意识到进一步加强双边经贸联系的必要性。1980年,里根在竞选美国总统时提出包括美国、加拿大、墨西哥及加勒比诸国在内的"美洲共同市场"的设想;1983年,加拿大也提出建立美加自由贸易区的方案;1986年,美国和加拿大签署《美加自由贸易协定》,构建美加自由贸易区;1991年,美国、加拿大和墨西哥为建立北美自由贸易区启动谈判;1992年,三国代表正式签署《北美自由贸易协定》,NAFTA在《美加自由贸易协定》的基础上正式诞生。

美国作为协定的主导国和支撑力量,在服务贸易自由化方面一直态度积极、立场坚定。1973—1979年东京回合谈判时,美国根据《1974年贸易法》的授权,试图把服务贸易列为GATT议题,以寻求所谓"更公平的贸易"。1979年和1984年,美国分别出台《贸易协议法》和《贸易与关税法》,均授权政府就服务贸易进行多边谈判,并计划针对未在该问题上达成妥协的国家采取报复行为。1988年,美国颁布《综合贸易与竞争法》,再次确认美国服务贸易谈判的原则和目标,使其解决服务贸易争端时有法可依。因此,美国格外关注NAFTA及其服务贸易自由化的相关内容。

(二)协定内容

随着NAFTA有关服务贸易条款的逐步完善,其不但吸收了《美加自由贸易协定》的成熟做法,同时借鉴了世界贸易组织《服务贸易总协定》的经验,基本涵盖了全方位的服务贸易自由化政策措施。

(1)涉及面广。NAFTA共分19章,其中涉及服务贸易的内容有第1章目标、第9章与标准有关的措施、第10章政府采购、第12章跨境服务贸易、第13章通信服务、第14章金融服务以及第16章商务人员的临时进入。对非歧视原则、政府采购、争端解决机制、原产地规则以及各服务部门开放等做出了全面规定。(2)规定细化。NAFTA在15年内逐步取消了美加墨之间的所有关税和非关税限制,实现了商品、服务、资本和劳动力的自由流动,以及劳工、环保标准和法规的一体化,建成了世界最大的区域经济组织。为此,NAFTA遵循以最惠国待遇和国民待遇为核心的非歧视原则,细化了争端解决机制,扩大了政府采购领域的服务自由化范围,明确了跨境服务贸易中的自由化措施,采用"否定清单"在具体服务部门特别是金融、通信等领域做出不同程度的开放承诺。(3)操作性强。协定采用了"否定清单"的承诺方式,有利于更多

的服务部门开放,实现服务贸易自由化。而且,协定在规定细化的基础上对墨西哥做出特殊安排,比如墨西哥在金融服务、投资服务、基础电信服务、空运和海运服务以及政府服务等方面享有保留权,同时拥有金融服务的过渡期保护权。这些安排为各成员的服务业开放和服务贸易自由化提供了更多操作上的便利和可能性。

和 GATS 相比,NAFTA 的服务贸易自由化无论是在开放水平还是在规定细节上都有相当大的提升,具体表现在以下四个方面。

(1)GATS 采用"肯定清单",NAFTA 采用"否定清单"。GATS 基于"肯定清单"的开放承诺仅适用于做出承诺的服务部门或服务提供方式,更高水平的服务贸易自由化须经多轮谈判逐步实现,这种方式也称作"祖父条款",自由化进程相对受限。NAFTA"否定清单"具体列明成员不开放或有条件开放的服务部门。否定列表下,NAFTA 三个成员均承诺开放更多的服务部门和分部门,服务贸易自由化水平大大提高。(2)NAFTA 的最惠国待遇条款比 GATS 更完善。最惠国待遇是多边贸易体制的基本原则,GATS 对其做了十分详细的规定。该条款要求各成员对任意成员方的服务以及服务提供者的待遇应立即、无条件地适用于其他成员。类似的,NAFTA 也遵循以最惠国待遇和国民待遇为核心的非歧视原则,但特别提出所谓"齿轮条款",即成员方的协定承诺伴随其国内自由化措施的改善而自动改善,无须再做承诺。与 GATS 相比,NAFTA 实质上增加了对公平和平等的更高要求。(3)NAFTA 的政府采购条款比 GATS 更完善。GATS 第 13 条对政府采购的规定是"原则上关于最惠国待遇、国民待遇和市场准入的各项规则,不涉及成员方涉及政府采购的法律、法规和规章"。实际上,GATS 对政府采购的服务贸易自由化不做要求。与之相比,NAFTA 对政府采购的货物和服务实行公开、透明、竞争三原则,使得涉及政府采购的服务部门开放有了质的变化。(4)NAFTA 的争端解决机制比 GATS 更完善。GATS 对争端解决机制未作特别规定,适用《建立世界贸易组织的马拉喀什协定》附件 2《争端解决机制与程序谅解》。而 NAFTA 不仅重点改进了专家选择程序,且借鉴了美国、加拿大与其他国家签署的双边投资协定,建立了以"联合国国际贸易法委员会"的争端解决规则为基础的"投资者/国家制"争端解决机制。

三、中国—东盟自由贸易区《服务贸易协议》

(一)协议背景

20 世纪 90 年代以来,全球区域经济合作蓬勃发展,区域贸易自由化更是高潮迭起,越来越多的国家和地区卷入其中。2001 年 11 月在文莱斯里巴加湾召开的第五次东盟和中国领导人会议上,中国正式提出建立中国—东盟自由贸易区(China-ASEAN Free Trade Area,CAFTA)的构想。

与此同时,随着各国服务业开放和服务贸易渐进自由化,服务业投资和国际服务贸易日益成为全球竞争与合作的新领域。从目前来看,中国和东盟的服务业发展各有千秋,双方在服务产品的进出口方面竞争性与互补性并存。中国的工程承包、劳务合作等服务大量出口到东盟,而东盟在海洋运输、航空运输、金融服务、建筑工程服务等领域已将中国作为最重要的出口目的地。显然,双边服务贸易逐渐成为发展中国—东盟经贸关系的重要基础和动力。

在此背景下，2007 年 1 月中国与东盟 10 国签署《服务贸易协议》，正式宣告服务业相互开放和区域服务贸易自由化进入了一个新的阶段，也为 2010 年全面建成中国—东盟自由贸易区奠定了坚实的基础。

（二）协议内容

CAFTA《服务贸易协议》参照了 GATS，同样包括定义和范围、义务和纪律、具体承诺以及机构条款四个部分，共 33 个条款和 1 个附件，附件列示了中国和东盟 10 国的具体承诺减让表。《服务贸易协议》的框架与基本内容和 GATS 相似，当然也具有自身的特点，具体表现在以下两个方面。

1.“南南型”区域服务贸易协议

CAFTA《服务贸易协议》是典型的“南南型”协议，即发展中国家之间缔结的服务贸易协议。由于发达国家的服务业发展水平较高，积极推动全球和地区服务贸易自由化进程，但发展中国家服务业发展相对滞后，对服务贸易自由化普遍持谨慎态度。因此，在一定程度上“南南型”服务贸易协议的自由化水平低于“南北型”。

2. 基于“肯定列表”的承诺方式

CAFTA《服务贸易协议》承袭了 GATS 的“肯定列表”，中国和东盟 10 国仅对自身承诺部门实施开放或贸易自由化，未在清单内的则不予开放，现阶段服务贸易自由化水平相对较低。

尽管 CAFTA《服务贸易协议》相比于“南北型”及发达国家之间的区域服务贸易安排自由化程度较低，但较之 GATS，CAFTA 各成员的服务业开放和服务贸易自由化水平仍有了大幅度提升。

（三）服务贸易现状及完善

1. 中国—东盟服务贸易合作的现状

随着世界经济的发展，世界服务贸易更上一层，中国与东盟的服务贸易合作自然也蒸蒸日上。21 世纪以来，中国—东盟双边服务贸易总额保持高速增民，除受到 2008 年国际金融危机冲击导致后一年的小幅下降之外，中国与东盟的服务贸易进出口总额都以高于 20％的速度增长。

由于东盟各国的服务产业优势各不相同，其政策也存在差别。

中国与东盟各国虽然大部分都是发展中国家，在某些领域上的相似度虽然也算是比较大的，但是，随着经济的发展和各方面的因素的影响（如国际政治力量影响和区地理条件差异），导致中国与东盟国家在服务产业的贸易禀赋上各不相同，在一些领域上的差距还有逐渐加大的趋势。

菲律宾是比较贫困的国家，各经济部门之间的发展很不平衡，服务业发展相对较快但公共基础设施、金融服务明显滞后，由于其人力资源比较丰富，所以在政策上积极实行人才的专业化转向政策。

泰国由于其历史文化的影响，在旅游服务业上占有较大优势，所以为了扩大其旅游方面的收入，积极开放国门，在交通方面实行优惠政策，但在保险行业的发展比较保守。

而作为中国东盟成员国中最具代表性的发达国家新加坡，由于它有比较优异的地理位置（马六甲海峡使其航运方面很发达），其金融业、服务业发展迅速且比较稳定，各方面的竞争力都很强，所以其开放力度很大，政策上积极鼓励自由贸易。

以上只是提出了几个典型的中国—东盟自由贸易区成员国的服务贸易发展特点及其实行相应的政策现状，由此可看出，由于其服务产业优势的不同，其相应的政策也五花八门，不太具有统一性。

2. 中国—东盟服务贸易合作面临的问题

（1）信息服务平台不完善

信息服务平台作为一个地区或国家进行投资或进行贸易往来的重要来源和参照物，一定要对其建设加以重视。自然人流动和商业存在是进行投资或贸易的基础，但中国—东盟自由贸易区对于商业存在、自然人流动的统计不够全面、系统，而且关于这两个点的统计滞后性非常大，对于东盟具体地区的金融、旅游、通信等具体的服务产业资料欠缺，有很多得到特定的官方网站才能找到，并且某些拥有相应统计数据的官方网站还设置了进入障碍，把投资人士拒之门外，对于中国与具体的不同东盟国家的国际服务贸易的统计数据更是缺乏。中国—东盟的服务贸易如今的发展势头很猛，信息的更新换代也非常快，但是自贸区的服务贸易统计往往跟不上发展的步伐，这不利于中国—东盟服务贸易的发展进程，也不利于自贸区国家内部之间根据对方的实际情况对服务产业进行合理投资。

（2）中国与大部分东盟国家服务贸易竞争力弱

中国与东盟的大部分国家在新兴的、在某种意义上也是未来服务产业发展根本的行业，如交通、保险方面，竞争力很弱，有很多国家的保险与专利特许费方面的竞争力远远低于－0.6，这对很多国家的服务贸易来说是很不利的，在某种程度上也阻碍了这些国家服务贸易的均衡发展和全方面发展。

（3）经济发展水平与政策不统一导致一体化发展困难

经济多样性给东盟经济共同体的建设带来不少挑战，比如成员国间经济发展水平参差不齐，使得该经济共同体不能立即实行统一的经济政策和对外关税政策，这影响到了东盟经济一体化的进程。

3. 中国—东盟服务贸易合作的对策

（1）加强中国—东盟服务贸易合作信息平台的建设

国际贸易发展到今天，信息愈发凸显出其在生产生活中的重要性。在这之中还要重点考虑到服务贸易信息的宣传力度方面。接下来还不要忘了紧紧依靠中国和东盟的国家官方媒体力量，这是信息源构建和服务业信息交流的主要力量。

努力把现有的数据平民。说白了就是加快信息的流动程度，更大方位地在互联网上共享最新自贸区服务贸易动态信息，使老百姓和小宗服务贸易商人从中获得益处，在某些程度上也是发动平民积极加入到服务贸易市场的一种很好的形式。

(2)采取措施增强中国与东盟国家的国际竞争力

提升中国与东盟国家的服务贸易国际竞争力的措施中，对产业政策进行调整和加大跨国公司服务外包发展力度这两种方法是值得考虑的。

(3)充分利用市场多元化增强市场活力

经济多样性虽然给中国与东盟服务贸易合作的建设带来不少挑战，但东盟区域经济一体化进程也可以因此而造就更多的机遇。首先，从自贸区内部市场来看，供给方和需求方的层次更为丰富、人民群众的需求和厂家供给的产品更为多元化，对于较为发达的国家或者较为先进、实力较强的企业来说，有利于发展高附加值产品和达到产业链的顶端。对于相对贫穷的国家和基础较为薄弱的企业来说，有利于发挥后发优势和夯实基础产业。市场主体的多元化必将致使市场活力有所增强。

4.加强双边政治对话，努力达到政治共识

加强双边政治对话，努力达到政治共识是解决双边政治利益冲突的有利决策，在加强政治往来的同时也要更多、更加有效地促进人民之间的交往。中国—东盟关系发展到今天，政府的强力推动功不可没，但是双方民间的交往仍然不足，改善的空间还是很大的，国家间的人民交流和政治上国家友好关系在很大程度上可以相互促进，这两个方面是谁也离不开谁的。然而，很重要的一点是中国处理与东南亚关系时要坚决奉行“与东盟一起”这个总目标，这样可以某种程度上破解某些东盟国家对我国误解的同时，与东盟国家一起共同打造利益共同体与命运共同体。

导致中国—东盟关系紧张的一个无可置疑的问题是南海问题，因此，在政治上妥善的处理南海关系，解决争端，达成共识非常重要。在解决领土争端问题的过程中要做到维护中国国家利益和维护南海地区稳定两者并重。有理、有利、有节是中国在南海问题的斗争中必须要坚持的基本方针，做到国家利益要坚决维护，南海地区的稳定也要坚决维护。在前一阶段，我们通过积极与东盟国家协商谈判等各种有利于双方的斗争争端解决机制，维护了本国的利益，彰显了中国在南海的存在；现今，我国在南海的主要任务，应该是维护南海领土的和平稳定。在国际场合，要居安思危，密切关注国际形势，随时保持警惕，要争取在南海问题上更多的话语权。东盟国家也要积极响应中国于2014年提出的对双方都有利的解决南海问题的双轨思路的政策，为双方更好更快的发展而共同努力。此外，双方要积极开展磋商，在协商一致基础上早日正式落实“南海行为准则”。

中国—东盟自由贸易区自建成以来，通过了很多有利于中国与东盟国家发展的协议及准则，在服务产业迅猛发展的21世纪，中国—东盟的服务贸易合作也占据了中国—东盟贸易的“大半边天”，并且不断前进，不断发展，双边服务贸易进出口以年均高于20%的速度增加，前景非常的可观，金融行业、通讯业、旅游业等服务行业的全球化进程相比自由贸易区刚成立的时候来说，已经向前迈进了一大步。然而，中国—东盟服务贸易合作方面还存在着很多问题和挑战，如信息服务平台不完善，由于东盟国家发展水平不一、资源多样化和各国实行的政策水平不一，国家间的政治摩擦等，这些因素共同作用对东盟与中国、东盟国家内部之间的服务贸易有相当的阻碍作用，所以，在中国—东盟自由贸易区进行服务贸易合作的时候，应认清其中的挑战和阻碍因素，找到相应解决的对策。如加强中国—东盟服务贸易合作信息平台的建设，充分利用市场多元化增强市场活力，加强双边政治对话，努力达到政治共识等。如果东盟国家与中国充分关注这些方面，将会很大程度的加快合作的步伐。

5. 中国—东盟服务贸易的前景展望

2014 年 8 月，中国—东盟自贸区升级谈判正式启动。由于升级谈判切合双方实际，积极务实，目标性强，所以进展迅速。经过 4 轮谈判，达成许多共识，最终签署升级《议定书》。中国—东盟自贸区升级《议定书》涵盖货物贸易、服务贸易、投资、经济技术合作等领域，是对原有中国—东盟自贸区各种协定的丰富、完善、补充和提升，体现了双方深化和拓展经贸合作的共同愿望。现有的中国—东盟自贸区货物贸易自由化水平已经很高，双方近 95%的产品已经实现了零关税，所以在升级谈判中，双方着重加强货物贸易和投资便利化，进一步开放服务市场，提升经济技术合作水平。

具体而言，在货物贸易方面，双方对原产地规则进行了优化和完善，进一步简化海关通关程序，并承诺运用自动化系统、风险管理等手段，为双方企业提供高效快捷的通关服务，提高企业利用自贸区优惠政策的成效。在服务贸易方面，双方完成了第三批服务贸易具体减让谈判，累计在建筑、旅游、金融、通讯等近 70 个分部门作出更高水平的开放承诺。在投资方面，双方同意加强投资促进和便利化合作，简化投资审批程序，建立一站式投资中心，创造稳定透明便捷的投资环境。在经济技术合作方面，双方商定在农业、信息、交通等 10 多个领域深化合作，并把跨境电子商务作为新议题纳入合作范畴，进一步拓宽了自贸协定升级领域。

当前，中国有着雄厚的资金和技术能力，而东盟正加快一体化进程，对产业发展、基础设施建设等有着强烈的需求，双方合作理念契合，经济优势互补，合作潜力巨大。中国—东盟自贸区升级《议定书》的成功签署，恰逢其时，将有力地推动双方经贸合作再上新台阶，为双方经济发展提供新的助力，加快建设更为紧密的中国—东盟命运共同体，推动实现 2020 年双边贸易额达到 1 万亿美元的目标。同时，在当前亚太地区自贸区迅猛发展的背景下，升级《议定书》的签署，也将进一步加快本地区区域经济一体化步伐，推动实现亚太地区更高水平的贸易投资自由化和便利化目标。

第八章　国际服务贸易的主要类别

按照国际收支账户中的服务贸易流量，国际服务贸易可分为两种类型：一是同国际收支账户中的资本项目相关，即同国际间的资本流动或金融资产流动相关的国际服务贸易流量，被称为“要素服务贸易”；二是只同国际收支账户中的经常项目相关，而同国际间资本流动或金融资产流动无直接关联的国际服务贸易流量，被称为“非要素服务贸易”。前者包括股息、利息、国外再投资的收益等，后者则包括运输、旅游、金融、保险等。本章将对非要素服务贸易进行深入研究。

第一节　国际金融服务贸易

一、国际金融服务贸易概述

（一）国际金融服务贸易的概念

在GATS的金融服务附件中，对国际金融服务贸易所下的定义为：国际金融服务贸易是由一参加方（指参加贸易谈判的国家和地区）的服务供应者向另一方提供的任何形式的金融服务。金融服务主要指银行业、证券业、保险业及其他金融机构所提供的服务。

（二）国际金融服务贸易的分类

国际金融服务贸易一共可以分为4类：(1)跨境交易，是指从一成员国境内向任何其他成员国境内提供金融服务；(2)境外消费，是指在一成员国境内向其他任何成员国的服务消费者提供金融服务；(3)商业存在，是指一成员国的金融服务提供者在其他任何成员国境内以商业存在提供金融服务；(4)自然人流动，是指在一成员国的服务提供者，通过在任何其他成员国境内的自然人提供金融服务。

与国际货物贸易相比，国际金融服务贸易具有其特殊性：除少数以货物为载体的服务（如计算机软件）外，金融服务不能通过海关予以控制；金融服务贸易的形式千差万别，即便是同一类服务，也可以存在不同的提供方式，而不同的金融服务提供方式，不仅导致交易成本和效率有很大差距，而且更重要的是它使有关国家管辖权的情况发生了变化。从法律的角度看，国际贸易涉及的人或物是否处于贸易国的管辖范围至关重要，它关系到贸易国能否对本国的经济利益予以有效保护。

在国际金融服务贸易进行过程中，金融服务的提供与消费，既可以都在进口国的领土管辖范围外，也可以同时处于进口国的领土管辖范围内。对于后一种情况，根据金融服务提供者相对长久或暂时处于进口国的领土管辖范围内，区分为在进口国设立商业机构与通过自然人提供金融服务。

在现代经济社会中，金融服务业是专门从事金融服务中介活动的行业。它既有一般工商企业的基本共性，又有它自己的特点。与其他工商企业一样，金融企业具有从事业务经营所需要的目标，即按照市场经济法则，以利润为目标，自主经营，自负盈亏。但金融企业是经营特殊商品——货币和货币资本或经营与货币相关的服务的特殊企业。

金融企业作为金融服务贸易的中介，其职能可以分为两大类：一类是以办理存款业务为主的金融中介机构，如商业银行、储蓄银行；另一类是不以存款业务为主的金融中介机构，如保险公司、信托投资公司、短期资金公司等。

从内容上看，金融服务业是指微观金融机构所提供的全部金融业务，从本质上讲，它指微观金融机构客户至上的金融服务意识。

传统的金融服务业是商业银行占据了霸主地位，因此，传统的金融服务指商业银行的三大业务，即负债业务、资产业务和中间业务。其中，负债业务主要是吸收存款，组织资金来源；资产业务是银行运用资本从事各种信用活动，以发放贷款和进行投资为主；中间业务是以资产、负债业务为基础的诸如汇兑、信托、租赁及代理收付活动。

乌拉圭回合服务贸易谈判小组在以商品为中心的服务贸易分类方法的基础上，结合贸易统计和服务贸易部门开放的要求，提出了以部门为中心的服务贸易分类方法，将服务贸易分为 12 个大类，其中金融服务主要指银行和保险业及其相关的金融服务活动，它包括两大类业务。

第一，银行及相关业务。主要包括：银行存款业务；与金融市场运行管理有关的服务；贷款服务；其他贷款服务；与债券市场有关的服务，主要涉及经纪业、股票发行和注册管理、有价证券管理等；附属于金融中介的其他服务，包括贷款经纪、金融咨询、外汇兑换服务等。

第二，保险业务。主要包括：货物运输保险，其中含海运、航空运输及陆路运输中的货物保险等；非货物运输保险，具体包括人寿保险、养老金或年金保险、伤残及医疗费用保险、财产保险服务、债务保险服务；附属于保险的服务，如保险经纪业、保险类别咨询、保险统计和数据服务；再保险业务。

（三）国际金融服务贸易的作用

1. 聚集和分配社会再生产所需的资金

金融企业一般在国家金融政策的宏观调控和中央银行的监督控制下，在聚集和分配社会再生产所需资金方面发挥主渠道作用。金融企业通过其信用中介职能促使资金的配置在时间、地点上的转换，实现资金盈余和短缺之间的融通。

2. 办理货币的收付和结算

现代金融企业的主角——商业银行，不仅为工商、团体、机关、办事单位，而且为广大职工、个人开立账户，为客户办理货币收付和结算，成为社会货币资金收付、结算的中心环节。这使得大量资金在银行系统内运行周转，节约了流通费用，加速了流通速度，银行成为社会货币周转和流通的主渠道。

3.调节投资方向和产业结构

银行信用中介的基本法则是将资金从低效率的部门向高效率的部门转移，限制长线产品的生产，支持短线产品的发展。所以，银行在促进工商企业改善经营管理、提高经济效益、促进市场繁荣方面起着决定性的作用。

金融企业作为一种特殊企业，它的特殊性决定了它的被管性。目前各国政府都在不同程度上制定各项金融法规对其进行管制。

二、国际金融服务贸易的特征和发展趋势

（一）发达国家在国际金融服务贸易中占主导地位

国际金融服务贸易一直是以发达国家为中心而发展的，因为与发展中国家相比，发达国家的金融服务业占有绝对优势的地位，发达国家在技术、信息等方面具有优势，而且发达国家积极推行金融服务输出政策。

（二）金融服务贸易国际化

1.金融服务贸易国际化的含义

金融服务贸易国际化是指金融服务涉及的主体、客体等日益国际化发展的趋势。它立足于一个个的主权国家，并受到所在国政府的较多干预。

第二次世界大战后，尤其是20世纪80年代以后，国际金融服务贸易以惊人的速度剧增，出现了空前的国际化浪潮和趋势。金融服务贸易国际化，突出表现在金融服务业跨国直接投资的增长和国际金融服务贸易的剧增。由于金融服务涉及一国经济生活的各个方面，各国都不同程度地对国际金融服务贸易特别是外国金融服务的输入进行限制，因此金融服务的国际化主要通过跨国直接投资来实现。

根据联合国跨国公司中心的统计，20世纪90年代以后，服务业的投资以每年15%的幅度增长，远远高于其他行业，而金融服务业直接投资增长的速度又是服务业中最高的。1970年，国际服务贸易的出口额为710亿美元，1999年则高达13 400亿美元，年平均增长率为10.7%，而国际金融服务贸易的增长速度又是服务贸易中增长最快的。国际金融服务贸易的份额约占服务贸易总量的20%。

2.金融服务贸易国际化的原因

金融服务贸易国际化之所以能如此高速发展，主要是基于以下几个方面的原因。

第一，世界经济的发展。由于社会生产力的进步，世界经济飞速发展，国际货物贸易、国际

投资等迅速发展,经济全球化趋势逐渐形成,而所有这些都迫切需要保险、资金融通等金融服务,需要金融服务贸易跨越国界,国际金融服务贸易也就得以迅速发展起来。

第二,科学技术的进步。国际金融服务贸易所要求的技术条件高,科学技术的进步极大地提高了交通、通信和信息处理能力,降低了国际金融服务贸易的运营成本,为金融创新创造了条件。新型金融格局和新金融业务不断涌现,为金融服务提供了新的服务手段,使跨国金融服务贸易更方便。

第三,跨国公司的迅速发展。20 世纪后半期以来,跨国公司如跨国银行、跨国保险公司纷纷在他国设立分公司。跨国公司的对外直接投资集资本、技术、管理于一身,不仅促进了货物贸易的发展,也推动了国际金融服务贸易的发展。

第四,各国政府对国际金融服务贸易的支持。发达国家拥有金融服务业的优势,它们积极推行向外输出金融服务的政策,因为输出金融服务,一方面可以获取(与货物贸易比)更多的利润,另一方面也可支持其企业向外发展,增强其竞争力,以获取垄断利润;而发展中国家虽然在金融服务业方面处于劣势地位,但为了满足现代化和国际化等方面的需要,也纷纷实行开放政策。这样国际金融服务贸易就得以迅速发展。

(三)国际金融服务贸易自由化

1. 国际金融服务贸易自由化的含义

国际金融服务贸易自由化,是指一国政府在对外金融服务贸易中,通过立法和国际协议,来消除或减少对金融服务和与金融服务有关的人员、资本、信息等在国家间流动的行政干预,放松对外贸易管制的过程。就单个国家而言,它是指一国金融服务市场的对外开放。它意味着国内消费者可自由使用外国金融机构提供的金融服务,国内金融机构可自由地为国外消费者提供金融服务。因此,必须允许与这种跨境交易和商业存在相联系的资本流动,否则,就构成金融界服务贸易壁垒,就不能实现金融服务贸易的自由化。国际金融服务贸易自由化的过程也就是逐步取消国际金融服务贸易壁垒的过程。

2. 国际金融服务贸易自由化的原因

从整个国际贸易发展的历史和趋势来看,贸易自由化是主流,并且是各国所追求的最终目标。

第一,国际金融服务贸易自由化是世界经济发展的必然结果。第二次世界大战后,以电子技术为核心的科技革命,大大推动了生产力的发展,使国际经济联系在广度和深度方面都得到空前发展,国际分工大大深化。这时的资本主义经济关系进入了全面国际化的发展阶段,实现了世界范围的生产社会化和国际化,全球经济越来越成为一个整体。这就要求实现世界市场整体范围的资源优化配置,而要满足这些要求,就必须实行各生产要素和服务要素在全球范围内的充分自由流动。为生产和消费提供重要服务的金融服务业,应随着全球经济的国际化而国际化,并实现其国际移动的自由化。

第二,各国经济相互依赖的增强,要求实现贸易自由化。科学技术特别是信息技术的发展,资本、商品和人口的国际流动的加速,使世界各国经济的相互渗透、依存、融合日益加深,任何一个国家都难以孤立于世界经济和国际市场之外。现代信息传输和处理技术的发展,使世界各国在金融方面的联系更加紧密方便。当今国际金融服务贸易自由化之所以能如此迅速发展,还在于发达国家特别是美国以及国际多边贸易组织的倡导和积极推动。

(四)国际金融服务贸易保护主义盛行

金融至关重要,它是现代国民经济的核心,全面而深刻地影响着国家的经济生活,甚至关系到国家经济乃至国家安全。所以,无论发展中国家还是发达国家都以种种理由和方法,对金融服务贸易实行不同程度的保护,集中体现为各国所设置的种种金融服务贸易壁垒,这无疑阻碍着金融服务贸易的国际化。

国际金融服务贸易壁垒是一国政府制定和实施的阻碍国际金融服务贸易进行的政策和法律。由于金融服务贸易在跨国界移动时是以人员、资本、服务产品、信息等的流动表现出来的,一般不进行海关登记,故利用关税和配额等边境措施保护本国的金融服务业不受外来冲击难以奏效。所以,国际金融服务贸易壁垒主要表现为非关税壁垒。国际金融服务贸易壁垒与金融服务贸易国际化相反,它阻碍而不是促进国际金融服务贸易自由化,从而构成国际金融服务贸易法律多边化的制约因素。

国际金融服务贸易壁垒主要表现在两个方面。

第一,限制"主体"的壁垒。这大多是针对人员的过境移动以及一国人员到另一国境内从事金融服务经营的资格与具体活动能力、条件等。主要表现为:增加主体的财务负担,如对进口金融服务的提供者征收歧视性税收;对外国金融服务者在本国经营金融业的权利和资格加以限制;东道国为维持本国对金融业的控制,原则上允许外国经营者在本国开业,但要求它们必须参股并通常要求自己拥有多数控股权;对外国经营者设置信息障碍。

第二,限制"贸易"的壁垒。主要表现为:对外国金融服务者的活动权限进行限制,如对外国公司的经营范围、经营方式、经营数量、经营质量的技术标准进行干预,对外国公司在本地选派代理、雇用专业人员、扩大贸易机会等方面做出苛刻的规定;对外国金融服务者提供的服务或购买的服务征收歧视性税收;政府对本国金融服务业进行补贴,这实际上增加了外国金融服务业进入本国参与同行业竞争的难度;外汇管制,它是一些发展中国家为了控制本国消费者对外国金融服务产品的消费能力,进而限制外国金融服务业在本国的业务量与获利能力而采取的,控制外汇在本国的持有、流通与兑换,以及对外汇的出入境实行管制的措施。金融服务贸易壁垒为维护本国的利益发挥了重要作用,但也不可避免地分割了国际金融服务贸易市场,成为国际金融服务贸易自由化的主要障碍。

三、金融服务贸易谈判

(一)谈判的背景

20 世纪 60 年代以来,随着科学技术进步和劳动生产力的提高,不仅西方国家经济取得了长足的进步,而且涌现了许多新兴工业化国家,如亚洲的日本和"四小龙"(韩国、中国香港、中国台湾和新加坡),使世界经济步入了新一轮的繁荣发展周期。正由于这一时期世界各国人民生活水平的不断提高和社会文明的不断进步,整个国际服务业伴随着各国经济国际化进程的加速而呈现出突飞猛进的发展态势。国际服务贸易不断增长,在增长速度上超过了与之对应的国际货物贸易的增长速度。

(二)各国在金融服务贸易问题上的制度差异

国际金融服务贸易的发展给各国的金融服务法律制度制约的对象、涵盖的范围、监管的方式带来了严峻的挑战。与不断突破藩篱的金融服务相比较,金融法律制度出现了一定的滞后现象,国际金融服务贸易的开放立法进程更是显得参差不齐;跨国金融服务的发展存在着严重的不平衡因素,发达国家和发展中国家之间在金融服务自由化上存在着开放程度、经营限制等方面的法律制度冲突。

各国对于国际金融服务贸易开放的后果存在两种不同的认识。一方面,其有利因素在于,可以带来经济发展急需的流动资金和外国投资;但另一方面,出于金融业与宏观经济之间错综复杂的相互关系,一国金融市场的开放,外国金融机构和资本的涌入,不仅可能对本国的货币和金融体系造成冲击,导致对外国金融服务的依赖,而且会对本国经济发展、国际收支带来潜在的风险。对此,与一部分国家大力推进金融服务自由化相对应,不少发展中国家为了对本国金融机构加以保护,维护本国金融市场的安全和稳定,以便保护民族经济利益,不得不采取金融立法的形式对本国的金融市场实行保护主义,甚至多数发达国家也对金融服务贸易持谨慎开放的态度。这些限制在法律制度上的表现主要有以下几个方面。

1.对市场准入的限制

许多国家法律对外国金融机构是否准许进入本国金融市场,以及准许进入本国市场的金融服务类型有严格的限制,如商业银行、投资银行、证券市场、保险市场开放程度的不同;对分市场也会有不同的开放政策,如保险市场方面的人寿险、财产险、再保险、再再保险、医疗险、火灾险、海洋运输险等允许外国服务与否就会有所区别。市场准入还包括是否准许外国金融机构在本国设立办事处、分支公司,并对其登记手续、注册资本、高级职员和一般办事人员数额、经营范围做出规定。

2.对国民待遇的限制

各国法律对国民待遇方面的歧视性规定对外国金融机构在本国的经营造成了不同程度的影响,如对外国金融服务征收高于本国金融机构标准的税收,将导致外国金融机构的成本上升、赢利率下降,对其在本国金融市场的竞争力构成极大的威胁。由于外国金融机构营业的特点,有时即便是相同待遇的政策措施,也会更多地增加外国金融机构的负担,如对金融机构从境外金融市场拆借资金征收高额预提所得税,将使主要采取这种方式融资的外国金融机构的利差减少。

3.外汇管制

外汇管制不仅体现在对作为外国企业的外国金融机构的业务经营、资金进出有所限制,而且制约整个外汇金融市场交易的作用也是明显的。严格外汇管制立法的国家使得本国金融市场完全独立，外汇的流入、流出都要受到金融管理当局的审查，对主要提供外汇金融服务并在此方面占有优势的外国金融机构造成资金流通上的障碍。

另外，许多国家的法律还对外国金融机构采取更多的歧视性待遇，施加额外的限制性义务，进一步对国际金融服务贸易的进出口加以限制。因此，为了协调彼此间的经济利益，促进金融服务的进一步自由化，产生了有关国际金融服务贸易开放的法律制度。

（三）乌拉圭回合关于金融服务贸易的谈判

由于在金融服务贸易方面，发达国家需要一个可以扩展贸易机会的自由化的国际市场，发展中国家也力求在互利、安全的基础上适当引进外国金融服务发展本国经济，为此，建立一个全球性的规范国际金融服务贸易秩序，促进金融服务贸易领域开放法律制度的国际协定成为可能和必要。

金融服务贸易的开放，被纳入《关贸总协定》（GATT）和世界贸易组织（WTO）关于服务贸易开放的整体框架之中进行讨论和谈判。服务贸易的谈判确立了区别于货物贸易的准则。但是，由于彼此利益的不一致，发展中国家与美国等发达国家在服务贸易的谈判程序、执行方式上展开了激烈的争论。由于发展中国家在埃斯特角部长会议上的努力，为服务贸易谈判确立了一种有区别的程序，服务贸易将按照 GATT 之外的临时法律框架执行。经过一轮轮讨价还价，谈判各方将讨论的重点放在了“协定框架”、“最初承担义务”和“部门附件”上。

最终，在 GATT 总干事提交的《实施乌拉圭回合多边贸易谈判成果的最终方案》（《邓克尔方案》）的基础上，于 1993 年 12 月乌拉圭回合闭幕时达成了作为乌拉圭回合多边贸易谈判成果之一的《服务贸易总协定》（GATS），并在 1994 年 4 月的马拉喀什部长会议上正式签署，成为取代 GATT 统辖当今国际贸易领域的最大的政府间国际组织。该协定在 WTO 的法律体系中，是在世界范围内推动服务贸易自由化进程的重要法律文件。

但在众多的服务门类中，金融服务贸易是最重要的部门，乌拉圭回合谈判中对这个议题的争论最为激烈。由于在乌拉圭回合行将结束之际，各成员国对金融服务贸易的规则还达不成一致意见，且由于《服务贸易总协定》没有对成员就市场准入和国民待遇做出的承诺规定最低标准，在金融服务领域占据优势的发达国家对此并不满意，它们希望进一步扩大金融服务贸易自由化。由于分歧太大，几乎不能达成令人满意的协议。

为了给 WTO 成立后继续谈判留下话题，在《服务贸易总协定》的框架下特意拟订了《关于金融服务的附件》和《关于金融服务的决议》；同时，经合组织成员国建议在《服务贸易总协定》的框架内以其他方式做出金融服务的具体承诺，使之符合自由化的最低要求，以实现一定程度的统一性。这一建议得到响应，最终成为《对金融服务承诺的谅解》，谅解书实际上为发达国家做出金融服务的具体承诺设计了一个格式或样本。

由于服务贸易中不存在关税壁垒，最惠国待遇原则的作用是保证不在不同国家的服务和服务提供者之间造成歧视，尤其是确保《服务贸易总协定》成员做出的市场准入和国民待遇承诺在各个成员之间平等适用，从而扩大自由贸易的范围。然而，各成员受其发展水平和贸易实力的限制，在开放服务市场方面存在很大的差距，金融服务尤其突出。美国和欧盟等发达国家的金融市场相对开放，而大多数发展中国家的金融市场却长期在政府的严格管制之下。这一差距的存在使最惠国待遇成为服务贸易多边谈判中最困难的问题。

问题的关键是“免费搭车”：由于适用最惠国待遇原则，许多国家不需要在开放金融市场方面做出让步就可以享受其他国家给予的优惠。在乌拉圭回合谈判中，美国对许多国家金融服务自由化程度不满，拒绝以最惠国待遇原则作为金融服务具体承诺的基础，而主张适用对等原则，以迫使其他国家开放金融市场，美国的态度曾一度使谈判陷入僵局。为避免把金融服务排斥在多边贸易体制之外，作为一种妥协，GATS允许成员方在一定时期内维持与最惠国待遇不相符的措施，并将这些措施列入上述第2条第2款所称“免除最惠国义务清单”中。最惠国待遇的免除措施原则上不超过10年，超过5年的应接受服务贸易理事会的定期审查，即审查免除最惠国待遇的条件是否存在。

《服务贸易总协定》关于最惠国待遇的免除规定，一方面是考虑到成员之间在服务贸易主要是金融服务贸易方面的巨大差距，另一方面也对有关成员在一定时期内改善其国内贸易环境提出了要求。

正如前述，乌拉圭回合于1993年年底结束的时候，关于金融服务贸易谈判尚未完成。虽然，有些国家做出了市场准入和提供国民待遇的承诺，但远不足以结束谈判。主要原因是美国以许多国家的金融市场不够开放为由拒绝在无条件最惠国待遇原则的基础上做出承诺，而提出广义“免除最惠国待遇清单”，以“对等”作为其他国家开放金融市场的条件。受其影响，有些国家撤回了承诺。为避免将金融服务排斥在GATS之外，谈判各方接受欧盟的建议，同意在最惠国待遇的基础上缔结关于金融服务贸易承诺的临时协议，承诺的有效期为WTO成立后的6个月(1995年1月1日到1995年6月30日)。其间，做出承诺的成员仍可以修改、提高或撤回其全部或部分承诺，可以增加“免除最惠国待遇清单”上的内容，并且这期间不适用以对等为基础的广义“免除最惠国待遇清单”。

1995年4月，乌拉圭回合一揽子协议签署后，金融服务谈判重新开始，目的是使所有成员同意在无条件最惠国待遇基础上缔结永久性的金融服务协议。但是，由于美国对其他国家所做承诺仍不满意，并警告美国只给美国境内现有的外国金融机构以国民待遇，对新进入者将不做出任何承诺；同时，又把金融方面大批服务项目列入“免除最惠国义务清单”，提出以“对等”作为市场准入和国民待遇的条件。美国的强硬立场和有限承诺使许多国家不愿做出永久承诺。但为了避免谈判彻底失败，谈判方(除美国之外的95个国家)在1995年7月28日又达成一个临时性的协议：包括GATS第二议定书及通过该议定书的决定、广义金融服务承诺的决定和关于金融服务的第二个决定。

根据这些文件，各成员提交的承诺表和最惠国待遇的免除清单作为第二议定书的附件，将在议定书通过30天后生效，并取代此前的承诺表和免除清单。“临时性”表现在，新的承诺表和免除清单于1997年12月31日前到期，到期前60日内成员可以修改承诺表和免除清单，而无须给予其他成员赔偿。

尽管没有美国参加，这个临时协议仍有重要意义。该第二议定书实现了《金融服务承诺谅解》中的许多要求。因为其中29个成员(欧盟作为一个成员)进一步优化了它们的承诺表，并且或撤销或中止或减少金融服务领域中的最惠国待遇例外。该协议将绝大多数通行的国际金融服务活动用法律形式固定下来，为达成永久性的金融服务协议打下坚实的基础。

但该第二议定书及其附件(各成员国的承诺表)在1996年9月1日才生效。

（四）谈判成果

为了在上述临时协议到期前真正达成永久性的关于金融服务贸易的多边协议，1997 年 4 月关于金融服务谈判重新开始，尽管有临时协议奠定的基础，但谈判仍十分困难。1997 年 5 月 29 日，服务贸易理事会决定将临时协议的终止期限提前到 1997 年 12 月 12 日，即该临时协议的成员仍可在该期限之前优化、修改或撤回它们的金融服务承诺和保持免除最惠国待遇清单。终于，在最后一天，即 1997 年 12 月 12 日午夜，由于美国放弃了僵持的“对等承诺”的姿态，撤销它在“免除最惠国待遇清单”中做保留的金融服务项目内容，包括美国、日本及欧盟 15 国在内的 WTO 的 102 个成员方在无条件最惠国待遇原则的基础上做出了金融服务承诺，永久性的全球金融服务协定终于达成。

《金融服务贸易协议》(FSA)是在世界贸易组织的主持下，于 1997 年 12 月 13 日达成的，该协议由三个文件构成：第五议定书；通过第五议定书的决定；关于金融服务承诺的决定。其中最重要的是第五议定书、各成员的承诺表和豁免清单及其附件。第五议定书主要是金融、保险业市场准入的规定，该议定书的内容主要包括：一是允许外国在国内建立金融服务公司并按竞争原则运行；二是外国公司享受同国内公司同等进入市场的权利；三是取消跨境提供服务和跨境消费的限制；四是允许外国资本在投资基础上的比例超过 10%。该议定书已在 1999 年 1 月 29 日之前经全体做出承诺的成员批准，并于 1999 年 3 月 19 日起生效。

全球金融服务协议被认为是多边贸易体制中具有里程碑意义的法律文件。全球 95%以上的金融服务贸易将在这个协议的调整范围内，涉及 18 万亿美元的证券资产、38 万亿美元的国内银行贷款、2.2 万亿美元的保险金。除了巨大的经济利益外，从法律角度而言，这个协议的意义同样深远。据此，绝大多数世界贸易组织成员对开放其金融服务市场和保证非歧视经营条件做出承诺，使金融服务贸易依照多边贸易规则进行，这将有助于建立一个具有预见性的和透明性的贸易环境。

（五）WTO 成员国金融服务贸易承诺

WTO 总共有 56 个成员(代表 70 个国家和地区)在 1997 年 12 月 12 日达成了《金融服务贸易协议》，并作为《服务贸易总协定》的第五个议定书附在《服务贸易总协定》之后。其中玻利维亚、哥斯达黎加、毛里求斯、塞内加尔和斯里兰卡 5 个成员是第一次在金融服务中做出承诺。到服务贸易总协定第五议定书生效的时候，做出承诺的成员数目达到 102 个。

印度、泰国和美国已经撤回其给予互惠的广泛最惠国待遇免除要求。毛里求斯限制金融服务最惠国待遇免除的范围承诺没有列于其具体承诺表中。委内瑞拉通过取消资本市场服务贸易范围来减少最惠国待遇豁免的使用范围。匈牙利通过取消任意许可证来限制最惠国待遇豁免的使用范围。菲律宾通过取消对商业银行现有经营者范围扩大的限制来减少最惠国待遇豁免的范围，现在剩下的限制仅仅是设立新的“商业存在”。澳大利亚取消关于取得澳大利亚证券交易所会员资格需给予互惠的最惠国待遇豁免。

第二节 国际旅游服务贸易

一、国际旅游服务贸易的概念

国际旅游服务贸易是旅游服务在国家之间的有偿流动和交换过程，即国家间相互为旅游者进行国际旅游活动所提供的各种旅游服务的交易过程。国际旅游服务贸易包括本国居民的出境游、外国旅游者的入境游，以及围绕它们而展开的一系列活动，如宾馆、饭店、旅行社及旅游经营者提供的服务、导游服务和其他旅游服务。

从国际贸易传统理论的角度来看，国际间对外贸易的形成和发展的基本依据是比较利益原则，即一个国家所生产的成本最低和资源拥有量最丰富的商品必然是对外贸易中比较利益最大的商品。商品经济的一般发展过程，是从劳动密集型产品向资金密集型产品再向技术密集型产品过渡，在这一过程中形成了发展阶段和分工的不同梯次。旅游业是一个综合性行业，融劳动密集、资金密集和技术密集为一体，各个阶段同时并存，又以劳动密集为基础，所以，处于不同发展水平的国家和地区都可以在其中找到自身的位置和发展余地，参加竞争。

从现代旅游服务贸易的角度，正确认识和理解国际旅游服务贸易的概念和内涵，还必须进一步认识和掌握以下几点。

(1)国际旅游服务贸易是指国家之间旅游服务的有偿交换活动。一般来讲，国际旅游是指人们为了特定目的而离开居住国，前往其他国家并做短暂停留(不超过一年)的旅游活动，既包括本国居民到其他国家的出境旅游，也包括其他国家居民到本国的入境旅游。因此，国际旅游服务贸易的对象是进行国际旅游活动的入境旅游者和出境旅游者，而本国对国内旅游者的服务一般是不纳入国际旅游服务贸易的范畴。简而言之，国际旅游服务贸易是国家之间有偿提供旅游服务贸易的交换活动。

(2)国际旅游服务贸易包括《服务贸易总协定》定义的范围和内容。由于旅游服务是一项综合性服务，涉及大量对旅游者的直接服务和相关服务，因此旅游服务贸易的范围涵盖了《服务贸易总协定》所定义的四种服务贸易形式，包括直接对旅游者进行国际旅游所提供的境外服务，以及按照跨境交付、商业存在和自然人流动形式所提供的各种旅游服务；旅游服务贸易的内容既包括旅游者进行旅游活动所必需的有关食、住、行、游、购、娱等方面的基本旅游服务，也包括食品供应、供水供电、邮电通信、金融汇兑等附加旅游服务，使得国际旅游服务贸易的范围广泛，内容复杂。

(3)国际旅游服务贸易包括旅游服务的出口和进口。根据世界旅游组织对旅游的定义，国际旅游一般包括出境旅游和入境旅游两方面。旅游服务出口，表现为向入境旅游者或在国外以其他形式提供的各种旅游服务并相应获得旅游服务出口收入；旅游服务的进口，表现为本国旅游者出境旅游或在国内消费外国旅游经营者提供的旅游服务并相应发生的旅游支出。因此，国际旅游服务贸易也涉及进出口贸易平衡问题。

(4)国际旅游服务贸易应遵循服务贸易的基本运行规则和惯例。旅游服务贸易作为一种国际服务贸易方式，各国对国际旅游服务贸易的政策规定应该以《服务贸易总协定》和有关的协议文件为依据，同时整个国际旅游服务业务也必须符合国际服务贸易的规范和要求，并且与国际旅游服务的惯例相适应。

二、国际旅游服务贸易的特征

根据服务贸易和旅游服务贸易的概念，结合国际旅游发展的实际，国际旅游服务贸易的基本特征主要表现在以下几个方面。

（一）国际性

国际旅游与国内旅游相比最大的特点是旅游活动的跨国性，即不论是出境旅游还是入境旅游，其本质都必须是跨越国界的，否则就不能称为国际旅游。由于国际旅游服务的跨国性特点，决定了旅游服务贸易必然是国家之间相互提供的一种旅游服务，其不仅要求为国际旅游者提供食、住、行、游、购、娱等方面的旅游服务，而且必须提供相关的国际旅游手续方面的服务，如护照与签证、出入境手续、卫生检疫、货币兑换等。因此，国际旅游服务贸易不同于一般的国内旅游服务，具有内容丰富、手续复杂、程序较多等国际性特点。

（二）高效益性

由于国际旅游与国内旅游相比，通常距离较远，在旅游目的地停留时间较长，加上要办理各种国际旅游手续，因而其用于旅游活动的交通、住宿、餐饮等消费支出一般要比国内旅游高得多。因此，对于旅游服务出口的国家来讲，积极发展国际入境旅游，吸引大量的国际旅游者，一不仅能增加大量的外汇收入，获得更多的旅游经济效益；而且通过提供旅游服务出口，还能促进国内的劳动力就业，带动相关产业的发展，从而带来良好的社会经济效益。

（三）不确定性

旅游服务贸易对于交易的双方来讲，既存在许多利益上的一致性，又不排除双方之间存在利益冲突的可能性，从而要求旅游服务贸易的双方，即旅游服务贸易的消费者和提供者之间必须相互信任和友好接触，才能保证旅游服务贸易的顺利实现。但是，由于在旅游服务贸易中存在着旅游需求变化性和旅游供给的相对固定性，导致交易双方所处地位的不平等，即旅游消费者通常是按照自身的消费偏好主动选择旅游服务提供者，而旅游服务提供者则是被动地向旅游消费者提供服务，从而使旅游服务贸易存在着明显的不确定性:要求旅游服务人员必须努力提高旅游服务的质量和水平，并主动针对不同的消费者需求及变化，始终保持以优质的“服务产品”提供给旅游消费者。

（四）财富转移性

通常，在不考虑旅游对其他产业的带动效应情况下，国内旅游消费对一个国家而言一般并不增加经济的总量，只是促使国内财富的再分配。但是，对于国际旅游则存在着根本的不同。从旅游接待国方面看，入境国际旅游者的消费支出构成外来经济的“注入”，从而必然促进旅游接待国的经济总量增长；从旅游客源国方面看，出境国际旅游者的消费支出会引起旅游客源国经济的“漏出”，从而引起旅游客源国经济总量的减少。因此，国际旅游服务贸易必然造成国家之间的财富转移。

三、旅游服务贸易的分类

（一）直接旅游服务贸易和派生旅游服务贸易

根据对旅游者出游动机和需求的分析，一般可以分为直接旅游需求和派生旅游需求。前者是指旅游者以观光游览、休闲度假等纯旅游为主要目的而产生的国际旅游活动；后者是指依附于其他各种国际活动而派生的国际旅游活动，如国际商务活动、国际会议和展销活动等。因此，按照对国际旅游活动的分类，旅游服务贸易也可以划分为直接旅游服务贸易和派生旅游服务贸易两大类。

1. 直接旅游服务贸易

直接旅游服务贸易，是指为满足旅游者直接旅游需求所提供的各种旅游服务，包括对旅游者进行观光旅游、度假旅游、文化旅游、生态旅游、娱乐旅游等提供的各种旅游服务，其构成了旅游服务贸易的主要内容。

2. 派生旅游服务贸易

派生旅游服务贸易，是指为满足各类旅行人员的派生旅游需求而提供的旅游服务，包括对旅游者进行国际商务、会展、学术、科考活动而提供的旅游服务，其构成旅游服务贸易的重要内容之一。随着世界经济的全球化发展和国际技术、经济、文化交流的广泛进行，不仅直接旅游服务贸易进一步持续增长，而且派生旅游服务贸易也不断扩大和发展。

（二）核心旅游服务贸易和附加旅游服务贸易

根据对旅游产品和旅游消费的分析，可以将旅游服务消费分为核心服务消费和附加服务消费，并相应将旅游服务贸易也划分为核心旅游服务贸易和附加旅游服务贸易。

1. 核心旅游服务贸易

核心旅游服务贸易，通常是指旅游者在国际旅游活动中购买和消费的核心旅游产品，包括食、住、行、游、购、娱等方面的旅游服务，任何旅游活动都离不开这些旅游服务内容，否则旅游活动就无法进行。随着现代科技和社会经济的发展，核心旅游服务贸易的内容、范围和领域也不断扩展，包括以现代信息技术作为传递媒介的旅游信息服务、远程预订服务及国际旅游咨询，都将逐渐成为旅游服务贸易的核心内容。

2. 附加旅游服务贸易

附加旅游服务贸易，是一种伴随着核心旅游服务贸易而发生的旅游服务贸易，如邮电通信、外汇兑换、医疗保险、教育培训等方面的服务，这些旅游服务是为了提高旅游服务贸易的竞争力，获得更多国际旅游市场份额而采取的重要内容与手段，其与核心旅游服务贸易相辅相成，共同构成旅游服务贸易不可分割的有机体。

（三）劳动密集型、资本密集型和技术—知识密集型旅游服务贸易

按旅游服务贸易与旅游生产要素的构成关系，可划分为劳动密集型旅游服务贸易、资本密集型旅游服务贸易和技术—知识密集型旅游服务贸易三种。

1. 劳动密集型旅游服务贸易

劳动密集型旅游服务贸易，主要指以旅游服务人员提供的各种劳务服务为主的旅游服务贸易，包括旅行社服务、旅游导游服务、旅游咨询服务、旅游规划设计服务等。

2. 资本密集型旅游服务贸易

资本密集型旅游服务贸易，主要指需要投入大量资本建设旅游设施和购买旅游设备才能提供的旅游服务，包括旅游交通运输服务、住宿餐饮服务、旅游娱乐服务、旅游通信服务等。

3. 技术—知识密集型旅游服务贸易

技术—知识密集型旅游服务贸易，主要指以提供技术和各种专门知识为主的旅游服务，包括旅游信息服务、金融保险服务、旅游管理服务、电子商务服务等。

在现代旅游服务贸易中，主要以劳动密集型旅游服务贸易和资本密集型旅游服务贸易为主体，但随着现代科学技术的发展、信息技术的广泛运用和知识经济的到来，技术—知识密集型旅游服务贸易将在旅游服务贸易中占有越来越重要的地位。

（四）要素旅游服务贸易和非要素旅游服务贸易

从对旅游服务贸易的基本形式分析，可以看出旅游服务贸易既可以在国内进行，也可以在国外进行，但从旅游生产要素是否跨国移动看，可将旅游服务贸易划分为要素旅游服务贸易和非要素旅游服务贸易。

1. 要素旅游服务贸易

要素旅游服务贸易，主要指有关旅游服务中各种劳动力、技术和资本等生产要素跨国界移动的旅游服务贸易，包括涉及旅游劳动力生产要素国际流动的旅游劳务输出及获得的收入，国外投资者的旅游投资及获得的利润、利息和股息等收入，国际旅游技术转让中转让方输出的技术、管理、知识产权及相应获取的各种转让收入等。

2. 非要素旅游服务贸易

非要素旅游服务贸易，主要指不涉及生产要素跨国界移动的各种旅游服务贸易，包括旅游交通服务、住宿餐饮服务、娱乐购物服务以及相关的各种境外服务等。

目前在旅游服务贸易中，非要素旅游服务贸易是主体，但随着经济全球化的发展，要素旅游服务贸易将日益发展，其在旅游服务贸易中的比重将不断增加和提高。

四、旅游服务贸易的主要结构

(一)旅游服务贸易中的产业结构

按 WTO 服务贸易理事会对服务贸易的分类规定“旅游及相关服务包括以下几项：宾馆与饭店，旅行社及旅行经营者提供的服务，导游服务和其他旅游服务”。这几项服务内容决定了国际旅游中的产业结构，即旅游业的三大支柱行业——交通、住宿和餐饮、旅行社。

1. 交通

国际旅游服务离不开交通运输业，没有发达的交通运输业就没有发达的旅游业，旅游服务贸易也不可能进行。

交通运输部门包括公路(公共汽车、长途客车、长途客车租赁、小轿车租赁、摩托车和自行车等)、铁路(高速列车、城市间列车、地方列车等)、航空(定期班机、包机、私人租赁飞机等)和海运服务(客轮、渡轮)的提供者。

国际交通系统的建立使得跨国旅游服务贸易成为可能。比如飞机航线的扩增，舱位的增加，以更合理的价格飞行更远的距离，因此打开了大众旅游的全球市场。

消费者常常会根据三个因素来选择交通工具：可自由支配的时间、价格以及舒适程度和相关服务的质量。为了得益于这些选择因素，交通部门的经营者们会根据高峰期、住宿的舒适程度等推出一系列不同价格的票价。另外，他们会采取一些促销措施，例如，对提前支付票款并且不能退换的票给予折扣，在淡季只需要付少量的钱就可以获得更好的座位等。

交通工具在旅游中有时不仅仅是抵达目的地的手段，在某些情境下本身还可能成为一种旅游经历，例如坐游轮游览。因此，要求旅游工具不仅具有一般交通运输的功能，还要具有满足旅游需求的功能，从而要求在交通工具、运输方式、服务特点等方面都形成旅游交通运输的特色。

2. 住宿和餐饮

膳宿供应是一个国家发展旅游业必不可少的物质基础，其服务质量好坏、卫生状况及环境的优劣，直接反映旅游服务质量的高低，影响服务贸易的数量。因此，住宿和餐饮业在旅游产业结构中具有十分重要的地位。

住宿设施大致可以分为以下两种。

(1)服务型住所。服务型住所包括饭店、汽车旅馆、客栈和宾馆，他们往往适合特定的市场，如适合商人和会议的市中心饭店，适合大客车旅行团的饭店。

(2)自助型住所。自助式住宿设施有许多种：自助假日野营地、固定的活动住房中心、露营地等。许多机构专门从事向度假者出租私人业主提供的别墅、房屋和公寓。

餐饮业也是国际旅游服务贸易中很重要的一项服务内容。很多旅游者都认为旅行的乐趣之一是有机会发现和品尝新食物。因此餐饮不仅仅是满足旅游者的生活需要，还会成为一项独立的旅游内容。

3.旅行社

旅行社在国际旅游服务贸易中专门从事招徕国外旅客,组织旅游活动,并收取一定的费用。旅行社发展的规模、经营水平的高低,直接影响着旅游服务贸易的发展。

旅行社的业务活动主要包括三个方面:(1)承接跟旅游有关的各种委托代办业务,如饭店、机票的预定;(2)计划和组织旅游产品;(3)组织接待旅游者,如提供导游服务。

(二)旅游服务贸易的产品结构

旅游产品一般是指旅游者和旅游经营者在市场上交换的能满足旅游者在旅游活动中所消费的各种物质产品和服务的总和,既包括旅游者在旅游活动中对食、住、行、游、购、娱等方面的物质产品和服务的消费,也包括在旅游活动过程中各种必需的其他方面的消费。分为如下三大类。

1.传统国际旅游产品

(1)观光旅游产品

观光旅游产品在世界许多国家又被称为观景旅游产品,是以满足旅游者对各种自然景观、名胜古迹、异国风情、城市风光等观赏旅游需求的旅游产品。从内容上看,主要有自然景观、国家公园、野生动物园、海洋公园、城市风光等。

(2)文化旅游产品

文化旅游产品是满足国际旅游者对跨国文化了解和旅游审美需求的旅游产品。文化旅。游产品内容丰富、种类繁多,概括起来主要有文物古迹旅游、文化艺术旅游、民俗风情旅游、宗教朝觐旅游等。随着社会经济的发展,还涌现出许多以文化旅游产品为主的文化旅游区或旅游文化中心等。

(3)度假旅游产品

度假旅游产品是依托优美的自然环境和良好的气候,通过建设舒适的住宿设施、完善的康体娱乐设施及便捷的交通、通信条件等,向旅游者提供功能全面的休养、消遣和度假条件的综合性旅游产品和服务。其内容主要有:温泉疗养地、湖滨度假地、海滨度假地、森林公园、乡村旅游、野营度假等。

2.新兴国际旅游产品

(1)商务旅游产品

商务旅游产品是指人们为了商务洽谈、业务交易或交流信息等而出国进行的一系列国际旅游活动,也是商务旅游者对旅游产品和服务的综合消费过程。国际商务旅游产品有狭义和广义之分,狭义国际商务旅游产品,主要指为了商务洽谈、业务交易等商业性活动而进行的国际旅行活动;广义国际商务旅游产品,还包括各种商业交易会、商品博览会以及依托各种大型体育活动、节庆活动等而开展的国际旅游活动。

(2)国际会展奖励旅游产品

国际会展奖励旅游产品是指依托各种类型的国际大会、学术会议、专业会议、国际论坛、展销会和各种奖励而开展的旅游活动,即为参会、参展及获奖人员所提供的各种会前后及专门的观光、游览、度假等旅游活动。

(3)国际康体旅游产品

国际康体旅游产品是指包括各种滑雪、高尔夫球、漂流、登山等体育运动和健身、疗养等保健活动在内的国际旅游,是能够使旅游者身体素质和体况都得到不同程度改善和增强的旅游活动。尽管任何一种旅游活动都有利于旅游者的身心健康,但康体旅游产品对满足旅游者的健康动机更为突出和明确,其对旅游地也有特殊的要求,通常需要一定的设施、器材和场地等条件。

(4)国际生态旅游产品

国际生态旅游产品是以生态环境为基础,以不破坏和影响生态环境为前提,合理满足旅游者需求的旅游产品,是一项认识大自然、欣赏大自然和回归大自然的旅游活动,也是充分体现人与自然相和谐的旅游活动,因此生态旅游被称为“绿色旅游”。虽然生态旅游产生和发展的历史并不长,但其发展的速度很快、游客规模很大,迅速成为当今重要的国际旅游产品。由于生态旅游内容丰富,包容性大,与其他旅游产品的组合性强,因而对生态旅游的社会需求很大,种类很多并难以划分。

3.特种国际旅游产品

特种国际旅游产品通常又称为专题旅游、专项旅游或特色旅游产品,是近几年在传统国际旅游产品和新兴国际旅游产品基础上派生、提高和发展起来的特殊旅游产品,是国际旅游内涵和外延扩展的一种新形式,是一种更有特色的国际旅游产品。特种国际旅游产品主要有业务旅游产品、探险旅游产品和科考旅游产品。

(1)国际业务旅游产品

近年来越来越多的旅游者开始将其旅游目的由单纯休闲性旅游转向以满足求知、求发展的积极旅游,即在外出旅游的同时把学习和探究专业业务知识、技能作为旅游的主要目的,出现了以修学旅游、工业旅游、农业旅游、学艺旅游等为主的国际业务旅游产品。

(2)国际探险旅游产品

国际探险旅游产品是指旅游者以前从未见过、听过或经历过,既标新立异又使人特别兴奋或惊心动魄的旅游活动。目前虽然国际探险旅游出现的时间不长,但探险旅游产品的种类和项目繁多,主要为秘境旅游、冒险旅游、海底旅游、火山旅游、沙漠旅游等。

(3)国际科考旅游产品

国际科考旅游产品是指以考古、科学考察和研究为主的国际旅游活动。科考旅游的内容很丰富,比较有特色的是极地科考旅游、古迹科考旅游、太空科考旅游等。

五、旅游服务贸易在国民经济中的作用

旅游服务贸易在各国的国民经济中占据着重要的地位,对国民经济的发展、相关产业的带

动、经济结构的优化有着积极的促进作用,具体体现在以下五个方面。

(一)增加外汇收入,平衡国际收支

旅游服务贸易的发展不仅能吸引国际闲置资金的投入,还能吸引国外大量旅游者入境增加非贸易外汇收入。与其他产业相比,旅游服务贸易在非货物贸易创汇中具有明显的优势。

(1)换汇成本低。由于旅游服务贸易是无形贸易,旅游者必须在旅游产品的生产地进行消费,因此与一般的商品出口相比,旅游服务贸易可节省运输费用、仓储费用等,从而使换汇成本降低。

(2)就地出口。两国间的商品贸易会受到进口国家或地区贸易保护政策的限制,而旅游服务贸易是就地消费,避开了贸易保护措施及关税的限制。

(3)创汇方便。经旅游服务贸易出口的产品无须包装、储运、办理保险,也不涉及办理烦琐的进出口手续,创汇简单快捷。此外,通过旅游服务贸易换取的外汇收入,在弥补外贸逆差、平衡国际收支方面也发挥着巨大的作用。

(二)优化产业结构,带动相关产业发展

作为一个综合性的行业,旅游服务贸易一方面对相关行业有较强的依托性;另一方面又有突出的关联带动作用,在国民经济和第三产业群中,对相关产业具有很大的联结与凝聚功能,发挥着带动其他产业发展的核心作用。旅游服务贸易的带动功能不仅表现为直接给航空、交通、饭店、餐饮服务、商业、景区等带来了客源和市场,而且还表现为间接地带动和影响了农村和城市建设、加工制造、文化教育等行业的发展。因此,大力发展旅游服务贸易,有利于促进资源综合利用,优化产业结构,带动相关产业的发展。

(三)创造更多的就业机会

旅游服务业是第三产业的重要组成部分,是劳动密集型行业,在创造就业机会方面比其他行业更具优越性。旅游服务贸易要满足旅游者在旅游活动中的多方面需要,需容纳大批具有各种技能和水平的劳动力。此外,旅游服务贸易的发展可以带动为旅游服务贸易直接、间接提供服务的各行各业的发展,从而提供大量的就业机会。据世界旅游组织的资料显示,旅游服务贸易直接就业人数同其所带来的其他行业就业人数之比为 1∶5。旅游服务贸易在吸纳劳动力、创造就业机会方面做出了重要贡献。

(四)提高区域经济水平,缩小地区差异

一个国家的不同地区,其经济发展存在着一定的差异。旅游服务贸易的发展能带来财产再分配,促进经济发达地区的财富向欠发达地区转移,促进区域间经济和社会的协调发展。以我国为例,多数贫困地区由于交通不便、产业基础薄弱等客观原因,保存了较为原始的地形地貌、人文景观和特色鲜明的风土人情,蕴藏了值得开发的丰富的旅游资源,因地制宜地发展贫困地区的旅游服务贸易,以其得天独厚的自然资源和独具特色的旅游服务项目吸引广大的旅游者,不仅能大大改善当地的投资环境,还能创造出很好的经济效益,提高当地的经济发展水平,缩小普遍存在的地区差异。

（五）改善投资环境，促进对外开放

旅游服务贸易的发展，可以从多方面改善本地区的投资环境，加快与旅游相关的通信、交通等市政基础设施和饭店、娱乐场所等旅游设施的建设。同时，旅游服务贸易吸引了许多外国游客到中国观光、游览，使他们目睹了改革开放以来中国经济建设取得的伟大成就，加深了他们对中国的认识，增强了他们与中国经济合作的信心，从而促进了旅游服务贸易的发展。

可见，旅游服务贸易作为一个具有生机和活力的新兴产业，对国民经济起到了积极的促进作用。但随着旅游服务贸易的发展，一些消极作用也日益凸显。例如：旅游服务贸易的发展通常会引起旅游目的地国家或地区通货膨胀，物价上涨，损害旅游目的地居民的切身利益；而旅游服务贸易的过度发展也会使旅游目的地环境遭到破坏，经济向单一方向发展，导致产业结构失衡，引发经济发展的不稳定；此外，由于旅游服务贸易作为一个易受冲击的敏感性行业，容易受外界因素的干扰，从而影响旅游目的地地区经济的稳定。

第三节　国际文化服务贸易

一、文化产品与文化服务

按照日内瓦 WTO 统计和信息系统提供的文献，全球的服务部门分为 11 个大类 142 个服务项目。其中第 10 个大类为：娱乐、文化与体育服务，包括娱乐服务（含剧场、乐队与杂技表演等）；新闻机构；图书馆、档案馆、博物馆及其他文化服务、体育及其他娱乐服务。此外，还包括商品服务 F 类别中的印刷、出版及通信服务，D 类别中的视听服务，如电影与录像带的生产与批发、电影放映、无线电视、录音等。

（一）文化产品

（1）文化产品的概念。文化产品是文化创造的结果，它包括文化精神产品和文化物质产品两种形式。前者不具有物质外形，直接体现在人们的精神生活之中，并作为人的文化素质得以保存和巩固。后者则具有一定的物质表现形式，以一定的物质材料作为自己的载体，如书籍、雕塑、博物馆等。

不同文化产品具有不同的社会作用，有进步的文化产品，也有落后的文化产品，甚至还有反动的文化产品。例如，在社会发展中起阻碍作用的规章制度、风俗习惯、兴趣爱好，就是落后的反动的文化产品。只有进步的文化产品，才能称为社会的文化财富。

（2）文化产品的特点。作为一种与众不同的商品，文化产品具有五个方面的特点。

第一，文化产品能够满足人们的精神需求，人们对文化产品的消费是随着人们消费能力的增加而增长的。

第二，文化产品的生产者，是文化人力资本的拥有者，是具有创作才能的个人。生产文化产品中的劳动支付，完全是脑力的支付。

第三，创造文化产品没有明确的消费对象，难以判断市场对文化产品的需求，因此，投资文化产品必定要承担市场高风险。

第四，文化产品的产生是具有自主知识产权的原创性研究和发明的过程。每一件文化产品都具有不可重复性、不可替代性和不可再生性。

第五，文化产品创造的是无形资产，积累的是品牌效应。同一产品被复制的次数越多，其产生的产值就越高。

（二）文化服务

文化服务业分为两个层面：一是核心层，包括新闻、出版、广电、文艺；二是外围层，包括网络、休闲娱乐和其他文化服务，其他文化服务主要是指文化艺术商务代理服务、文化产品出租与拍卖服务、广告和会展文化服务等。

作为一种体现社会契约或经济契约关系的服务活动，与货物贸易相比，文化服务的特殊性表现在以下五个方面。

第一，易逝性。在服务能力不能得以完全使用时，就会发生机会损失，如电影院里的空座位等。

第二，无形性。顾客消费文化服务时只能依赖对服务提供者的认知程度或即时感受。

第三，需求决定性。文化服务不可能按计划生产，受传递中需求变化的全面影响。

第四，异质性。文化服务是观点、概念与感知，主体与环境的不同将导致服务品质的差异。

第五，即时性。文化服务的生产和消费同时发生，不可储存和运输。服务提供者与服务消费者只有在同一场所同时进入服务程序，才能顺利地完成服务交易。

另外，由于文化产品和文化服务的特殊性，使得它们中很大一部分，具有公共产品和公共服务的性质。文化商品作为人的精神活动的产物，有着历史的、伦理的、审美的多重精神内涵，负载着真、善、美的价值取向，对公民思想道德和科学文化素质有重要影响。特别是公益性文化事业直接为公众服务，具有全民性和健康文化价值的导向性，其存在和发展对于满足人民群众日益增长的精神文化需求，对于提高民族素质，促进经济发展和社会全面进步，具有重要作用。

二、文化贸易概述

作为国际贸易的重要组成部分，国际间文化贸易已成为当今全球贸易竞争的重点领域之一。文化产业在发达国家国民经济产值中占有很大比重，正成为其出口支柱产业之一。正如美国学者沃尔夫所言："文化、娱乐——而不是那些看上去更实在的汽车制造、钢铁、金融服务业——正在迅速成为新的全球经济增长的驱动轮。"

（一）文化贸易的概念

文化贸易是指国际间文化产品与服务的输人和输出的贸易方式，是国际贸易中的重要组成部分，涉及货物贸易、服务贸易及知识产权。贸易一方向另一方提供文化产品和服务并获得收入的过程称为文化产品和服务出口或文化产品和服务输出，购买外方文化产品和服务的过程称为文化产品和服务进口或文化产品和服务输入。

文化贸易，分为文化硬件贸易和文化软件贸易两部分。文化硬件贸易是指用来生产、储存和传播文化内容的载体，如摄影器材、电视、音响及用来接收信号的工具等。文化软件贸易则是指那些包含文化内容的产品和服务，如现场表演、电视广播、动画片、书籍期刊、绘画及音乐、VCD、DVD 光盘等。

(二)文化贸易的分类

理清国际文化贸易的各种分类及其分类标准，有助于我们透过概念外延，更加准确地理解其概念内涵。

(1)以文化产品和文化服务为划分标准。在《服务贸易总协定》的《国际服务贸易分类表》中对文化服务做了如下划分：在商业服务中，有法律服务、软件服务、数据处理和数据库服务、广告服务、摄影服务、包装服务、印刷和出版服务；在视听服务中，有电影和录像的制作和分销服务、电影放映服务、广播和电视服务、广播和电视传输服务、录音服务；在娱乐、文化和体育服务(除视听服务外)中，有文娱服务、新闻社服务及图书馆、档案馆和其他文化服务、体育和娱乐服务。此外，近几年涌现出的文化会展服务、文化中介服务、文化咨询服务等新型服务以及相关的文化产品服务，也属于文化服务的范围。

而在国际货币基金组织的国际收支手册中，对国际文化贸易有这样的描述，居民与非居民之间，有关个人、文化和娱乐服务交易细分为下面两类：一是声像和有关服务；二是其他文化和娱乐服务。第一类包括同(影片或录像带形式的)电影、收音机、(实况或提前录制的)电视节目和音乐录制品。这里还包括租用费用的支出和收入、演员、导演、制片人等(或编表经济体中非居民)从作品在国外播放而得到的报酬，卖给传播媒介，在指定地点上映次数有限的播映权费。有关戏剧、音乐作品、体育活动、马戏等活动的演员、制片人收到的费用，以及这些活动(电视、收音机等)的放映权费用也包括在内。第二类包括其他个人、文化和娱乐活动，如同博物馆、图书馆、档案馆其他文化、体育和娱乐有关的活动。这里还包括国外教师或医生提供的函授课程的费用。

HS(Harmonized System)系统的分类法主要是依据商品的物理性质和被加工的程度，而不是依据商品的用途进行分类。因此，在 HS 分类系统中没有一个分类叫“文化产品”，属于这一分类的产品只是散落在这个拥有 99 个分类的分类系统的其中几类。而其中有关文化软件的最重要的分类包括 49 类(书籍、报纸、图画及其他印刷业产品)和 97 类(艺术品、收藏品和古董)。文化硬件则能见于 HS 分类系统的各个角落，从 37 类(摄影和录像产品)增加到 92 类(乐器)。

文化服务在 CPC(Central Product Classification)分类法中由两大部分组成。作为信息服务的一个分支的视听服务又被分为几个小分类，现场表演被包含在“文化、娱乐和体育服务”分类里。其中一些服务的分类和我们对于文化服务的分类是一致的，如图书馆、档案馆和博物馆；新闻服务等则没有包含在内；体育服务等还有待商榷。出现在 CPC 分类法中的其他服务也可以被定义为文化服务。

(2)以文化硬件和文化软件为划分标准。国际上一些贸易研究机构和专家，把文化贸易分为硬件贸易和软件贸易。一般来说，文化硬件指用来生产、储存、传播文化内容的器物工具和物态载体，如摄影器材、视听设备、影视器材、舞美设备、游戏和娱乐器材、艺术创造和表达的工具等；文化软件则指包含文化内容的产品和文化服务，包括广播电视节目、电影动画片和故事片、印刷品、出版物、视听艺术、表演艺术、载有文化艺术内容的光盘、视盘和多媒体、娱乐、会展等。

（三）文化贸易的特点

作为一个特殊的行业，文化贸易既涉及文化产品，又涉及文化服务。因此，国际文化贸易兼具有国际货物贸易和国际服务贸易的特点。除此之外，国际文化贸易还具有以下五个新特点。

1.贸易市场的高度垄断性

国际文化贸易在发达国家和发展中国家表现出严重的不平衡性，这与文化市场的文化商品受各国历史特点、区域位置及文化背景等多种因素的影响有关。因此，国际文化贸易市场的垄断性较强，表现为少数发达国家对国际文化贸易的垄断优势，与发展中国家的相对劣势。

2.贸易保护方式的隐蔽性

由于文化贸易标的物的特点，各国无法通过统一的国际标准或关税进行限制，而更多地采用国内的政策、法令的修改进行限制，如市场准入制度及非国民待遇等非关税壁垒形式。

3.贸易自由化的例外性

由于图书出版、演出服务、广播影视、网络服务及教育等文化产业直接关系到国家主权、国家安全和意识形态等敏感领域，因此，各国在文化贸易的开放程度上，都十分谨慎，各国政府对文化贸易的各种限制和保护远远超过货物贸易，在很大程度上阻碍了国际文化贸易的自由化进程。到目前为止，只有美国和中非国家完全开放了自己的文化市场。

4.贸易约束条例的相对灵活性

世界贸易组织一直致力于寻求国际贸易的自由化，但从文化贸易概念出现之日起，“文化例外”就成为一种不成文的主张，为世界贸易组织各成员国政府所接受并广泛运用于文化贸易政策中。因此，世界贸易组织对于文化贸易的约束具有一定的灵活性。

5.与其他产业的强烈交融性

丰富的文化内涵和不同的文化服务，融入了几乎所有的产业和贸易领域，以及品饮文化、居住文化、服饰文化等，在不同的文化背景下都反映出多样的文化价值取向。尤其是文化产品和文化服务与信息技术的结合，更加速了文化的传播速度，加大了扩展范围，因而更增强了文化产品和文化服务的可贸易性。

（四）发展国际文化贸易的意义

1.有助于提升对外文化的经济功能，加快积累国民财富

自 1990 年以来，随着知识经济浪潮滚滚而来，人类对于文化产品和文化服务的需求越来越广泛，文化贸易市场前景也越来越广阔。国际文化市场，包括文化产品市场、文化服务市场、文化要素市场、文化附加值市场等，都已成为“兵家必争之地”，成为各国企业和政府共同关注的重要战略领域。因此，大力发展对外文化贸易，有助于完善出口贸易的结构和文化产业的结构，加快积累国民财富。

2.有助于传播文化理念，促进了解，树立良好的国际形象

文化产品和文化服务具有一般商品和文化特殊商品的双重属性。一个国家的对外文化贸易，不仅具有经济价值，而且具有外交和宣传功能，能在获取经济利益的同时，传播国家的意识形态和价值观念。通过大力发展对外文化贸易，能够帮助树立起一个国家良好的国际形象，吸引更多的贸易伙伴和国际朋友。

3.有助于开发文化商品的附加值，扩大外贸出口

优质的文化产品和文化服务，可以为其他的制造业、服务业、养殖业和种植业提供丰富的文化附加值，为其他产业的外贸出口打开广阔的道路。

（五）文化贸易与文化产业

文化产业是指与文化产品及文化服务相关的产业，是经营文化产品、文化服务的产业。联合国教科文组织将文化产业定义为：按照工业标准生产、再生产、储存以及分配文化产品和服务的一系列活动。传媒、卡通、影视、娱乐、游戏、旅游、教育、网络及信息服务、音乐、戏剧、艺术博物馆等都是文化产业的一员。

在实际使用中，除“文化产业”这个概念外，不少国家和地区还分别使用“创意产业”“版权产业”等概念，即不同的国家和地区有着不同的文化产业分类标准和分类系统。

在经济全球化的背景下，文化贸易已经成为国际服务贸易的重要组成部分。贸易结构是由产业结构所决定的，文化贸易的强大，其基础就是文化产业的发展成熟程度，因此文化贸易的分类也应直接受文化产业及其分类的影响。

第四节　国际运输服务贸易

从整个人类社会看，运输劳动从生产过程中分离出来，形成一个独立的产业部门，经历了漫长的历史过程。运输业的形成与商品生产、商品流通的发展密切相关。流通领域中运输需求直接来源于商品交换的需求，商品交换与商品运输互为条件、相辅相成。商品交换规模和范围的扩大，引起运输规模和范围的扩大，客观上要求运输劳动独立化、专门化和社会化。

根据世界贸易组织《服务贸易总协定》服务业分类表，运输服务业共分为 9 大类，主要有海洋运输服务、内水运输服务、航空运输服务、太空运输服务、铁路运输服务、公路运输服务、管道运输服务、所有运输方式的辅助服务及其他运输服务。

一、国际运输服务贸易概况

（一）运输服务业及其界定

马克思在《资本论》中系统而深刻地论述了运输业的性质，指出它既具有物质生产的共性，又具有区别于一般物质生产的特性，认为运输业是生产过程在流通过程内的继续，属于物质生产领域。

20 世纪 30 年代，出现了三次产业理论。其后，西方经济学家运用三次产业结构分类法研究了经济发展同产业结构之间的变化规律，并使三次产业分类法得以广泛传播。目前，按国际上比较流行的分类，认为运输业具有服务特性，将它列为第三产业。

基础设施这个概念是 20 世纪 40 年代出现的，50 年代以后，苏联、东欧和西方国家开展了广泛的研究。尽管对基础设施的实质、内容、职能和分类，各国经济学者认识不尽相同，但是，因运输业具有统一的服务职能和服务的公共性的特点，将运输业纳人基础设施却是共同的看法，并且把它划归直接为基本生产过程服务的生产性基础设施。

（二）运输服务方式的发展阶段

(1)水路运输是最早形成的运输方式之一。当代水路运输发展的总趋势是货物运输船舶的专业化、大型化和高效化；水上客运的旅游化、高速化和滚装化；以及水运管理电子化和航行安全系统电子化。

(2)具有现代色彩的铁路运输是随着蒸汽机车的发明和锻铁铁轨的出现而产生的，由于铁路运输能高速、大量地运送旅客和货物，因而铁路建设得到了较快的发展。当代铁路运输发展的总趋势是牵引动力内燃化、电气化；铁路客运高速化；大宗散货运输重载化；信息技术电子化。

(3)现代公路的雏形取决于汽车的产生和使用，以汽油为动力的汽车对公路的标准及质量都提出了严格的要求。当代公路运输发展的主要趋势是干线公路高等级化、汽车运输高效化。公路运输技术发展的趋势还表现在公路设计、交通指挥控制管理和车辆诊断电子化，以及公路工程作业机械化等方面。

(4)航空运输是实现较晚的运输方式。当代航空运输发展的趋势主要有干线飞机巨型化、超高速化，安全性、舒适性进一步提高，安全保证系统自动化，空中交通管制现代化。

(5)现代管道运输始于 19 世纪。1861 年，美国开始出现世界第一条运输原油的管道，长 52 公里。第二次世界大战期间，美国在国内用两年多时间修建了原油管道 2 158 公里、成品油管道 2 745 公里。自此以后，各种油气管道技术逐渐达到成熟阶段。无论从工程规模、经济效益还是从技术水平来看，管道运输都已达到同其他运输方式相同的水平。

(三)国际运输服务贸易及其特征

国际运输是国际物流活动的一种重要形式,是以运输服务为交易对象的贸易活动,即贸易一方为另一方提供运输服务,以实现货物或人在国际空间上的位移。经济的全球化打破了一个国家或区域内自给自足的生产模式,形成了各国和各地区经济的相互依赖格局。企业的经营视角也不再局限于某个地区,而是转向全球,无论是原材料与零部件的供应、产品的分销配送,还是仓储运输,都离不开国际运输服务。因此,在经济全球化的背景下,国际运输服务作为现代服务业的重要环节,对于加强各国之间的经济和贸易往来具有重要的意义。国际运输服务贸易具有如下特征。

(1)国际性。国际运输服务贸易伴随着国际贸易而产生,运输过程跨越海洋和大陆,涉及多个国家和地区,地理范围广泛。

(2)风险性。这主要包括政治风险、经济风险和自然风险。

(3)复杂性。在国际间的经济活动中,由于各国社会制度、自然环境、经营管理方法、生产习惯不同,因而在国际间提供运输服务具有一定的复杂性,包括运输系统设置的复杂性、法规环境的差异性和商业现状的差异性。

二、国际运输服务贸易自由化

(一)国际航空运输服务贸易自由化

航空运输业属于基础产业,对一个国家的国民经济具有不可替代的作用,对于世界经济的发展也有着不可估量的作用。航空运输服务的基本单位是机场和航空公司,一个城市的机场往往起到经济增长"发动机"的作用,它不仅通过航空公司提供的航空运输服务直接对 GDP 增长提供贡献,还通过与航空相关的活动(如停车、租车、旅游、饭店等)对 GDP 产生间接影响。同样,航空公司会影响到飞机制造企业和维修企业的经营活动。同时这些活动还会产生"乘数效应"。

目前全球贸易额中约有 35%的制成品通过航空进行运输。在非洲,航空业每年创造 100 亿美元的国民生产总值。根据预测,未来的 20 年中将会继续提供 500 万个就业机会。如果航空业的增长速度在当前水平上降低 1%的话,全球将会损失 600 万个就业机会,其中亚太地区将损失 200 万个,欧洲和北美地区将损失约 150 万个,非洲和拉丁美洲各损失约 40 万~50 万个,中东地区将损失 20 多万个。航空业将通过促进贸易和国际投资带来更多的经济收益。第三世界国家的中小企业和小规模农业主的雇工数量和经济活动的多寡将依赖于航空业。每投入 1 亿美元用于航空航天的研发工作,将可以创造每年 7 000 万美元的国民收入。

(1)航空运输服务与 WTO。航空运输业在乌拉圭回合谈判开始并没有被单独列出,直到 1998 年考虑到航空运输服务贸易在经济中的重要地位才被单独列出,归人第 11 类服务部门"交通运输服务",并首次在多边贸易体制下对航空运输服务的自由化进行谈判。航空运输服务多边谈判的成果是达成了《服务贸易总协定航空运输服务附录》,它具体规定了多边贸易体制所管辖的航空运输服务的范围和原则,实际结果是将《服务贸易总协定》在航空运输服务领域适用的范围限制得很小。这一点是和航空运输服务国际管辖的历史机制密不可分的。由于航空运输服务受到的约束较少,因而在 GATS2000 的谈判中,航空运输服务已经成为焦点之一。

(2)《航空运输服务附录》的主要内容。《服务贸易总协定》不同于《关税及贸易总协定》,后者在乌拉圭回合后涵盖了所有的货物贸易,前者虽然原则上应该管辖所有的服务贸易,但由于服务贸易是初次纳入多边贸易体制,而且服务业的发展水平在各国之间存在很大差距,因而乌拉圭回合对《服务贸易协定》制定了一系列的附件,将很多服务部门排除在《服务贸易总协定》之外。《航空运输服务附录》就是属于这个情况。这个附录规定了 GATS 适用于航空运输服务的范围。它明确规定了 GATS 不适用于交通权和与直接行使交通权相关的服务,并对交通权下了一个明确的定义,但是它没有详细说明哪些属于或者不属于与直接行使交通权相关的服务,只是列举说明飞机的修理和维护、航空运输服务的销售和营销、计算机订座系统属于 GATS 管辖的范围。

目前,在理解《服务贸易总协定》管辖航空运输服务的范围时存在不同意见。有的成员方认为不应该只包括上述 3 项内容,有的认为仅仅包括上述 3 项内容。有一些成员方在做出承诺时,不仅限于这 3 项内容,而另一些成员方则仅限于这 3 项内容。

(3)航空运输自由化的趋势。目前航空运输自由化在不同的轨道上同时进行着,包括 WTO 新一轮多边贸易谈判、区域性的航空运输自由化及美国大力推行的双边“开放天空”。后两种航空运输自由化肯定对 WTO 的航空运输自由化有积极的推动作用,但是也有观点认为这会造成阻碍。

GATS 第 19 条规定“所有成员方应在自世界贸易组织协定生效日起的 3 年内开始并在此后定期地连续举行多轮谈判,以便服务贸易自由化逐步达到更高水平”。1996 年,在新加坡举行的 WTO 第二次部长会议上就决定在 2000 年对 GATS 重新进行谈判。而在 GATS《航空运输服务附录》中也明确规定:“服务贸易理事会每 3 年应至少进行一次定期审查航空运输部门的发展及本附件实施情况,以便考虑本协议在该部门可能的进一步适用。”因此,根据 WTO 既定的时间表,新的服务贸易谈判事实上从 2000 年就已经开始,航空运输服务部门的谈判也在 2000 年启动。

服务贸易理事会在 2001 年 3 月为新的服务贸易制定的谈判原则是:渐进自由化;承认成员方对服务提供进行管制和制定新的管制措施的权利;谈判着眼于通过减少和消除对服务贸易措施的不利影响,提高有效的市场准入,使服务贸易自由化水平逐步达到更高水平;谈判应该建立在互利的基础上,并保证总体上权利和义务的平衡;谈判着眼于增进发展中国家在服务贸易领域的参与;自由化进程应从总体和单个服务部门两个方面尊重国家政策目标、发展水平和经济总量;谈判应尊重现有的框架和 GATS 原则,并在现有框架和 GATS 原则内进行,包括列出准备以 4 种模式做出承诺的特定部门的权利。

这些原则表明航空运输服务在新的多边谈判中可能是谈得多,覆盖不一定多,最后做出承诺的可能更少。为了进行新一轮多边航空运输谈判,一些成员方从 1999 年开始就进行讨论并提出了一些观点和建议。但存在以下两种对立的观点。

第一种是将 GATS 在航空运输服务业的使用扩展,取消特殊待遇。但是这不太可能,因为存在两种尖锐对立的意见:一种是以美国和加拿大为代表的守旧派,坚持航空运输以双边为主;另一种是以欧盟、澳大利亚等为代表,它们希望将航空运输完全纳入多边体制。

第二种是维持GATS的目前状况,但是要明确GATS管辖航空运输的范围。目前仍然存在对立的两种意见:一种是以欧盟、新西兰、澳大利亚为代表的根据“提供这些服务是否需要获得指定的交通权”为标准;另一种是美国、加拿大为代表的根据“哪些服务是行使双边权利必须的”为标准。还有第三种观点,瑞士同意上述第一种意见,但是对于空中交通控制和导航服务提出保留,因为它们关系到国家安全和主权。

欧盟的欧洲法院2002年年初判决其8个成员国同美国达成的双边“开放天空”协议违反了欧盟法律,在11月5日的裁决中仍然维持原有的判决。这一判决可能动摇航空运输的双边性。另外,亚太经合组织(Asia-Pacific Economic Cooperation,APEC)内多个国家达成了“开放天空”的协议,为在双边以外开放航空运输服务提供了典范。

(4)航空运输服务贸易自由化的特点。由于航空运输服务目前受WTO《服务贸易总协定》管理的范围很小,因而航空运输服务自由化的步伐还很慢,它是由历史和现实的原因所造成的。总的来讲,WTO航空运输服务贸易自由化具有如下几个特点。

第一,《服务贸易总协定》的原则在航空运输服务业中仅适用于成员方做出的有关具体承诺。根据GATS的规定,各成员方受GATS纪律约束的部门就是列入各方承诺表的内容,因而各成员方受《服务贸易总协定》纪律约束的航空运输服务部门就是列入承诺表的部门,没有列入就不受任何约束。

第二,复杂性。航空运输服务贸易自由化具有复杂性,主要是由于在WTO和国际民航组织(International Civil Aviation Organization,ICAO)之间如何进行协调的问题、目前航空运输服务贸易的双边性、空域的主权性、双边协议中普遍存在的所有权和控制权规定、航空运输服务自由化多车道的局面。

第三,渐进性和自主性。航空运输服务自由化的渐进性主要是考虑到不同成员方所处的不同发展阶段。这在GATS对发展中国家的优惠规定中得到反映,它规定增加发展中国家逐渐参与服务贸易,并通过加强其国内服务的能力、效力和竞争力来扩大服务出口。各成员方主要是通过谈判具体承诺的方式来增加发展中国家的逐渐参与。

因此,有成员方在2000年下半年对《航空运输服务附录》进行审议时提出,任何扩展该附录的决定,都不能视为强迫成员方对航空运输进行自由化,或者放松该领域的管制。各成员方仍应自主决定航空运输自由化的步伐。附录的扩展,只是为成员方做出更多的承诺提供了可供选择的范围。

第四,部门特定性。WTO的服务贸易谈判不是采取“一揽子”方式,而是采取“特定部门谈判”方式,因而往往很难找到一个为所有成员方接受的利益平衡点。在GATS的谈判中,往往在某一个方面的代价会在另一个方面得到补偿,而且成员方对谈判的结果只能全部接受,而不能部分接受。

第五,最惠国待遇特殊性。最惠国待遇本应是无条件地给予所有的成员方,但是由于历史原因形成的航空运输服务的双边性,因而使在多边贸易体制下的航空运输服务,仍然存在对其他成员方的歧视性待遇。这种最惠国待遇方式,实质上仍然要建立一种以双边对等为基础的自由化方式。它无疑和WTO的互惠原则存在一定的矛盾,因为互惠并不要求对等。

另外,航空运输服务的某些领域在适用最惠国待遇原则本身时也存在限制,主要是涉及一些稀缺性资源的分配。比如,机场的飞机起降时间是一种稀缺资源,向航空公司分配不同的起降时间,会影响其经济效益。但是某一时间被分配给某国航空公司后,其他国家的航空公司不可能再根据最惠国待遇原则也享有同一时间的起降活动。在WTO基础电信谈判中,已经对类似的问题确定了原则,即决定稀缺资源分配的程序应建立在客观、适时和透明的基础上。

第六,市场准入。航空运输服务上的市场准入基本上就是《航空运输服务附录》中定义的交通权,而交通权目前被排除在GATS外。但是,根据WTO追求的目标,交通权最终肯定会被纳入GATS管辖,即使在乌拉圭回合中谈判《航空运输服务附录》时,也有过包括交通权的设想。航空运输服务市场准入的核心是航权,它从本质上来讲代表着航空运输服务的市场范围,在航权上一共存在8种自由权,而目前在非"开放天空"的双边协议中,仍然以前4种自由权为主,第5种自由权的使用开始增加。当然市场准入也离不开运力、运价及商务活动等的开放。总而言之,WTO航空运输自由化的焦点最后将集中在市场准入上。

(二)国际海洋运输服务贸易自由化

国际海洋运输服务贸易是指在不同国家(地区)境内以海运服务为交易对象的贸易活动,即贸易一方为另一方提供海上运输及相关服务,以实现货物和人员在不同国家(地区)之间的位移。由于海运服务与贸易之间的密切关系;即世界上很大一部分货物是通过海运的方式流动的,因此各国对海运服务都很重视。

(1)世界贸易组织海运自由化谈判。海运服务隶属于服务贸易中的"运输服务"项目。海运业在乌拉圭回合谈判期间是整个服务贸易谈判的一个关键部门,有关谈判内容主要体现在GATS的海运服务谈判的附录中。海运业的谈判集中在国际海上运输、海运附属服务和港口服务三方面,其中国际海上运输包括班轮市场,海运附属服务包括船代、货代、装卸、仓储、集装箱场站、结关6项业务,港口服务指靠泊、供油、供水、引航等通常发生在港口的与船舶有关的服务。谈判的内容是要求取消在市场准入方面的限制措施和在国民待遇方面的歧视做法。

1994年4月举行的结束乌拉圭回合谈判的部长级会议决定设立海运谈判组,继续进行海运谈判。《关于海运服务谈判的部长决议》主要是对乌拉圭回合结束后海运服务谈判事宜的规定,其主要内容有以下几个方面。

第一,有关海运服务部分的谈判应在服务贸易总协定的框架内在自愿的基础上进行,谈判的范围应是多方面的,其目的是在国际航运、辅助服务及对港口设施的进入和利用方面,在一规定的时期内取消各种限制。

第二,设立"海运服务谈判组"以实现这项委托,该谈判组应将谈判的进展情况定期提出报告。

第三,海运服务谈判组的谈判应对所有政府开放。欧共体已宣布准备参加的意向。迄今已准备参加该项谈判的有下列国家和地区:阿根廷、加拿大、荷兰、中国香港、冰岛、印度尼西亚、韩国、马来西亚、墨西哥、波兰、新西兰、挪威、菲律宾、罗马尼亚、新加坡、瑞典、瑞士、泰国、土耳其、美国。有意参加者都可以致函世界贸易组织协定的受托人。

第四,海运服务谈判组应就结束谈判提出报告,在这项最后的报告中,海运服务谈判组应决定谈判结果的实施日期。

第五,各成员方对第2条(最惠国待遇)和免除第2条义务附录第1款和第2款有关海运服务部分的规定，应暂停实施而无须列入最惠国待遇的免责范围内，直至谈判结束时为止。当谈判结束时，尽管有第21条的规定，各成员方可自由改进、修改或撤销乌拉圭谈判回合中对这一部分所承担的任何义务，而无须提供补偿。同时，虽有免除第二附录的规定，但各成员方对涉及这一部分有关最惠国待遇的豁免问题仍应做出最后的决定。如谈判失败，服务贸易理事会应对是否继续谈判做出决定。

第六，从谈判开始到结束，所有参加方不应采用对海运服务有影响的任何措施，也不应利用它们的谈判地位及其影响。除非是对其他国家实施的措施做出反应，以及为了维持或改进有关海运服务的免除条款。对上述规定的实施，应受海运服务谈判组的监督。

第七，由于谈判结果所承担的任何义务，包括其生效日期，应附属于总协定文中的服务贸易总协定的附录表中。

根据《关于海运服务谈判的部长决议》，全球海运服务谈判自1994年4月开始，旨在于1996年6月底以前达成协议，谈判进行自由化的承诺。而发展中国家和地区指出，应根据《服务贸易总协定》中关于"发展中国家更多参与"的原则，允许发展中国家在海运及辅助服务市场的开放上逐步进行，经过一系列的谈判，到1996年9月28日为止，仅有24个国家和地区提出了有条件的承诺。谈判不可能达成进一步的协议。所以海运服务谈判组。决定停止谈判。原计划2000年恢复谈判，但因"千年回合"未能启动而搁浅。

作为服务贸易的一个项目，海运服务的谈判必须以GATS作为谈判的宗旨和原则是理所当然。GATS各条文的主要内容，都必须在海运谈判中得到直接或间接体现，不仅包括作为一般性义务的最惠国待遇、透明度、发展中国家更多参与、经济一体化、垄断及专营服务提供者的商业惯例、紧急保障措施、政府采购例外及补贴等条款，也包括作为具体承诺义务的市场准入、国民待遇、附加承诺等条款。

例如，要遵循GATS的透明度原则，就意味着要求海运服务谈判参加方要克服那些在提供海运服务过程中可能出现的"隐形壁垒"，将采用补贴和优惠本国承运人的有关做法、技术和安全标准等公开、公示，将与海运服务有关的国内法律、法规、行政命令和签署的与海运服务有关的国际协议及对承诺有影响的新立法或原立法的修改等，及时向各缔约方通报，以使外国海运提供者在满足当地要求时不会遇到障碍；而需严格实施国民待遇条款，就意味着承诺方必须把有利于本国船队的保护主义措施取消或者延伸到外国船队，取消所有对外籍船舶施加的歧视性作用，允许国外船舱使用港口及有关设施服务，授权国外海运服务公司在本国拥有和经营港口的权力，重新考虑沿海运输权等。

总而言之，海运谈判的宗旨应该是在GATS原则和框架下，逐步取消一切限制进入海运市场的措施，允许外国在本国自由实现商业性存在，给予外国海运服务提供者国民待遇，最终实现海运全面自由化。

(2)世界贸易组织各成员航海运输服务承诺。在世界贸易组织乌拉圭回合谈判结束后，有29个WTO成员已对国际海运服务做出承诺。在这29个成员中有21个成员的承诺包括货运与客运，5个成员仅针对货运部分做出承诺，其余3个成员仅对客运部分做出承诺。

在航海运输服务承诺表中，最重要的限制包括外国权益的上限，对悬挂本国旗的船只所有权与注册国籍规定、指定国内代理人的规定、对政府拥有货物量、差别课税待遇以及差别港埠收费的限制。26个成员已经排定日程以提供海运辅助服务方面的工作，包括货物搬运、存放与仓储、船务代理与运输代理、装船前的检验、报关、货柜场站。有6个成员已经着手从事各项港埠服务，如进出港的助推与拉引服务、拖船协助、港埠疏通及港埠船长服务，有11个成员已经排定日程以提供有关供顾客根据非歧视待遇以及合理条件取得港口服务的各项新增事项。最后，有10个成员已经排定日程以提供船只维修的工作，有6个成员则是排定日程以提供连船带人的出租。

对于最惠国待遇豁免，共有26个成员提供海上运输服务的MFN豁免表。然而，根据1996年7月3日的《服务贸易总协定》第2条海事运输决策第四段以及同条款附录的规定，免税暂停适用于国际船运、辅助服务与进出及使用港埠设施，直到完成下一个回合谈判。然而，该项决策第四段并不适用于任何在成员日程表中明确规定的海上运输服务的指定承诺事项。没有经过暂停的唯一最惠国待遇豁免表是这些由已经在该行业中维持指定承诺的成员所采取的表列。因此实际上只有14个拥有最惠国待遇豁免表列的国家在实施当中。

三、我国国际运输服务贸易分析

（一）我国国际运输的特点及问题

1.发展速度快，但规模小

随着对外开放的不断深入，我国货物贸易呈现出跳跃式增长。作为其衍生需求，我国运输服务贸易虽然起步晚，仍取得了显著成果。2005年，中国运输服务贸易进出口总额为438.7亿美元，2014年增长到1 345亿美元，十年间年均增长13.26%，除2009年出现负增长外总体呈上升趋势，而世界运输服务年均增长仅为6.23%，我国发展速度远远领先世界。我国运输服务贸易总额占世界市场的份额从2005年的3.5%上升到2014年的6.2%，同样稳步增长。但从总体上看，2014年世界为21 537亿美元，我国仅占6.2%，远低于美国、德国等发达国家。而2014年中国货物贸易总额达43 030.4亿美元，世界占比12.2%，继续保持全球第一。可见我国运输服务贸易规模仍偏小，与我国货物贸易在世界中的地位极其不相符

2.占主导地位，但比重下降

作为传统服务项目，我国服务贸易收支主要集中于运输和旅游两项。2005年到2014年间运输服务出口额年均增长10.63%，占服务贸易总出口20%左右，成为仅次于旅游服务的第二大服务出口部门；进口额从284.5亿美元增长到962亿美元，年均增长14.5%，占服务贸易总进口30%左右。2005—2011年间，运输服务进口超过旅游服务进口所占比重，成为我国最大的服务进口部门。运输服务的主导地位进一步巩固。但随着利一技产业化，传统上以自然资源或劳动密集型为主的服务贸易正逐渐向资本或知识技术密集型主导的现代化服务贸易转变，通信、金融等新兴服务业囚此得到发展，运输服务贸易所占比重则有小幅降低。但我国运输服务占服务贸易总额保持在25%左右，仍然是拉动我国服务贸易的主要动力

3.贸易结构失衡，逆差严重

我国运输服务贸易总额稳步增长、贸易规模持续扩大的同时，贸易结构却始终处于不平衡

的状态，导致常年高额逆差且持续增大的趋势。到 2014 年，我国运输服务贸易逆差规模达到了 579 亿美元的历史最高，年均增长 18.03%，占服务贸易逆差额的 36.2%，成为我国服务贸易总体逆差的最主要来源。2005 年至 2014 年间，我国运输服务贸易进口所占份额远大于出口所占份额，进口的增长速度快于出口的增长速度，造成运输服务贸易逆差持续扩大的现状。这也说明我国的运输服务出口实力落后，国际竞争力不足，贸易水平还有待进一步提高。

4.贸易主体规模小，产能不足

货物贸易的大幅增长必然带来运输服务需求的大幅上升，但我国的运输服务并未如货物贸易一样迅速发展起来。我国虽涌现出了中远、中海等具有一定竞争力的国际运输企业，但多数仓储、运输、货代等运输服务贸易主体普遍规模较小，功能单一。目前国内物流集中度低，综合运输体系缺乏，运输管理、技术和服务方式落后。恶性竞争又造成运输成木居高不下，进一步加剧了我国运输服务效率、供给能力低下的问题，制约我国运输服务业的发展。同时，我国海运市场开放程度已接近甚至超过部分发达国家。我国货物贸易发展引致的巨大需求吸引了全球各大运输企业，而运输服务市场的过度开放为其提供了直接参与竞争的机会。我国的运输服务业尚未发展成熟，竞争力较弱，跨国运输企业则利用自身规模优势形成垄断，抢占并控制运输市场，致使我国只能依靠海外运输企业来弥补运输服务的需求缺口。自由化的竞争市场，国内运输业产能不足，共同造成了我国运输服务留易的持续高额逆差。

（二）改变我国国际运输现状的对策

1.重视并加大对运输服务业的支持力度

国际运输服务贸易是货物贸易与服务贸易的桥梁和纽带，对传统货物贸易的影响重大。加大支持力度不仅有利于改善我国的国际收支，更为我国开拓更广阔的贸易市场提供了便利。现阶段我国运输服务的发展速度远远不能满足国际货物贸易的运输需求，需求增幅明显高于供给的增长，对货物贸易的促进作用有待发挥。我们应当改变观念，重视运输服务业的发展。

2.加强运输服务业的基础设施建设

由于起步较晚，我国运输服务业存在基础设施落后、分布不均衡、服务水平不高等问题，严重影响到我国运作效率，使得国内承运能力不足。首先必须加强海运港口、航空港、陆路交通、物流中心以及电信网络基础等运输基础设施的建设。其次要加强物流园区、物流中心和配送中心等区域性物流组织的建设，完善运输服务生产要素。还应全而推进综合交通运输体系建设，建立起远洋、航空、公路及铁路的综合运输模式，积极开展多式联运和集中运输业务，增强运输服务业的综合竞争力。

3.增强运输企业的国际竞争力

作为国际运输服务贸易的主体，必须增强国际运输企业的整体实力。要加快运输服务业的发展，整合资源、集中优势，通过构建国际竞争力强劲的综合型运输企业来提高市场占有率。

首先,国际运输企业要努力经营,积极利用外资、引进先进技术和管理经验,扩大经营规模。其次,可以通过控股并购、资产重组、战略结盟等途径,构建大型国际运输集团,提高集约化程度,实现规模化经营。再次,还可以实行差异化战略,树立品牌战略,通过富有特色的经营方式取得市场份额。最后,我国的国际运输企业还应积极地实行"走出去"战略。只有建立高素质的运输服务人才队伍,更加熟悉国际规则,才能更好地适应国际标准,增强国际竞争力,实现我国国际运输服务贸易的长足发展。

第五节　国际电信服务贸易

一、国际电信贸易的概念

进入 21 世纪以来,信息通信技术(ICT)已渗透到人类活动几乎所有的领域。ICT 对推动经济发展,促进全球经济一体化起着至关重要的作用。过去的十年,全球电信市场发生了翻天覆地的变化。电信服务是一个价值超过 1.5 万亿美元的全球市场,全球的移动用户人数已经超过固定电话用户人数的 2 倍,占据了 40%的全球电信市场。

电信业作为 ICT 服务部门的重要部分,已成为当代世界发展最迅速的高新技术产业,对世界各个国家和地区的经济和发展都产生了重要的影响。在大多数国家,电信服务业的规模已经超过 ICT 制造业,创造了可观的经济效益。经济全球化离不开全球电信业的合作,信息以及对于信息的存储,处理和传播已经成为同土地、劳动力和资本同样重要的战略资源,对于国家竞争力来说显得越来越重要。电信业本身可以作为贸易的产品和服务,同时又是其他产品和服务的重要基础条件和手段。许多重要的国际贸易都建立在基础电信的服务上。电信服务的这种双重角色使得其在国际贸易中显得尤为重要。国际电联《1996/1997 年世界电信发展报告》中对国际电信贸易的定义表述如下:国际电信贸易可定义为跨越国界的电信设备或服务的贸易。

(一)国际电信设备贸易

国际电信设备贸易在概念的理解上与传统的商品贸易并没有区别,泛指世界各国(或地区)之间所进行的以货币为媒介的电信设备的交换活动。它既包括本国与他国之间的贸易活动,也包括其他国家之间的贸易活动。电信设备指使用电信服务的用户之间进行某种通信业务的呼叫(如电话、数据、视讯、多媒体等)时,业务信息在整个传递的过程中所经过的交换设备、传输设备以及真正到达被叫端的各种用户终端设备。国际电信联盟(ITU)将电信设备分为三类,即交换设备(本地、长途和国际交换机)、传输设备(同轴电缆、光缆、无线微波系统、通信卫星)和用户设备(电话机、无线电话机、无限寻呼设备、用户电报和传真机、数据终端、局域网和用户交换机)。在联合国标准国际贸易分类(SITC)的电信设备中,给出了电信设备的子类,如表 8-1 所示。

表 8-1　联合国标准国际贸易分类(SITC)

子类	描述
764.1	有线电话或有线电报的电气装置(包括有线载波系统的装置) 电话机;电传打印机;电话或电报交换装置;有线载波系统用的其他装置;其他电话或电报装置
764.3	无线电话、无线电报、广播或电视的传输装置;不管它们是否含有接收或录音/放音装置 传输装置;含有接收装置的传输装置
764.81	无线电话或无线电报的接收装置
764.91	适合单独使用或者主要与 764.1 子类中的装置配合使用的部件或附件

从世界范围看,电信设备贸易飞速发展。电信设备出口贸易的增长率远远高于全球经济和贸易的增长率。目前整个电信设备市场中出口约占 1/3,而且该比例还在继续稳定增长。固定电话网的飞速建设和现代化,移动通信和数据通信快速发展,贸易壁垒的减少,日益增强的地区经济一体化正在加强地区标准化和机型审批的趋势,有助于促进服务的发展和设备的销售。自由化也从两方面促进了贸易的增长,一方面,服务业的自由化导致新的市场进入者争相建设用来竞争的网络;另一方面,用户设备限制的取消、更简便的机型审批手续和设备关税的降低打开了市场,使电信设备的销售变得更容易。

总之,电信设备、服务的发展、通信量和投资之间有着明显的联系。一个国家或地区人均收入的增加意味着更多的人能用得起电信服务,这提高了对新电话线和基站的需求。通过不断增长的贸易、旅行和外国投资,该地区的新兴经济体进一步融入全球经济,从而增加了对国际通信链路的需求。这些需求又导致投资的增长和更多的电信设备进口。

(二)国际电信服务贸易

1. 电信服务

根据 GATS 电信服务附录的定义,电信服务就是指传送与接受任何电磁信号的服务。更进一步解释,电信服务是指通过电信基础设施,为客户提供的实时信息(声音、数据、图像等)传递活动。国际服务贸易中的电信服务一般是指公共电信传递服务,包括明确而有效地向广大公众提供的任何电信传递服务,如电报、电话、电传和涉及两处或多处用户提供信息的现时传送,以及由用户提供的信息,无论在形式上或内容上两终端不需变换的数据传送。

正确认识电信服务的内涵,必须弄清楚电信基础设施、服务及信息这三个既相互联系,又有一定区别的概念。

第一,电信基础设施由构成传输系统(网络)的工具及设备组成,如卫星、电脑终端、同轴光学电缆等;第二,最常见的电信终端设备是电话,但最重要的电信基础设施却是计算机,任何通过这些电信设施而提供的服务则构成了电信服务;第三,信息,也就是通过电信传递的消息内容,传统意义上是不包括电信网络传送功能的。然而随着科学技术的发展,产生和分配消息的信息服务已变得更广泛,并且商业使用者需要更直接控制内部电信的传输和操作。这样在电信与信息服务之间，很容易产生混淆。因此在贸易谈判中有必要明确数据传输是电信服务，而数据处理服务则为专业经济服务。

总之，电信基础设施是电信服务提供的基础，而信息则是电信传送的内容，即服务对象，它们都是构成电信服务的要素，是相辅相成的。

2. 国际电信服务贸易

将电信服务的提供范围在地域上从国内扩展到全球范围，就产生了国际电信服务贸易的概念。国际电信服务贸易涉及跨越国界的交易活动。狭义的国际电信服务贸易是指在不同国家或属于不同国家任何性质的电信局或站之间提供的电信服务活动。例如，打一个国际电话或者向一国发送电子邮件，这种国际性的电信服务的提供，发生了服务的过境交付。广义的国际电信服务贸易除了包括传统观点下的服务贸易，还包括通过国外直接投资进行的贸易。因此，广义条件下的过境并不仅仅指地理位置上的电子信息传递的过境，服务的过境活动和支付也包括在内。例如，电信服务公司在异国设立分支机构提供电信服务，这样构成服务贸易，但顾客的信息传送并不属于过境。

二、国际电信服务贸易的特征

国际电信服务贸易作为服务贸易的一种，除了具有国际服务贸易的一般特性，如服务商品的不可感知性或贸易标的无形性、生产过程与消费过程的不可分离性、贸易主体地位的重要性、服务贸易的差异性、不可储存性，服务贸易市场的高度垄断性、贸易保护方式具有隐蔽性和国际服务贸易的约束条例相对灵活性等特点外，电信服务部门作为经济活动的独特部门和作为其他经济活动的基本传输手段而起到双重作用，还具有特有的基本特征。

（一）全程全网和互联互通

全网互联性是国际电信服务特征中最主要的特征。国际电信服务贸易的基本特点主要是通过国际间电信网络系统的互联互通来实现的，需要各国电信企业的通力合作。随着电信市场的竞争不断激烈化，以电信服务和互联网为基础的电子商务不断扩张以及跨国公司的不断设立，国别的说法变得日益不明显。本国的电信服务已经远远不能满足人们的实际需求，这就迫切的需要各个国家的电信服务互联起来。各国运营商各自经营本国的电信基础设施和交互连接传输的设备，而由两国通过双边协议共同所有或使用的某些国际基础设施，例如，国际卫星和远程海底电缆。这些国际基础设施由经授权的运营方开放，各国共同承担风险，如果向无所有权的运营商开放，彼此有着很高互惠。

所以，国际上的这种互联性还能在双方的互通基础上为一些小型运营商的规模和业务的扩张创造条件。通常情况下，政府在互联互通方面也总采取向小型运营商倾斜的非对称管制。然而，在国际电信服务贸易中，国际间的互联互通不仅不会使原有业务量分流，还会不断提高业务量。当两国用户跨境使用电信服务时，两国的运营商都只有借助相互的电信网络才能实现两国用户之间的信息传递。两国运营商为了实现国际电信服务贸易，通常需要预先议定好价格，即所谓的国际核算费率。由于信息的流出方要付费给信息的流入方（与商品贸易的进出口方向相反)，因此，两国运营商往往是以相同的费率计征，当双方电话相互传递的信息量相等时，费用抵消就无需划拨资金了。

(二)技术标准的锁定性

电信服务贸易与其他服务贸易或商品贸易最大的不同点在于技术标准的垄断性。电信行业是典型的网络型企业，网络结构的一个基本问题是沟通和协调，而标准则是沟通和协调的基础。在赢者通吃(winners take all)的网络结构下，掌握标准的企业将会成为行业中的主导者和行业利润的主要攫取者。许多电信跨国公司通过创造和制定隐藏着知识产权的技术标准和规则，迫使竞争对手成为追随者，从而控制游戏规则和市场竞争格局，并通过跟随者对技术标准的依赖而将其永远牢牢地锁定在技术跟随者的角色上。电信技术标准在竞争中很大程度上决定了电信行业领导权的兴衰。在信息社会，电信作为主导性技术产业领域，通过标准竞争获得的产业领导能力可以转化为持久的产业比较优势，进而影响到上下游产业的竞争绩效。而产业的结构和绩效又会影响到国家竞争优势。发达国家跨国公司继续以技术优势控制和支配国际生产体系，控制支配产业价值链和供应链的价值实现。在当前全球电信产业新型的跨国生产体系中，一条是依靠跨国公司母公司的直接投资和公司内贸易形成母子企业之间的价值链体系，另一条是通过非股权安排的企业间交易网络形成由核心企业主导的供应链体系。核心企业通过掌握技术、市场标准和销售渠道，便可以控制整个供应链和产品的价值实现，在全球化过程中获取巨大利益。

三、国际电信服务贸易在国际服务贸易分类中的归属

按照服务贸易的划分标准，电信服务贸易依次归属于以下分类。

(1)狭义的电信服务贸易属于非要素服务贸易，广义的电信服务贸易包括要素服务贸易。

(2)电信服务贸易属于核心服务。

(3)电信服务贸易同属于要素服务贸易、人员和商品流动引起的服务贸易。

(4)按照世界贸易组织统计与信息系统局的分类，显然属于通信服务类。

四、国际电信服务贸易的主要业务

(一)电信服务的分类和范围

随着电信技术的不断发展和电信网络的更新换代，电信业务的种类越来越丰富。划分电信业务有许多种方式，世界贸易组织要求电信服务逐步开放电信业务市场的基本框架和进程，所以从电信服务是否增值的角度来分为基础电信服务和增值电信服务两大类。

1. 基础电信服务

基础电信服务是指服务提供商直接将声音和数据传输给用户的服务，它是相对于增值电信服务而言的。从我国的电信条例中给出的定义参考可看出，它是指提供公共网络基础设施、

公共数据传送和基本语音通信服务的业务。由于基础电信服务需要巨资支持建成全面的覆盖网络且成本回收周期漫长，一般都是由国家出资建设。基础电信服务主要包括以下几方面的分类及范围。

(1)固定网国内长途及本地电话业务；包括固定网国内长途电话业务和固定网本地电话业务。

(2)移动通信业务包括模拟移动通信业务、数字集群通信业务、第二代数字蜂窝移动通信业务、第三代数字蜂窝移动通信业(3G)。

(3)卫星通信业务：包括卫星移动通信业务、卫星转发器出租、出售业务、卫星固定通信业务和甚小地球站(VSAT)通信业务。

(4)因特网及其他数据传送业务：包括因特网骨干网数据传送业务、其他数据网传送业务(包括 X.25 数据传送业务、DDN 数据传送业务、ATM 数据传送业务和帧中继数据传送业务)、公众电报和用户电报业务、无线数据传送业务。

(5)网络元素出租、出售业务：包括带宽、光通信波长的出租、出售业务、电缆、光纤、光缆的出租、出售业务和通信管孔的出租、出售业务。

(6)网络接入及网络托管业务：包括网络接入业务(包含有线接入、无线接入)以及网络托管业务。

(7)国际通信基础设施、电信业务：包括国际通信基础设施服务业务(包含地面国际通信网络带宽、光通信波长、电缆、光纤、光缆及其他网络元素出租、出售业务以及卫星国际专线业务)与国际电信业务(包含国际长途电话业务、国际数据通信业务、国际图像通信业务)。

(8)无线寻呼业务：包括单向无线寻呼业务和双向无线寻呼业务。

(9)转售的基础电信业务。

2.增值电信业务

增值电信业务是指利用公共网络基础设施提供的电信与信息服务的业务。增值业务的概念最早出现于 20 世纪 70 年代，包括以增值网(VAN)形式和以增值业务形式出现的增值电信业务。增值网形式主要是指一些新的电信公司通过租用传统电信公司的线路，再配置一些必要的设备组成所谓的增值网，为用户提供原始信息或者经加工处理过的信息的交换和传输，极大地提高了所租用基础网络设施的使用价值。而增值业务形式是指传统电信公司在基础电信网络设施的基础上增加必要的设备后，能对信息进行加工处理，向用户提供额外信息或重组信息，使原有基础网络的经济效益增加的附加通信业务。这两种方式最大的区别就在于增值业务的提供者究竟是新进入的电信公司还是传统的电信公司。

关于增值电信业务的定义，不同国家在其电信贸易谈判及其他情形下的定义和范围有不同的表述，例如，澳大利亚电信管制机构对增值电信业务的定义为：增值电信业务通常是通过应用计算机智能技术，在公用网或专用网上提供的一些业务，在某些方面增加了基础运营业务的价值，包括提供增强性网络属性的服务，如存储转发信息交换、终端接口和主机接口等；而德国某市场研究机构则将此定义为：广义下的增值电信业务是指电信运营商除基础业务外提供的“创新”业务，其附加的属性是运营商采用更高的价格和吸引更多的新用户。增值电信服务可分为四大类：一是以网络服务为基础的增值服务，包括语音数字转换传送、电视会议和网络传呼中心；二是以网络为中心的增值服务，包括网络规划、设计及管理咨询和网络安全服务等；三是应用平台托管服务，包括信息存储、网络和应用平台托管以及移动商务；四是特定应用开放，包括应用开发和外包服务。增值电信服务是近年来发展起来的新型电信服务，与计算机和互联网的迅速发展有关，主要包括以下七项服务：电子信箱、语音信箱、电子数据交换、在线数据加工和信息处理、在线数据库存储与检索、增值传真、代码规程转换。

国际电信服务贸易的主要业务与各国所经营的国际电信业务基本上是一致的。

（二）世界贸易组织所列的电信服务项目

世贸组织电信服务谈判组依据联合国主要产品分类（UNCPC）列出的电信服务的具体项目包括：(1)声话服务（公共长途电话服务、公共本地电话服务）；(2)分组交换服务（数据网络服务、电子信息服务等）；(3)数据电路交换服务（数据网络服务、电子信息服务）；(4)电传服务（数据网络服务、电子信息服务）；(5)电报服务；(6)传真和其他电话服务（无线寻呼、视频会议、移动、海洋及空对地电话服务等）；(7)私人租借电路服务（商业网络服务）；(8)电子邮件服务（E-mail）；(9)声邮服务；(10)线上信息与数据检索；(11)电子数据交换（EDI）；(12)增值传真服务（储存与传递、储存与检索）；(13)编码与协议转换；(14)线上信息或数据处理；(15)其他（包括陆地移动电话和卫星移动电话等）。其中，1～7 项和 15 项中的移动电信提供实时消费者信息传递服务等，一般被定义为基础电信服务；而 8～4 项和 15 项中的除去实时传递的电信服务的部分被认作为增值电信服务。

目前，国际上对电信服务分类的认识尚有分歧，具体在各自的承诺表中列出。在谈判中，专家们已经认识到电信服务的迅速发展，现有的服务项目可能很快会过时，所以在基础电信谈判中特别提出服务分类的四个特征：(1)地理特征（本地、国内长途和国际长途）；(2)技术手段（有限的或固定网络和无线的或基于无线电波的）；(3)传递手段（基于再售或基于设施）；(4)代理（公共使用或非公共使用，如依靠消费者群体的服务销售），以此来弥补上述分类之不足。

五、电信服务贸易价值链

企业的价值创造是通过一系列活动构成的。国际电信服务贸易的 4 种模式反映出电信服务贸易、电信技术贸易和电信设备贸易之间彼此互相依赖、互相促进，进而创造出协同效应的关系。

（一）电信产业价值链

1. 电信产业价值链的含义

所谓电信产业价值链，是以电信运营商为核心，由网络设备供应商、网络运营商、内容服务提供商、系统集成商、终端设备生产商、专业应用开发商、软件开发商、最终用户等上中下游多个部分共同组成的一根链条，这根链条上的每一个元素紧密联系，互相作用，创造出比单一企业更大的协同效应。电信产业价值链如图 8-1 所示。

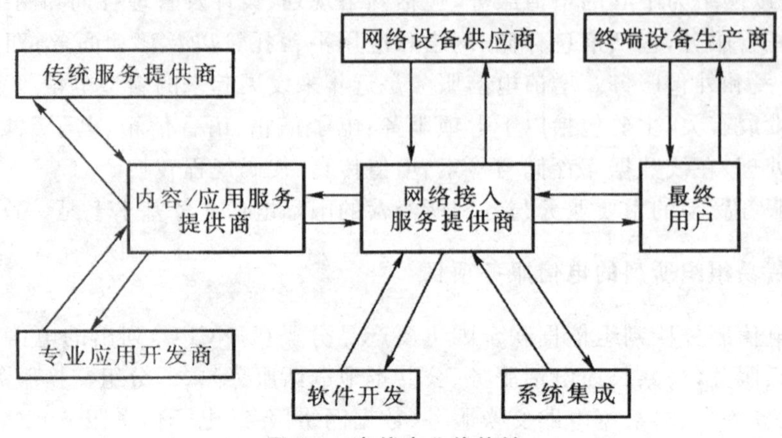

图 8-1 电信产业价值链

产业价值链的存在，是以产业内部的分工和合作为前提的。没有分工，就无法区分相应的各个价值增值环节，也就没有价值链的存在。专业化的分工可以大大提高效率，扩大价值增值流量；而合作是产业价值链中各个价值增值环节得以“链接”和连续的必要条件。

增值性是产业价值链的一个主要特征。后面的价值增值环节在前面价值产品的基础上，进一步面向新的客户，生产出新的价值产品。但是，这并不意味着前面环节投入的价值量在后面都能够实现，如果存在价值增值瓶颈，价值链上一部分投入的价值将会损失掉，无法实现增值。

价值增值实现的过程是一个不断循环的过程。因此，产业价值链具有循环性的特点。这一特点，对于参与价值链的、持续经营的企业具有重要的意义，因为企业长期化价值的最大实现比起短期价值的实现有更重要的意义。如果一条产业价值链无法实现有效的循环，那么这条产业价值链会面临“死亡”的境地。

产业价值链中的价值投入受最终用户需求的价值总量约束，这也决定着价值投入在多大程度上能够得到实现。参与价值链运行的企业需要充分认识这一点，以避免盲目扩大投资和生产。

电信产业价值链是一个以信息产品为对象的价值增值链，换句话说是一个信息增值链。“信息”始终是电信服务最主要的工作对象，电信服务产业价值链上的各个增值主体通过对信息的不断加工，如收集、整理、分类、储存、传输、交换等工作，提供用户信息产品，实现信息的价值增值。

2. 电信产业价值链变革的趋势及其影响因素

(1)电信产业价值链变革的趋势

第一，全球化趋势。信息产业是国际化、全球化特征最显著的产业之一，需要在全球范围内配制资源。全球一体化的渗透使电信产业链进一步国际化。WTO 将推动电信产业链由在一个企业、一个地域、一个国家内完成，向全球化与国际分工转化，这将促进更多的电信企业与外国电信企业特别是跨国公司结成战略伙伴关系，从而为企业创造新的生存和发展空间。

第二,综合化趋势。窄带向宽带转变,语音业务向数据业务及多媒体业务演化的趋势,使电信网络从传输信息的载体正变成信息应用的平台。手机终端上不断增加的资讯和服务功能,涵盖了娱乐、生活、工作等各个方面,在这种背景下,电信产业价值链发生了深刻的变化和延伸:原来由电信运营商、制造商和最终用户形成的简单产业价值链条,逐渐发展成为由电信运营商、制造商、内容提供商、应用软件开发商、最终用户等组成的越来越复杂的产业价值链条。集成商、软件商和终端商正在越来越活跃地进入电信业这一"生态系统"。

随着4G时代的到来,基于宽带网络和IP技术的信息娱乐服务迅速发展,从而形成自我扩张的新的产业链条,产业链的长度、宽度和复杂度进一步延伸、增加。

第三,开放化趋势。随着市场的开放,电信业的进入壁垒已经越来越低。市场、技术、政府管制等因素的变化,导致电信业的转型成为大势所趋,并有与计算机、网络、广播、电视等产业融合的趋势,这也为更多商家提供了进入电信业的机会。

产业链的细分,产业分工的细化,新的相关主体不断涌现,形成了包括支撑技术提供商、网络设备制造商、应用开发/提供商、应用聚集商、内容开发/提供商、内容聚集商、虚拟运营商、应用平台提供商、IP网络运营商和接入网络运营商等众多的主体。这些主体之间的关系也由传统的简单上下游供应关系逐步演变为平等的伙伴互动关系。

(2)影响产业价值链变革的因素

电信业的发展,产业链的变革,遵循着产业链自身的发展规律不断变化。而驱动电信产业发展,推动产业价值链发展变革的因素主要有以下几方面。

第一,市场需求。市场需求是决定一个产业生存与发展的第一要素。电信业从卖方市场转向买方市场,用户在产业链中的地位不断提升,这是电信业的发展规律使然。市场需求主要表现在三个方面:其一,个性化、综合化、娱乐化、便捷性等方面的需求,用户已不满足于运营商提供的传统业务,而要求增加富含信息量的增值业务;其二,对服务的需求,随着人们的消费心理的变化,用户收入的提高,市场对服务的要求也变得越来越高,这些变化是由"人的需求层次理论"所决定的;其三,对性价比的需求,即质量和价格的要求,追求低成本、高性能是经济学的不变法则。

第二,技术创新。开放性的IP标准推动了网络变革,使传统封闭的网络走向没落,取而代之的是开放的、数字化的宽带网络。以4G为标志的移动通信新时代的到来,使移动技术与IP技术共同构筑了巨大的通信与应用平台。网络提供了接入功能,应用层面的发展是由终端和软件发起的。技术发展推动的商业模式已经不同于以往追求高投资高回报、规模经济的模式,而是一种渐进式发展。

第三,市场竞争。电信运营市场比设备市场复杂,设备市场基本市场化了,而运营市场开放程度受政府约束。近几年,电信运营市场实现了体制改革与企业重组,初步形成了市场主体的竞争局面。然而,电信运营竞争的最高形式是改革与把握市场结构能力的竞争,即调整发展战略,适应变革,寻求在电信新产业链中合理定位的能力。

第四,电信管制政策。随着市场机制的逐步完善和市场竞争不断走向理性,管制政策将逐步走向开放,以建立公平、公正、有效、有序的竞争环境。从全球看,市场化和自由竞争正在取代电信垄断,电信管制政策不断地放松,市场规律的作用则进一步在加强。在技术和产业融合的推动下,电信的行业管制政策也正在与其他行业管制政策发生融合,其行业的特殊性正在淡化。随着市场的开放，电信业的进入壁垒已经越来越低。市场的扩张以及需求的细分使得新老运营商之间除了竞争，也创造出越来越多的合作机会。因而，新的电信产业价值链将随着电信管制政策的不断开放而不断发展变化。

电信产业链变革不以人的意志为转移，它必然按照其自身的发展规律而发展变化。以上四个主要方面的作用决定了电信产业链的发展方向，而市场需求在四种力量中占有决定性的地位。谁能顺应、把握产业链变革的趋势，谁就拥有未来。因为，电信运营商之间的竞争实际上是一场以运营商为中心的价值链与价值链之间的竞争。谁能更好地整合资源、分配利益、把握方向，谁就能提高自身的竞争力、扩大自己的竞争优势。

（二）电信服务贸易价值链

1. 电信服务贸易价值链的构成

根据狭义和广义的电信服务贸易范畴可知，电信服务贸易既包括不同国家用户之间电子信息的过境交流，同时也包括电信服务商电信服务的过境提供以及由服务产生的业务量的过境结算。因此，电信服务贸易的价值链并非一根简单的链条，而是同时贯穿于各个相关利益主体，它是由纵向的电信产业链和横向的电信服务链立体组合而成的，其中产业链即指不同企业间价值链环节的外部联系。

电信服务贸易价值链如图 8-2 所示。

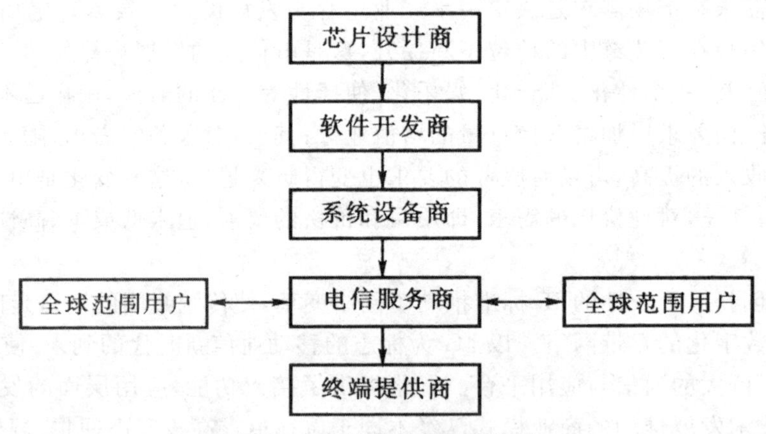

图 8-2　电信服务贸易价值链

纵向的电信产业链在每一国境内都普遍存在，它承载着国内和国际电信企业间信息流、物流和现金流的交换。主要有芯片设计商、软件开发商、系统设备商、电信服务商（电信运营商、SP、CP、咨询机构）及终端提供商共同构成。

横向的电信服务链的构成主要是基于一国或不同国家间用户信息流的交换。而相应的交换环节就发生在一国或不同国家电信服务商之间。在纵向的电信产业链中，电信服务商处于核心主导地位，对上下游企业具有一定的控制力和影响力。而在横向服务链中，用户成了服务链的核心，电信服务商的角色发生了根本转变，从主导控制变为被动制约。在服务链环节上，电信服务商必须始终以用户的市场需求为导向，以用户的根本利益为出发点，不断提高电信业中用户的满意度。

2.不同模式下电信服务贸易价值链分析

根据电信服务贸易的不同模式划分，包括跨境提供、商业存在、境外消费、自然人流动四类。每种模式根据各自的特点，在价值链构成环节上也存在着差异性。

(1)跨境提供模式价值链分析

在跨境提供的电信服务贸易模式中，国际电话业务是最主要的表现形式。国际电话，是两个国家之间通过国际电话网实现电话电路接续通话的电话业务。国际电信网由各国(或地区)的国际交换中心(ISC)和若干国际转接中心(ITC)组成，国际交换中心又称国际出入口局，每个国家的长途电话网中都有一个或几个长途交换中心直接与国际电话网的国际出入口局连接，从而完成国际电话的接续。国际电话包括全自动、半自动、人工三种交换方式，相对应的业务分别称为国际直拨电话业务、半自动电话业务和人工电话业务。国际电话业务中使用最广泛的是用户直拨电话业务。

以国际电话为例，跨国提供的价值链如图 8-3 所示。

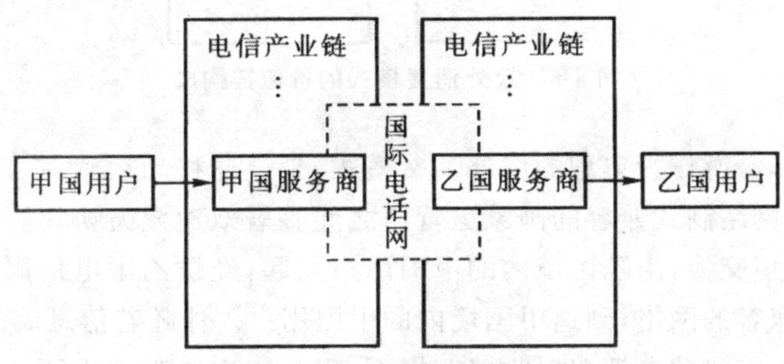

图 8-3　国际电话模式价值链

(2)商业存在价值链分析

商业存在的形式不仅包括独立成立电信运营公司，直接为当地用户提供电信服务，同时也包括与当地公司建立合资公司，或通过投资参股、控股或并购当地公司为当地用户提供电信服务。较直接的商业存在的价值链构成如图 8-4 所示。

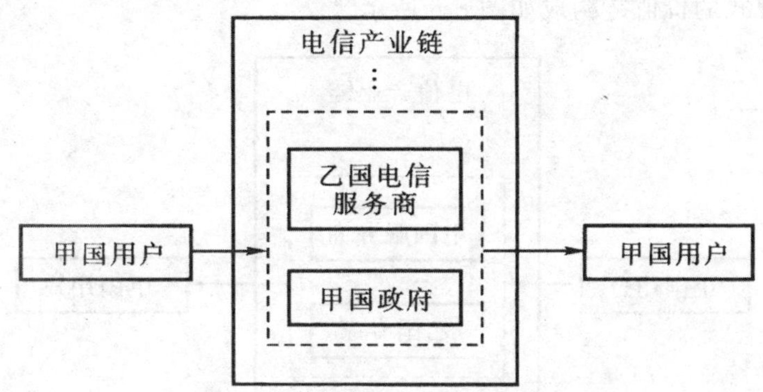

图 8-4　较直接的商业存在的价值链

商业存在的价值链构成主要基于同一国用户间信息的交流，图 8-4 中，在甲国内，乙国电信服务商承载着甲国用户之间信息流的传递与交换。但是商业存在价值链的维系通常都离不开当地政府相关法规条例的监管。当地政府作为一个利益相关主体，是商业存在价值链中至关重要、不可缺少的一环。

(3)境外消费模式价值链分析

境外消费通常指两国电信服务商通过签订双边协定，使得一国用户在本国支付话费，在另一国享受电信服务。最终，根据两国电信服务商的净话务量流出，进行话费结算。

以国际漫游为例，境外消费模式的价值链构成如图 8-5 所示。

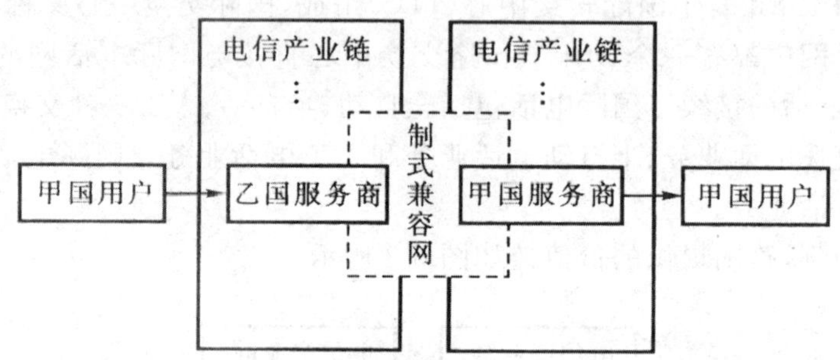

图 8-5　境外消费模式的价值链构成

移动电话的国际漫游作为典型的境外消费模式，是全球移动运营商一直在致力解决的问题，国际漫游涉及在网络制式兼容的国家运营商之间签署双边漫游协议。在国际漫游价值链中，信息流发生了过境交换，由乙国境内的甲国用户发起，经过乙国电信服务商与甲国电信服务商之间制式相互兼容的网络，到达甲国境内的甲国用户。伴随着信息流的过境交换，现金流也发生了过境转移。在移动电话双向收费前提下，现金流主要表现为两位甲国用户话费流向本国电信服务商，而本国电信服务商根据与乙国电信服务商签署的双边协定，部分现金流又从本国电信服务商流出，流入乙国电信服务商。

(4)自然人流动模式价值链分析

自然人流动即指一国专家来到另一国，为另一国的电信服务商提供咨询活动，指导当地电信服务商更好地为当地用户提供电信服务。

自然人流动模式的价值链构成如图 8-6 所示。

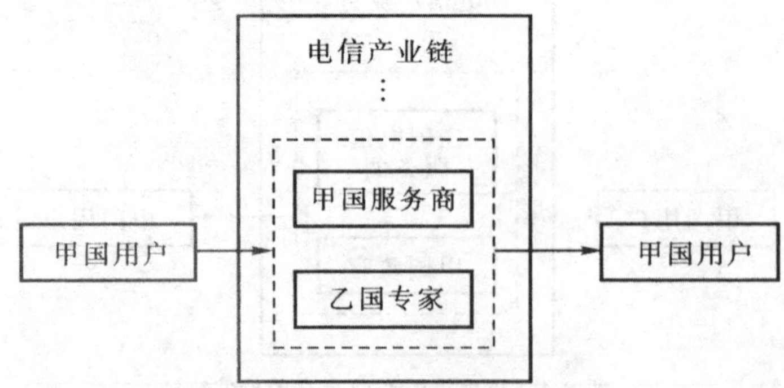

图 8-6　自然人流动模式的价值链构成

自然人流动模式的价值链主要是基于不同国家间人力资源的跨国界流动，在这种模式中，电信服务表现出的贸易性特征不是很显著，原因在于在横向的电信服务链上，电信服务商和用户都处于一国，信息流和现金流似乎都没有发生过境交换和支付。然而仔细分析可知，在电信服务商为用户提供电信服务之前或提供过程中，自然人流动模式中的外国专家都会向电信服务商提供咨询活动，其出具的咨询报告在一定程度上将对电信服务商提供的服务产生影响，此举旨在改善电信服务的质量，从而提高用户的满意度，增强电信服务商的核心竞争力。因此，可以将外国专家提供的咨询服务看作当地电信服务商电信服务中的一部分，这样就不难理解自然人流动模式中电信服务过境提供的贸易性了。

第九章　国际服务贸易外包

国际服务外包已经成为经济全球化的主要推动力量之一，被广泛应用于多个领域，如IT、金融保险、研究开发等。随着时代的发展和科技的进步，服务外包已日益成为世界范围内服务贸易的重要形式，同时它也成为我国经济的一个新的增长点，为我国服务业的发展提供了难得的机遇。

第一节　服务外包概述

一、外包

（一）外包的概念

“外包”一词最早见于1990年Gary Hamel和Prahaoad发表在《哈佛商业评论》上的题为《企业的核心竞争力》(The Core Competence of the Corporation)的一篇文章中，“外包”的英语为“outsourcing”，是“outside source using”的缩写，可直译为“外部资源利用”，是指企业通过签订外包协议将其非核心业务交给其他企业承担，而自己则专注于核心业务的发展，其实质是为了利用外部专业化资源，从而降低成本、提高效率，增强企业对环境的应变能力，以充分发挥自身核心竞争力。这就是说，企业仅选取核心部分由自己掌控，其他部分则从商业伙伴或者供应商那里采购。该企业称为发包商，它所属的国家即发包国(多为发达国家)；商业伙伴或供应商则称为接包商，其所属的国家即承接国(多为发展中国家)。

最早应用该战略方法的是世界最大的IT承包公司——EDS的创始人罗斯·佩罗，他在20世纪70年代后半期到80年代初因外包其他公司的信息系统而使自己的公司迅速崛起。此后，外包战略逐渐在生产、物流、营销等众多领域内被广泛使用。美国著名的管理学者杜洛克曾预言：“在十年到十五年之内，任何企业中仅做后台支持而不创造营业额的工作都应该外包出去。”“做你最擅长的，其余的外包！(Do what you do best and outsource the rest!)”“外包”一词曾被《哈佛商业评论》认为是过去近一个世纪里最为重要的管理学概念之一。

（二）外包的性质

(1)外包是企业在内部资源有限的情况下，仅保留其最具竞争优势的核心资源，而将企业的非核心业务委托给外部的专业公司或个人，以降低成本、提高效率，充分发挥自身核心竞争力或者增强企业对环境的迅速应变能力,实现其自身持续发展的一种战略管理形式。外包是生产分散化发展到一定阶段的产物,它使公司的业务增加了灵活性、弹性与替代性。

(2)外包的产品可以被分解为数个生产环节,各个环节在生产上、运输上必须可以分离。

(3)发包商与接包商之间是在外包合约的约束下形成的一种委托受托的生产协作关系。

(4)发包商与接包商之间不存在任何隶属关系,产权分离,独立核算。即外包行为是超越企业边界的行为。外包行为跨越国界,即发包商与接包商分属于两个国家,则为国际外包。

(三)外包的分类

1.按参与方的国别可分为境内外包与离岸外包

境内外包是指外包参与双方,即发包方与接包方都处在同一国境内的外包。即一家企业与本国的供应商签订外包协议,要求供应商提供协议中规定的部分。当外包商将自己的某项业务交给国外的供应商去完成时,即外包活动跨越国境就是离岸外包或国际外包。境内外包更强调核心业务战略、技术和专门知识、从固定成本转移至可变成本、规模经济、重视价值增值甚于成本减少;离岸外包则主要强调成本节约、市场占有、熟练技术劳动力的可用性,利用较低的生产成本来抵消较高的交易成本。

2.按工作性质可分为蓝领外包和白领外包

"蓝领外包"也叫"制造业外包",指产品制造过程外包。"白领外包"亦称"服务外包",指技术开发与支持其他服务活动的外包。其中,技术开发与支持的外包一般采用一次性项目合同的方式寻求第三方专业公司的服务,称为"合同外包";其他服务活动的外包多通过签订长期合同的方式交由专业外包提供商进行,称为"职能外包"。

二、服务外包

(一)服务外包的概念

对于服务外包的概念,不同的学者、机构从不同的角度出发给出的定义虽然不尽一致,但又大同小异。一般认为,服务外包又称为白领外包,是指企业将价值链中原本由自身提供的非核心的服务业务外包给企业外部专业服务提供商完成的经济活动。20 世纪 90 年代初,主要发达国家开始普及使用 IT 技术。随着网络技术的发展和通信成本的迅速下降,远程 IT 产业应运而生,作为服务外包起源的 IT 服务外包得到了迅速发展。从全球视野看,服务外包的发展是资源要素在世界范围内优化配置的结果,即外包业务从生产成本高的地区转移到生产成本低的地区,从发达国家不断向拥有低成本、高素质人才的发展中国家转移。由于网络信息不受空间的限制,服务业比制造业更容易打破地理的界限,发展成为全球性业务,因此服务外包比制造业外包发展更为迅速。

(二)服务外包的分类

1.按服务的部门划分

WTO的《服务贸易总协定》将服务分为12个部门,即商务服务,通信服务,建筑和相关工程服务,分销服务,教育服务,环境服务,金融服务,健康服务,旅游服务,娱乐、文化和体育服务,运输服务,其他服务。这12个部门又进一步细分为160多个分部门。与此相对应,服务外包就有这些相应的大类和小类。目前,发展较快的服务外包部门主要有:软件开发、信息技术、通信、人力资源、媒体公关、金融、保险、医疗、文化、分销等。

2.按接发包双方的国别划分

(1)在岸外包

在岸外包(Onshore)也称境内外包,是指外包业务的发包方和接包方同处于一个国家与地区,外包工作在国内完成。

(2)近岸外包

近岸外包(Nearshore)指外包业务的发包方和接包方是地理位置相邻的国家与地区,相邻的国家与地区在文化背景等方面比较类似,因而具有一定的优势。

(3)离岸外包

离岸外包(Offshore)指外包业务的发包方和接包方来自不同的国家与地区,外包工作跨国完成。由于劳动力成本的差异,发包商通常来自劳动力成本较高的国家,如欧美、日本等,而接包商多来自于印度、中国等发展中国家。由于离岸外包主要强调降低成本,而全球通信网络的发展和完善使得将业务外包给海外劳动力成本低廉的国家成为可能,目前的服务外包多采用离岸外包的方式。

3.按外包业务的不同划分

(1)信息技术外包

信息技术外包(Information Technology Outsourcing,ITO)是指服务外包发包商以合同的方式委托信息技术服务外包提供商向企业提供部分或全部的信息技术服务功能。其主要业务范围包括:系统操作服务、系统应用服务、基础技术服务等。信息技术外包中常见的是软件外包,即一些发达国家的软件公司将他们的一些非核心的软件项目通过外包的形式交给人力资源成本相对较低的国家的公司开发,以达到降低软件开发成本的目的。软件外包已经成为发达国家的软件公司降低成本的一种重要手段。

(2)知识流程外包

知识流程外包(Knowledge Process Outsourcing,KPO)是指服务外包发包商将知识密集的业务,或者那些需要先进的研究与分析、技术与决策技能的流程交给外部服务提供商,由后者为其提供专业报告并作为决策依据。知识流程外包是业务流程外包的高智能延续,是BPO最高端的一个类别,它的中心任务是以业务专长而非流程专长为客户创造价值。由此,KPO将业务流程外包甚至整个外包产业推向更高层次的发展,更多地寻求先进的分析与技术技能以及果断的判断。KPO更加集中在高度复杂的流程。这些流程需要有广泛教育背景和丰富工作经验的专家们完成。工作的执行要求专家们对某一特殊领域、技术、行业或专业具有精准、高级的知识。

(3)业务流程外包

业务流程外包(Business Process Outsourcing,BPO)是指服务外包发包商将一个或多个原本企业内部的职能外包给外部服务提供商,由后者来拥有、运作、管理这些指定的职能。其主要业务范围包括:企业内部管理服务、企业业务运作服务、供应链管理服务等。BPO是一种极具创新意义的业务战略,它可以涉及公司多个业务部门的外包(尤其是与客户相关的部门、人力资源部门、财务会计部门、物流部门和后勤部门)。它可以帮助公司降低成本,提高顾客满意度。

相比较而言,ITO强调技术,更多涉及成本和服务;BPO更强调业务流程,解决的是有关业务的效果和运营的效益问题。BPO往往涉及若干业务准则并常常要接触客户,因此意义和影响更重大。相对于传统的外包ITO来说,BPO具有很大的增长潜力,并将成为服务外包市场发展的主要力量。

(三)服务外包的相关理论

1.交易费用理论

最早提出"交易成本"概念的是科斯(R. H. Coase)。他通过松动"交易费用为零"的前提假设,开创了交易费用理论研究的先河。交易费用理论又称"新制度经济学"或"产权经济学",它是美国新自由主义经济学的一个重要分支。主要代表人物有科斯(R. H. Coase)、威廉姆森(O. Williams)、阿罗(K. J. Arrow)、诺斯(D. North)等人。

(1)交易费用的构成

交易费用理论的奠基人科斯认为:要获得准确的市场信息,企业必须付出代价;由于市场与当事人有冲突,为克服冲突就需要谈判,缔约并诉诸法律形式,这样要建立企业间有序的联系就需要支付费用。之后,威廉姆森从协约的角度出发,将交易费用分为事前交易费用(搜寻信息、签订契约、规定双方权利义务的费用)和事后交易费用(解决契约的问题、改变契约或中止契约的费用)。交易费用描述了不直接发生在物质生产过程中的成本——由于社会分工的专业化,在交易过程中发生了资源的损耗。由此可见,由于交易费用的存在,导致社会资源的损耗,使社会生产效率降低。基于交易费用的理论,企业努力的目标便是如何减少额外的损耗,提高资源的利用率。

(2)交易费用的决定因素

威廉姆森对交易费用的决定因素进行了分析和总结,将其归纳为两组:第一组因素是交易主体行为的两个基本特征,即有限理性和机会主义;第二组因素是有关交易特性的三个维度。而这其中机会主义行为是非常基本的因素,它对各阶段的影响是间接的,必须通过其他因素间接产生作用。在外包的决策过程中将它直接作为分析对象几乎不具有可操作性。同时有限理性是针对决策者而言的,它实际上是决策模型使用者素质的一部分。正是基于这两点原因,在有关外包的研究中,很少对有限理性和机会主义进行研究,而主要研究第二组因素即有关交易特性的三个维度对交易成本的影响,进而影响到企业的外包决策。

第一,不确定性。由于市场环境的复杂多变,使交易双方的稳定性受到影响,进而增加履约风险。库普曼斯(T. C. Koopmans)把这种不确定性分为两大类:一种是初级的不确定性,即由于市场环境变化和消费者偏好的改变所带来的不确定性;一种是次级的不确定性,即由于交易双方的信息不对称和相互依赖程度的不对称所带来的不确定性。

第二,交易重复出现的概率。由于机会主义和不确定性,契约总是不完全的,需要专门的治理结构来保障契约关系的稳定性和可调整性,但建立这种结构是需要费用的,这笔费用是否能够得到补偿在一定条件下取决于交易发生的频率。如果进行的交易不是经常性重复发生的,这种新增费用就很难得到补偿;反之,交易是经常重复进行的,这笔费用就容易得到补偿。

第三,资产专用性。资产专用性可以分为三类:其一,地理区位的专用性;其二,人力资产的专用性;其三,物力资产的专用性。专用性是交易的一个最重要特征,因而它对交易成本的影响也是最大的。专用性程度高的产品,交易成本比较高;而且对于承包商来说,由于客户少,很难实现规模经济。

根据交易成本理论的观点,外包是介于市场和企业之间的中间组织。在给定生产要素的情况下,企业有三种选择:一是自己生产,二是从现货市场购买,三是实行外包。企业的所有者将根据交易成本和生产成本的最小值做出选择。虽然市场机制是解决资源配置的最优方法,然而市场中存在着不完全竞争、信息不对称、不确定性和机会主义行为,这些因素将导致企业寻求资源的内部一体化。当完全内部一体化由于竞争的交易成本很高而受到限制时,进行外包合作就是最好的选择。组织通过外包可以降低生产成本,外包商通过享受规模经济而具备竞争优势,但节约的生产成本或多或少要被人力资源外包的成本所抵消,人力资源管理外包所产生的成本包括:评价供应商的成本、谈判成本、协调控制成本等。所以,根据该理论,只有当外包所产生的成本之和小于自己生产的成本时才应当进行外包,否则就应当实行资源管理职能的内部化。

2. 资源基础理论

安德鲁斯在关于战略理论的论述中提出了企业资源的概念,开启了资源观经济学的先河。"资源是在特定时期构成企业强势和弱势的任何有形和无形资产。"企业是各种资源的集合体,每一个企业拥有的资源各不相同,具有差异性,企业独特的异质资源是企业的竞争力所在。首先,资源是针对特定的企业而言的,不同的企业资源是有差异的,某种资源对于一个企业而言是一种资源,但对于另外一个企业也许不然。其次,资源可以是任何有形和无形的资产,例如,机器设备、资金、品牌、专利技术等。

资源基础理论认为,一个企业在其所处的行业中要赢得竞争优势和高于行业平均水平的利润就得具备卓越的产品和较低的成本,而这些优势的取得又取决于资源的优越性以及公司配置它们的方式。公司要赢得并保持这一优势就必须依据竞争战略来获取并配置其资源,有时可以通过外包来填补其实施战略所需的资源缺口。由于客观条件的限制,企业不可能获得自身所需要的所有的资源,如果通过外包能够充实并扩展公司现有的资源基础,那么就会出现企业间的项目合作、战略联盟、兼并等具有外包性质的经营管理行为。

3. 核心竞争力理论

自1990年普拉哈拉德和哈默尔在《哈佛商业评论》上发表《企业核心竞争力》一文以来,欧美掀起了一场企业核心能力的研究与应用热潮。

核心竞争力理论认为，企业具有各种各样的能力，也有一定的专长。但不同的能力与专长的重要性是不一样的，那些能够给企业带来长期竞争优势和超额利润的能力与专长，才是企业的核心能力。核心能力是组织中的积累性学识，特别是关于如何协调不同生产技能和有机结合多种技术流的学识。核心能力是一组技能和技术的集合，而不是某一个单独的技能和技术。核心竞争力最重要的特点是竞争对手无法仿制，或者仿制起来难度很大。如果某项业务不是自身的核心业务，但它对企业的核心竞争力也很重要，那么可以把该项业务外包给最好的专业公司，从而企业能够把更多的资源投入核心业务，创造核心优势，最终提高企业的核心竞争力。核心能力是企业增强竞争力、获得竞争优势的关键，也是成功企业的竞争优势得以长期保持的原因。

通过外包将非核心的业务外包给外部的服务商，与服务商的联盟与合作，从而可以集中企业有限的资源发展核心业务，以增强资源管理在提升企业核心竞争力方面的作用。

4. 木桶效应

木桶效应即短板效应，是指木桶的最大盛水量是由最短的木板决定的。要增加木桶的盛水量，必须增加短木板的长度。换句话说，企业竞争能力的大小并不是由其最强势的环节决定的，相反，它取决于企业最弱的一环。将该原理应用于外包，就是企业资源的有限性以及成本的限制，企业要将每个薄弱的环节都做到最好是不太现实的。实施外包，就是将管理这个木桶先打散，将短板抽出来，然后用外部的长板替代短板，这样木桶的盛水量就有了提高。外包就是将自己的弱势职能外包给该领域领先的专业公司，从而提高整个企业的绩效。

5. 委托代理理论

Alchain 和 Demesets 认为，现代经济环境下，生产分工趋势初现，企业为追求更高收益，就需要把某些任务授权给专业化部门来承担，以提高效率。专业化生产过程中，知识和信息的分散不可避免。为了规避因信息不对称以及利益冲突所带来的效率低的风险，设计适当的委托—代理程序和协调与激励机制就变得非常重要。

Eisenhardt 认为，在代理关系的选择中，行为契约（如层级干预、内包）和结构契约（如市场干预、外包）间的选择，取决于代理费用。之后，他又讨论了代理费用构成要素与外包合同之间的关系，认为外包关系越是不确定、需要规避的风险越高、事先界定代理人行为的程度越低、结果的可测度性越差和关系越长，则代理费用就越高。由此出发，Thomasetal 提出，外包就是在产品/服务的供需双方，即代理人与委托人之间建立起最为有效的合同安排。

第二节　国际服务外包

一、国际服务外包的现状

在企业专业化经营的趋势中，国际外包在企业经营战略方面所表现出的灵活性与成本优势，使其越来越受到制造业企业的青睐。20世纪90年代以来，国际外包这一新的国际生产分散化的组织形式又扩展到服务业。无线通信与互联网通信成本的急剧下降，计算机使用成本的普遍减少，降低了专业化生产对地理集聚的要求。生产工序在时间与空间上的分解日益成为可能。在当今无线通信与互联网的时代，工作指令可以在瞬间传达下去，有关产品规格的详细信息与所需要完成的工序操作也都可以通过电子传递。甚至像医疗放射分析、文稿编辑与纳税准备等服务的工作成果也都可以通过电子传输，这样既不会拖延时间，而且几乎没有传输成本。在这样几乎瞬时便捷的通信环境下，不需要地理集聚也可以实现生产的专业化。因此，许多原来"不可贸易的服务"也变得可贸易了，服务的跨国界流动迅速发展起来，服务外包也就越来越普遍。

服务外包至今已经有数十年的历史，最近几年这项业务又得到了突飞猛进的发展。根据印度IT行业组织Nasscom的研究报告和美国权威咨询公司Gartner的市场分析，目前服务外包主要集中在信息技术外包(ITO)和业务流程外包(BPO)，其中ITO占据了超过60%的全球服务外包市场，而BPO占据将近40%的市场。

从服务外包市场分布来看，当前国际上的服务外包转移方市场主要集中于北美、西欧和日本，这三个地区转移的服务外包总量约占全球的80%以上，其中仅美国服务外包的总量就占全球的45%。西欧服务外包的支出占全球支出的34%。亚太地区日本是服务外包主要发包国，它的支出占到全球服务外包的8%。

由于劳动力成本低廉、服务质量高等原因，目前服务外包承接国大多为发展中国家，其中亚洲约占45%。印度、中国、菲律宾等成为主要代表。另外，发达国家如加拿大、澳大利亚等国家也加入了承接国际服务外包的竞争行列。其中，由于在成本和质量上的综合优势，印度是当今最受离岸外包发包方青睐的国家，占据了离岸外包市场的50%以上，成为离岸外包业务市场的领导者。为了提升自己在服务外包产业链中的地位，越来越多的国家和地区采取积极措施推动服务外包的发展。目前，在全球产值居前1 000家的企业中，有95%的企业制定了服务外包战略。

二、国际服务外包的动因

(一)有助于集中资源增强企业核心竞争力

由于任何企业的资源都是有限的，企业不可能在所有业务领域都具有同样的竞争力，因此，企业必须把有限的资源集中于自己擅长的业务，而把不擅长的物流、财务等辅助功能交给专业公司，从而实现企业资源的优化配置，进一步增强企业的核心竞争能力。例如，将普通的、常规的信息服务外包给外包商，以便于IT部门将力量集中于能为组织贡献真正价值的活动上；将陈旧的技术及其支持的职能和应用系统外包给服务提供商，以便集中力量发展能更好地满足顾客需要的新技术。

(二)有助于降低企业经营成本

国际服务外包的最初动因是为了利用不同国家的劳动力成本差异以及不同国家人力资本

技能的要素禀赋差异。20世纪90年代初的全球性经济衰退使企业间的竞争更加激烈，而降低成本是企业提高绩效最直接的手段。将劳动密集型服务离岸外包到发展中国家可大幅度降低成本，包括人员工资、人事成本、房地产等。例如，美国将软件外包到印度，就是由于与同等技能的美国软件工程师相比，印度软件工程师的工资相对较低。随着服务离岸外包的大规模普及，相关行业成本普遍降低。从这一点来看，比较优势理论可以解释国际服务外包产生的动因。

（三）有助于企业分散或转移风险

发包商与服务提供商之间是一种战略合作伙伴关系，是风险共同体，而不是单纯的雇佣关系。服务外包可以使企业与服务提供商共担新技术的风险，或将风险完全转移给服务提供商。服务外包也可以使组织将全部或部分由于技术和技能陈旧所带来的固有的风险转移给服务提供商，从而从总体上降低企业的经营风险。

（四）有助于提高企业服务的专业化程度和服务质量

现代科技飞速发展，技术升级更新越来越快，技术系统复杂性增加，技术开发所需投资昂贵，单个企业难以掌握全部所需的前沿技术。企业可以把一个巨大的项目分隔成许多小模块，分包给全球各地的服务提供商共同工作。由于服务提供商一般是专业化的服务提供者，都具有很强的优势可以提供更优质的服务，其提供的范围更广、员工的技术更精湛并更具动力、技术更出色、管理更出众。如果服务提供商能够提供比企业内部更好的服务时，服务外包就可以提高企业的服务质量。

（五）有助于增强企业经营管理的灵活性

企业的竞争环境日趋复杂，如果一个企业事无巨细，包揽所有的业务，则无法对迅速变化的外部市场环境和顾客需求做出更好的反应。企业业务外包便于企业集中精力处理本行业的核心业务，而不必为一些非核心的业务花费大量的人力和物力。因此，企业应当“保留最好的，其余的外包”，这样企业就实现了“瘦身”，大大增强了应变能力。当外部环境和需求发生变化时，企业只需对核心业务进行相应的调整，而外包服务的调整就由服务提供商去完成，从而使企业的灵活性和应变能力大大提高。

三、国际服务外包的发展趋势

（一）潜力巨大，市场规模将进一步扩展

经济危机后，大型跨国公司纷纷采取外包来实现企业效率的提高，因此，服务外包市场规模得到进一步扩展。同时，随着全球进一步向绿色、科技、扁平化发展，新兴产业得到了全球各国的重视，正在逐步得到发展。而服务外包行业作为其中重要的发展方向，也成为未来全球经济发展的重要推动力量。因此，全球服务外包得到进一步发展已经成为一种共识。

从长远来看，据印度的产业组织估计，未来全球的服务外包产业将保持30％～40％的增

长率,到2020年仅IT外包的规模就将达1.5~1.6万亿美元。2010年中国商务部副部长王超曾表示,目前95%的全球财富1 000强企业已经制定了业务外包计划,预计到2020年全球离岸服务外包市场将达到1.65~1.8万亿美元。可见,服务外包产业的发展潜力巨大,市场规模将急剧扩张,在未来无疑将成为全球经济发展的重要引擎。

(二)产业发展的国际格局有所改变

美日欧凭借巨大的国内市场、发达的科技和创新能力以及数量众多的大型公司的优势,仍然是全球服务外包市场上重要的需求方。如:美国是全球主要的软件生产和出口大国,国内软件公司占据了2/3以上的世界软件市场,目前其提供了大约70%的全球服务外包合同;日本拥有索尼、夏普、佳能等国际IT巨头,国内信息服务产业销售额已经超过1 000亿美元。因此,在未来相当长的时间内,全球服务外包的主要需求方仍然是美日欧等发达国家,其仍能通过需求控制服务外包行业。但是这种产业格局正在改变。目前以印度、中国为代表的新兴国家快速崛起于世界,其国内市场巨大、产业发展迅速。如果这些国家通过发展,国内需求能得到进一步的释放,则很可能成为新的服务外包需求方,打破现在的产业垄断格局。如:印度1T行业发展迅速,目前已经开始与中国、蒙古等周边国家合作,共同发展服务外包行业,其国内的离岸自建中心发展迅速,保持着21%的年复合增长率;中国国内市场巨大,国内服务外包行业的发展主要依靠自身的需求。在未来,随着市场规模的壮大,中国将成为世界上重要的服务外包发包国。因此,随着新兴国家的兴起,产业格局有可能得到修正,出现多极化的发展趋势。

(三)KPO和BPO将成为未来发展主流

虽然ITO的市场规模占据了全球服务外包市场70%的份额,但是最近几年KPO和BPO外包发展迅猛,正在进入产业迅速上升的时期。虽然,全球服务外包未来发展的重点仍在ITO外包上,BPO和KPO外包不可能撼动ITO的市场地位,但是其凭借科技含量较高、涉及领域众多等特点,正逐步变成服务外包产业新的发展方向。如:Luxoft公司预测未来在专业技术、地区优势和业务融合的推动下,外包行业将从比较分散的业务向更为综合化的方向发展。而这正是BPO和KPO外包的优势。因此,未来这两种外包方式将成为行业发展的重点。同时,KPO和BPO外包的是企业的各种业务流程,为了保证客户公司该部分业务的效益,需要外包供应商具有管理、运营、开发、财务、金融等方面的能力来优化其成本结构。这也就深化了服务外包产业的服务领域,使服务外包逐步向高端化、科技化方向发展。

(四)服务外包逐步向差异化方向发展

随着发包方更加看重成本优势,那些拥有大量低廉、质高劳动力的发展中国家成为服务外包重点发展的地区,这就导致承接国数量的急剧增多,进而不可避免地导致承接国之间竞争的加剧。因此,为了实现发展,避开同质化竞争,承接国必须找准自身的优势和特点,未来全球服务外包承接国极有可能实现差异化发展,通过产业成熟度、地缘、人力资源优势等方面的特点,承接地服务外包产业正在形成不同的发展层次。如目前澳大利亚、爱尔兰等发达国家虽然不具有人力成本优势,但是凭借产业成熟度、地缘等优势,开始向高端服务外包业务的方向转移。而那些刚刚进入服务外包行业的国家,如斯里兰卡、柬埔寨等国,则凭借成本优势:承接低端的服务外包业务。

(五)服务外包的动因向构建核心竞争力转变

降低成本一直是企业外包时考虑的一个重要因素,但近年来企业进行业务外包时更注重企业核心竞争力的提升,这是新一轮服务业外包的重要特点。通过把非战略性业务外包出去,企业就可以专注于其最擅长、最具有竞争优势的核心业务。同时,外包还可以使企业适当缩小规模,精简结构,甩掉不必要的包袱,轻装上阵。越来越多的跨国公司已经意识到,外包绝不仅仅是为了减低成本,最根本的问题还在于强化企业的核心竞争力。外包对企业核心能力的强化主要体现在构建核心技术、突出核心业务、改善体制弊端等方面。

四、部分国家服务外包情况

(一)美国

作为全球技术高地,美国的计算机和信息服务领域的企业竞争力较强。自从2000年美国信息技术(IT)企业外包销售额超出国内贡献后,美国的服务外包一直稳定增长。

白宫首席经济学家、经济咨询委员会主席乔治·曼昆认为,服务外包作为一种国际贸易新方式,是美国经济转型的重要组成部分,即便近期可能带来部分失业,但从长远看,对美国还是有利的。通过服务外包使美国国内物价下降,消费者购买力明显提高。同时,服务外包承接国受益于服务外包的项目,经济实力提升很快,势必进口更多欧美高质量产品,带动美国的出口额和国民收入的增加。咨询公司高德纳的调查显示,虽然2009年全球外包服务订单下滑,但76%的受访企业对经济恢复表示乐观,认为他们的外包投入会重新增加。据统计,美国的服务外包需求达1 800多亿美元。

美国企业通过国际服务外包,把产业链中利润率较低的环节转移至其他国家,寻求最低成本、追逐最大利润。麦肯锡环球研究所估计,西方公司每向海外转移1美元业务,能净降低成本58美分,同质同量的服务外包可以节省费用65%～70%。

从保证社会稳定的角度,尽管经验告诉我们产业转移将带动东道国的就业,而母国的就业环境将会恶化,但从长远来看,服务外包将降低国内通货膨胀的危险,提高国内工人的实际工资,改善经济环境,促进投资,创造更多就业机会,符合国家利益。

(二)俄罗斯

近几年来,随着俄罗斯经济的迅速复苏,俄罗斯IT产业发展速度十分惊人。俄罗斯发达的高等教育和数量众多的未充分就业的优秀人才以及坚实的工程技术实力和科研能力,使俄罗斯把外包的目标瞄准了高端编程业务,在世界IT外包领域迅速崛起,成为世界软件外包出口的佼佼者。俄罗斯发展服务外包业有如下优势。

(1)人才优势。尽管苏联解体以来俄罗斯对科研的投入大幅减少,但是,俄罗斯高水平的基础教育,特别是数学教育,能保证每年培养出大量的优秀人才。可以说,无论是在绝对数量上,还是在占总人口的比例上,俄罗斯的科研人员在世界上都位居前列。世界银行的资料显示，俄罗斯拥有100多万熟练技术人员，超过了美国、日本和中国，并3倍于印度。俄罗斯把外包的目标瞄准了高端编程业务，并且大型外国公司也已经认识到，可以在俄罗斯找到"在美国或是印度找不到的优秀的程序员"，因此他们正在将越来越多的项目外包给俄罗斯IT企业。

(2)国内需求巨大。俄罗斯联邦是世界上地域最辽阔、面积最广大的国家。俄罗斯工业基础雄厚，拥有巨大的经济潜力，随着其经济的迅速增长，无论是政府机关、企业、学校，还是单个居民，对个人电脑及其程序设计软件的需求日益增多。

(3)政府政策的支持。2004年年底普京的印度之行使他认识到发展IT技术对国家经济增长的巨大推动作用；随后，俄罗斯发展IT产业的产业政策于2004年11月18日得到了政府的确认。俄罗斯已在莫斯科、圣彼得堡、新西伯利亚和下诺夫哥罗德四个地区设立IT科技园，以更好地满足不断增长的IT行业的需要。另外，政府还设立了专门针对IT企业的风险投资基金，为IT企业融资和化解经营风险提供协助等。

俄罗斯在发展IT业方面也存在许多的不足，如基础设施不足，政局不稳，IT产业规模不大，高科技人才流失现象严重等。

通过以上对几个主要服务外包业务的承接国的分析可以看出，政府在推动本国服务外包业发展过程中扮演的角色有类似之处，并且都制定了优惠的外资政策以增加本国服务产业的吸引力；而且，服务外包承接国积极发展本国服务外包产业也优化和提升了所在国的产业结构，增加了出口，创造了就业，为本国带来了巨大的经济和社会利益。

(三)爱尔兰

爱尔兰软件产业自20世纪90年代以来快速发展，带动了爱尔兰经济近二十年来的高速增长，形成了自己独特的发展模式，成了服务外包强国，赢得了"欧洲软件之都""欧洲硅谷""软件王国""有活力的高技术国家"等美誉。爱尔兰发展服务外包产业有如下优势。

(1)政府的政策支持。爱尔兰政府实施了很多有利于服务外包发展的政策，制定了一系列的支持措施和政策，包括建立完善的法律环境、制定税收优惠政策和明确的政府企业政策。从政策咨询、制定、实施、监督，到部门协调、中介促进等各个环节，政府都设立相应部门或机构履行职责。例如，爱尔兰政府成立了专门机构(IDA，工业发展局)负责招商引资，为外国投资商提供优质服务等。

(2)人才优势。爱尔兰高度重视教育，其公共教育开支在国民收入中所占的比例在发达国家中位居第二位，高达14%左右。跨国公司之所以青睐爱尔兰，其重要原因之一就是爱尔兰拥有大量高素质的软件人才。爱尔兰的教育模式独特，软件专业前两年学习基础知识，第三年在生产一线实习，第四年进行设计，这样，大学生在毕业之时就具有了实际工作经验和项目领导能力。

(3)语言和文化优势。爱尔兰是欧盟成员国，又是英语国家，经济发展以欧洲大市场为依托，与欧美的联系使得很多欧美国家优先考虑到爱尔兰投资。另外，由于历史原因留在美国的4 000万爱尔兰侨民也促进了爱尔兰与美国IT界的联系。

(4)其他优势。爱尔兰的基础设施优良，拥有良好的品牌形象，在长期为跨国公司提供外包服务的过程中形成了自己的核心竞争力，服务质量高。

但是爱尔兰在服务外包市场也有一些劣势，比如，爱尔兰是西欧的一个岛国，国土面积仅有7万平方公里，人口不到420万，国内市场需求很小，必须依赖于国外市场。由于近年来选择和IT相关产业的学生数目大大缩水，导致合格的IT类的毕业生数目短缺，缺乏广大的专业人士。另外，爱尔兰的人力成本相对较高。

（四）印度

作为世界最大服务外包承接国，印度在世界服务外包中，地位举足轻重。目前，印度已经占有全球外包软件市场总额的65%以及全球服务外包市场总额的46%，财富500强企业中有1/5在印度设立了研发中心，有220家从印度获得软件支持。

印度服务外包行业，尤其是信息技术服务外包方面，能取得如此成绩，首先得益于政府的政策支持。早在20世纪80年代，软件业就被列为印度国家优先发展的产业，并成立了专门的信息产业部。1986年，印度政府制定了《计算机软件出口、软件发展和软件培训政策》，明确了印度软件产业的发展战略目标，并对从事IT外包的企业给予特别的优惠政策。印度欢迎外资IT企业，并且不向外包企业收取任何税费。同时，政府积极加强相关基础设施建设，创造投资环境，为吸引外资做准备。在税收政策上，政府更是实行零税、免税政策，为避免双重征税，跨国公司将其非核心业务外包至印度享受免税。此外，印度政府还积极为本国企业拓展容量极大的美国市场提供便利。1988年，印美两国各自在本国设立了第一个卫星地面站，使印度软件企业加快实现了离岸开发作业。之后，印度又同美国在资金、市场和技术等方面开展合作，以扩大印度软件企业在美国的知名度，推动印度软件产品进入美国市场。

服务外包产业的发展，极大地促进了印度产业结构的优化。软件业是印度服务业的主导产业，承接服务业外包对印度服务业的发展具有重要的推动作用。印度软件业以出口导向型为主，软件业的发展带动了咨询、培训、通信、金融等相关服务业的发展，因此印度产业结构的演进可以称为“外需拉动型产业结构升级”。外包产业的发展对印度软件业的产业布局也产生了重要影响，集聚现象初步呈现。印度大多数软件出口企业集中在班加罗尔、孟买、马德拉斯、德里和海得拉巴，仅班加罗尔的软件出口就占整个印度软件出口的一半以上。在100家外包模式服务公司中，只有20%能够生存下来，其中的10%拥有90%的市场份额。产业集聚效应使得印度软件企业资源共享，发挥协同效应，成本大大降低。目前，印度第三产业的比重已经超过50%，并且在近十几年里一直以近9%的速度增长，旅游、餐饮、金融、软件等产业发展迅速，印度逐渐向以服务业为主导的产业结构转变。

丰富的人才储备是印度成功发展服务外包产业的重要因素。印度注重专业人才培养，并完善人才结构，拥有一批高素质的、专门从事软件外包服务的“软件蓝领”队伍的同时，高端研发人才也不在少数。教育产业以市场为导向，初级软件从业人员的培养已经系统化、社会化，形成了规模化、产业化的IT职业教育培训。从企业的层面看，在外包业务中已经形成“项目经理、系统分析员、程序员”这样合理的人才结构。

（五）菲律宾

进入21世纪后，越来越多的欧美企业将部分服务和软件业务外包给成本相对低廉但是拥有合格劳动力的国家和地区。在这一领域中，除印度以外，菲律宾在全球外包领域的崛起也引起了大家的关注。菲律宾位于亚洲的中心，交通便利，在国际商务中是海运、空运的必经之地，而且也是当前世界经济发展最快的区域之一。

菲律宾在外包服务方面起步较早，发展十分迅速，是重要的外包服务国家之一，在外包领域，具有以下几个方面的优势。

(1)拥有足够的人才资源，技术人才集中。菲律宾有7 700万人口，其中IT及电脑科学专业人员7万名、工程师3.5万人、注册会计师10万人、商务管理人员10万名；此外，每年还新增加38万大学毕业生，补充专业人才队伍。

(2)具有语言优势。菲律宾采用美国模式的教育体系，全国的文化普及率为94.6%，72%的人能流利使用英语，易接受外来不同文化。菲律宾曾经是美国的殖民地，与美国的文化联系密切，在政治、经济、文化、法律、社会体制等方面都与美国相通，许多专业人员曾在美国受过培训，了解美国市场。与其他国家相比，菲律宾IT技术人员熟悉国际水平的专业知识及用户服务标准，具备良好的业务能力及职业道德，容易与外包国沟通。

(3)人力成本低，基础设施完善。菲律宾普通劳动力成本为平均每月234美元，低于亚洲许多国家，略高于印度、印度尼西亚；技术人员月薪在400～800美元之间；白领雇员平均工资水平仅为美国的1/4；此外，菲律宾服务人员精通英语，熟悉西方的专业知识，并且人才流动率低。在基础设施方面，菲律宾拥有完备的基础设施，办公用房价格低廉，仅为美国、印度、香港等地的1/4，这些办公区大多由国际房地产公司管理，有合理的租赁协议。

(4)政府支持力度大。菲律宾政府致力于信息产业的发展和商业外包服务，对外国投资采取鼓励政策。外国公司在经济特区开展业务，前4～8年为免税期，免税期后可继续享受优惠待遇，只交5%的营业税；公司还可免税进口特殊材料和设备，免缴码头使用费，自由使用托运设备，雇用外籍职员等。

(5)地理位置具备战略优势。菲律宾位于亚洲的中心，交通便利，飞机行程4小时内能到达亚洲各大城市，不但是东西商业交流的十字路口，也是进入东盟市场的重要关口，在国际商务活动中，是海运、空运的必经之地。

不过，与其他外包承接国如印度相比，菲律宾外包的成本仍较高，而且服务质量不如印度。

第三节　中国服务外包

一、中国服务外包发展现状

在全球新一轮产业变革下，服务外包产业已经成为发展中国家提升服务和制造业水平的主要策略，而欧美发达国家随高昂人力成本及企业管理的成熟，未来离岸业务仍会保持高增长态势。商务部外资司司长刘亚军表示，有着巨大市场诱惑的中国在产业基础、资源配置日渐完善的情况下，被联合国评为跨国公司投资首选地，由此将给国内服务外包企业带来巨大发展机遇。近几年，中国服务外包发展迅猛，“中国服务”已经变为一个国家品牌，吸引国际发包商青睐。据统计，自2006年商务部提出“千百十”工程(商资发[2006]556号，“十一五”期间，在全国建设10个具有一定国际竞争力的服务外包基地城市，推动100家世界著名跨国公司将其服务外包业务转移到中国，培育 1 000 家取得国际资质的大中型服务外包企业，创造有利条件，全方位承接离岸服务外包业务，并不断提升服务价值，实现 2010 年服务外包出口额在 2005 年基础上翻两番），服务外包被众多城市视为经济转型的重点产业，政策支撑下产业规模急速膨胀，目前是继印度后的全球第二大承接国。

为促进服务外包行业的发展，近些年来，政府出台了大量扶持政策并批准了一批服务外包示范城市。截至目前，我国已有包括北京、天津、上海、重庆、大连、苏州等在内的多个服务外包示范城市，中国服务外包产业形成了以示范城市为主体，以东软、海辉、华信等企业为龙头，动漫、软件、物流、金融、生物医药等多领域同步发展的多元化、全面化发展的格局。随着我国投资环境的改善，国外越来越多跨国公司在我国建立研发机构或服务外包中心。

从地方发展来看，服务外包行业已经成为各地实现产业结构调整与实现发展方式转变的重要推手。如：大连通过大力发展以软件行业为特色的服务外包行业，现在已经成为中国重要的服务外包中心和软件中心，有中国的“班加罗尔”之称；江苏无锡在产业集聚、公共平台建设、人才培养方面独树一帜，被国际知名机构评为“全球最安全离岸外包城市”之一。作为长三角服务外包主力军，无锡还驻有大量跨国企业的中国制造中心，在当地开展与跨国企业产业交流、公共平台、人才培训等合作，对促进跨国公司对华投资及国内服务外包产业良性发展提供示范。

二、中国服务外包市场的特点

在全球服务外包市场中，我国所占的份额还比较小，服务外包总体水平比较落后，多数业务处于价值链的低端，但是发展速度较快，发展潜力巨大。总体上中国的服务外包市场呈现出以下特点。

（一）以信息技术外包（ITO）为主

我国的 ITO 起步较早，发展日益成熟，随着全球离岸软件服务外包逐步转移到中国，离岸 ITO 所占比重迅速上升。

业务流程外包在中国的兴起和发展是最近几年的事，其发展还不成熟，主要集中在呼叫中心、文件管理等劳动密集型领域，人力资源、金融、财务会计、研究开发等方面还处于开发阶段。但是在全球服务外包浪潮的影响下，社会各界对业务流程外包的重视程度不断增强，产业发展环境不断改善。加上中国经济发展迅速，众多跨国公司纷纷进入中国，使得中国 BPO 业务的需求不断增长。目前，我国在承接 BPO 方面尚处于低端市场，在品牌形象、服务质量、服务经验、行业积累等方面缺乏竞争力。不过，随着中国信息技术的发展，以信息技术为依托的 BPO 服务方式也会逐步发展起来。

（二）服务对象以日本为主，欧美所占比重逐渐增加

中国外包服务承接商的服务对象主要来自日本、韩国、美国、欧洲以及东南亚等国。相关调查研究显示，从发包市场来看，日本是我国最大的发包地，市场份额高达 51%以上，日本庞大的制造业带来的嵌入式软件外包市场仍然是极有潜力的客户群。欧美发包市场份额约占

30%。虽然美国次贷危机的影响仍然存在，但欧洲市场的成长性非常好。

（三）承接服务外包的区域结构呈现分散化

从地域角度来看，过去几年中，跨国企业在中国的二线城市也逐渐新设了离岸交付中心或者是开发中心，外包业务开始逐步向这些地区转移。跨国企业在二线城市的重新布局，使我国离岸外包服务商的地域分布更为合理，缓和了离岸软件外包服务商过于集中在几个发达城市所造成的成本以及人才压力。目前，中国比较大的离岸外包服务商均在南京、西安、成都、重庆、武汉等二线城市设置了分公司或者开发中心，未来二线城市转移趋势将会更为明显。

三、中国发展服务外包的阻碍因素

虽然中国拥有人力资源丰富、基础设施完善、社会稳定、政策环境良好、产业发展前景广阔等诸多的服务外包发展优势，但是仍存在很多阻碍因素，与印度、爱尔兰等国相比，我国的服务外包业在综合能力上还有很大的差距。

（一）服务外包行业的整体规模有限

我国服务企业发展时间短，基础薄弱，服务外包整体规模远小于美国、印度等国家的外包企业。由于资本规模的限制，单个企业抗风险能力较差，加之缺乏相关经验，国际竞争力薄弱。虽然存在如华为、东软等优秀企业，但总体来看，国内缺乏有实力的大型外包服务企业。国际上软件外包业务最大的公司，如 IBM 和 EDS 等大型跨国公司，外包业务规模超过 1 亿美元，而印度软件外包巨头，如 TATA，Infosys 和 Wipro 等，平均营业额一般在 500 万美元左右，最大的软件外包公司人数已经达到五六万人，而中国服务外包产业刚刚超越 200 亿美元，最大的软件外包公司只有几千人，与印度的差距很大。

（二）高端人才严重缺乏

中国虽然人力资源丰富，但是服务外包行业的人才队伍呈现“纺锤形”，低端和高端人才严重不足。这主要是因为中国的国际化发展不足，缺乏大量英语优秀的专业技术人才和具有国际化水平的人才。服务外包市场对人才的国际化程度提出了更高的要求，由于中国的应试教育体制，高校毕业生的理论知识虽然牢固，但动手能力和英语应用能力却不尽如人意，这导致一方面每年有大量的高校毕业生找不到工作，而同时企业却有大量岗位空缺，找不到合适的人选。另一方面，我国还缺乏具有国际市场运作经验和管理才能的高端人才，对国际商务运行规则、法律规则的把握和运用能力有待提高。缺乏专业化的人才直接导致我国在服务外包领域的竞争力不强。

（三）缺乏大型集团化、实力强的服务外包企业

2011 年中国软件出口 20 强企业服务外包业务总额为 18.15 亿美元，平均每个企业为 9 076 万美元，20 强企业从事外包的总人数为 53 756 人，平均每个企业为 2 687 人。我国 20 强企业服务外包总额还达不到印度 TATA 公司一年的业务量，TATA 公司有 16 万员工，而

目前中国企业中没有一家员工数达到其十分之一。

此外，我国承包企业对服务外包业的认知度不够，尽管服务外包行业在国际分工合作中扮演着重要角色，也有着广阔的发展前景，但是许多人对其内涵、表现形式和发展规律等缺乏深入了解，投入不够，也未建立严格的管理制度、健全的研发和营销网络，技术人员与客户沟通能力薄弱，整体处于低端水平。以物流外包为例，目前，我国实施物流外包的企业中，有超过30％的客户对供应商不满意，而在美国，有80％的企业对物流供应商感到满意。

（四）语言文化的差异

语言和文化的融合能力是外包中的一个重要因素。良好的语言沟通能力是外包双方合作的基础，外包过程中涉及大量的沟通，如果没有良好的语言沟通能力，就很容易造成双方的误解和冲突。另外，相同的文化背景更容易增进双方的信任和相互理解。在不同文化背景下，人们的思维模式和行为方式也会区别较大。发包商在寻找伙伴的时候有两个非常重要的标准，这两个标准都和文化有关，即：接包商的企业文化如何，接包商的企业文化是否与自己的企业文化匹配。现阶段中国IT服务外包的主要市场是日本和韩国，它们与我们具有融合的文化背景和较好的语言沟通基础。

（五）政策措施和知识产权保护力度不够

首先，我国与服务外包相关的政策远远不能满足服务外包的需要。服务外包的发展涉及多领域、多部门的协调配合，需要完善的配套措施进行产业支持，需要有针对外包企业的工商登记政策、人才政策、税收政策、财政政策等的一整套的优惠措施对服务外包进行扶持，而目前我国还没有相关配套的扶持政策。我国目前已有的一些政策仅涉及某一领域，加之有些政策（如税收）又无法落到实处，政策效应很难体现。其次，知识产权制度不完善。许多服务外包发包企业对转移目标地的知识产权保护环境要求极为严格，尤其是研发外包，研发信息一旦泄露出去，对企业造成的损失难以估计，而跨国企业对其知识产权的担忧，也影响着承包地的选择。政策措施不完善和对知识产权保护力度不够等原因极大地阻碍了我国服务外包的发展。

四、中国发展服务外包的对策建议

为破除发展障碍，推动服务外包行业健康发展，保持良好的发展势头，中国必须采取多种措施，积极发展有利于服务外包的环境建设，推动服务外包的发展。

（一）大力开拓国际服务外包市场

我国的语言文化特色决定了我国发展日韩外包市场具有竞争优势。因此，我国应以发展日韩市场为立足点，积极促进国际服务外包市场的拓展。可以先从政府层面积极推动中日、中韩企业的服务外包合作，然后充分发挥贸易协会等民间组织的力量，扩大我国承接日韩服务外包的规模和范围，并以此为契机进一步扩大对日韩的出口贸易。对于欧美市场，应重点关注其中小型客户。国外的发包方在选择供应商时通常会遵循对等原则，大公司发包时一般会选择

IBM、TATA 等规模较大的公司。而我国由于承接国际服务外包的能力相对较弱，对国外的大客户并没有很大的吸引力。而对于欧美的中小企业来讲，他们很难有实力将业务外包给全球服务商抑或是印度外包巨头，而这类客户可以成为我国服务提供商的一块敲门砖。美国是世界最大的服务外包发包国，欧洲的外包增长率根据 TPI 的预测在 58%左右，所以对于欧美市场中国必须给予足够的关注。

（二）加强人才培训和引进

结合我国服务外包的发展实际，参照国际惯例制定人才评估标准，借鉴印、菲在人才培养方面的经验并创新和完善人才培训方式，可以把高等院校作为一个培训平台，增设相关专业，对大学毕业生开展实地训练，政府提供一定的教育经费，大力培养业务能力强、英语水平高的复合型人才。政府要积极鼓励社会力量进入，可以出台相关扶持政策支持民办或私营的外包人才培训机构对人员进行培训。外包企业还可以通过自身建立培训机构，加强企业员工的职业化培训，尤其是加强语言思维方面的培训。另外，还应大力引进国内外现代服务外包方面有经验的高级管理人才，鼓励海外留学生回国创业，全面推行职业资格认证制度。

（三）努力打造服务外包国际品牌

想要承接大型跨国企业的国际服务外包业务，企业必须在硬件和软件上都要具备一定的实力基础，我国在开拓海外市场时存在的一个很大问题就是缺少品牌企业，没有形成具有影响力的品牌，也就很难引起发包商的注意。所以应该有针对性地把一些服务外包业的大企业培育得更加专业化，要鼓励那些有条件的大企业加强自身软硬件环境的建设，提高自身企业的竞争能力，抓住好的时机迈向国际，抢占国际服务外包市场。我国作为一个服务外包业具有巨大潜力的国家，在承接服务外包时就应向海外客户树立一个良好的形象，通过品牌来宣传中国服务外包企业的优势和质量。企业可以通过并购、重组或战略合作等方式，形成企业联盟。有条件的企业还可以与国外先进的外包企业建立合作联盟，学习和借鉴对方的经验。通过国际会议、国际合作和高质量的服务来宣传我国自主品牌，打造“国家品牌”，发挥品牌效应，从而提高中国企业国际竞争力。

（四）加大知识产权保护力度

我国应加大力度打击各类知识产权侵权行为，建立更加完备的知识产权保护的法律、法规和具体的实施措施，要求企业严格保护客户的商业机密，严格遵守国际上的信息保密规则，并且建立有效的数据安全机制来规范金融服务行业的商业秩序，可以针对服务外包业建立专门的投诉机制与渠道，做到出现问题时有章可循、有法可依。知识产权保护是一个企业乃至一个国家提高核心竞争力的战略要素，在争取服务外包发展中具有决定性作用。因此，在某种程度上，中国知识产权保护制度的完善程度，直接关系到中国服务外包业战略的成败。

（五）完善外包政策和投资环境

应在对我国服务外包的情况进行充分调研后，针对目前服务外包业的状况，制定具体的鼓励发展服务外包的政策。特别是地方政府，应出台相关产业扶持政策，以便建立较完整的服务支持体系。同时，政府应加大招商引资力度，大力引进国外的服务外包商来中国设立服务外包企业，带动企业发展服务外包。政府要积极为企业创造和跨国公司接触的机会，并运用政府的力量加强引导，大力改善服务外包企业投融资条件，鼓励银行向有良好发展前景和信誉的企业贷款，为服务外包企业的发展提供良好的融资环境。

参考文献

[1]孙玉涛. 国际技术贸易[M]. 北京:清华大学出版社,2017.

[2]孙莉莉. 国际贸易理论与政策[M]. 北京:北京理工大学出版社,2017.

[3]宋海英,魏兴民,胡跃,冯涛. 国际贸易理论与实务[M]. 北京:机械工业出版社,2017.

[4]路敏,冯明. 国际贸易实务[M]. 南京:南京大学出版社,2017.

[5]许焕兴,赵莹华. 国际工程承包[M]. 沈阳:东北财经大学出版社,2016.

[6]杜奇华,冷柏军. 国际技术贸易[M]. 北京:高等教育出版社,2016.

[7]栗丽. 国际服务贸易[M]. 北京:中国人民大学出版社,2016.

[8]黄晓玲. 中国对外贸易教程[M]. 北京:机械工业出版社,2015.

[9]王佃凯. 国际服务贸易[M]. 北京:首都经济贸易大学出版社,2015.

[10]吴国新,郭峥嵘. 国际贸易理论与实务[M]. 北京:清华大学出版社,2015.

[11]崔玮. 国际旅游服务贸易[M]. 北京:对外经济贸易大学出版社,2015.

[12]刘慧芳. 国际贸易理论政策与实务[M]. 北京:中国经济出版社,2014.

[13]李虹. 国际技术贸易[M]. 大连:东北财经大学出版社,2013.

[14]陈宪,殷凤. 国际服务贸易[M]. 北京:机械工业出版社,2013.

[15]全锐,张宏程. 国际服务贸易[M]. 天津:天津大学出版社,2013.

[16]蔡宏波. 国际服务贸易[M]. 北京:北京师范大学出版社,2013.

[17]冯宗宪,郭根龙. 国际服务贸易[M]. 西安:西安交通大学出版社,2013.

[18]李军. 国际技术与服务贸易[M]. 北京:中国人民大学出版社,2012.

[19]李小牧. 国际服务贸易[M]. 北京:电子工业出版社,2012.

[20]张相文,曹亮. 国际贸易理论与实务[M]. 武汉:武汉大学出版社,2011.

[21]蔡茂森,李永. 国际贸易理论与实务[M]. 北京:清华大学出版社,2011.

[22]汪素芹. 国际服务贸易[M]. 北京:对外经济贸易大学出版社,2011.

[23]汪建新. 国际技术贸易[M]. 上海:格致出版社,2011.

[24]邵金菊,姜丽花,刘冬林. 服务外包:经济效应和影响因素研究[M]. 杭州:浙江大学出版社,2011.

[25]张建辉,宁丽芝. 国际贸易理论与实务[M]. 北京:清华大学出版社,北京交通大学出版社,2010.

[26]卓骏. 国际贸易实务[M]. 北京:对外经济贸易大学出版社,2010.

[27]陈霜华. 国际服务贸易[M]. 上海:复旦大学出版社,2010.

[28]郭波. 国际贸易:理论与政策[M]. 北京:中国社会科学出版社,2009.

[29]冯德连,徐松. 国际贸易教程[M]. 北京:高等教育出版社,2009.

[30]薛伟贤.国际技术贸易[M].西安:西安交通大学出版社,2008.
[31]程大中.国际服务贸易学[M].上海:复旦大学出版社,2007.
[32]徐秀红.当代资本主义经济研究[M].天津:天津人民出版社,2007.
[33]杜奇华,冷柏军.国际技术贸易[M].北京:高等教育出版社,2006.
[34]沈志澄.国际加工贸易与补偿贸易[M].上海:上海科学技术文献出版社,2002.
[35]韩玉军.国际贸易学[M].北京:中国人民大学出版社,2009.
[36]熊振华.国际补偿贸易[M].长沙:湖南科学技术出版社,1994.
[37]赵锡琤.国际技术贸易[M].成都:成都科技大学出版社,1992.
[38]秦奕斐.我国服务贸易存在的问题和建议[J].西部金融,2016(11).
[39]翟春英.国际贸易与技术创新的相互影响关系[J].科技与企业,2015(18).
[40]张垚.国际贸易中服务外包模式的探讨与建议[J].现代商贸工业,2010(7).
[41]苏静.跨国公司对华的技术转移及其启示——欧洲空中客车公司案例分析[J].经济论坛,2008(2).
[42]颜凌芳.跨国公司技术转移及其影响:一个综述[J].金融经济,2007(10).
[43]王晓萍.国际贸易与跨国公司的关系初探[J].兰州学刊,2005(2).
[44]周利梅.中国技术贸易竞争力研究——以高铁行业为例[D].福建师范大学,2016.